Contraste insuffisant
NF Z 43-120-14

RÉPERTOIRE

DE LA

LITTÉRATURE

ANCIENNE ET MODERNE.

IMPRIMERIE DE E. POCHARD,
RUE DU POT-DE-FER, N° 14.

RÉPERTOIRE

DE LA

LITTÉRATURE

ANCIENNE ET MODERNE,

CONTENANT :

1º LE LYCÉE DE LA HARPE, LES ÉLÉMENTS DE LITTÉRATURE DE MARMONTEL, UN CHOIX D'ARTICLES LITTÉRAIRES DE ROLLIN, VOLTAIRE, BATTEUX, etc ;

2º DES NOTICES BIOGRAPHIQUES SUR LES PRINCIPAUX AUTEURS ANCIENS ET MODERNES, AVEC DES JUGEMENTS PAR NOS MEILLEURS CRITIQUES, TELS QUE :

D'*Alembert*, *Batteux*, *Bernardin de Saint-Pierre*, *Blair*, *Boileau*, *Chénier*, *Delille*, *Diderot*, *Fénelon*, *Fontanes*, *Ginguené*, *La Bruyère*, *La Fontaine*, *Marmontel*, *Maury*, *Montaigne*, *Montesquieu*, *Palissot*, *Rollin*, *J.-B. Rousseau*, *J.-J. Rousseau*, *Thomas*, *Vauvenargues*, *Voltaire*, etc.;

Et MM. Amar, Andrieux, Auger, Burnouf, Buttura, Chateaubriand, Dussault, Duviquet, Le Clerc, Lemercier, Patin, Villemain, etc. ;

3º DES MORCEAUX CHOISIS AVEC DES NOTES

TOME PREMIER.

A PARIS,

CHEZ CASTEL DE COURVAL, LIBRAIRE-ÉDITEUR,

RUE DE RICHELIEU, Nº 87.

M. DCCC. XXIV.

AVERTISSEMENT.

Nous nous étions d'abord proposé de placer en tête du recueil que nous offrons au public un tableau abrégé des littératures qui ont fleuri dans l'antiquité et dans les temps modernes; nous aurions cherché à y exprimer leur caractère distinctif; nous y aurions retracé leurs diverses vicissitudes, leurs progrès, leur décadence; nous les aurions comparées entre elles, et de ce parallèle, qui devait faire ressortir les traits qui les rapprochent et ceux qui les séparent, nous nous serions élevés à des considérations générales sur l'histoire et la théorie des arts d'imagination. Mais nous n'avons pas tardé à nous convaincre qu'un pareil dessein excédait les limites étroites d'une simple introduction; qu'il ne pourrait s'y renfermer sans se réduire en même temps aux formes arbitraires d'un système, à une exposition incomplète et superficielle; qu'enfin il y avait peu d'utilité à parcourir et à effleurer ainsi, dans une revue rapide, une multitude de sujets traités dans notre *Répertoire* avec plus d'étendue, de gravité, de profondeur.

Il nous a donc paru convenable de nous borner à un Avertissement où nous ferions connaître l'esprit qui a présidé à notre travail : quelques mots suffiront pour en donner une idée, et nous ne dirons rien qui ne se trouve exprimé succinctement dans le titre même de ce recueil.

Le *Répertoire de la Littérature ancienne et moderne* n'est autre chose qu'un Dictionnaire universel de Littérature, où se trouvent rangées, dans l'ordre alphabétique, les opinions des meilleurs critiques sur toutes les questions importantes qui se rattachent à la théorie de l'art, et sur les écrivains qui, depuis l'antiquité la plus reculée jusqu'à nos jours, se sont fait un nom dans les lettres : il comprend tout ensemble l'exposition des doctrines littéraires et l'examen des auteurs célèbres ; il est en même temps dogmatique et critique. Nous y avons inséré, à peu près dans leur entier, deux ouvrages qui répondent à ce double but : l'un, qui présente une analyse ingénieuse et souvent profonde des principes constitutifs de la poésie, de l'éloquence et des divers genres qui composent le domaine de la science littéraire ; l'autre, où sont jugés, avec un goût généralement sûr et sévère, les compositions les plus remarquables qu'aient produites l'antiquité classique et les trois siècles de gloire littéraire dont s'honore la France, les *Éléments* de Marmontel et le *Lycée* de La

Harpe. Ces deux ouvrages, qui sont généralement placés au premier rang parmi les productions de la critique moderne, forment comme le fond de notre recueil ; ils ne peuvent que gagner à être ainsi rapprochés : ils se complètent l'un l'autre, et se prêtent un mutuel appui.

Pour soumettre le *Lycée* de La Harpe à l'ordre alphabétique suivi par Marmontel, et que nous avons adopté pour notre recueil, parce qu'il facilite les recherches, et donne à une longue suite de préceptes l'attrait de la variété, il nous a fallu rompre la suite de l'ouvrage ; et l'on pourrait, à juste titre, nous reprocher d'en avoir détruit l'unité, la cohérence, les proportions, si c'était par ces qualités qu'il se distinguât. Mais nous n'avons là-dessus aucun scrupule. On sait assez, sans que nous nous arrêtions à le démontrer ici, que ce n'est pas dans l'économie générale du plan, dans la distribution des parties, dans l'enchaînement systématique des idées, que consiste le mérite principal du *Cours de Littérature* de La Harpe. Ses jugements sur les écrivains anciens et modernes ne perdront rien de leur mérite pour être isolés les uns des autres, et distribués dans notre *Répertoire* selon le besoin de l'ordre alphabétique, puisque aussi bien, dans leur ordre primitif, ils n'étaient pas très fortement enchaînés, et que l'ouvrage dont nous les extrairons n'est lui-même, après tout, qu'un recueil

a.

où l'auteur a fait entrer les travaux nombreux d'une vie consacrée en grande partie à la critique littéraire, sans se mettre toujours en peine de les coordonner bien sévèrement et de les ramener à l'unité. La plupart de ces morceaux redeviendront ainsi ce qu'ils étaient d'abord, des articles séparés sur divers points de littérature; ils n'ont, nous le répétons, rien à perdre à ce changement; plusieurs même cesseront ainsi d'offrir ce défaut de proportion que leur donnait leur introduction un peu forcée dans un cadre pour lequel ils n'avaient pas été faits.

Quelque étendus que soient les ouvrages de La Harpe et de Marmontel, il s'en faut cependant de beaucoup qu'ils soient complets; ils offrent de nombreuses lacunes que nous avons cherché à remplir par des extraits de Fénelon, de Boileau, de Fontenelle, de Rollin. de Voltaire, de d'Alembert, de Vauvenargues, de Thomas, de Batteux, de Palissot et de beaucoup d'autres dont nous ne répéterons point ici les noms, et dont les jugements font autorité en matière de goût.

Nous avons également mis à contribution les écrits des littérateurs les plus célèbres de notre âge, qui sont ainsi devenus comme des collaborateurs de notre ouvrage. On y rencontrera souvent les noms d'Andrieux, de Bernardin-de-Saint-Pierre, de Delille, de Ducis, de

Chateaubriand, de Chénier, de Fontanes, de Ginguené, de Lemercier, de Maury, de Villemain, etc.

Nous ne devions point négliger de consulter les ouvrages des critiques étrangers, de Blair surtout, qui a porté dans la discussion des questions littéraires ce caractère de bon sens qui distingue si éminemment l'école écossaise, et qu'à la pureté de ses doctrines, à sa prédilection pour nos chefs-d'œuvre, on prendrait volontiers pour notre compatriote. Nous avons également fait connaître, soit par des extraits, soit par des notes, les opinions des critiques allemands; opinions dont le goût peut s'alarmer quelquefois, mais que l'universalité de notre plan, qui embrasse dans toute son étendue l'histoire de la Littérature, nous faisait une loi de rapporter; qui d'ailleurs piquent si vivement la curiosité par leur singularité même, et sont souvent aussi dignes d'un intérêt plus sérieux par les perspectives nouvelles qu'elles ouvrent à l'esprit. On ne lira point, nous le pensons, sans intérêt quelques passages empruntés à Lessing, à Herder, à Schlegel, aux littérateurs français qui ont suivi leurs traces, et surtout au plus éloquent interprète de cette école nouvelle, madame de Staël. Notre ouvrage offrira ainsi une sorte de Panthéon où tous les cultes littéraires seront admis; mais l'on ne doit pas craindre que la pureté de nos principes de goût puisse être en rien altérée par cette tolérance.

Il ne peut être d'ailleurs sans avantage de réunir sous un même point de vue les jugements divers portés sur un écrivain ou sur une question littéraire. Le lecteur les rapproche, les compare; et, leur empruntant à chacun ce qu'ils peuvent offrir de plus raisonnable et de plus vrai, il se forme ainsi avec indépendance une opinion qui lui est personnelle, et qui repose toutefois sur des autorités reconnues.

Les notices biographiques sur les principaux auteurs anciens et modernes forment une partie considérable de ce recueil. Elles ont été rédigées avec soin, et ce qui concerne la bibliographie n'y a point été oublié; un grand nombre appartiennent à des littérateurs qui se sont rendus célèbres dans ce genre d'écrits, particulièrement à MM. Amar et Auger, qui ont bien voulu nous accorder leur coopération.

M. J. V. Le Clerc, si connu par ses excellents travaux sur Platon et Cicéron, nous a donné aussi quelques articles. Nous avions cru pouvoir annoncer dans notre Prospectus qu'il se chargeait de revoir le texte de La Harpe et de Marmontel; de relever, dans des notes, les erreurs assez nombreuses où ont dû nécessairement tomber ces deux critiques, qui ont porté leur attention sur un si grand nombre d'objets. Les fonctions nouvelles auxquelles l'a appelé la confiance de l'Université, ne lui ont pas permis de remplir la promesse que nous avions obtenue de lui. Il a été suppléé dans cette partie importante de notre travail par M. Patin, à qui nous devons aussi quelques notices et quelques morceaux de traduction.

Nous croyons pouvoir assurer que beaucoup de citations fausses, beaucoup de traductions inexactes, auront été rectifiées dans les passages que nous avons empruntés à La Harpe et à Marmontel. Nous avons pris aussi le soin, trop négligé par ces deux auteurs, d'indiquer dans les ouvrages dont ils parlent, l'endroit précis auquel se rapportent leurs citations. Notre réimpression des *Éléments* et du *Lycée* présente, sous ce rapport, un avantage qui a manqué à toutes les éditions qui l'ont précédée.

Outre les articles littéraires et les notices dont il se compose, le *Répertoire* renferme encore un choix de morceaux, extraits de chaque auteur, et propres à faire connaître le caractère de son talent. Nous y avons joint des notes, soit pour éclaircir certains passages, soit pour faire connaître les emprunts et les imitations.

Le dernier volume de cet ouvrage contiendra deux tables de matières : l'une, méthodique, pour la commodité des personnes qui voudront faire une étude raisonnée et suivie de la littérature; l'autre, alphabétique, pour faciliter les recherches, et dans laquelle nous donnerons, en forme de supplément, de courtes notices sur les auteurs qui n'auront été que cités, ainsi que sur ceux que nous pourrons avoir oubliés.

Nous osons penser que notre *Répertoire* ne sera pas consulté sans fruit par les gens du monde, par les étrangers, surtout par la jeunesse studieuse, qui y trouvera réunies des connaissances qu'elle serait obligée d'aller puiser dans une multitude de livres dispendieux, et qu'elle ne peut pas toujours consulter sans danger. Si le public en juge comme nous, nous aurons reçu la récompense du long travail auquel nous nous sommes livrés sans autre désir et sans autre espoir que d'être utiles aux lettres, et à ceux qui les aiment et les cultivent.

Nota. Les notes de M. Patin sont signées de son nom, ou des initiales H P.; celles qui sont signées de la lettre F. appartiennent à l'éditeur

RÉPERTOIRE
DE LA
LITTÉRATURE
ANCIENNE ET MODERNE.

ABAILARD ou ABÉLARD est plus célèbre de nos jours par ses malheurs que par ses talents. Dans un temps où apparut l'éloquent saint Bernard, où ce dernier des Pères de l'Église, par l'autorité de son génie, dominait du fond d'un cloître les cours et les conciles, Abailard balança cependant cette puissante renommée, passa pour le dialecticien le plus brillant, le disputeur le plus subtil, et fut qualifié du surnom pompeux d'*Aristote des Gaules*. Mais les controverses théologiques du douzième siècle ont laissé peu de traces; une gloire fondée uniquement sur l'art d'argumenter est éphémère de sa nature; et sans des infortunes inouïes, sans l'amour incomparable d'Héloïse, le nom d'Abailard eût à peine échappé à l'oubli.

Pierre Abailard naquit à Palais, près de Nantes, en 1079, d'une famille noble. Désirant se consacrer exclusivement à l'étude, il renonça, en faveur de ses frères, au privilège que lui donnait son droit d'aînesse, et vint à Paris suivre les leçons de Guillaume de Champeaux, archidiacre de Notre-Dame, et le plus habile professeur d'alors. Bientôt le disciple fut passé maître; il devint un athlète redoutable dans la dispute, et forma une école qui fit déserter les autres. De pareils succès engendrent souvent l'inimitié entre de tels rivaux. Abailard se vit contraint de quitter Paris : il transporta son école à Melun, puis à Corbeil. Devenu le docteur à la mode, l'engouement et la vogue furent tels, qu'il eut, dit-on, jusqu'à trois mille disciples. Sur ces entrefaites eut lieu sa liaison avec Héloïse, liaison dont les suites furent si déplorables.

Née dans un temps d'ignorance, Héloïse était au-dessus de son siècle par la noblesse de son âme et l'étendue de son esprit. La nature lui avait départi ses dons les plus précieux, une beauté remarquable, et le cœur le plus tendre qui fut jamais. Passionnée pour l'étude, elle avait ajouté à ses avantages personnels ceux d'une instruction solide et variée : elle possédait le latin, le grec, l'hébreu, et connaissait les divers systèmes de la philosophie ancienne. Tant de qualités réunies pouvaient faire le bonheur de cette femme extraordinaire; son cœur fut ouvert à l'amour, et sa vie entière fut vouée à l'infortune. Héloïse n'avait que dix-sept ans quand elle connut Abailard : le chanoine Fulbert le plaça lui-même auprès de sa nièce, pour lui donner des leçons de philosophie. La renommée du maître commença la séduction de l'élève, et une tendresse mutuelle envahit les heures destinées à l'étude. Les suites funestes de cette passion ne sont que trop célèbres. L'animosité de Fulbert ne connut plus de mesure; elle le porta envers Abailard au plus cruel outrage qui puisse être fait à l'homme. Cette déplorable victime ensevelit son opprobre dans l'abbaye de Saint-Denis ; dans le même temps, Héloïse prit le voile chez les religieuses d'Argenteuil.

L'horrible attentat consommé sur la personne d'Abailard fut comme le signal des persécutions de tout genre qui ont troublé le cours entier de son existence. Nous le voyons, dès-lors, en butte aux tracasseries scolastiques, aux censures des conciles, aux excommunications; et nous ne pouvons lui refuser l'intérêt qui s'attache aux malheureux, en dépit même de leurs erreurs.

Abailard avait composé son *Traité de la Trinité* : il y avait émis des opinions hasardées sur l'Incarnation, sur la Grace, sur la Trinité elle-même. L'ouvrage fut censuré par le concile de Soissons, sur la demande de saint Bernard. Ce dernier écrivit à l'auteur pour l'engager à se rétracter : Abailard s'y refusa, et déclara s'en remettre à la décision du concile de Sens, qui était près de s'assembler. Il comparut en effet à ce concile, et s'y trouva en présence de son antagoniste. L'abbé de Clairvaux dirigea de nouveau l'attaque; mais l'accusé ne voulut pas se justifier; il se retira en faisant appel au pape. Sans doute il se donna un tort grave en niant la compétence du concile, qu'il avait d'abord reconnue; cependant cet acte n'est pas tout-à-fait inexcusable, si l'on considère que, devant des juges si prévenus, la sentence était prononcée d'avance, et la justification inutile. Condamné à Sens, Abailard le fut aussi à Rome. Innocent II ordonna que le livre fût brûlé, et l'auteur enfermé. Abailard, ayant publié son *Apologie*, crut devoir entreprendre le voyage de Rome, pour s'adresser directement au saint père. En passant par Cluny, il y visita l'abbé de ce monastère, Pierre, si bien nommé *le Vénérable*. Cet homme généreux l'accueillit, le retint dans sa solitude, entreprit sa conversion, y réussit en partie, et lui obtint son pardon du pape. Ici l'on ne peut s'empêcher de faire, à l'avantage du simple moine de Cluny, une comparaison défavorable au grand Bernard. L'un poursuit Abailard de ses véhémentes déclamations, il l'accable sans pitié de tout le poids de son ascendant; l'autre, par une charité vraiment chrétienne, soulage l'infortuné, et parvient à le réconcilier avec lui-même.

Abailard trouva dans le monastère de Cluny le repos d'une gloire bien triste. Sur la fin de sa vie, il fut envoyé à l'abbaye de Saint-Marcel, près Châlons-sur-Saône, où il mourut en 1142. Héloïse demanda sa dépouille mortelle, qu'elle fit inhumer au *Paraclet*, oratoire fondé pour elle, près de Nogent-sur-Seine. Vers la fin du siècle dernier, le tombeau renfermant les cendres de ces deux amants fut transféré à Paris, et placé au musée des Petits-Augustins : on le voit présentement au cimetière du Père Lachaise.

Les ouvrages d'Abailard ont été recueillis en 1616, en un volume in-4° : On y trouve des *Traités* sur différents sujets, des *Sermons* et des *Lettres*. On a publié sous le nom d'Abailard et d'Héloïse des recueils de lettres qui sont purement romanesques. Les véritables, écrites en latin, furent mises au jour en 1723, en deux vol. in-12, avec une traduction et des notes, par don Gervaise, qui avait donné trois ans auparavant une *Vie d'Abailard et d'Héloïse*; mais la meilleure édition de la correspondance de ces deux amants est celle de Londres, 1718, in-8°, en latin; elle est assez rare. Il y en a deux autres; l'une, de 1782, 2 vol. in-12; l'autre, de 1796, 3 vol. in-4°.

Au reste, ce sujet a fourni à la poésie deux chefs-d'œuvre, l'*Épître d'Héloïse à Abailard*, par Pope, et son imitation si heureuse, par Colardeau. L'ouvrage de ce dernier, qui fit beaucoup de sensation lors de son apparition, se distingue par une grande richesse d'harmonie, et l'expression n'y est presque jamais au-dessous du sentiment le plus passionné. (*Voyez* COLARDEAU et POPE.)

H. LEMONNIER.

ABAUZIT (FIRMIN), né à Uzès, en 1679, de parents calvinistes, se réfugia à Genève, lors de la révocation de l'édit de Nantes. Genève devint sa patrie d'adoption; il y obtint le droit de bourgeoisie et le titre de bibliothécaire de la ville. Il y a vécu, jusqu'à un âge très avancé, dans une heureuse et sage indépendance, et y est mort en 1767. Jean-Jacques Rousseau a fait de lui un bien bel éloge (*Voyez ci-après*); et Newton, en lui envoyant son

Commercium epistolicum, lui écrivait: « Vous êtes « bien digne de décider entre Leibnitz et moi. »

Abauzit est auteur d'un *Commentaire sur l'Apocalypse*, et de plusieurs *Dissertations littéraires et théologiques*; mais son ouvrage le plus important est l'édition qu'il donna, en 1730, de l'*Histoire de Genève*, de Spon. Il a rectifié les erreurs dont cette histoire fourmillait, et l'a enrichie de notes qui prouvent une vaste érudition. L'édition la plus complète des *OEuvres d'Abauzit* est celle de Londres, 1773, 2 vol. in-8°.

JUGEMENT.

Non, ce siècle de la philosophie ne passera point sans avoir produit un vrai philosophe. J'en connais un, un seul, j'en conviens; mais c'est beaucoup encore, et, pour comble de bonheur, c'est dans mon pays qu'il existe. L'oserai-je nommer ici, lui dont la véritable gloire est d'avoir su rester peu connu? Savant et modeste Abauzit, que votre sublime simplicité pardonne à mon cœur un zèle qui n'a point votre nom pour objet. Non, ce n'est pas vous que je veux faire connaître à ce siècle indigne de vous admirer; c'est Genève, que je veux illustrer de votre séjour; ce sont mes concitoyens, que je veux honorer de l'honneur qu'ils vous rendent. Heureux le pays où le mérite qui se cache en est d'autant plus estimé! Heureux le peuple où la jeunesse altière vient abaisser son ton dogmatique, et rougir de son vain savoir devant la docte ignorance du sage! Vénérable et vertueux vieillard, vous n'aurez point été prôné par les beaux-esprits ; leurs bruyantes académies n'auront point retenti de vos éloges : au lieu de déposer comme eux votre sagesse dans les livres, vous l'aurez mise dans votre vie, pour l'exemple de la patrie que vous avez daigné vous choisir, que vous aimez, et qui vous respecte. Vous avez vécu comme Socrate*; mais il mourut par la main de ses concitoyens, et vous êtes chéri des vôtres.

J.-J. ROUSSEAU, *Nouv. Hél.* V^e *part. lett.* 1.

ABBADIE (JACQUES), ministre calviniste, naquit à Nay, près de Pau en Béarn, l'an 1657. Après avoir fait ses études théologiques à Saumur et à Sédan, il vint à Paris, pour s'y perfectionner auprès des bons prédicateurs de sa communion. Lors de la révocation de l'édit de Nantes, il se rendit à Berlin, et y fut installé pasteur de l'église française. De là, il passa en Angleterre, puis en Irlande, où il fut fait doyen de Killalow. Il est mort, en 1727, à Sainte-Mary-le-Bone,

---

* Abauzit passait pour ne s'être jamais mis en colère : quelques personnes s'adressèrent à sa servante pour s'assurer si cela était vrai. Il y avait trente ans qu'elle était à son service; elle protesta que, pendant tout ce temps, elle ne l'avait jamais vu en colère. On lui promit une somme d'argent si elle pouvait parvenir à le fâcher. Elle y consentit, et sachant qu'il aimait à être bien couché, elle ne fit point son lit. M. Abauzit s'en aperçut, et le lendemain matin lui en fit l'observation ; elle répondit qu'elle l'avait oublié. Il ne dit rien de plus ; le soir elle ne fit pas le lit davantage; même observation le lendemain; elle y répondit par une excuse en l'air encore plus mauvaise. Enfin à la troisième fois il lui dit : « Vous n'avez pas encore fait mon lit « apparemment que vous avez pris votre parti là-dessus, et que cela vous « paraît trop fatigant. Mais après tout il n'y a pas grand mal; car je com- « mence à m'y faire. » Elle se jeta à ses pieds, et lui avoua tout. Ce trait figurerait très bien dans la vie de Socrate. LA HARPE, *Corresp. litt.*

aujourd'hui renfermée dans l'enceinte de Londres, et non pas en Irlande, comme l'a prétendu Voltaire. Cet écrivain avance aussi qu'Abbadie est mort fou; mais ce fait a été démenti par des témoins oculaires.

Abbadie était très versé dans les langues, et connaissait à fond l'Écriture et les Pères de l'Église; sa mémoire était si heureuse qu'il composait ses ouvrages dans sa tête, et ne les écrivait qu'à mesure qu'il les faisait imprimer. Cette facilité de retenir toute une composition nous a privé d'un livre important, qui avait pour but de démontrer l'immortalité de l'âme.

Les principaux ouvrages d'Abbadie sont : *Traité de la Vérité de la Religion chrétienne*; *De la Divinité de Jésus-Christ*; *De l'Art de se connaître soi-même*: ces trois traités forment quatre vol. in-12, qui ont eu les honneurs de la traduction en différentes langues; *De la Vérité de la Religion chrétienne réformée*, 2 vol. in-8°; *Défense de la nation britannique, contre l'auteur de l'Avis aux réfugiés*, in-8°, 1692; ce volume est devenu rare. Niceron, dans ses *Mémoires*, tome XXXIII, attribue aussi à Abbadie une *Histoire des Conspirations contre le roi et le royaume d'Angleterre*; ce livre est encore plus rare que le précédent.

De tous ces ouvrages, le plus remarquable est le *Traité de la Vérité de la Religion chrétienne*, qui a obtenu le privilège peu commun de concilier les suffrages des catholiques et des protestants. *L'Art de se connaître soi-même* a été fondu presqu'en entier dans l'*Encyclopédie*. Les *Sermons* d'Abbadie, trop peu connus, ont été recueillis en trois volumes. On y rencontre du faux goût; mais on y admire en même temps des traits d'une haute éloquence.

JUGEMENTS.

I.

Nous lisons l'*Histoire de l'Église*, de M. Godeau; vraiment c'est une très belle chose; quel respect cela donne pour la religion! avec Abbadie, on serait toute prête à souffrir le martyre.

Pour nos lectures, elles sont délicieuses. Nous lisons Abbadie et l'*Histoire de l'Église*; c'est marier le luth à la voix.

Nous lisons toujours Abbadie et l'*Histoire ecclésiastique*; cette dernière est l'effet de la persuasion de l'autre; cela est divin et réchauffe la foi.

Mad. DE SÉVIGNÉ.

II.

Jusqu'ici, je n'ai point été touché de tous les autres livres qui parlent de Dieu, et j'en sais bien aujourd'hui la raison, c'est que la source m'en paraissait douteuse; mais la voyant claire et nette dans le livre d'Abbadie, il me fait valoir ce que je n'estimais pas. Encore une fois, c'est un livre admirable; il me peint tout ce qu'il me dit, et il force ma raison à ne pas douter de ce qui lui paraissait incroyable.

BUSSY-RABUTIN, *Lettre à Mad. de Sévigné*.

III.

Abbadie descend par degrés de cette première proposition: *Il y a un Dieu,* jusqu'à celle-ci: *Donc la religion chrétienne est la seule véritable religion.* Vous trouverez même peu de philosophes qui aient poussé aussi loin que cet auteur les preuves de l'immatérialité et de la spiritualité de l'âme; et, comme vous venez d'étudier à fond cette matière, vous ne serez pas fâché de la voir traiter d'une manière moins sèche et plus étendue, par un homme qui était en même temps philosophe et orateur.

Cette dernière qualité ne vous plaira peut-être pas tant dans son ouvrage que la première. Son style vous paraîtra souvent trop diffus, et vous pourrez souhaiter plus d'une fois qu'il eût pu imiter la noblesse et la simplicité du style de M. Pascal, autant qu'il a su s'enrichir de ses pensées, et les mettre chacune en leur place. Mais vous pourrez passer légèrement sur les endroits qui vous paraîtront trop amplifiés, et vous arrêter principalement à ceux qui méritent d'être médités avec soin, et même d'être lus plus d'une fois.

Il serait à souhaiter que cet auteur eût traité avec plus de force et de capacité l'argument des prophéties, quoiqu'il ait fait de très bonnes réflexions sur cette matière. Mais il n'est pas le seul qui soit tombé dans ce défaut, et il est fâcheux que cet argument, que saint Pierre regardait comme la plus grande preuve de la véritable religion, n'ait pas encore été traité aussi solidement et aussi profondément que son importance le méritait. Vous trouverez cependant le nécessaire dans Abbadie, et il vous mettra en état de suppléer ce qui peut y manquer, soit par vos propres réflexions, ou par les conversations que vous pourrez avoir sur ce sujet, si vous le jugez à propos dans la suite, avec des personnes savantes et versées depuis long-temps dans l'étude des saintes Écritures.

Vous pourrez vous contenter de parcourir son troisième volume où il traite de la divinité de Jésus-Christ. C'est la partie de son ouvrage, qui est le moins bien traitée.

D'AGUESSEAU, *Première Instruction.*

IV.

Son livre intitulé l'*Art de se connaître soi-même*, plein de la meilleure philosophie et de recherches profondes sur les sources de la morale, prouve, malgré l'orgueil de nos prétentions, que le véritable esprit philosophique n'a pas été moins commun dans l'autre siècle que dans le nôtre, et qu'à cet égard même, ce siècle, qu'on voudrait envain rabaisser, est encore celui du génie.

Son *Traité de la Vérité de la Religion chrétienne*, très supérieur à celui de l'abbé Houteville, et à toutes ces apologies trop prodiguées d'une religion dont le plus beau triomphe est de subsister par ses propres forces, passait pour un excellent ouvrage dans le temps où la philosophie, loin de rougir du christianisme, lui suscitait encore pour défenseurs des hommes tels que Pascal, Newton, Clarke, Locke, etc. Fontenelle, après avoir lu ce Traité, reconnaissait que la religion chrétienne avait ses preuves.

PALISSOT, *Mémoires sur la Littérature.*

V.

Abbadie écrivit en faveur de la religion chrétienne

une apologie remarquable par la force et le raisonnement; malheureusement le style en est faible, quoique les pensées n'y manquent pas d'un certain éclat. « Si les philosophes anciens, dit Abbadie, adoraient les vertus, ce n'était après tout qu'une belle idolâtrie. »

CHATEAUBRIAND, *Génie du Christianisme*.

MORCEAUX CHOISIS.

I. Les hommes ne sont que des voyageurs

Tout le monde voyage dans cette vie; l'homme voyage, le fidèle voyage, le mondain voyage. L'homme voyage; il vient du néant, et s'achemine vers la mort : le fidèle voyage; il vient de Dieu, et retourne à Dieu : le mondain voyage; il vient d'une masse corrompue, et se hâte de se précipiter dans un abîme de misères. C'est une pensée affreuse, et qui devrait remplir les hommes de crainte et d'effroi, que chacun de nous se trouve nécessairement engagé dans quelqu'un de ces voyages : tous les hommes s'avancent, du néant qui a précédé leur condition, vers le tombeau, où leur nature trouve d'abord comme une autre espèce de néant; tous les hommes sont d'ailleurs dans le chemin de la misère ou dans le chemin du bonheur; rien ne peut arrêter ce tourbillon invisible qui les entraîne; ils sont emportés ou en haut ou en bas, vers le ciel ou vers l'enfer, et, dans cet état, ils ne s'informent ordinairement de rien, ou ils ignorent leur véritable condition. Incertitude affreuse ! Ne sauront-ils point dans lequel de ces deux états ils se trouvent?

Aveugles voyageurs, malheureux étrangers, ne connaîtront-ils jamais quelle est leur véritable patrie, quel est le chemin qui doit les y conduire?
Sermon sur le Chemin qui conduit à Dieu.

II. Sur la mort.

On meurt en bête, on meurt en homme, on meurt en philosophe, on meurt en homme de bien. On meurt en bête, lorsqu'on meurt sans crainte, après avoir vécu sans réflexion; lorsqu'on doit à sa propre insensibilité le repos de ses derniers moments, et que l'on fait ce qu'on peut pour ignorer sa mort, dans le temps même qu'on ne peut s'y soustraire : telle est la disposition non seulement des hommes du commun, mais encore telle a été celle de ces héros qui n'ont point connu le vrai Dieu. C'est dans cette vue qu'un fameux conquérant*, à qui l'on demandait quelle mort lui paraissait la plus souhaitable, répondit que c'était la moins prévue. Vous auriez cru, à voir son intrépidité dans les périls de la guerre, qu'il méprisait la mort : non, c'est seulement qu'il n'osait pas la regarder fixement. Il ne pouvait souffrir l'image de ce qu'il faisait profession de braver tous les jours; évitant de la pensée ce que la loi du destin lui montrait inévitable, il ne cherchait pas tant la mort qu'une manière de mourir qui le sauvât de ses propres frayeurs; il devait sa fermeté à sa faiblesse : le héros n'avait pas la force d'être un homme, et celui qui obtint des autels pour prix de sa valeur

---

* Jules César.

ne faisait au fond qu'imiter les bêtes, qui meurent sans s'en apercevoir.

On meurt en homme, j'entends en homme faible et préoccupé, lorsque, ne mourant pas tout-à-fait sans réflexion et sans prévoyance, on s'occupe de soins inutiles ou d'intérêts peu importants. A quoi sert le soin de sa sépulture et de ses funérailles, si ordinaire aux mourants, si inutile en soi? A quoi servent ces ornements, ces flambeaux, ces sons lugubres, ces tristes pompes qui terminent la vanité, et qui la font revivre? A quoi tout cela sert-il, qu'à nous montrer que nous sommes enfants, même en quittant la vie?

On meurt en philosophe, lorsqu'on tâche de se dédommager des pertes inévitables que la mort nous cause, par la gloire qu'il y a à mourir avec fermeté; on cherche à vivre dans la mémoire des hommes lorsqu'on cesse de vivre réellement; et l'on ne croit pas mourir tout-à-fait, lorsqu'on peut mourir avec bruit et attirer l'attention des hommes en mourant. Quel est ce prodigieux renversement qui fait servir la mort à une fin si contraire à sa véritable destination? Elle est destinée par la justice et la sagesse de Dieu à confondre l'orgueil de l'homme; servira-t-elle au triomphe de sa vanité? Lorsque la justice de Dieu vient punir notre orgueil; notre orgueil triomphera-t-il de sa justice en profitant de ses pertes, en survivant à sa propre ruine, en triomphant de sa propre défaite?

On meurt en homme de bien, en homme juste, lorsqu'on a su prévenir la mort naturelle par une mort spirituelle qui nous fait long-temps mourir au monde par le repentir et par une mortification de l'esprit, du cœur et de la chair : c'est alors que la mort est sainte et heureuse, parce qu'elle a été long-temps prévue; c'est une mort heureuse dans ses suites, divine dans ses sentiments; mort heureuse qui fait la vie de notre cœur, la gloire de notre nature, l'accomplissement des promesses de Dieu, le triomphe de son amour, qui nous élève de la terre au ciel, du commerce des hommes au commerce de Dieu; mort divine dans ses ravissements, que la gloire de Dieu précède, que la gloire de Dieu suit, que la consolation du Saint-Esprit accompagne; mort signalée par l'effusion de nos âmes en la présence de Dieu, et par l'effusion de Dieu sur nos âmes; mort qui change notre foi en vision, notre espérance en possession, notre humilité en une gloire qui éclatera aux yeux de toutes les créatures.

Sermon sur la Mort du juste.

III. Sur les bonnes œuvres.

Les prières et les aumônes ne s'arrêtent point ici-bas; elles montent devant Dieu. Le monde est une figure qui passe déjà, et les cieux doivent un jour disparaître avec un bruit de tempête; mais les œuvres de la charité nous suivent après la mort, et elles doivent nous accompagner jusqu'au trône de Dieu après la destruction des trônes de la terre. Faire du bien n'est donc pas seulement la vie des belles âmes; c'est encore le moyen de perpétuer une belle vie; c'est moissonner dans le temps pour l'éternité; c'est jeter sur la terre une semence qui, germant au-delà du tombeau, nous produit dans le ciel une moisson de gloire et de bonheur; c'est une divine manière de se perpétuer, un moyen de triompher de la mort, un art de ne mourir jamais.

Ibid.

ABLANCOURT (Nicolas PERROT sieur d'). Le véritable nom de ce littérateur est Perrot; mais celui d'Ablancourt étant plus connu, et servant d'ailleurs à le distinguer de son père, *Perrot de la Salle*, qui a eu part à la composition du *Catholicon*, nous avons préféré en parler sous ce nom.

Perrot d'Ablancourt naquit le 5 avril 1606, à Châlons-sur-Marne, d'une famille distinguée dans la robe. Ses progrès rapides et son goût pour les lettres répondirent au soin qu'on prit de son éducation, au point qu'il vint de bonne heure les faire briller sur un plus grand théâtre, et qu'il fut reçu, à l'âge de dix-huit ans, avocat au parlement de Paris. Il avait un goût assez vif pour les plaisirs, sans qu'ils lui fissent négliger l'étude, et ce fut ce goût qui le détourna d'embrasser l'état ecclésiastique que voulait lui faire prendre son oncle, *Cyprien Perrot*, dont les sollicitations l'avaient amené à abjurer le protestantisme. C'est à cette époque que le père Du Bosc, ami de d'Ablancourt, fit paraître *l'Honnête femme;* celui-ci en fit la préface. Cet écrit, qui valut à son auteur une grande réputation, est bien déchu aujourd'hui de l'estime qu'il obtint alors; mais il eut l'avantage de commencer la renommée littéraire de Perrot. Peu affermi dans les nouveaux principes religieux qu'il avait adoptés, Perrot d'Ablancourt retourna bientôt à sa première croyance, et séjourna quelque temps en Hollande et en Angleterre pour laisser passer le bruit qu'avait occasioné ce changement. De retour à Paris, il s'adonna exclusivement à l'étude, et traduisit un grand nombre d'auteurs anciens, grecs et latins. Son érudition était immense, la plupart des connaissances humaines lui étaient familières, et il possédait en outre un grand nombre de langues anciennes et modernes. Forcé de se retirer à sa terre d'Ablancourt, pour veiller lui-même à l'administration de son bien, l'étude fit encore le charme de sa retraite, comme elle avait fait son délassement dans le monde. Perrot n'avait pas en lui-même une confiance assez présomptueuse pour négliger les conseils de ses amis. Quelques académiciens, entre autres le célèbre Patru, son ami, et qui a écrit l'histoire de sa vie, lui firent souvent des observations dont il s'est bien trouvé; aussi remarque-t-on que les dernières traductions qu'il nous a données sont moins exactes que les précédentes, parce que des circonstances particulières l'ont empêché de s'éclairer de leurs lumières comme auparavant. Il avait de la chaleur dans l'esprit, et aurait pu sans doute composer par lui-même des ouvrages estimables; mais il croyait que les livres nouveaux n'étaient que des redites des anciens, et il aima mieux se consacrer à traduire de bons livres. Si les contemporains de Perrot d'Ablancourt ont trop exalté son mérite, les modernes ne l'ont peut-être pas assez apprécié. Les ouvrages qu'il a traduits l'ont été depuis en partie, et cependant ses traductions sont encore lues par les amis de la littérature.

Il mourut à sa terre d'Ablancourt le 17 novembre 1664. L'Académie française se l'était attaché en 1637.

Les principaux auteurs traduits par d'Ablancourt sont Xénophon, Thucydide, Lucien, Arrien, César, Tacite et Frontin.

JUGEMENT.

D'Ablancourt s'est rendu utile par ses traductions, très estimées de son temps, et qui méritaient de l'être, parce qu'il écrivait avec élégance. On lui pardonnerait les infidélités fréquentes qu'il a faites au sens des originaux, s'il eût mieux saisi leur caractère, s'il eût été nerveux et concis avec Tacite, enjoué avec Lucien, etc. Mais alors on accumulait les traductions, dont on sentait la nécessité, sans imaginer qu'il fallût changer de manière à chaque auteur qu'on se proposait de faire passer dans notre langue; on tâchait d'être fidèle à la lettre, qui tue, sans s'occuper de l'esprit, qui vivifie.

PALISSOT, Mémoires sur la Littérature.

ABONDANCE. Il y a dans le style une abondance qui en fait la richesse et la beauté; c'est une affluence de mots et de tours heureux, pour exprimer les nuances des idées, des sentiments et des images.

Il y a aussi une abondance vaine, qui ne fait que déguiser la stérilité de l'esprit et la disette des pensées, par l'ostentation des paroles.

Soit qu'on veuille toucher ou plaire, ou même instruire simplement, l'abondance du style suppose l'abondance des sentiments et des idées que produit un sujet fécond, digne d'être développé. C'est alors que la pensée et l'expression coulent ensemble à pleine source : *rerum enim copia verborum copiam gignit.* (Cic. *De Orat.* III, 31.)

Dans les sujets qui demandent l'ampleur et la magnificence de l'expression, le même orateur regarde la brièveté comme un vice; mais il appelle de vains sons, des paroles vides de sens : *sonitus inanis, nullâ subjectâ sententiâ.* (Cic. *De Orat.* I, 12.)

La peine qu'on se donne pour enrichir des sujets stériles, pour agrandir de petits objets, est au moins inutile, souvent importune.

Chapelain, qu'on a voulu donner pour un homme de goût en fait de poésie, et qui n'avait pas même l'idée de la grâce et de la beauté poétique, emploie, à décrire les charmes et la parure d'Agnès Sorel, quarante vers dans le goût de ceux-ci:

> On voit hors des deux bouts de ses deux courtes manches
> Sortir, à découvert, deux mains longues et blanches,
> Dont les doigts inégaux, mais tout ronds et menus,
> Imitent l'embonpoint des bras longs et charnus.

L'art de peindre, en poésie, est l'art de toucher avec esprit; et l'abondance consiste alors à faire beaucoup avec peu, c'est-à-dire à donner à l'imagination, par quelques traits jetés légèrement, de quoi s'exercer elle-même.

Voyez, dans trois vers de Virgile, comme Vénus est peinte en chasseresse, l'arc sur l'épaule, les cheveux épars, la jambe nue jusqu'au genou, et un simple nœud relevant les plis de sa robe flottante :

> Namque humeris, de more, habilem suspenderat arcum
> Venatrix, dederatque comam diffundere ventis,
> Nuda genu, nodoque sinus collecta fluentes.
> (Virg. *Æneid.* I, 318, *seq.*)

Cependant, lorsque la poésie est du genre de ces petits tableaux qui veulent être vus de près, et que le mérite essentiel en est dans les détails, comme dans les *Métamorphoses* d'Ovide et dans les sonnets de Pétrarque, l'abondance du style peut s'y répandre. Il en est de même dans l'épopée, quand le sujet et l'action principale n'attachent pas assez pour exclure l'amusement d'une description détaillée : ainsi, dans son poème héroï-comique, l'Arioste s'est permis une peinture de la beauté d'Alcine, que le Tasse et Virgile n'ont pas osé, ou n'ont pas daigné faire de la beauté d'Armide et de Didon.

Une sage abondance a lieu non-seulement dans la poésie descriptive, mais dans l'expression des sentiments où l'âme se répand, dans les réflexions où elle se repose. Virgile et Racine son rival en offrent mille exemples.

C'est une précieuse abondance que celle qui, réunie avec la précision, dont on la croirait ennemie, rassemble dans le plus petit espace tous les traits

ABONDANCE.

d'un riche tableau, comme dans ces vers d'Horace, qu'on ne traduira jamais :

> Quà pinus ingens albaque populus
> Umbram hospitalem consociare amant
> Ramis, et obliquo laborat.
> Lympha fugax trepidare rivo *.
>
> (Hor. *Liv. II, Od.* 3.)

Un nouveau charme de l'abondance, c'est l'air de négligence et de facilité dans celui qui prodigue les richesses du style avec celles de la pensée. Cette rare félicité, si j'ose m'exprimer ainsi, règne dans le style de La Fontaine et dans celui d'Ovide; mais l'abondance de La Fontaine est celle de la nature dans sa beauté simple, naïve et variée à l'infini; elle est d'autant plus merveilleuse qu'elle naît de sujets que l'on croirait stériles, et qu'elle en naît sans l'effort du travail : celle d'Ovide, sans être plus pénible, tient de l'art, et va jusqu'au luxe. Des différentes faces sous lesquelles Ovide présente une pensée, ou des nuances variées qu'il démêle dans un sentiment, chacune plairait si elle était seule; mais la foule en est fatigante; et à côté de la richesse on aperçoit enfin l'épuisement.

La poésie allemande surabonde en détails dans les peintures physiques; la poésie italienne, dans l'analyse des sentiments, donne souvent dans le même excès.

La passion donne lieu à l'abondance du style dans

---

* C'est là que le haut pin et le blanc peuplier, mariant leurs rameaux, aiment à réunir leur ombre hospitalière; c'est là qu'une onde fugitive roule avec peine ses flots tremblants dans les replis de son lit tortueux.

les moments où l'âme se détend et se soulage par des plaintes :

Les faibles déplaisirs s'amusent à parler.

Mais lorsque le cœur est saisi de douleur, enflé d'orgueil ou de colère, la précision et l'énergie en sont l'expression naturelle. Il arrive cependant quelquefois que l'abondance contribue à l'énergie, comme dans ces vers de Didon :

Sed mihi vel tellus optem priùs ima dehiscat,
Vel pater omnipotens adigat me fulmine ad umbras,
Pallentes umbras Erebi, noctemque profundam,
Ante, Pudor, quam te violo, aut tua jura resolvo *.

(VIRG. *Æneid.* VI, 24, *seq.*)

On voit là une femme qui sent sa faiblesse, et qui, tâchant de s'affermir par un nouveau serment, le fait le plus inviolable et le plus effrayant qu'il lui est possible : ainsi, cette redondance de style,

Pallentes umbras Erebi, noctemque profundam,

est l'expression très naturelle de la crainte qu'elle a de manquer à sa foi.

Il en est de même toutes les fois que la passion s'accroît à mesure qu'elle s'exhale : comme dans les imprécations de Didon, et de Camille dans *les Horaces* ; comme dans les protestations que fait Achille, au neuvième livre de *l'Iliade*, de ne jamais se laisser fléchir.

* « Que sous mes pas la terre entr'ouvre ses abimes, et que d'un coup de foudre le tout-puissant maître des dieux me précipite au séjour des ombres, des pâles ombres de l'Érèbe, et dans la profondeur de l'éternelle nuit, ô Pudeur, avant que je t'oublie, et que je viole tes lois. »

Quand le caractère de celui qui parle est austère et grave, l'expression doit être pleine, forte et précise. Fernand Cortez, à son retour du Mexique, rebuté par les ministres de Philippe II*, et n'ayant pu approcher de lui, se présente sur son passage et lui dit : « Je m'appelle Fernand Cortez : j'ai conquis « plus de terres à Votre Majesté qu'elle n'en a « hérité de l'empereur Charles-Quint son père ; et « je meurs de faim. » Voilà de l'éloquence.

Merville, évêque de Chartres, en demandant au feu roi quelque argent pour les pauvres de son diocèse, dans une grande cherté de grains, lui dit : « Sire, vous vivez dans l'abondance, et vous ne « connaissez pas la famine ; mais la famine amène « la peste, et la peste est pour tout le monde. » C'est encore là de l'éloquence sans aucune amplification.

L'entretien de Caton et de Brutus, dans la *Pharsale*, serait sublime s'il n'était pas diffus. Lucain était jeune, et l'ambition d'un jeune homme est d'étonner en renchérissant sur lui-même. Le comble de l'art est de s'arrêter où s'arrêterait la nature. Virgile et Racine sont des modèles de cette sobriété ; Homère et Corneille n'ont pas ce mérite.

Partout où la philosophie est susceptible d'éloquence, elle permet au style une abondance ménagée. Voyez Plutarque exprimant le délire et les angoisses de l'homme superstitieux. Voyez, dans

* C'est à Charles-Quint que Fernand Cortez adressa ces paroles célèbres, un peu altérées dans la citation de Marmontel. Philippe II ne régnait pas encore lorsque Fernand Cortez revint du Mexique.   H. Patin.

l'*Histoire naturelle*, toutes les richesses de la langue employées à décrire la beauté du paon et la férocité du tigre.

Mais en général le style philosophique veut être plein, clair et précis. Lycurgue voulait qu'on accoutumât les enfants, par un long silence, à avoir la repartie vive et aiguë. « Car, ajoute Plutarque, comme
« la débauche rend les hommes inféconds et stériles,
« l'intempérance de la langue rend de même le dis-
« cours insipide et vain. » Paroles simples et d'un grand poids, vivacité piquante, qui partait comme un trait, et qui allait droit au but : ce fut l'éloquence lacédémonienne.

Le genre oratoire est celui où les richesses de la pensée et du style peuvent se répandre le plus abondamment. (*Voyez* AMPLIFICATION.) Les anciens orateurs en aimaient l'excès, même dans leurs disciples. Marc-Antoine disait de l'un des siens : « Hunc
« ego (*Sulpicium*) cùm primùm, in causâ parvulâ,
« adolescentulum audivi.... oratione celeri et con-
« citatâ (quod erat ingenii), et verbis effervescen-
« tibus et paulò nimiùm redundantibus (quod erat
« ætatis), non sum aspernatus. Volo enim se
« efferat in adolescente fecunditas : nam faciliùs,
« sicut in vitibus, revocantur ea quæ sese nimiùm
« profuderunt, quàm, si nihil valet materies, nova
« sarmenta culturâ excitantur. Ità volo esse in ado-
« lescente undè aliquid amputem : non enim potest
« esse in eo succus diuturnus, quod nimis celeriter
« est maturitatem assecutum*. » (CIC. *De Orat.* II, 21.)

---

* « Lorsque, pour la première fois, j'entendis ce Sulpicius, jeune encore,

ABONDANCE.

Le vice du style opposé à cette abondance est la sécheresse et la stérilité. On s'en aperçoit aisément, lorsque, sur un sujet qui demande à être approfondi et développé, l'écrivain demeure, comme Tantale au milieu d'un fleuve, haletant, si j'ose le dire, après l'expression, ou plutôt après la pensée, qui semble lui échapper au moment qu'il croit la saisir.

Mais un défaut plus fatigant encore est cette loquacité importune qui s'est introduite parmi nous dans le barreau et dans la chaire.

Ce n'est plus ce luxe qu'Antoine estimait dans ses disciples, et qui supposait des richesses; c'est une indigence prodigue; c'est une vaine superfluité de locutions communes, et qui ne prouvent rien, qu'un vide absolu dans l'esprit. Comment démêler la vérité dans le chaos des plaidoiries? Combien de fois les juges ne pourraient-ils pas dire aux avocats ce que les Lacédémoniens disaient à un certain harangueur prolixe : « Nous avons oublié le commen- « cement de ta harangue, ce qui est cause que, « n'ayant pas compris le milieu, nous ne saurions « répondre à la fin. »

C'est encore pis, s'il est possible, pour l'éloquence

---

plaidant une petite cause, et que je remarquai dans son discours de la rapidité et de la véhémence (ce qui était de son génie), et dans les mots de l'effervescence et de la redondance (ce qui était de son âge), je ne l'en estimai pas moins. Je veux que dans l'adolescence s'annonce la fécondité ; et il en est du talent comme de la vigne, dont il est plus facile de retrancher des rameaux superflus, que d'obtenir, si le fond est mauvais, qu'elle en produise de nouveaux; je veux de même, dans la jeunesse, trouver quelque chose à émonder : les fruits qui mûrissent trop vite ne sauraient conserver longtemps leur suc et leur saveur.»

de la chaire. L'usage de parler une heure sur un sujet stérile ou simple; la méthode établie de diviser, de subdiviser, de prouver ce qui est évident, ou d'expliquer ce qui est ineffable; d'analyser, d'amplifier ce qui demanderait, pour frapper les esprits, des touches fortes et de grands traits; voilà ce qui ne fait que trop souvent de l'éloquence de la chaire un babil dont la volubilité nous étourdit, et dont la monotonie nous endort.

Il est certain que les grandes vérités morales et religieuses dont la chaire doit retentir, exigent quelquefois des développements; et c'est là que le style doit employer son abondance, mais avec l'économie que le goût et la raison prescrivent.

Le sage est ménager du temps et des paroles,

surtout lorsqu'il occupe tout un peuple assemblé.

Écoutez Massillon parlant de la tolérance religieuse: « L'Église n'opposa jamais aux persécutions
« que la patience et la fermeté; la foi fut le seul
« glaive avec lequel elle vainquit les tyrans. Ce ne
« fut pas en répandant le sang de ses ennemis qu'elle
« multiplia ses disciples : le sang de ses martyrs,
« tout seul, fut la semence des fidèles. Ses premiers
« docteurs ne furent pas envoyés dans l'univers
« comme des lions, pour porter partout le meurtre
« et le carnage, mais comme des agneaux, pour
« être eux-mêmes égorgés. Ils prouvèrent, non en
« combattant, mais en mourant pour la foi, la vé-
« rité de leur mission. » (*Petit Carême, IIe dimanche.*)

Écoutez le même, prêchant la bienfaisance à un

jeune roi. « Toute cette vaine montre qui vous en-
« vironne, lui dit-il, est pour les autres; ce plaisir
« (de faire du bien) est pour vous seul. Tout le reste
« a ses amertumes, ce plaisir seul les adoucit toutes.
« La joie de faire du bien est tout autrement douce
« et touchante que la joie de le recevoir : revenez-y
« encore, c'est un plaisir qui ne s'use point : plus on
« le goûte, plus on se rend digne de le goûter. On
« s'accoutume à sa prospérité propre, et on y devient
« insensible; mais on sent toujours la joie d'être
« l'auteur de la prospérité d'autrui. » (*Petit Carême,
IVe dimanche.*)

On voit là sans doute la même idée revenir, et se présenter sous des traits qui semblent les mêmes, mais dont chacun la rend plus vive et plus touchante, et qui, pour émouvoir le cœur, ont la force de l'eau qui tombe goutte à goutte sur le rocher qu'elle amollit enfin.

On trouvera dans Cicéron mille exemples de cette abondance. Il faisait un précepte de l'employer *à tenir l'esprit de l'auditeur long-temps attaché sur une même pensée;* et de cet art qu'il enseignait, il est lui-même le plus parfait modèle : je n'en citerai qu'un seul trait, pris de la harangue pour Marcellus, à qui César avait fait grâce. « In armis, militum
« virtus, locorum opportunitas, auxilia sociorum,
« classes, commeatus multum juvant : maximam
« verò partem, quasi suo jure, Fortuna sibi vindi-
« cat; et quidquid est prosperè gestum, id penè
« omne ducit suum. At verò hujus gloriæ, C. Cæsar,
« quam es paulò ante adeptus (*clementiæ et man-*

« *suetudinis*), socium habes neminem : totum hoc,
« quantumcumque est, quod certè maximum est,
« totum est, inquam, tuum : nihil sibi ex istâ laude
« centurio, nihil præfectus, nihil cohors, nihil
« turma decerpit. Quin etiam, illa ipsa rerum hu-
« manarum domina, Fortuna, in istius se societa-
« tem gloriæ non offert : tibi cedit ; tuam esse totam
« et propriam fatetur *. » (*Pro Marcello, II.*)

L'abondance du sentiment n'est pas fatigante, comme celle de l'esprit ; aussi n'y a-t-il que les sujets pathétiques sur lesquels il soit possible de *parler d'abondance* : expression qui peint vivement cette sorte d'éloquence où, sans préparation, comme sans ordre et sans suite, une âme pleine d'un grand sujet, et profondément pénétrée, répand avec impétuosité les sentiments dont elle est remplie, et fait passer dans toutes les âmes ses rapides émotions.

On a vu dans nos chaires des effets surprenants du pouvoir de cette éloquence. Le véhément Bridaine a déchiré plus de cœurs et fait couler plus de larmes que le savant et profond Bourdaloue, et, si j'ose le dire, que le sublime Bossuet.

---

* « Dans les combats, la valeur des troupes, l'avantage du lieu, le secours des alliés, les flottes, les convois, servent beaucoup à celui qui commande. La Fortune, de plein droit, s'attribue la plus grande part au succès ; et presque tout ce qui s'est fait d'heureux, elle s'en empare comme de son bien. Mais la gloire, César, que tu viens d'acquérir par la douceur et la clémence, tu ne la partages avec nul autre. Quelque grand que soit ce triomphe, et il est très grand en effet, il t'appartient dans son entier ; et de la louange qui t'en revient, tu n'as rien à restituer au centurion, rien au préfet, rien aux cohortes, rien à la multitude. La Fortune elle-même, ce grand arbitre des choses humaines n'a rien à prétendre à ta gloire ; elle te la cède ; elle avoue qu'elle est à toi en propre et sans partage. »

Mais lorsque la force de l'éloquence doit résulter de l'ordre et de l'enchaînement des idées, c'est une imprudence de se livrer à l'inspiration du moment; à moins qu'une longue habitude de l'élocution n'ait mis l'orateur en état de s'abandonner à sa véhémence, sans jamais s'oublier ni se détourner de son but. Ce sont des exceptions rares à ce que Plutarque avait observé des *oraisons faites à l'imprévu*. « Elles sont pleines, dit-il, de grande nonchalance et de beaucoup de légèreté; car ceux qui parlent ainsi à l'étourdi ne savent là où il faut commencer, ni là où ils doivent achever ; et ceux qui s'accoutument ainsi à parler à la volée, outre les autres fautes qu'ils commettent, ils ne savent garder mesure ni moyen en leurs propos, et tombent dans une merveilleuse superfluité de langage. » (*Traduction d'*AMYOT.)

On raconte, à ce propos, qu'en Italie, où les prédicateurs parlent assez communément d'abondance, l'un d'eux, prêchant sur le pardon des ennemis, après s'être efforcé de persuader à ses auditeurs qu'il fallait non-seulement pardonner à ses ennemis et ne pas leur vouloir du mal, mais encore les aimer et leur faire du bien, emporté par sa véhémence, reprit ainsi : « Mais, me direz-
« vous, je n'ai point d'ennemis. Vous n'avez point
« d'ennemis, mes frères! et le monde, le péché, la
« chair, ne sont-ils pas vos ennemis? ».

C'est ainsi qu'un orateur, dont la marche n'est point réglée, risque souvent de s'égarer. Un prédicateur, après avoir battu la campagne en prêchant

devant le cardinal de Richelieu, lui dit : « Je demande
« pardon à votre Éminence ; je me suis abandonné
« au Saint-Esprit : une autre fois je me préparerai,
« et j'espère que je ferai mieux. »

Il faut avouer cependant qu'il n'y a que cette façon de produire les grands effets de l'éloquence, et de saisir tous les avantages du lieu, du moment, de son émotion propre, et de celle des auditeurs ; et voilà pourquoi Bourdaloue disait d'un missionnaire de son temps : « On rend à ses sermons les « bourses que l'on vole aux miens. » Les missionnaires ont en effet cet avantage inestimable sur les prédicateurs étudiés. Il est le même au barreau, pour les avocats qui parlent d'abondance, sur ceux qui froidement récitent le plaidoyer qu'ils ont écrit. Ce talent rare, que Fénelon voulait que l'on acquît, demande un grand travail, et suppose les dons les plus précieux de la nature : il est cependant quelquefois porté si loin par l'habitude, qu'il y a des orateurs dont l'élocution même gagne à n'être point travaillée, et qui parlent mieux d'abondance qu'ils n'écrivent en composant.

Dans les écoles de rhétorique, la jeunesse romaine s'exerçait à parler ainsi ; et Crassus, qui, en reconnaissant l'utilité de cet usage, trouvait cependant préférable celui de s'appliquer à écrire avec réflexion *, Crassus était lui-même de tous les orateurs le plus en état de parler d'abondance, par les études infatigables qu'il avait faites, par l'immense trésor

* Etsi utile etiam subitò sæpè dicere ; tamen illud utilius, sumpto spatio ad cogitandum, paratius atque accuratius dicere. (Cic. De Orat. I, 33.)

de connaissances et de pensées qu'il avait amassé, mais surtout par les exercices habituels de sa jeunesse. (*Voyez* RHÉTORIQUE.)

Voici un exemple de cette promptitude avec laquelle il parlait sur-le-champ. Comme il plaidait en faveur de Plancus, contre un Marcus Brutus son accusateur, homme peu digne de son nom, et au moment qu'il lui reprochait sa dissipation et ses vices, il vit du haut de la tribune passer le convoi d'une vieille femme de la famille Junia. Il s'interrompit, et adressant la parole à Brutus. « Lève-toi,
« lui dit-il, regarde cette femme que l'on porte au
« tombeau. Que veux-tu qu'elle dise de toi à ton
« père, à tes ancêtres, à ces illustres morts dont les
« images l'accompagnent; à ce Brutus, par qui ce
« peuple fut délivré de la domination des rois? A
« quoi, de quelle gloire ou de quelle vertu leur dira-
« t-elle que tu t'occupes? A augmenter ton patri-
« moine? cela serait peu digne de ta noblesse, à la
« bonne heure; mais pour la soutenir, il ne te reste
« rien: ta débauche a tout dissipé. Dira-t-elle que tu
« t'appliques à l'étude du droit civil? Ce serait imiter
« ton père; mais des débris des meubles de sa maison
« que tu as vendue, tu n'as pas même conservé le
« siège où il était assis lorsqu'on le consultait. A la
« science militaire? tu n'as vu de ta vie un camp. A
« l'éloquence? mais tu n'en as aucune : tout ce que
« tu peux faire, et de ta voix et de ta langue, c'est
« de gagner quelque salaire à ce honteux métier de
« calomniateur. Et tu oses voir la lumière, envisager
« ce peuple, te montrer au Forum, paraître dans la

« ville en présence des citoyens! et tu ne frémis pas
« de honte en regardant cette femme morte et les
« images de tes ancêtres, dont tu es non-seulement
« hors d'état d'imiter les exemples, mais de loger les
« simulacres*! » L'original de ce morceau est dans le
second livre de l'Orateur; et l'un des interlocuteurs
du dialogue, Antoine, en le citant s'écrie : « Proh
« dii immortales! quæ fuit illa, quanta vis! quàm
« inexpectata! quàm repentina! »

Long-temps avant Crassus, Galba avait montré
une facilité prodigieuse à parler, sinon d'abondance,
au moins avec très peu de préparation. Voyez, au
livre des orateurs célèbres, ce que Cicéron en
raconte. Lælius, l'ami de Scipion, doué d'une éloquence
douce et polie, mais peu nerveuse, avait
plaidé deux fois une cause importante sans en décider
le succès. Il eut la modestie de conseiller à
ses clients de recourir à Galba : celui-ci se défendit
d'abord de parler après Lælius; mais enfin, cédant
aux instances qu'on lui faisait, il employa, dit Cicéron,
une demi-journée à étudier la cause. Le lendemain
ses clients le trouvèrent au milieu de ses scribes,
dictant à plusieurs à la fois, avec la même véhémence
que s'il avait plaidé. C'était l'heure de
l'audience. Il sortit tout ému; et, en arrivant au
barreau, il parla avec tant d'éloquence, que, d'un
bout à l'autre de son plaidoyer, il fut applaudi par

---

* « Tu illam mortuam, tu imagines ipsas non perhorrescis, quibus non
modò imitandis, sed ne collocandis quidem tibi ullam locum reliquisti? »
(Cic. *De Orat.* II, 55.)

acclamation *. Ce coup de force, vanté par Cicéron, nous fait entendre cependant que de pareils exemples étaient rares chez les Romains.

Chez les Grecs, l'habitude de parler sur-le-champ devait être moins étonnante. Écoutons Démosthène, dans sa harangue *Pour la Couronne*, rappelant ce qui s'était passé lorsqu'on avait appris que Philippe avait fait sa paix avec les Thébains. « Le héraut, dans
« l'assemblée du peuple et du sénat, demande à
« haute voix : *Qui veut monter dans la tribune ?*
« Aucun de vous ne lui répond. Il répète, à plusieurs
« reprises, la même invitation : personne encore ne
« se lève, quoique tous vos généraux et vos orateurs
« fussent là présents, et que la voix commune de la
« patrie les conjurât d'ouvrir un avis salutaire.... Or
« celui qui dans cette conjoncture décisive se pré-
« senta, ce fut moi; je montai dans la tribune, etc. »

Ainsi, toutes les fois qu'un évènement imprévu obligeait d'assembler le peuple athénien, celui qui, à ce cri du héraut : *Qui veut parler ?* montait dans la tribune, y parlait d'abondance.

Cicéron, qui ne voyait pas sans frayeur le danger de parler ainsi, quoiqu'il en sentît l'avantage, voulait au moins qu'une partie du discours fût écrite avec soin, parce qu'alors, dit-il, ce qu'on ajoute prend le ton et le caractère de ce que l'on a préparé; et il compare le discours à un vaisseau une fois lancé, qui va long-temps encore lorsque les rameurs se

---

* Quid multa? magnâ expectatione, plurimis audientibus, coràm ipso Lælio, sic illam causam, tantâ vi, tantàque gravitate dixisse Galbam, ut nulla ferè pars orationis silentio præteriretur. (Cic. *Brut.* XXII.)

reposent. « Ut concitato navigio, cùm remiges in-
« hibuerunt, retinet tamen ipsa navis motum et
« cursum suum, intermisso impetu, pulsuque re-
« morum: sic, in oratione perpetuâ, cùm scripta
« deficiunt, parem tamen obtinet oratio reliqua
« cursum, scriptorum similitudine, et vi concitatâ. »
(*De Orat.* I, 33.)

Quel fut, dans Rome et dans Athènes, le grand secret des orateurs pour être prêts à parler sur-le-champ, quand l'occasion était pressante ou favorable? Cochin le savait parmi nous. « Primùm silva
« rerum ac sententiarum comparanda est. » « Il faut
« commencer par un grand amas de connaissances
« et de pensées. » (*De Orat.* I, 26.)

MARMONTEL, *Eléments de Littérature.*

ACCENT. « Il y a dans la parole une espèce de
« chant, » dit Cicéron. Mais ce chant était-il noté par la prosodie des langues anciennes? On nous le dit; on nous assure que, dans le grec et le latin, l'accent marquait l'intonation de la voix sur telle et sur telle syllabe; et c'est ce qu'on appelle l'accent prosodique, distinct de l'accent oratoire, ou des inflexions données à la parole par la pensée et par le sentiment. Il est pourtant bien difficile de concevoir cet accent prosodique adhérent aux syllabes, à moins que, dans la prononciation animée par les mouvements de l'éloquence, il ne cédât la place à l'accent oratoire; et voici la difficulté.

Qu'on donne à un musicien des paroles déjà notées

par l'accent de la langue, il est évident que, s'il veut laisser aux syllabes leurs intonations prosodiques, il sera dans l'impossibilité de donner du naturel et du caractère à son chant; et que, s'il veut au contraire plier le son des paroles à l'expression que l'idée ou le sentiment sollicite, il faut qu'il les dégage de l'accent prosodique, et se donne la liberté de les moduler à son gré. Or, il en est de la prononciation oratoire comme de la musique.

L'accent prosodique qui nuirait à l'une s'il était invariable, nuirait donc également à l'autre : des paroles déjà notées par la prosodie supplieraient et menaceraient avec les mêmes inflexions.

Il ne faut pas confondre ici la quantité avec l'accent. La durée relative des syllabes peut être fixe et immuable dans une langue, sans que l'expression en soit gênée, au moins sensiblement. Par exemple, que l'on prolonge la pénultième ou qu'on appuie sur la dernière, la différence n'est que dans les temps, et non pas dans les tons. La quantité peut donc être fixe et prescrite; mais les intonations, les inflexions de la parole doivent être libres et au choix de celui qui parle, sans quoi il ne saurait y avoir de vérité dans l'élocution.

Dans la langue française, telle qu'on la parle à Paris, il n'y a point d'accent prosodique. Il est vrai que la finale muette n'est jamais susceptible de l'élévation de la voix, et qu'on est obligé ou de l'abaisser ou de la tenir à l'unisson; mais c'est la seule voyelle qui, de sa nature, gêne la liberté de l'accent oratoire. C'est le repos, le sens suspendu, le ton suppliant,

3.

menaçant; celui de la surprise, de la plainte, de la frayeur, etc., qui décide de l'élévation ou de l'abaissement de la voix sur telle ou telle syllabe; et quelquefois le même sentiment est susceptible de différentes inflexions. Je n'en citerai qu'un exemple, pris du rôle de Phèdre, dans la tragédie de Racine:

Malheureuse! quel mot est sorti de ta bouche!

Ce vers peut se déclamer de façon que la voix élevée sur la première syllabe de *malheureuse*, s'abaisse sur les trois dernières, que la voix se relève sur la première de *quel mot*, et descende sur la seconde; et qu'elle remonte sur la troisième de ce nombre, *est sorti*, et retombe sur la fin du vers:

Màlheureuse! quèl mot est sortì de ta bouche?

On peut aussi, et peut-être aussi bien, le déclamer dans une modulation contraire, en abaissant les syllabes que nous venons d'élever, et en élevant celles que nous avons abaissées:

Malheurèuse! quel mòt est sorti de ta bouche?

Le choix des ces intonations fait partie de l'art de la prononciation théâtrale et oratoire; et l'on sent bien que s'il y avait dans la langue un accent prosodique déterminé et invariable, le choix des intonations n'aurait plus lieu, ou serait sans cesse contrarié par l'accent.

La nature, dit Cicéron, comme si elle eût voulu moduler la parole, a mis dans chaque mot une voyelle aiguë, et le plus loin qu'elle l'ait placée en-deçà de la finale, c'est à la pénultième*. Cela est difficile à entendre pour nous, si cet accent était immuable. Mais ce que je vois clairement dans Quintilien, c'est que l'accent grave et l'accent aigu changeaient souvent de place, pour favoriser l'expression. Dans les mots *quale* et *quantum* par exemple, l'accentuation était différente pour l'interrogation ou l'exclamation, et pour la comparaison simple. C'est ce qui arrive dans notre langue, toutes les fois que, sans altérer la prosodie, la prononciation peut indifféremment appuyer ou glisser, élever ou baisser le ton, sur telle ou telle autre syllabe : comme, par exemple, elle appuie sur la première du mot *cruel*, dans l'accent du reproche tendre; et sur la dernière dans l'accent de l'effroi : *Crùel, que t'ai-je fait ? Cruèl! que dites-vous ?*

Cette facilité nous est donnée presque partout où l'une des voyelles n'est pas muette ou absolument brève, comme l'est la première des mots *désir, douleur, mourir, retour,* dont la dernière seule peut être accentuée; mais alors même rien n'empêche de les tenir toutes les deux à l'unisson, et de placer l'accent, ou en-deçà sur le mot qui précède, ou au-delà sur le mot suivant, comme dans ces exemples : *Impatiènts désirs. Mes hontèuses douleurs. Je le pèrds sans retour. Mourir sàns me venger!*

Ce qu'on appelle l'accent des provinces consiste, en partie, dans la quantité prosodique : le Normand

---

* Ipsa enim natura, quasi modularetur hominum orationem, in omni verbo posuit acutam vocem, nec unâ plus, nec à postremâ syllabâ citrà tertiam (Cic *Orat. XVIII.*)

prolonge la syllabe que le Gascon abrège. Il consiste encore plus dans les inflexions attachées, non pas aux syllabes des mots, mais aux mouvements du langage ; par exemple, dans l'accent du Gascon, du Picard, du Normand, l'inflexion de la surprise, de la plainte, de la prière, de l'ironie, n'est pas la même. Un Gascon vous demande *comment vous portez-vous ?* d'un ton gai, vif et animé qui se relève sur la fin de la phrase; le Normand dit la même chose, d'un son de voix languissant, qui s'élève sur la pénultième, et retombe sur la dernière, à peu près du même ton que le Gascon se plaindrait.

Ce que nous disons de la langue française doit s'entendre de toutes les langues vivantes : leur prosodie est dans la durée relative des syllabes; leur accent est dans les inflexions de la parole, dans le fort et le faible de la voix, ses modulations, ses appuis, selon l'idée, le sentiment ou la passion qu'elle exprime, le mouvement de l'âme qu'elle imite; mais d'accent prosodique adhérent aux sons, immobile et invariable, aucune langue n'en peut avoir sans renoncer à toutes les nuances de l'expression, qui doit pouvoir sans cesse varier, et se plier dans tous les sens.

L'art de bien parler, de bien réciter, soit pour l'acteur, soit pour l'orateur, consiste singulièrement à accentuer plus ou moins la parole, selon le genre d'élocution, et à l'accentuer toujours avec justesse et sobriété.

C'est l'accent qui donne du caractère à l'expression ; de l'esprit, de la vérité, de la variété à la lecture; de la vie et de l'âme à la déclamation; mais il faut prendre garde de n'y pas mettre une fausse finesse, une fausse chaleur, ou une emphase déplacée : rien n'est plus ridicule que l'affectation qui fait un contre-sens.

C'est au barreau, dans la chaire, au théâtre, que ces défauts se font le plus sentir. Les juges sont trop accoutumés, ou trop préoccupés de leurs fonctions, pour s'apercevoir du ridicule que Racine a joué dans la comédie des *Plaideurs*; mais on entend à l'audience des *car* aussi aigus que celui de l'Intimé.

Une exagération non moins choquante de l'accent oratoire subsiste dans la chaire. Il y a quelque temps que, de l'endroit le plus bruyant de Paris, on entendait, dans une église voisine, les cris, les hurlements d'un homme. On demanda si on l'exorcisait. Non, répondit quelqu'un, c'est lui qui exorcise, et qui, pour chasser le démon de l'âme de nos philosophes, demande le fer et le feu.

Dans la récitation comique, le naturel s'est assez conservé; mais le tragique, malgré l'exemple de Baron, de la Lecouvreur, de cette Clairon qui nous les rappelait, n'a pu se corriger encore assez de ses tons emphatiques; et s'il prend l'accent naturel, il s'abaisse au plus trivial. (*Voyez* DÉCLAMATION.)

C'est une observation que j'ai entendu faire par un comédien qui avait de l'esprit et de la culture, et qui lisait singulièrement bien, que dans le langage animé, surtout dans le langage ou poétique ou oratoire, il y a toujours des mots frappants où la force du sens réside, et que c'est sur ces mots que doit appuyer l'expression. En effet, rien ne l'affaiblit tant que de la prodiguer; et de même que, dans un morceau d'éloquence ou de poésie, un homme intelligent ne cherche pas à faire tout valoir; de même, dans un vers ou dans une période, il n'affectera pas de faire tout sentir. Supposons, par exemple, que l'on récite ces beaux vers de Corneille : (*Cinna, act. I, sc.* 3.)

Je les peins, dans le mèurtre à l'envi triomphants,
Rome entière noyée au sàng de ses enfants,
Les uns assàssinés dans les places publiques,
Les autres dans le sèin de leurs dieux domestiques;
Le méchant par le prix au crìme encouragé,
Le mari par sa fèmme en son lit égòrgé,
Le fils tout dégouttant du mèurtre de son père,
Et, sa tête à la main, demandànt son salaire.

On voit que, malgré la plénitude et l'énergie continuelle de ces beaux vers, l'expression portera naturellement sur les mots qui sont les grands traits de l'image, et s'appuiera sur la syllabe de ces mots qui peut le mieux soutenir la voix.

C'est une des raisons pour lesquelles il est vrai de dire, en général, que personne ne lit mieux un ouvrage que son auteur. Il arrive pourtant quelquefois que, par l'envie de faire tout valoir, ou dans ses vers ou dans sa prose, le lecteur pèse sur tous les mots; et sa lecture, à la fois maniérée et monotone, produit un effet tout contraire à celui qu'il s'est proposé : il articule tout, et ne distingue rien; ses couleurs n'ont plus de nuances; nulle ombre ne les fait briller ; il veut que tout soit en relief; et il relève tout si bien, qu'il n'y a plus rien de saillant.

Marmontel, *Eléments de Littérature*.

ACCIUS ou plutôt Attius (Lucius), poète latin, contemporain de Cicéron, était fils d'un affranchi. Les auteurs ne s'accordent ni sur l'époque de sa naissance ni sur celle de sa mort. On cite Accius et Pacuvius comme les plus anciens poètes tragiques dont les pièces aient été représentées par ordre des édiles. Accius ayant lu à Pacuvius sa tragédie d'Atrée, celui-ci en trouva le style élevé, mais dur et dépourvu d'élégance. Tacite adressa dans la suite le même reproche au style d'Accius; cependant on préférait généralement ce poète à Pacuvius qui, avec plus d'art, à montré moins de génie. Quintilien loue dans ces deux auteurs la solidité des pensées, la force des expressions et la noblesse des caractères; mais il reconnaît dans leurs productions les traces de cette rudesse inévitable pour tous ceux qui, dans quelque art que ce soit, sont destinés à ouvrir la carrière. Imitateur de Sophocle, Accius retraça dans presque toutes ses pièces les grandes catastrophes des temps héroïques de la Grèce; et Cicéron, qui était au nombre de ses amis, estimait beaucoup sa tragédie de Philoctète. Accius composa cependant une tragédie nationale sur l'expulsion des Tarquins. Il écrivit aussi des annales en vers, et fit des poésies dans lesquelles il célébrait les victoires de Décimus Brutus sur les Espagnols. Charmé également du choix du sujet et de la beauté des vers, ce consul en décora l'entrée des temples et les monuments qu'il fit élever. Valère Maxime parle d'un poète nommé Accius, qui, dans des réunions littéraires, ne se levait pas lorsque Jules César entrait, parce que, en ce lieu là, il se considérait comme au-dessus de lui : mais on ne sait si ce trait concerne le poète dont nous nous occupons.

Il ne nous reste d'Accius que des fragments peu considérables; M. Levée en a publié, en 1823, le texte et la traduction dans le tome XV du *Théâtre des Latins*.

FRAGMENT D'ESCHYLE, DONT LA TRADUCTION LATINE EST ATTRIBUÉE A ACCIUS.

Plaintes de Prométhée, enchaîné sur le Caucase

O race de Titans *, par le ciel enfantée!
Vous que le nœud du sang unit à Prométhée,
Voyez-le sur ce roc, où les dieux l'ont fixé.
Tel que le frêle esquif, par les vents menacé,
Qu'à l'aspect d'une nuit où s'amasse l'orage,
Les pâles matelots attachent au rivage,
Ainsi de Jupiter m'enchaîne la fureur.
De Vulcain le barbare invoque la rigueur :
Le noir dieu de Lemnos, à son père fidèle,
Forge ces coins de fer : sa main, sa main cruelle
Les enfonce avec art dans mon corps fracassé,
Et, captif impuissant, de mille traits percé,
J'habite, en frémissant, ce séjour des Furies.
C'est peu, je suis en proie à d'autres barbaries :

* Prométhée était lui-même un Titan; il dépose sa douleur dans le sein de ses frères, qui étaient sans doute venus déplorer son infortune

ACHÈVEMENT.

Quand la troisième aurore importune mes yeux,
Je vois fondre sur moi, d'un vol impétueux,
Le satellite ailé du tyran qui m'opprime.
Il approche, il s'abaisse, il couvre sa victime;
Ses ongles recourbés me déchirent les flancs,
Il dévore à loisir mes membres palpitants;
Las enfin de creuser ma poitrine vivante,
Il pousse un vaste cri; d'une aile triomphante
Se joue en remontant au séjour éthéré,
Et s'applaudit du sang dont il est enivré.
Mais quand mon cœur rongé croît et se renouvelle,
Le monstre, que la faim aiguillonne et rappelle,
Vient chercher de nouveau son horrible festin;
Je renais pour nourrir l'implacable assassin
Qu'un tyran a chargé d'éterniser mes peines.
Hélas! vous le voyez, esclave dans ces chaînes,
Dont Jupiter sur moi fait peser le fardeau,
Je ne puis de mes flancs écarter mon bourreau.
Inutile à moi-même, il faut sans résistance
Subir de mon rival l'inflexible vengeance.
J'implore enfin la mort, et je ne l'obtiens pas :
Jupiter à mes vœux interdit le trépas;
Rien n'assoupit mes maux : par les ans amassées,
Ces antiques douleurs dans mon corps sont fixées.
Jouet d'un lâche orgueil, ce cadavre animé
Se dissout aux rayons d'un soleil enflammé,
Et sous l'astre ennemi qui le perce et l'embrase,
D'une sueur sanglante arrose le Caucase.

(J.-P. Anceau.)

ACHÈVEMENT. Dans la poésie dramatique, on appelle ainsi la conclusion qui suit l'évènement par lequel l'intrigue est dénouée.

ACHÈVEMENT.

L'art du poète consiste à disposer sa fable, de façon qu'après le dénouement il n'y ait plus aucun doute ni sur les suites de l'action ni sur le sort des personnages. Dans *Rodogune*, par exemple, dès que le poison agit sur Cléopâtre, tout est connu, ce vers;

> Sauve-moi de l'horreur de mourir à leurs pieds,

finit tragiquement la pièce.

Mais souvent il n'en est pas ainsi; et la catastrophe peut n'être pas assez tranchante pour ne laisser plus rien attendre.

Britannicus est empoisonné; mais que devient Junie? C'est cet éclaircissement qui allonge et refroidit le cinquième acte de *Britannicus*.

L'action des *Horaces* est finie au retour d'Horace le jeune, et même avant sa scène avec Camille. Cette scène et tout ce qui suit, fait une seconde action, dépendante de la première, et qui en est l'achèvement.

L'achèvement de *Phèdre* et celui de *Mérope* est long, mais il est passionné; et il ne fait pas duplicité d'action, comme celui des *Horaces*.

Si l'achèvement a quelque étendue, il faut qu'il soit tragique, et qu'il ajoute encore aux mouvements de terreur ou de pitié que la catastrophe a produits.

OEdipe, dans la tragédie de Sophocle, après s'être reconnu pour le meurtrier de son père et pour le mari de sa mère, et s'être crevé les yeux de désespoir, est encore plus malheureux lorsqu'on lui amène ses enfants.

ACHÈVEMENT. 45

Le poëte français n'a pas osé risquer sur notre scène ce dernier trait de pathétique; il a fini par des fureurs. OEdipe, les yeux crevés et encore sanglants, était souffert sur un théâtre immense; sur nos petits théâtres, il eût révolté. Le tragique, en s'affaiblissant, a observé les lois de la perspective; et pour savoir jusqu'à quel degré on peut pousser le pathétique du spectacle, il faut en mesurer le lieu.

Comme l'achèvement doit être terrible ou touchant dans la tragédie, il doit être plaisant dans la comédie, et d'une extrême vivacité. Pour peu qu'il soit lent, il est froid. C'est un défaut qu'on reproche à Molière.

Le poëme épique est susceptible d'achèvement comme le poëme dramatique; et comme lui, il peut s'en passer.

L'achèvement de l'*Iliade* est long, et trop long, quoiqu'il renferme le plus beau morceau du poëme, la scène de Priam aux pieds d'Achille. L'achèvement de l'*Odyssée* est traînant, quoique plus animé que tout le reste du poëme. L'*Énéide* finit au moment de la catastrophe : dès que Turnus est mort, le sort des Troyens est décidé; et l'on ne demande plus rien.

Quelques critiques ont prétendu que l'*Énéide* était tronquée. Ils auraient voulu voir Énée donnant des lois au Latium. Ces critiques ne savent pas que, lorsqu'on cesse de douter et de craindre, on cesse de s'intéresser, et que l'action doit finir au moment que l'intérêt cesse, sans quoi tout le reste languit. Rien de plus importun que le faux bel-esprit quand il veut juger le génie. (*Voyez* DÉNOUEMENT, INTRIGUE, etc.)

MARMONTEL, *Eléments de Littérature.*

ACTE. Vossius, en marquant la division d'une pièce de théâtre en cinq actes, nous dit que dans le premier on expose, que dans le second on développe l'intrigue, que le troisième doit être rempli d'incidents qui forment le nœud, que le quatrième prépare les moyens du dénouement, auquel le cinquième doit être uniquement employé.

Et si la fable est telle qu'une scène l'expose, et qu'un mot la dénoue, comme il arrive quelquefois, que devient la division de Vossius?

Quelle est la tragédie, la comédie bien composée, dont le nœud ne commence qu'au troisième acte, et dont le cinquième acte en entier soit employé à dénouer?

Le nœud est la partie de l'intrigue qui doit occuper le plus d'espace. C'est comme un labyrinthe, dont l'exposition fait l'entrée, et le dénouement la sortie.

Les poètes habiles dans leur art commencent le nœud le plus tôt possible, et le prolongent de même en le serrant de plus en plus.(*Voyez* INTRIGUE.)

Avant la fin du premier acte de l'*Iphigénie en Aulide*, la situation a changé deux fois, en devenant toujours plus tragique :

Non, tu ne mourras point, je n'y puis consentir...
Et si ma fille vient, je consens qu'on l'immole...
Je cède, et laisse aux dieux opprimer l'innocence...

Iphigénie est arrivée, Achille demande sa main, et Calchas demande son sang ; voilà déjà le nœud formé. C'est le modèle des gradations que le péril, le malheur, la crainte, la pitié, l'intrigue en un mot, doit avoir.

En effet, qu'est-ce qu'un acte? Son nom l'exprime : un degré, un pas de l'action. C'est par cette division de l'action totale en degrés que doit commencer le travail du poète, soit dans la tragédie, soit dans la comédie, lorsqu'il en médite le plan.

Il s'agit, par exemple, de démasquer Tartufe, ou de le voir, maître de la maison, diviser le fils et le père, dépouiller l'un, amener l'autre à lui donner tout son bien et la main de sa fille. Que fait Molière dans son premier acte? il met sous nos yeux le tableau de cet intérieur domestique. L'ascendant que Tartufe a sur l'esprit d'Orgon, la prévention aveugle de celui-ci et de sa mère en faveur d'un fourbe hypocrite, et la mauvaise opinion qu'a de lui tout le reste de la famille, se manifestent dès la première scène : le combat s'engage ; l'action commence avec chaleur.

Dès le second acte, après avoir tiré, de la bouche d'Orgon lui-même, l'aveu de son aveuglement pour le fourbe qui le détache de ses enfants et de sa femme, et qui, d'un homme faible et bon, fait un homme dénaturé, Molière lui fait déclarer que Tartufe est l'époux qu'il destine à sa fille : celle-ci n'ose refuser; et de là l'incident comique qui fait la querelle des deux amants.

Dans le troisième acte, au moment que Damis

croit pouvoir confondre Tartufe, et que l'on touche au dénouement, l'adresse du fourbe et la simplicité d'Orgon resserrent le nœud de l'intrigue, et l'intérêt redouble par la résolution que vient de prendre Orgon, pour punir ses enfants, de donner son bien à Tartufe.

Dans le quatrième acte, Tartufe est enfin démasqué et confondu aux yeux d'Orgon; mais tout-à-coup le fourbe s'arme contre son bienfaiteur des bienfaits même qu'il en a reçus; et par ses menaces, fondées sur un abus de confiance, il met l'alarme dans la maison.

Dans le cinquième acte, le trouble et l'inquiétude augmentent jusqu'au moment de la révolution ; et s'il y a quelque chose à désirer, c'est un peu moins de négligence dans les détails des dernières scènes, et un peu plus de développement et de vraisemblance dans les moyens.

Les misérables critiques, en déprimant le dénouement du *Tartufe*, ne cessent de rappeler ce vers :

Remettez-vous, monsieur, d'une alarme si chaude,

et ils oublient qu'ils parlent avec dérision du chef-d'œuvre du théâtre comique, d'une pièce à laquelle tous les siècles n'ont rien à comparer, et qui sera peut-être trois mille ans sans rivale, comme elle a été sans modèle.

L'analyse de cette pièce, relativement aux progrès de l'action, suffit pour indiquer les degrés qu'on doit pratiquer d'acte en acte et de scène en scène. Si l'action se repose deux scènes de suite dans le même point, elle se refroidit. Il faut qu'elle chemine comme l'aiguille d'une pendule. Le dialogue marque les secondes, les scènes marquent les minutes, les actes répondent aux heures. C'est pour n'avoir pas observé ce progrès sensible et continu, que l'on s'est si souvent trouvé à froid. On espère remplir les vides par des détails ingénieux ; mais l'intérêt languit ; et l'on peut dire de l'intérêt, ce qu'un poète célèbre a dit de l'âme, que *c'est un feu qu'il faut nourrir, et qui s'éteint s'il ne s'augmente.*

L'usage établi de donner cinq actes à la tragédie, n'est ni assez fondé pour faire loi, ni assez dénué de raison pour être banni du théâtre. Quand le sujet peut les fournir, cinq actes donnent à l'action une étendue avantageuse : de grands évènements y trouvent place ; de grands intérêts et de grands caractères s'y développent en liberté ; les situations s'amènent, les incidents s'annoncent, les sentiments n'ont rien de brusque et de heurté ; le mouvement des passions a tout le temps de s'accélérer, et l'intérêt de croître jusqu'au dernier degré de pathétique et de chaleur. On a éprouvé que l'âme des spectateurs peut suffire à l'attention, à l'illusion, à l'émotion que produit un spectacle de cette durée ; et si l'action de la comédie semble très bien s'accommoder de la division en trois actes, l'action de la tragédie semble préférer la division en cinq actes, à cause de sa majesté, et des grands ressorts qu'elle veut pouvoir faire agir *.

---

* Voyez dans le Recueil de l'Académie des inscriptions et belles lettres,

Mais le sujet peut être naturellement tel que, ne donnant lieu qu'à deux ou trois situations assez fortes, il ne soit susceptible aussi que de deux degrés, et de deux repos de l'action. Alors faut-il abandonner ce sujet, s'il est pathétique, intéressant et fécond en beautés? ou faut-il le charger d'incidents et de scènes épisodiques? Ni l'un ni l'autre. Il faut donner à l'action sa juste étendue, suivre la loi de la nature, préférable à celle de l'art; et le public, qui se plaindrait qu'on s'est éloigné de l'usage, serait le tyran du génie et l'ennemi de ses propres plaisirs.

Il en est de même de la division en deux actes pour de petites comédies : elle n'est pas bien favorable; mais la nature du sujet, heureux d'ailleurs, peut l'exiger; et rien de ce qui peut plaire ne doit être interdit aux arts.

Eschyle, l'inventeur de la tragédie, avait négligé de la diviser en actes. Il y a bien dans ses pièces des intervalles occupés par le chœur, mais sans divisions symétriques; et lorsqu'on a voulu y en mettre, on a coupé l'action dans des endroits où évidemment elle était continue, comme du quatrième au cinquième acte de *Prométhée*. Dans la suite, les poètes grecs se sont prescrit la division en cinq actes; mais on voit que les intermèdes étaient occupés par le chœur; et si l'on baissait la toile à la fin des actes, ce n'était guère que dans le cas

---

t. VIII, p 188, un Mémoire de M. l'abbé Vatry sur cette question : *Est-il nécessaire qu'une tragédie soit en cinq actes?*   H. PATIN.

ACTE.

où le changement de lieu exigeait un changement de décoration *.

* Ce que dit ici Marmontel de la division des pièces grecques en actes et en cinq actes, demande quelque explication. Horace est le premier critique de l'antiquité qui ait parlé de cette manière de partager les pièces de théâtre :

> Neve minor, neu sit quinto productior actu
> Fabula, etc

Aristote n'en a pas dit un mot, et il paraît qu'elle ne s'est introduite dans la pratique des poètes dramatiques de la Grèce, que lors de l'établissement de la comédie nouvelle. Elle fut toujours ignorée d'Eschyle, de Sophocle, d'Euripide, d'Aristophane. Ils ne connaissaient d'autre division, que celle dont parle Aristote (*Poét. ch. XI*) : Le *chœur*, dont les chants se faisaient entendre dans les divers repos de l'action dramatique; Les *épisodes*, c'est-à-dire les scènes comprises entre les chants du chœur, et dans lesquelles l'action se développait; ce qui précédait l'entrée du chœur, le *prologue*; et ce qui suivait sa sortie, l'*exode*. Les épisodes et les intermèdes que remplissaient les chants du chœur pouvaient être plus ou moins nombreux, selon les besoins de l'action Les modernes, qui ont voulu partager en cinq actes les pièces grecques, ont pris pour base de leur division le nombre des intermèdes, nécessairement variable, et qui donne tantôt moins que cinq actes, et tantôt plus; selon cette methode, jamais, ou presque jamais, Eschyle n'atteindrait aux cinq actes, et Euripide en aurait souvent six, comme on le voit dans la traduction de M. Prevost, qui ne recule pas devant cette conséquence d'une division vicieuse, et qui compte six actes dans *les Phéniciennes*, dans *Médée*, dans *les Bacchantes*, dans *Hercule furieux*; il est vrai que par compensation il n'en trouve que quatre dans *les Suppliantes*. Cela suffit pour montrer que la division des pièces grecques en actes et en cinq actes, est une invention tout-à-fait moderne. Il serait peut-être inutile de s'arrêter à relever cette erreur, si elle n'avait eu le fâcheux résultat de conduire à des jugements très peu fondés sur les tragiques grecs ; de faire ressortir, en les partageant, l'excessive simplicité de drames faits pour être embrassés d'une seule vue; d'en rompre, par ce partage arbitraire et inégal, l'unité, la cohérence, la proportion; d'attirer l'attention sur des usages dramatiques différents des nôtres, comme la disparition d'un des personnages de la pièce, dès les premières scènes, ou l'introduction d'un nouveau personnage dans les dernières, defaut qui ne s'aperçoit point dans un ouvrage dont le mouvement est continu, mais que rend plus sensible la division par actes. Ces divers inconvénients, qui résultent de la fausse application de cette division à des pièces que leurs auteurs n'avaient point ainsi divisées, se font

Dans les intervalles des actes, le théâtre reste vacant; mais l'action ne laisse pas de continuer hors du lieu de la scène; et lorsqu'elle est bien distribuée et développée avec soin, l'on sait d'un acte à l'autre ce qui s'en est passé.

Quant à la durée, il suffit qu'il n'y ait pas entre les actes une inégalité trop sensible; et l'étendue de chacun se trouve ainsi proportionnée à celle de la pièce, qui, chez nous, peut aller de douze à dix-huit cents vers. *Voyez* ENTR'ACTE.

MARMONTEL, *Éléments de Littérature.*

ACTION. Pour avoir une idée nette et précise de l'action du poëme dramatique ou épique, il faut la considérer sous deux points de vue, ou plutôt distinguer deux sortes d'action.

L'action finale d'un poëme est un évènement à produire; l'action continue est le combat des causes et des obstacles qui tendent réciproquement, les unes à produire l'évènement, et les autres à l'empêcher, ou à produire eux-mêmes un évènement contraire.

Dans la tragédie de *Britannicus*, la mort de ce prince est l'action finale : la jalousie de Néron, son mauvais naturel, sa passion pour Junie, la scélératesse de Narcisse en sont les causes; la vertu de Burrhus, l'autorité d'Agrippine, un reste de respect pour elle et de crainte pour les Romains, l'horreur

---

surtout apercevoir dans la critique quelquefois légère et superficielle que La Harpe a faite du théâtre grec. H. PATIN.

d'un premier crime en sont les obstacles; et le combat se passe dans l'âme de Néron.

Ainsi, l'action d'un poëme peut se considérer comme une sorte de problème dont le dénouement fait la solution.

Dans ce problème, tantôt l'alternative se réduit à réussir ou à manquer l'entreprise, comme dans l'*Énéide* ; tantôt le sort est en balance entre deux évènements, tous les deux funestes, comme dans l'*OEdipe*, ou l'un heureux et l'autre malheureux, comme dans l'*Odyssée* et l'*Iphigénie en Tauride*. Ceci demande à être développé.

Les Troyens s'établiront-ils ou ne s'établiront-ils pas en Italie? voilà le problème de l'*Énéide*. On voit que, du côté d'Énée, le mauvais succès se réduit à abandonner un pays qui n'est pas le sien : la destinée des Troyens ne serait pas remplie, Rome ne serait pas fondée; mais ce malheur n'a jamais pu intéresser réellement que les Romains. La situation, du côté de Turnus, est d'un intérêt plus universel et plus fort; il s'agit pour lui de vaincre ou de périr, ou de subir la honte de se voir enlever sa femme et les états de son beau-père : aussi les vœux sont-ils en faveur de Turnus.

Dans l'*Odyssée*, il ne s'agit pas seulement qu'Ulysse retourne à Ithaque, ou qu'il périsse dans ses voyages, ou qu'il soit retenu dans l'île de Circé, ou dans celle de Calypso : cet intérêt, personnel à un héros froidement sage, nous toucherait faiblement. Mais son fils, jeune encore, est sous le glaive; sa femme est exposée aux violences des poursuivants; son père est au bord du tombeau, incapable de s'opposer à leur criminelle insolence; son île est dévastée, son palais saccagé, son peuple et sa famille en proie à des tyrans : si Ulysse revient, il peut tout sauver; tout est perdu, s'il ne revient pas : voilà tous les grands intérêts du cœur humain réunis en un seul; et c'est le plus parfait modèle de l'action dans l'épopée.

Dans l'*Iphigénie en Tauride*, Oreste, poursuivi par les Furies, en sera-t-il délivré ou non? sera-t-il reconnu par sa sœur, avant d'être immolé, ou l'immolera-t-elle avant de le connaître? enlevera-t-il la statue de Diane, ou sera-t-il égorgé aux pieds de ses autels? L'évènement peut être heureux ou malheureux, et plus l'alternative en est pressante, plus elle est susceptible des grands mouvements de la crainte et de la pitié.

Dans l'*OEdipe*, la peste achevera-t-elle de désoler les états de Laïus; ou le meurtrier de ce roi sera-t-il reconnu dans son fils et dans le mari de sa femme? Voilà les deux extrémités les plus effroyables et l'alternative la plus tragique qu'il soit possible d'imaginer. Le défaut de cette fable, s'il y en a un, c'est de ne laisser voir aucun milieu entre ces deux malheurs extrêmes, et de ne pas permettre à l'espérance de se mêler avec la terreur.

Je laisse à balancer les avantages de cette fable terrible et touchante d'un bout à l'autre, sans aucune espèce de soulagement pour l'âme des spectateurs, avec la fable de l'*Iphigénie en Tauride*, où quelques rayons incertains d'une espérance consolante brillent par intervalles, et laissent entrevoir une ressource dans les malheurs et les dangers dont on frémit : je veux seulement faire voir que tout se réduit à ces deux problèmes, l'un simple et l'autre compliqué. Celui-ci, en faisant passer l'âme des spectateurs par de continuelles vicissitudes, varie sans cesse les mouvements de la terreur et de la pitié ; l'autre les soutient et les presse, en faisant faire à l'intérêt le même progrès qu'au malheur.

De cette définition de l'action, considérée comme un problème, il suit d'abord qu'il est de son essence d'être douteuse et incertaine, et de l'être jusqu'à la fin : car si l'action est telle qu'il n'y ait pas deux façons de la terminer, et que l'évènement, qui se présente naturellement à la prévoyance des spectateurs, soit le seul moralement possible, il n'y a plus d'alternative, et par conséquent plus de balancement entre la crainte et l'espérance : tout se passe comme on l'a prévu ; et s'il arrive une révolution, ou elle a besoin d'une cause surnaturelle, comme dans le *Philoctète* de Sophocle, ou elle manque de vraisemblance, comme dans *le Cid*. C'est un effort de l'art, qu'on n'a pas assez admiré dans le *Télémaque*, d'avoir, par la seule force de l'éloquence d'Ulysse, rendu naturel et vraisemblable le retour de Philoctète, que Sophocle avait jugé lui-même impossible sans l'apparition d'Hercule[*]. A l'égard du *Cid*, Corneille n'a su d'autre moyen d'en terminer l'intrigue, que de ne pas décider la révolution.

[*] Ceci n'est point tout-à-fait exact. Dans Fénelon, comme dans Sophocle, c'est l'autorité d'Hercule qui décide Philoctète, déjà ébranlé par la douce éloquence de Néoptolème, et par les raisons d'Ulysse, mais encore retenu par la haine profonde qu'il ressent contre ce dernier. H. PATIN.

D'un autre côté, si, dans les possibles, l'action avait deux issues, mais que, par la maladresse du poète et la prévoyance des spectateurs, le problème fût résolu dans leur opinion avant le dénouement, il n'y aurait plus d'inquiétude; et il ne faut pas croire que l'art de rendre l'évènement douteux et de laisser le spectateur dans ce doute, ne soit utile qu'une fois. L'illusion théâtrale consiste à faire oublier ce qu'on sait, pour ne penser qu'à ce qu'on voit. J'ai lu Corneille; je sais par cœur le cinquième acte de *Rodogune*; mais j'en oublie le dénouement; et à mesure que la coupe empoisonnée approche des lèvres d'Antiochus, je frémis, comme si je ne savais pas que Timagène arrive. Ayez seulement soin que, dans l'action même, rien ne trahisse le secret de la dernière révolution; j'aurai beau le savoir d'ailleurs, je me le dissimulerai, pour me laisser jouir du plaisir d'être ému : effet inexplicable, et pourtant bien réel, de l'illusion théâtrale. Mais autant la solution doit être cachée, autant les termes opposés où l'action peut aboutir doivent être marqués et mis en évidence. Je n'en excepte qu'une sorte de fable : c'est lorsque entre deux malheurs, dont il semble que l'un ou l'autre doive arriver inévitablement, il y a pourtant un moyen de les éviter tous deux, et qu'on a dessein de tirer, par cette heureuse révolution, les personnages intéressants du double péril qui les presse. Ce moyen doit être caché comme l'issue du labyrinthe; mais tout ce qu'il y a de funeste à craindre doit être connu, et le plus tôt possible. Que, dès le premier acte d'*Œdipe*, par exemple, le spectateur fût instruit qu'OEdipe est l'assassin de son père et le mari de sa mère, dès ce moment, tous les efforts de ce malheureux prince, pour découvrir le meurtrier de Laïus, feraient frémir; et l'approche des incidents qui ameneraient les reconnaissances, remplirait les esprits de compassion et de terreur. On peut rendre raison par là de ce qui arrive assez souvent, qu'une pièce fait plus d'impression la seconde fois que la première.

De notre définition, il suit encore, que plus les évènements opposés sont extrêmes, plus l'alternative de l'un à l'autre a d'importance et d'intérêt. Si, d'un côté, il y va de l'excès du bonheur, et de l'autre, de l'excès du malheur, comme dans l'*Iphigénie en Tauride* et dans la *Mérope*, la solution du problème est bien plus intéressante que lorsqu'il ne s'agit que d'un malheur plus sensible, ou d'un bonheur faiblement souhaité. Par exemple, dans *Polyeucte*, supposons que Pauline fût passionnément amoureuse de son époux; le problème serait bien plus terrible, et la situation de Pauline bien plus cruelle et plus touchante. Corneille, en la faisant amoureuse de Sévère, a évidemment préféré l'intérêt de l'admiration à celui de la terreur et de la pitié : en quoi il a obéi à son génie, et composé une fable plus étonnante et moins tragique.

Dans la comédie, même alternative : l'intérêt consiste, 1° à faire souhaiter que le ridicule, puni par lui-même, soit à la fin livré à la risée et au mépris; 2° à faire naître une curiosité inquiète et une vive impatience de voir par quel moyen ce qu'on souhaite arrivera. L'Avare épousera-t-il Marianne, ou la cédera-t-il à son fils? Tartufe sera-t-il confondu et démasqué aux yeux d'Orgon, ou jouira-t-il de sa fourberie? Voilà le problème à résoudre. Au lieu du trouble et du danger qui règnent dans la tragédie, c'est l'agitation des querelles domestiques; au lieu des revers, ce sont les méprises; au lieu du pathétique, c'est le ridicule : mais le combat des intérêts, le choc des incidents est le même dans les deux genres, pour amener, en sens contraire, deux évènements opposés. Observons seulement que, dans le comique, si le malheur est grave, il ne doit être craint que par les personnages : les spectateurs doivent au moins se douter qu'il n'en sera rien : c'est une différence essentielle entre les deux genres, et peut-être le seul artifice qui manque à l'intrigue du *Tartufe*, dont le dénouement n'eût rien perdu à être un peu plus annoncé.

L'intérêt du poète, en effet, n'est pas, dans le comique, de tenir le spectateur en peine, mais bien les personnages; car il s'agit de divertir les témoins aux dépens des acteurs; et à moins d'être de la confidence, il n'est guère possible de se divertir d'une situation aussi affligeante que celle qui précède la révolution du cinquième acte du *Tartufe*. Peut-être Molière a-t-il voulu que le spectateur, saisi de crainte, fût sérieusement indigné contre le fourbe hypocrite; mais ce trait de force, placé dans dans une pièce où le vice le plus odieux est démasqué, ne tire point à conséquence; et en général, dans le vrai comique, un danger qui ferait frémir, s'il était réel, ne doit pas être sérieux; il faut au moins laisser prévoir que celui qui en est menacé, en sera quitte pour la peur.

Si la définition que je viens de donner de l'action, soit épique, soit dramatique, est juste, comme je le crois, on a eu tort de dire que l'action du poème de Lucain manque d'unité; on a eu plus grand tort de dire que les poèmes d'Homère n'ont que l'importance des personnages et non pas celle de l'action.

Il n'y a pas de problème plus simple que celui-ci : « A qui restera l'empire du monde ? Sera-ce au « parti de Pompée et du sénat? sera-ce au parti « de César? » Or, dans le poème de *la Pharsale*, tout se réduit à cette alternative; et jamais action n'a tendu plus directement à son but. On a déjà vu qu'un modèle admirable de l'action épique est le sujet de l'*Odyssée*. Celui de l'*Iliade* est moins intéressant; mais par son influence et comme évènement, il est d'une extrême importance. La colère d'Achille va-t-elle sauver Troye, et forcer les Grecs à lever le siège, et à s'en retourner honteusement dans leur pays? ou, par quelque révolution imprévue, Achille, apaisé et rendu à la Grèce, va-t-il précipiter la perte des Troyens et la vengeance des Atrides? Voilà le problème de l'*Iliade*; et la mort de Patrocle en est la solution.

Qu'est-ce donc qu'on a voulu dire, en reprochant à l'action de ce poème et à celle de l'*Odyssée*, de manquer d'importance? et qu'a-t-on voulu dire encore, en donnant pour des différences, entre l'action épique et l'action dramatique, ce qui convient également à toutes les deux? « La solution « des obstacles est, dit-on, ce qui fait le dénoue- « ment, et le dénouement peut se pratiquer de « deux manières : ou par une reconnaissance, ou « sans reconnaissance; ce qui n'a lieu que dans la « tragédie! » Et pourquoi pas dans le poëme épique? Celui-ci, comme l'a très bien vu Aristote, n'est que la tragédie en récit.

L'action de l'épopée est, sans doute, un exemple, mais non pas un exemple à suivre; et, comme celle de la tragédie, elle est tantôt l'exemple du malheur attaché au crime, à l'imprudence, aux passions humaines; tantôt l'exemple des vertus, et du succès qui les couronne, ou de la gloire qui les suit.

L'épopée est une tragédie, dont l'action se passe dans l'imagination du lecteur. Ainsi, tout ce qui, dans la tragédie, est présent aux yeux doit être présent à l'esprit dans l'épopée. Le poëte est lui-même le décorateur et le machiniste; et non-seulement il doit retracer dans ses vers le lieu de la scène, mais le tableau, le mouvement, la pantomime de l'action, en un mot, tout ce qui tomberait sous les sens, si le poëme était dramatique.

Il y a sans doute, pour cette imitation en récit, du désavantage du côté de la chaleur et de la vérité; mais il y a de l'avantage du côté de la grandeur et de la magnificence du spectacle, du côté de l'étendue et de la durée de l'action, du côté de l'abondance et de la variété des incidents et des peintures.

Dans la tragédie, le lieu physique du spectacle

oppose ses limites à l'essor de l'imagination; elle y est comme emprisonnée: dans le poème épique, la pensée du lecteur s'étend au gré du génie du poète, et embrasse tout ce qu'il peint : mille tableaux qui se succèdent dans les descriptions de Virgile, se succèdent aussi dans ma pensée; et en les lisant, je les vois.

Le poète épique, à cet égard, est bien plus heureux que le poète dramatique. Combien celui-ci ne se trouve-t-il pas resserré sur le théâtre même le plus vaste, lorsqu'il se compare à son rival, qui n'a d'autres bornes que celles de la nature, qu'il franchit même quand il lui plaît?

Un autre avantage de l'épopée sur la tragédie, c'est l'espace de temps fictif qu'elle peut donner à son action. Dans un spectacle qui ne doit durer que deux ou trois heures; dans une intrigue dont la chaleur doit sans cesse aller en croissant, parce qu'elle a pour objet une émotion qu'il ne faut pas laisser languir, le temps fictif ne peut guère s'étendre avec vraisemblance au-delà d'une révolution du soleil. Mais le temps de l'épopée n'a de bornes que celles de l'action, naturellement plus ou moins rapide, selon que le mouvement qui l'anime est plus violent ou plus doux. Voilà donc le génie du poète épique en liberté, soit pour le temps, soit pour les lieux, tandis que celui du poète tragique est à la gêne.

La tragédie est obligée de commencer dans le fort de l'action, et assez près du dénouement pour laisser dans l'avant-scène tout ce qui suppose de longs intervalles. Son mouvement accéléré d'acte en acte est si continu, si rapide; l'inquiétude qu'elle répand est si vive, et l'intérêt de la crainte et de la pitié si pressant, que ce qu'on appelle épisodes, c'est-à-dire les circonstances et les moyens de l'action *, s'y réduisent presque à l'étroit besoin, sans rien donner à l'agrément : au lieu que dans l'épopée la chaîne de l'action étant plus longue et le dessin plus étendu, les incidents, que je regarde comme la trame du tissu de la fable, peuvent l'orner et l'enrichir de mille couleurs différentes. Faut-il, pour me faire entendre, une image plus sensible encore ? La tragédie est un torrent qui brise ou franchit les obstacles; l'épopée est un fleuve majestueux qui suit sa pente, mais dont la course vagabonde se prolonge par mille détours. On voit donc que la tragédie l'emporte sur l'épopée par la rapidité, la chaleur, le pathétique de l'action; mais que l'épopée l'emporte sur la tragédie par la variété, la richesse, la grandeur et la majesté.

Tout sujet qui convient à l'épopée doit convenir à la tragédie, c'est-à-dire être capable d'exciter en nous l'inquiétude, la terreur et la pitié; car s'il n'était pas assez intéressant pour la scène, il le serait bien moins encore pour le récit, qui n'est jamais aussi animé. C'est dans ce sens-là qu'Aristote a dit que le fond des deux poèmes était le même. « Il

---

* Le mot *épisode* est pris ici plutôt dans le sens que lui donne Aristote, que dans son acception française : un *épisode* est pour nous une action subordonnée à l'action principale, et qui n'y tient pas nécessairement.

H. PATIN.

« faut, dit-il, en parlant de l'épopée, en dresser
« la fable, de manière qu'elle soit dramatique, et
« qu'elle renferme une seule action, qui soit entière,
« parfaite et achevée. Il y a, dit-il encore, autant de
« sortes d'épopées qu'il y a d'espèces de tragédies;
« car l'épopée peut être simple ou implexe, morale
« ou pathétique. Il ajoute, que l'épopée a les mêmes
« parties que la tragédie; car elle a ses péripéties, ses
« reconnaissances, ses passions; d'où il conclut: que
« l'épopée ne diffère de la tragédie que par son
« étendue et par la forme de ses vers » : et il en
donne pour exemple, d'un côté, le sujet de l'*Odyssée* dénué de ses épisodes, et tel qu'Homère l'eût
conçu s'il eût voulu le mettre au théâtre; de l'autre,
celui de l'*Iphigénie en Tauride*, avant d'être accommodé au théâtre, et tel qu'il dépendait d'Euripide
d'en faire un poème épique ou un poème dramatique, à son choix.

En suivant son idée, pour la développer, essayons
de disposer le sujet de l'*Iphigénie*, comme Euripide
l'eût disposé lui-même, s'il en eût voulu faire un
poème en récit.

Oreste, couvert du sang de sa mère, et poursuivi par les Euménides, cherche un refuge dans le
temple d'Apollon, de ce dieu qui l'a poussé au
crime. Il embrasse son autel, l'implore, lui offre un
sacrifice; et l'oracle interrogé lui ordonne, pour
expiation, d'aller enlever la statue de Diane profanée dans la Tauride.

Oreste prend congé d'Électre; il ne veut pas que
Pylade le suive : Pylade ne veut point l'abandonner.

Ce jeune prince quitte un père accablé de vieillesse, dont il est l'appui, une mère tendre dont il fait les délices, et qui tous deux l'encouragent, en le baignant de larmes, à suivre un ami malheureux. Oreste, présent à leurs adieux, se sent déchirer le cœur aux noms de fils, de père et de mère.

Il s'embarque avec son ami; et si le petit voyage d'Ulysse et d'Énée est traversé par tant d'obstacles, quelles ressources n'a pas ici le poète pour varier celui d'Oreste? Qu'on s'imagine seulement qu'il s'embarque à ce même port de l'Aulide où l'on croit que sa sœur a été immolée; qu'il traverse la mer Égée, où son père et tous les héros de la Grèce ont été si long-temps le jouet des ondes; qu'il la parcourt à la vue de Scyros, où l'on avait caché le jeune Achille; à la vue de Lemnos, où Philoctète avait été abandonné; à la vue de Lesbos, où les Grecs avaient commencé de signaler leur vengeance; à la vue du rivage de Troye, dont la cendre fume encore. Quelle carrière pour le génie du poète !

Aux incidents naturels qui peuvent retarder tour à tour et favoriser l'entreprise d'Oreste, ajoutez la haine des dieux ennemis du sang d'Agamemnon, la faveur des dieux qui le protègent, les Furies attachées aux pas d'Oreste, et qui viennent l'agiter toutes les fois qu'il veut s'oublier dans les plaisirs ou dans le repos : tous ces agents surnaturels vont mêler à l'action du poème un merveilleux déjà fondé sur la vérité relative, et adopté par l'opinion.

Cependant Thoas, épouvanté par la voix des dieux, qui lui annonce qu'un étranger lui arrachera le sceptre et la vie, Thoas ordonne que tous ceux que leur mauvais sort ou leur mauvais dessein amèneront dans la Tauride, soient immolés sur l'autel de Diane. Iphigénie en est la prêtresse : elle a horreur de ces sacrifices; et après avoir employé tout ce que l'humanité a de plus tendre et la religion de plus touchant, pour fléchir l'âme du tyran : « Non, lui dit-elle, Diane n'est point une divinité « sanguinaire; et qui le sait mieux que moi? » Alors elle lui raconte comment, destinée elle-même à être immolée sur son autel, elle en a été enlevée par cette divinité bienfaisante. « Jugez, conclut Iphi- « génie, si Diane se plairait à voir couler un sang « qu'elle ne demande pas, puisqu'elle n'a pu voir « répandre le sang qu'elle avait demandé par la « voix même des oracles. » Le tyran persiste. Oreste et Pylade abordent dans ses états : ils sont arrêtés, conduits à l'autel, et le poème est terminé par la tragédie d'*Euripide*, dont je n'ai fait jusqu'ici que développer l'avant-scène.

On voit, par cet exemple, que l'action de l'épopée n'est que l'action de la tragédie, plus étendue et prise de plus loin.

Le Tasse ne pensait pas ainsi. « Il poema eroico, « *dit-il*, è una imitazione di azione illustre, grande, « e perfetta, fatta narrando con altissimo verso, « affine di mover gli animi con la maraviglia, et di « giovar dilettando *. » Il regarde le merveilleux

---

* Le poème héroïque est l'imitation d'une action illustre, grande et parfaite, racontée en vers d'un ton très-élevé, pour émouvoir les esprits par le moyen du merveilleux, et pour rendre agréable une instruction solide.

comme la source du pathétique de l'épopée; et, laissant à la tragédie la terreur et la pitié, il réduit le poème héroïque à l'admiration, le plus froid des sentiments de l'âme*. S'il eût mis sa théorie en pratique, son poème n'aurait pas tant de charmes. Quelque admiration qu'inspire l'héroïsme, quelque surprise que nous cause le merveilleux répandu dans les fables d'Homère, de Virgile et du Tasse lui-même, l'intérêt en serait bien faible, sans les épisodes terribles et touchants qui le raniment par intervalles; et ces poètes l'ont si bien senti, qu'ils ont eu recours, à chaque instant, à quelque nouvelle scène tragique. Retranchez de l'*Iliade* les adieux d'Andromaque et d'Hector, la douleur

---

* C'est une erreur de croire que l'admiration soit un sentiment froid; ce sentiment ne peut naître que de la contemplation des grands efforts, des grands sacrifices, du dévouement, de l'héroïsme, toutes choses qui supposent de la terreur et de la pitié. Dans les chefs-d'œuvre de l'art, la terreur et la pitié sont les degrés qui nous élèvent à l'admiration. Ces trois sentiments, que distingue l'analyse, ne sont séparés que par abstraction; ils se réunissent dans le plaisir que nous cause la tragédie. Il est vrai que lorsque la grandeur est dans les discours des personnages, au lieu d'être dans leurs actes, le cœur n'est guère ému; et c'est en ce sens seulement qu'on peut excuser le dédain avec lequel les critiques parlent de ce qu'ils appellent *le genre admiratif*. Ce genre, qui n'offre qu'un pompeux étalage de sentences stoïques, et de grands sentiments, est en effet très froid. Mais ce n'est point là un genre, c'est un défaut. L'admiration ne s'obtient pas par des paroles: elle est à plus haut prix: la tragédie ne peut nous y élever qu'en nous faisant passer par les plus vives émotions de la terreur et de la pitié. Alors la douloureuse sympathie que nous ressentons pour le malheur est tempérée par le noble plaisir que nous cause le spectacle du courage; c'est le comble du talent, c'est l'essence même de l'art. Si nous admirons le dévouement de Rodrigue et de Chimène aux devoirs de la piété filiale, c'est parce que nous avons partagé les espérances, les craintes, le désespoir de leur amour

H. PATIN.

d'Achille sur la mort de Patrocle, et son entrevue avec le vieux Priam; retranchez de l'*Énéide* les épisodes de Laocoon et de ses enfants, de Didon, de Marcellus, d'Euryale et de Pallas; retranchez de la *Jérusalem* la mort de Dudon, celle de Clorinde, l'amour et la douleur d'Armide; et voyez ce que devient l'intérêt de l'action principale, réduit à l'admiration que peut causer le merveilleux des faits, ou la beauté des caractères. On se lasse bientôt d'admirer des héros que l'on ne plaint pas; on ne se lasse jamais de plaindre des héros qu'on admire et qu'on aime. L'aliment de l'intérêt, soit épique, soit dramatique, est donc la crainte et la pitié. Il est vrai que la beauté des caractères y contribue; mais elle n'y suffit pas : « Concorre la miseria delle « azioni insieme con la bonta di costumi. » (Le Tasse.)

La règle la plus sûre dans le choix du sujet de l'épopée, est donc de le supposer au théâtre, et de voir l'effet qu'il y produirait. S'il est vraiment tragique et théâtral, son intérêt se répandra sur les épisodes; au lieu que, s'il n'avait rien de pathétique par lui-même, en vain les épisodes seraient intéressants, chacun d'eux ne communiquerait à l'action qu'une chaleur accidentelle, qui s'éteindrait à chaque instant, et qu'on serait obligé de ranimer sans cesse par quelque épisode nouveau.

C'est, dira-t-on, donner à l'épopée des bornes trop étroites, que de la réduire aux sujets tragiques. Mais l'on verra que, sans compter la tragédie grecque, celle, dis-je, où tout se conduit par la fatalité, j'en ai distingué trois genres, dans lesquels sont compris, je crois, tous les intérêts du cœur humain. Si ce n'est pas l'homme en proie à ses passions, ce sera l'innocence ou la vertu éprouvée par le malheur ou poursuivie par le crime ; ce sera la bonté mêlée de faiblesse, entourée des pièges du plaisir et du vice, et obligée d'immoler sans cesse de doux penchants à de tristes devoirs. Or, il y a peu de sujets intéressants qui ne reviennent à l'une de ces trois situations, ou, mieux encore, à quelqu'une de celles qui résultent de leur mélange.

L'action de la tragédie doit être importante et mémorable; de même, et plus essentiellement encore, celle de l'épopée. Or, cette importance consiste dans la grandeur des motifs et dans l'utilité de l'exemple.

Mais il faut bien se souvenir que l'intérêt commun ne nous attache que par des affections personnelles : et dans une action publique, quelque importante qu'elle soit, il est plus avantageux qu'on ne pense d'introduire, de temps en temps, des épisodes pris dans la classe des hommes obscurs : leur simplicité, noblement exprimée, a quelque chose de plus touchant que la dignité des mœurs héroïques. Qu'un héros fasse de grandes choses, on s'y attendait, on n'en est point surpris ; mais que d'une âme vulgaire naissent des sentiments sublimes, la nature, qui les produit seule, s'en applaudit davantage ; et l'humanité se complaît dans ces exemples qui l'honorent.

Le moment le plus pathétique de la conjuration de Portugal n'est pas celui où tout un peuple, armé dans un instant, se soulève et brise ses chaînes ; mais celui où une femme obscure paraît tout-à-coup, avec ses deux fils, au milieu de l'assemblée des conjurés, tire deux poignards de dessous sa robe, les remet à ses deux enfants, et leur dit : « Ne « me les rapportez que teints du sang des Espagnols. » Combien de traits plus courageux, plus honorables, plus touchants que la plupart de ceux que consacre l'histoire, demeurent plongés dans l'oubli ! et quel trésor pour la poésie, si elle avait soin de les recueillir !

Indépendamment de ces exemples répandus dans l'épopée, l'action principale doit se terminer à une moralité dont elle soit le développement ; et plus cette vérité morale aura de poids, plus la fable aura d'importance. (*Voyez* MORALITÉ.)

Un effet naturel de l'action dramatique, c'est de produire la pantomime ; mais la pantomime n'est pas l'action ; et, lorsque d'une pièce où il y a beaucoup de mouvements, de tableaux, de jeux de théâtre, on dit qu'il y a beaucoup d'action, on tombe dans une méprise qui peut être de conséquence.

Il y a un tragique d'incidents, comme il y a un comique de rencontres. Or, le jeu de théâtre, qui résulte de l'un et de l'autre, peut être ou pathétique ou plaisant, et ne remplir l'objet ni de la tragédie ni de la comédie.

Le premier procédé de l'art de la comédie a été d'ajuster ensemble des évènements propres à exciter le rire. Le premier procédé de la tragédie a été de même de composer des tableaux propres à inspirer la compassion ou la terreur. Mais ce moyen de l'art n'en était pas la fin ; et c'est à quoi l'art s'est mépris lui-même dans son enfance, lorsqu'il n'avait encore l'idée ni de sa puissance ni de sa dignité; c'est à quoi, dans sa décadence, il se méprend encore, lorsque les grands talents, qui l'avaient porté à son comble, n'existent plus pour l'y soutenir, et que les grands principes du goût, oblitérés par de fausses opinions ou par de mauvaises habitudes, ont disparu avec les grands talents.

Si une suite de surprises et de méprises divertissantes formaient seules la bonne comédie, *l'Étourdi* et *le Cocu imaginaire* seraient préférables au *Misanthrope*; *le Baron d'Albicrac*, *la Femme juge et partie*, *le Légataire*, seraient au moins à côté du *Tartufe ;* les scènes nocturnes d'Arlequin et de Scapin seraient du bon comique. Si une suite d'incidents, de situations terribles ou touchantes, faisaient la bonne tragédie, plusieurs de nos drames modernes l'emporteraient sur *Athalie*, *Britannicus*, *Cinna ;* la meilleure des tragédies, au moins du côté de l'action, serait celle dont on pourrait faire le tableau le plus capable d'émouvoir ; et *les Horaces*, d'où l'on n'a pu tirer qu'un ballet froid, confus et vague, le céderaient à *Médée*, dont on a fait en pantomime un spectacle très effrayant. Il n'en est pas ainsi. Pourquoi? Et qu'est-ce donc qui fait la beauté de l'action dramatique, indépendamment du tableau et du mouvement théâtral? Je l'ai dit, l'action dramatique se passe dans l'âme des acteurs. Or, pour se produire au-dehors, et se rendre présente à l'âme des spec-

ACTION.

tateurs, elle a deux signes, la parole et le geste. Ce qu'elle a de plus fort, mais de plus vague et de plus commun, frappe les yeux; ce qu'elle a de sublime, de délicat et de profond, les traits de caractère, la peinture des mœurs, les nuances des sentiments, les gradations, les alternatives, le mélange des intérêts, le choc des passions, leurs révolutions diverses ne sont pas des objets visibles; le jeu muet peut les indiquer, mais ne les exprime jamais bien. L'action dramatique intéressera donc plus ou moins l'oreille ou les yeux, selon qu'elle sera plus ou moins favorable à l'éloquence ou à la peinture.

Les impressions faites sur l'âme par l'entremise de l'oreille, sont plus lentes; Horace l'a dit; mais, par-là même, elles peuvent être plus profondes et plus durables. Celles qui passent par les yeux, sont vives, soudaines, rapides, mais, par-là même, fugitives. La pensée a des accroissements; la sensation n'en a pas : l'une germe dans les esprits, l'autre est stérile et infructueuse. Les yeux n'introduisent que des sensations; l'oreille transmet des pensées. Enfin les passions les plus pittoresques et les plus remuantes ne sont pas toujours celles d'où l'éloquence tire ses plus beaux mouvements, ses plus belles gradations, ses développements les plus intéressants, ses traits les plus sublimes. Or, c'est dans cette fécondité de l'action dramatique que sa beauté réside ; et c'est là ce qui la distingue de l'action pantomime, qui qui ne parle qu'aux yeux.

Un mouvement grossier de jalousie, de dépit, de fureur, peut s'exprimer sans équivoque par le seul geste et le jeu du visage. Mais ces successions graduées, ces réflexions, ces retours, ces contrastes, ces mélanges de passions, en un mot, cette analyse du cœur humain, qui fait la beauté inimitable des rôles de Didon, d'Ariane, de Phèdre, d'Hermione, etc., tout cela, dis-je, n'est pas fait pour les yeux, et c'est pourtant là le sublime et le propre de l'action. Qu'on la réduise en pantomime, il n'y a plus rien que de commun. Aux yeux, la Phèdre de Racine serait la même que celle de Pradon : elle serait bien pis encore; elle serait la Phèdre de tel et de tel spectateur, qui, en s'expliquant le jeu muet de l'actrice, lui prêterait ses mœurs, ses sentiments et son langage.

On a pu voir que dans le ballet des *Horaces*, tout le génie de Corneille était perdu. Aucun des sentiments, ni d'Horace le père, ni d'Horace le fils, ni de Camille, n'était rendu nettement, ni ne pouvait l'être. Assurément, ce n'est pas que l'action ne soit vive et tragique, surtout depuis la scène du *qu'il mourût*, jusques à la mort de Camille. Mais le moyen d'exprimer par le geste les mouvements de l'âme du vieil Horace et de sa fille ! La pantomime est un canevas que chaque spectateur remplit dans sa pensée. Or, quand le parterre serait plein d'hommes de génie, et d'un génie égal à celui de Corneille, ils seraient encore loin de suppléer à la méditation du poète dans le silence du cabinet. Il en est de même de la comédie. Que serait-ce que l'action muette du *Misanthrope*, et même du *Tartufe?* On exprimerait dans *l'Avare* l'enlèvement de la cassette et le désespoir d'Harpagon; mais sa scène avec Frosine, mais ses perplexités sur le dîner qu'il doit donner à Marianne, mais l'artifice qu'il emploie pour tirer de son fils l'aveu de son amour, mais leur rencontre avec l'usurier; sont-ce là des jeux de théâtre? et cependant c'est de l'action. Rien de plus mouvant sur la scène que le comique espagnol et italien; Molière y renonça dès qu'il se sentit du génie. Il reconnut que l'action comique tirait sa force et sa beauté des mœurs; et que, pour faire rire les honnêtes gens, c'était à l'esprit qu'il devait s'adresser, moins par les yeux que par l'oreille.

Le but de l'action dramatique, son utilité, son attrait, son intérêt durable, est de corriger les mœurs par l'imitation des mœurs : c'est là le grand fruit du spectacle; et sans cela le plaisir qu'on y éprouve serait puéril et momentané.

La belle contexture de l'action dramatique est donc un enchaînement de situations, qui donne lieu à mettre en évidence ou le danger de nos passions, ou le ridicule de nos faiblesses, de nos travers et de nos vices. Or, tout cela demande des développements que le geste n'exprime point. Qu'on se rappelle les plus belles scènes de l'un et de l'autre théâtre : c'est l'éloquence qui en fait le prix; et c'est la situation morale qui est la source de l'éloquence. C'est ce que ne sentait pas celui qui, après la déclaration de Phèdre à Hippolyte, disait à son voisin : « Voilà bien des paroles perdues. » Ce mot renferme tout le système de ceux qui mettent la pantomime à la place de l'éloquence des passions. Ils ont choisi le genre qui leur était le plus commode; car il en est de l'art dramatique comme de l'art oratoire : « où domine la pantomime, dit Aristote, l'élocution « demande peu de soin. » Mais avec ce talent de parler aux yeux, on peut être encore un médiocre orateur et un mauvais poète.

Je ne dis pas que la même action ne puisse en même temps parler aux yeux et à l'esprit : si elle réunit ces deux moyens, l'impression n'en est que plus vive; et c'est peut-être un avantage qu'on a trop souvent négligé. Mais je dis que le jeu de théâtre est, comme la parole, une façon de s'exprimer; que l'un rend ce que l'action a de plus matériel, de plus commun et de plus vague; l'autre, ce qu'elle a de plus spirituel, de plus noble, de plus exquis; que ni l'un ni l'autre de ces deux signes ne doit être pris pour la chose, c'est-à-dire pour l'action même; et que, s'il faut choisir, ou d'un spectacle plus intéressant à la vue qu'à la pensée, ou d'un spectacle plus intéressant à la pensée qu'à la vue, il n'y a point à balancer. Le premier aura son succès; mais le succès de la pantomime, après laquelle il ne reste rien. Ainsi, celui qui après avoir rempli un canevas de pantomime, nous dira que sa pièce est faite pour être jouée et non pour être lue, se placera lui-même dans le nombre des compositeurs de ballets.

Le spectacle n'est qu'un moyen de l'éloquence poétique; et quoique son objet immédiat soit d'amuser, de plaire, d'émouvoir, ce n'est point encore là sa fin ultérieure; cette fin est de renvoyer le spectateur plus éclairé, plus sage, meilleur, s'il est possible, au moins plus riche de pensées et de sentiments vertueux.

Le plaisir d'être ému ou réjoui, n'est que le miel dont on arrose le bord du vase où est contenue la liqueur salutaire. Un peuple enfant suce le miel, et s'en tient là. Un peuple raisonnable veut autre chose qu'un amusement stérile et frivole. L'un va rire à une mauvaise farce, ou s'attendrir à un mauvais drame; l'autre veut dans le ridicule une instruction qui l'avertisse, une leçon qui le corrige, au moins une peinture ingénieuse et vraie, qui, en flattant sa malignité, aiguise son esprit et perfectionne sa raison. Il veut de même dans le pathétique un spectacle qui laisse des impressions utiles; qui lui élève l'esprit et l'âme, qui l'occupe, long-temps après, de souvenirs intéressants, de réflexions sages, ou de grandes idées, en un mot, qui l'instruise en même temps qu'il l'attendrit.

MARMONTEL, *Éléments de Littérature.*

ADAM (ADAM BILLAUT, plus connu sous le nom de MAÎTRE-), né à Nevers, à la fin du règne de Louis XIII, vécut et mourut dans la même ville, sans avoir voulu quitter son état de menuisier. Malgré le jugement peut-être un peu sévère de Baillet, on accorde à maître Adam de la verve, quelquefois de l'inspiration; mais en général ses poésies sont lues avec peu de plaisir. Titon du Tillet, dans son *Parnasse français*, répète, après Baillet, que maître Adam fait plus d'honneur aux menuisiers qu'aux poètes. Cela est vrai, en ce qu'il fut un menuisier fort extraordinaire et un poète médiocre ; mais ces deux auteurs semblent insinuer qu'on ne le considérait comme poète qu'en raison de la nouveauté du spectacle qu'il offrait, et cette opinion doit paraître exagérée. La plupart des contemporains d'Adam avaient donné dans l'excès contraire ; le duc de Saint-Aignan, par exemple, lui disait, en vers d'ailleurs assez jolis, « Que pour les vers et « pour le nom il était le premier des hommes. » Le poète Maynard voulait que les Muses fussent assises sur des tabourets faits de la main de ce *Virgile au rabot*, ainsi qu'on l'appelait de son temps. Maynard pouvait se dispenser, je crois, de faire intervenir les Muses en cette occurrence ; les Muses d'Adam Billaut étaient ses bouteilles, c'était avec elles qu'il réchauffait sa verve. Les grands l'aimèrent, le duc d'Orléans et le cardinal de Richelieu lui firent des pensions ; mais, fidèle à son état, et ami de sa tranquillité, il préféra toujours sa ville natale à l'asile plus brillant et moins conforme à ses inclinations qu'on lui offrait près de la cour. Chacun sait sa chanson célèbre *Aussitôt que la lumière*, etc. Cette chanson peut passer pour une de ses meilleures pièces ; elle est pleine de verve, et l'on ne peut méconnaître l'inspiration bachique qui la lui dicta. Adam Billaut nous a laissé ses *Chevilles*, 1 vol. in-4° ; son *Vilebrequin*, son *Rabot*. Ces recueils, qui eurent beaucoup de vogue, renferment quelques bonnes pièces, perdues dans une foule de choses insignifiantes et même tout-à-fait mauvaises. Adam mourut à Nevers en 1662.

JUGEMENT.

Il ne faut pas oublier cet homme singulier qui, sans aucune littérature, devint poète dans sa boutique. On ne peut s'empêcher de citer de lui ce rondeau, qui vaut mieux que beaucoup de rondeaux de Benserade :

> Pour te guérir de cette sciatique,
> Qui te retient comme un paralytique
> Dedans ton lit sans aucun mouvement,
> Prends-moi deux brocs d'un fin jus de sarment,
> Puis lis comment on le met en pratique :
> Prends-en deux doigts, et bien chaud les applique
> Sur l'épiderme où la douleur te pique ;
> Et tu boiras le reste promptement
>   Pour te guérir.
>
> Sur cet avis ne sois point hérétique ;
> Car je te fais un serment authentique
> Que, si tu crains ce doux médicament,
> Ton médecin, pour ton soulagement,
> Fera l'essai de ce qu'il communique
>   Pour te guérir.

VOLTAIRE, *Siècle de Louis XIV.*

ADDISON (JOSEPH), littérateur, poète et critique anglais, naquit le 1er mai 1672 à Milston, près Ambrosbury, dans le Wiltshire. Dès le collège, il se fit remarquer par de petits poèmes latins qui furent insérés dans le recueil des *Muses anglicanes*, et lui valurent des éloges de la part de Boileau, en dépit du mépris que l'auteur de *l'Art poétique* montrait pour le latin moderne. Ce fut aussi à cette époque qu'Addison contracta avec Richard Steele cette intimité devenue célèbre par la réunion de leurs travaux. A vingt-deux ans se décela son talent pour la poésie anglaise par des vers adressés à Dryden, par une traduction du quatrième livre des *Géorgiques*, et d'autres morceaux qui se sentaient plus ou moins de la jeunesse de l'auteur. Addison avait eu d'abord le dessein d'entrer dans les ordres sacrés ; il en fut détourné par Montague, chancelier de l'échiquier, chez qui Congrève l'avait introduit. C'est à ce Montague qu'il dédia, en 1697, son poème sur *la Paix de Riswick*, que Smith ne craignit pas d'appeler «le meilleur poème latin depuis l'*Énéide*.» Vers 1700, ayant obtenu une pension de 300 livres sterlings, il voyagea en France et en Italie, où il composa ses *Dialogues sur les Médailles*, et où il écrivit sa *Lettre à Halifax*, regardée comme la première de ses productions poétiques pour l'élégance et la correction. Après une absence de deux années, pendant lesquelles il put exercer à loisir cet esprit d'observation si éminent chez lui, il revint en Angleterre, et publia ses *Voyages*, avec une dédicace au lord Sommers. Les critiques ont remarqué qu'Addison aurait pu écrire presque toute sa relation sans sortir de son pays ; il s'y rencontre en effet peu de choses neuves ; mais une description fort piquante et originale de la petite république de Saint-Marin racheta ces défauts essentiels. Après la bataille de Blenheim, en 1704, Addison chanta la gloire de sa nation, dans un poème intitulé *la Cam-*

pagne (the Campaign); cet ouvrage, dicté par le patriotisme, eut une grande célébrité de circonstance.

Steele avait entrepris la feuille périodique du *Babillard* (the Tatler); cette feuille n'eut que quelques mois d'existence, et nous n'en parlerions pas si elle n'eût donné naissance au *Spectateur*, journal qui a survécu à tant de feuilles éphémères, à tant de journaux mort-nés. *Le Spectateur* doit la meilleure part de son succès à Addison : il l'a enrichi d'un grand nombre d'articles qui sont remplis pour la plupart d'une morale saine, relevée par les grâces d'un style élégant et naturel. On y trouve en abondance cette sorte de gaieté caustique que nos voisins ont nommée *humour*, mot intraduisible chez nous, parce que l'idée qu'il renferme, tenant de près à un caractère national, est, pour ainsi dire, un goût de terroir. A l'époque où parut *le Spectateur*, la nation britannique était divisée; les wighs et les torys se partageaient la politique : ce charmant journal fit une diversion utile, en détournant un peu les esprits de querelles trop sérieuses; il présenta, comme l'a fait pour nous La Bruyère, *le caractère et les mœurs du siècle*. Sous ce rapport, *le Spectateur* peut être considéré comme document historique, puisqu'il nous offre le portrait moral des Anglais de ce temps-là. Effectivement, les caractères tracés par Addison, ceux notamment du *chevalier Roger Coverley*, et de *André Freeport* (ce dernier a été imité depuis par Voltaire dans *l'Écossaise*), n'étaient pas, dit-on, de pure fantaisie, mais bien calqués sur des originaux connus.

L'année 1713, dans laquelle on joua la tragédie de *Caton*, fut, suivant l'expression de Samuel Johnson, « la grande année climatérique de la répu-
« tation d'Addison. » *Caton* réussit pleinement, et eut un grand nombre de représentations de suite. Cette pièce, la plus régulière peut-être du théâtre anglais, n'est pourtant pas sans de nombreux défauts. Lorsqu'elle parut elle fut violemment critiquée par Dennis. Beaucoup d'objections étaient fondées; mais l'amertume avec laquelle elles furent présentées diminua leur solidité; la critique tourna au profit de l'auteur, et il arriva au *Caton* ce qui avait eu lieu pour *le Cid*. Voltaire, moins passionné que Dennis, a mieux fait sentir les inégalités de la tragédie d'Addison, pour laquelle d'ailleurs il professait une grande estime.

Addison avait déjà, huit ans auparavant, tenté la fortune dramatique, en faisant jouer un opéra de *Rosamonde*; mais ce drame musical n'avait eu aucun succès. Il en fut à peu près de même de la comédie du *Tambour*, représentée après le *Caton*, sans que le nom de l'auteur y parût.

Au *Spectateur* avait succédé *le Conservateur* (the Guardian), et d'autres feuilles de ce genre; *le Franc-tenancier* (the Free-Holder), *l'Observateur Wigh* (the Wigh-Examiner): Addison y contribua de nouveau avec son ami Steele.

En 1716, l'auteur de *Caton* épousa la comtesse douairière de Warwick qu'il avait d'abord connue en faisant l'éducation de son fils. Une telle union était trop disproportionnée pour le rendre heureux. En

1717, il fut nommé secrétaire d'état. Ce haut emploi ne convenait guère plus que son mariage à sa manière d'être : aussi donna-t-il bientôt sa démission pour retourner à ses études favorites. Il s'occupait d'une *Défense de la religion chrétienne* et d'une tragédie sur *la Mort de Socrate*, quand une hydropisie l'enleva le 17 juin 1719, à l'âge de quarante-huit ans.

Addison avait exercé plusieurs emplois diplomatiques ; il avait été sous-secrétaire d'état sous le comte de Sunderland, secrétaire du marquis de Wharton, lord-lieutenant d'Irlande, puis enfin secrétaire d'état. Il ne saurait cependant être regardé comme diplomate. Les gens de lettres sont généralement peu faits pour des fonctions qui intéressent la chose publique, et Addison y était moins propre que tout autre. Il faut donc le considérer seulement sous deux rapports, comme poète et comme critique. Dans sa poésie comme dans sa prose il s'est rarement élevé jusqu'au génie ; mais il a rendu d'importants services à la langue anglaise, et il sera toujours compté parmi les écrivains qui honorent le plus cette nation.

On a une belle édition des œuvres d'Addison (*Addison's Works*) Birmingham, Baskerville, 1761, 4 vol. in-4°.

H. LEMONNIER.

PORTRAIT D'ADDISON.

Parmi les habitudes extérieures d'Addison, celle dont il est parlé le plus souvent est cette taciturnité craintive que ses amis parent du nom de modestie

Steele fait mention avec un intérêt marqué « de cette
« timidité, sorte de manteau qui enveloppe le mé-
« rite. Puis il ajoute: que l'habileté d'Addison
« était voilée de cette modestie qui double les beautés
« qu'on aperçoit, en laissant croire à celles qu'on
« n'aperçoit pas. »

Le siècle où il vécut eut à regretter qu'il eût trop
souvent gardé le silence ; « car, dit Steele, personne
« ne pouvait l'égaler dans ce talent que nous nom-
« mons *humour* ; il le possédait à tel point qu'après
« avoir passé une soirée seul avec lui, j'ai pensé
« quelquefois que je venais de converser avec un
« ami de Térence ou de Catulle, dont tout l'esprit
« naturel aurait encore été embelli par l'*humour* la
« plus exquise. » Mais comme ce témoignage est
dicté par l'amitié, écoutons celui d'un rival : « La
« conversation d'Addison, dit Pope, était la plus
« intéressante que j'aie entendue ; mais la seule fami-
« liarité lui donnait ce charme ; la survenance d'un
« seul étranger le faisait aussitôt retomber dans sa
« dignité taciturne. »

Ses talents étaient tels qu'il pouvait se contenter
de son propre jugement sur lui-même. Il est vrai
de dire qu'il n'a point montré un savoir fort étendu :
il paraît n'avoir eu qu'une teinture assez légère des
sciences, et n'avoir guère lu que les poètes latins
et français ; mais ses *Dialogues sur les Médailles*
montrent au moins qu'il avait fait une étude très
approfondie des poètes latins. La fécondité de
son esprit lui permettait de se passer des idées
d'autrui. Il avait attentivement médité le livre de la

vie : il avait sondé toutes les profondeurs du cœur humain....

Tickel a observé avec raison qu'il employa ses talents en faveur de la vertu et de la religion. Non-seulement il n'abusa point des dons de l'esprit, mais il enseigna aux autres à n'en point abuser [*]. Il a

---

[*] Le caractère d'Addison n'a pas été à l'abri de tout reproche. On l'a accusé d'être jaloux des succès des autres, et les mémoires du temps ont conservé quelques anecdotes qui semblent autoriser cette imputation. Il suffit de rappeler, à ce sujet, les vers aussi mordants que spirituels que Pope a insérés dans son Épître à Arbuthnot. Ces vers ont été rendus par Delille, avec le rare talent qui distingue ce grand poëte. Les voici :

> Mais représentez-vous un écrivain vanté,
> Plein de grace et d'esprit, sachant penser et vivre,
> Charmant dans ses discours, sublime dans un livre,
> Partisan du bon goût, amoureux de l'honneur;
> Fait pour un nom célèbre, et né pour le bonheur;
> Mais qui, comme ces rois que l'Orient révère,
> Pense ne bien régner qu'en étranglant son frère;
> Concurrent dédaigneux, et cependant jaloux,
> Qui, devant tout aux arts, les persécute en vous;
> Blâmant d'un air poli, louant d'un ton perfide;
> Cherchant à vous blesser, mais d'une main timide;
> Flatté par mille sots, et redoutant leurs traits;
> Tellement obligeant qu'il n'oblige jamais;
> Dont la haine caresse et le souris menace;
> Bel esprit à la cour et ministre au parnasse;
> Faisant d'une critique une affaire d'état;
> Ainsi que son héros (Caton), dans son petit sénat
> Réglant le peuple auteur; tandis qu'en son extase,
> Tout le cercle ébahi se pâme à chaque phrase.
> Parle, qui ne rirait de ce portrait sans nom?
> Mais qui ne pleurerait si c'était Addison?

Il ne faut cependant pas s'en rapporter aveuglément au témoignage de Pope; il avait été l'ami d'Addison, et ils s'étaient brouillés, sans aucun motif apparent. Pope était très susceptible, jaloux, vindicatif et satyrique amer : un tel caractère est justement suspect. — SUARD.

rendu à la vertu sa dignité, et la sécurité à l'innocence. Il n'est pas de plus beau succès que celui d'avoir purifié les plaisirs intellectuels ; d'avoir séparé la gaîté d'avec l'impudeur, et l'esprit d'avec la licence ; d'avoir appris aux générations d'écrivains qui se succèderont l'alliance de la bonté et de l'élégance ; enfin, d'avoir porté beaucoup de personnes au bien.

Samuel Johnson, *Vie d'Addison*

JUGEMENTS.

I

Cet homme célèbre, qui florissait sous la reine Anne, est peut-être celui de tous les écrivains anglais qui sut le mieux conduire le génie par le goût. Il avait de la correction dans le style, une imagination sage dans l'expression, de l'élégance, de la force et du naturel dans ses vers et dans sa prose. Ami des bienséances et des règles, il voulait que la tragédie fût écrite avec dignité, et c'est ainsi que son *Caton* est composé.

Ce sont, dès le premier acte, des vers dignes de Virgile, et des sentiments dignes de Caton. Il n'y a point de théâtre en Europe où la scène de Juba et de Syphax ne fût applaudie comme un chef-d'œuvre d'adresse, de caractères bien développés, de beaux contrastes, et d'une diction pure et noble. L'Europe littéraire, qui connaît les traductions de cette pièce, applaudit aux traits philosophiques dont le rôle de Caton est rempli.

Les vers que ce héros de la philosophie et de

ADDISON.

ayant sur sa table une épée nue, et lisant le traité de Platon sur l'immortalité de l'âme, ont été traduits dès long-temps en français; nous devons les placer ici :

Oui, Platon, tu dis vrai, notre âme est immortelle;
C'est un Dieu qui lui parle, un Dieu qui vit en elle.
Et d'où viendrait sans lui ce grand pressentiment,
Ce dégoût des faux biens, cette horreur du néant!
Vers des siècles sans fin je sens que tu m'entraînes:
Du monde et de mes sens je vais briser les chaînes.
Et d'ouvrir, las d'un corps dans la fange arrêté,
Les portes de la vie et de l'éternité.
L'éternité! quel mot consolant et terrible!
O lumière! ô nuage! ô profondeur horrible!
Que suis-je? où suis-je? où vais-je? et d'où suis-je tiré?
Dans quels climats nouveaux, dans quel monde ignoré
Le moment du trépas va-t-il plonger mon être?
Où sera cet esprit qui ne peut se connaître?
Que me préparez-vous, abimes ténébreux!
Allons, s'il est un Dieu, Caton doit être heureux.
Il en est un sans doute, et je suis son ouvrage.
Lui-même au cœur du juste il empreint son image.
Il doit venger sa cause, et punir les pervers.
Mais comment? dans quel temps, et dans quel univers?
Ici la vertu pleure, et l'audace l'opprime;
L'innocence à genoux y tend la gorge au crime,
La fortune y domine, et tout y suit son char;
Ce globe infortuné fut formé pour César.
Hâtons-nous de sortir d'une prison funeste.
Je te verrai sans ombre, ô vérité céleste!
Tu te caches de nous dans nos jours de sommeil;
Cette vie est un songe, et la mort un réveil

La pièce eut le grand succès que méritaient ses beautés de détail, et que lui assuraient les discordes de l'Angleterre auxquelles cette tragédie était en plus d'un endroit une allusion très frappante. Mais la conjoncture de ces allusions étant passée, les vers n'étant que beaux, les maximes n'étant que nobles et justes, et la pièce étant froide, on n'en sentit plus guère que la froideur.

Voltaire, *Dict. Phil.*

II

Addison offre, sans aucun doute, le plus parfait exemple, en anglais, d'un style éminemment noble, correct et orné, dans le genre simple : aussi, quoiqu'il ne soit pas à l'abri de quelques taches, c'est au total le plus sûr modèle à imiter que présente notre langue, et le plus exempt de défauts considérables. Il est clair et pur au plus haut degré ; sa précision, il est vrai, n'est pas fort grande, mais elle suffit à peu près pour les sujets qu'il traite. La construction de ses périodes est facile, agréable, et d'ordinaire très harmonieuse ; elle a un caractère de douceur plutôt que de force. Dans le langage figuré, il est riche, surtout en comparaisons et en métaphores ; et il les emploie avec tant de mesure, qu'elles rendent son style brillant, et non trop pompeux. Il n'y a pas la moindre affectation dans sa manière ; on n'y voit aucune trace de travail, rien de contraint ou de gêné ; on y trouve au contraire une rare élégance unie à beaucoup d'aisance et de simplicité. Il se distingue en particulier par un ton de modestie et de politesse qui règne dans tous ses ouvrages. Aucun auteur n'a une manière plus populaire et plus insinuante, et le profond respect qu'il montre partout pour la vertu et pour la religion mérite les plus grands éloges. Si on peut lui reprocher quelque chose, c'est le défaut de force et de précision, qui rend son style, quoique fort bien adapté à des essais tels que ceux qu'il a écrits dans *le Spectateur*, un modèle moins parfait pour un genre de composition plus sévère et plus soigné. Quoique le public ait, dans tous les temps, rendu beaucoup de justice à son mérite, néanmoins la nature de ce mérite n'a pas toujours été vue dans son vrai jour; car, bien que sa poésie soit élégante, il a certainement droit à un rang plus élevé parmi les prosateurs que parmi les poètes ; et en prose sa plaisanterie a plus de verve et d'originalité que sa philosophie. Le caractère de sir Roger de Coverley annonce plus de génie que la critique sur Milton.

Blair, *Cours de Rhétorique*.

III.

Il a publié un assez grand nombre d'ouvrages dans des genres très divers; dans aucun, il est vrai, il ne s'est élevé au degré de supériorité qui distingue les génies du premier ordre; mais dans tous il s'est placé fort au-dessus de la médiocrité; et dans quelques-uns il a montré une réunion d'esprit et de raison, de bon goût et de bonne plaisanterie, aussi rare que ce qu'on appelle le génie. Comme poète, il a commencé par des poèmes latins fort admirés dans le temps, mais qu'on ne connaît guère hors des Iles-Britanniques, où vraisemblablement ils sont

même peu lus aujourd'hui. Il a composé en anglais un assez grand nombre de pièces de vers, sur différents sujets, dont la plupart sont des traductions ou imitations de Virgile, d'Horace et d'Ovide. Le plus considérable comme le plus célèbre de ses poèmes, est celui qu'il a composé sur la bataille de Blenheim, et qu'il a intitulé *la Campagne* (the Campaign). Il y a de grandes beautés dans cet ouvrage, mais plus encore d'enthousiasme patriotique que de verve poétique; et la victoire qu'il a célébrée a donné plus d'éclat au poème qu'elle n'en a reçu. Addison est regardé par les gens de goût, en Angleterre, comme un poète ingénieux et sage, toujours élégant et harmonieux, mais jamais original ni sublime. On le place généralement au-dessous de Dryden et de Pope; des critiques éclairés lui préfèrent même Gray et Cowper, qui sont venus après lui. Comme poète tragique, il n'occupe qu'un rang très inférieur. Sans parler de Shakspeare, à qui les Anglais ne comparent rien, les bonnes tragédies d'Otway, de Rowe, et beaucoup d'autres, dont les auteurs sont moins célèbres, mais qu'on joue tous les jours avec succès, sont préférées avec raison au *Caton*, qui a des beautés supérieures, mais qu'on ne peut plus mettre au théâtre. « Dans cette tragé-
« die d'un patriote et d'un philosophe, a dit Voltaire,
« le rôle de Caton me paraît surtout un des plus
« beaux personnages qui soient sur aucun théâtre.
« Il est bien triste que quelque chose de si beau ne
« soit pas une belle tragédie. Des scènes décousues,
« qui laissent souvent le théâtre vide; des *a parte*

« trop longs et sans art; des amours froids et insi-
« pides; une conspiration inutile à la pièce; un
« certain Sempronius, déguisé et tué sur le théâtre:
« tout cela fait de la fameuse tragédie de *Caton*
« une pièce que nos comédiens n'oseraient jamais
« jouer, quand même nous penserions à la romaine
« ou à l'anglaise. La barbarie et l'irrégularité du
« théâtre de Londres ont percé jusque dans la sa-
« gesse d'Addison. Il me semble que je vois le czar
« Pierre, qui, en réformant les Russes, tenait en-
« core quelque chose de son éducation et des mœurs
« de son pays. »

La comédie du *Tambour* se joue encore, mais
rarement, et avec un effet médiocre. On ne peut
pas compter l'opéra de *Rosamonde*, quoique beaucoup mieux écrit que presque tous les drames destinés à être mis en musique. Parmi ses ouvrages en
prose, on trouve, 1° la relation de son *Voyage
en Italie*; 2° un *Dialogue sur les médailles*, où le
sujet paraîtra superficiellement traité aux anti-
quaires, mais où les bons esprits trouveront une
érudition choisie, un bon goût de littérature, et une
instruction agréable et facile; 3° l'ébauche d'une
Défense de la religion chrétienne, qu'il n'a pas eu le
temps d'achever; 4° un grand nombre d'*Essais* sur
la littérature, la morale et la politique, insérés dans
le *Tatler*, le *Spectator*, le *Guardian* (le Tuteur),
le *Free Holder* (le Franc Tenancier), et le *Whig
Examiner* (l'Examinateur Whig). C'est dans ces
essais, surtout dans ceux du *Spectateur*, qu'Addison
se montre tour à tour un sage moraliste, un obser-

vateur pénétrant de la nature humaine; un censeur, tantôt sévère, tantôt plaisant, des vices et des travers de son temps, et surtout un écrivain pur, clair, élégant, et qui a contribué plus qu'aucun autre à fixer la langue anglaise au degré de perfection où elle est parvenue. « Tout écrivain, dit Johnson, qui
« voudra se former un style véritablement anglais,
« familier sans trivialité, noble sans enflure, et élé-
« gant sans affectation, doit étudier jour et nuit les
« ouvrages d'Addison. » Dans la critique littéraire, Addison a montré un goût sain plutôt qu'étendu, et un esprit sage sans originalité ni profondeur dans les vues. Il y a d'excellentes observations dans l'analyse du *Paradis Perdu* de Milton, qui occupe plusieurs feuilles du *Spectateur*; mais ses principes sur la nature et les règles de l'épopée sont évidemment calqués sur la doctrine poétique d'Aristote; et même, en quelques endroits, il paraît copier le Traité du P. Bossu sur le poème épique, ouvrage presque oublié aujourd'hui.

SUARD.

MORCEAUX CHOISIS.

I. Traduction de quelques scènes du Caton d'Addison, par d'Alembert

SCÈNE II DU SECOND ACTE.

DÉCIUS, *ambassadeur de César;* CATON D'UTIQUE

DÉCIUS.

César fait des vœux pour Caton.

CATON

Je recevrais les vœux de César s'ils s'adressaient aux amis de Caton qu'il a égorgés. N'est-ce pas au sénat que son ordre vous envoie ?

DÉCIUS.

C'est avec Caton seul que je dois traiter. César voit le péril où vous êtes, et, connaissant vos sublimes vertus, il est inquiet pour votre vie.

CATON.

Ma vie est entée sur le destin de Rome. César veut-il sauver Caton? qu'il cesse d'opprimer sa patrie. Portez cette réponse à votre dictateur : Caton dédaigne une vie que César a le pouvoir de lui offrir.

DÉCIUS.

Rome et ses sénateurs sont soumis à César. Elle n'a plus de généraux et de consuls qui le retardent dans ses conquêtes, et qui s'opposent à ses triomphes. Pourquoi Caton refuserait-il d'être l'ami de César ?

CATON.

Les raisons que j'ai dites me le défendent.

DÉCIUS.

Caton, j'ai ordre de vous presser et de vous parler en ami. Pensez à la tempête qui gronde autour de vous, et qui à chaque instant est près d'éclater. Vous pouvez jouir dans votre patrie des plus grands honneurs ; il ne vous en coûtera que de faire la paix avec César, et de chercher à lui plaire. Rome bénira les dieux d'une union si désirée, et verra dans Caton le second du genre humain.

CATON.

Est-ce tout? Je ne veux point de la vie à ces conditions.

DÉCIUS.

César connaît depuis long-temps vos vertus, et

voudrait conserver une vie aussi précieuse que la vôtre. Qu'il connaisse aussi tout le prix de l'amitié de Caton. A quelles conditions la lui accordez-vous ?

CATON.

Qu'il congédie ses légions ; qu'il rétablisse dans Rome la liberté publique ; qu'il se soumette aux lois et au jugement de ses concitoyens ; qu'il se présente au sénat comme un coupable ; qu'il fasse tout cela, et Caton sera son ami.

DÉCIUS

Caton, tout l'univers parle avec admiration de votre sagesse....

CATON.

Je dirai plus : quoique Caton n'ait jamais employé sa voix pour justifier le crime ou pour en affaiblir l'énormité, je monterai moi-même à la tribune en faveur de César, et j'espère obtenir sa grace du peuple romain.

DÉCIUS

Caton, ce discours est d'un conquérant.

CATON.

Décius, ce discours est d'un Romain

DÉCIUS.

Quel ennemi de César peut s'appeler Romain ?

CATON.

Un plus grand que César : l'ami de la vertu

DÉCIUS.

Considérez, Caton, que vous êtes dans Utique, à la tête d'un sénat foible et peu nombreux ; vous n'êtes plus au Capitole ; vous n'y faites plus entendre cette voix respectable et terrible que tant d'autres voix aimaient à seconder.

CATON.

Ah! que César considère lui-même ce qui nous a mis dans l'état où nous sommes. C'est son épée qui a réduit le sénat à ce petit nombre, et qui a éclairci ses rangs. Hélas! sous quel faux jour tes yeux éblouis voient cet usurpateur! Ils sont troublés par l'éclat trompeur que répandent sur lui ses conquêtes. Si tu l'apercevais tel qu'il est, tu le verrais noirci de meurtres, de trahisons, de sacrilèges et de crimes qui me font frissonner d'horreur à son seul nom. Tu me regardes sans doute comme un malheureux accablé par les revers, et en proie à la plus cruelle infortune; mais, j'en jure par les dieux, je ne voudrais pas, pour l'empire d'un million de mondes, être à la place de César et lui ressembler.

DÉCIUS.

Est-ce là toute la réponse que Caton veut faire à César, en reconnaissance de ses généreux soins et de l'offre qu'il lui fait de son amitié?

CATON.

Ses soins à mon égard sont inutiles, et l'effet de son orgueil. Les dieux prennent soin de Caton, ce n'est point à ce présomptueux tyran à s'en charger. Veut-il montrer sa grandeur d'âme? Qu'il traite les amis qui m'environnent comme il offre de me traiter; qu'il fasse un bon usage de son pouvoir mal acquis, en conservant des citoyens plus précieux

DÉCIUS.

Caton, votre cœur fier et indomptable vous fait oublier que vous êtes homme. Vous courez à votre perte ; mais je n'ai plus rien à vous dire. Je vais rendre compte à César du malheureux succès de mon ambassade. Que Rome va verser de pleurs !

FIN DE LA DERNIÈRE SCÈNE DU IV° ACTE.

(On apporte à Caton le corps mort de son fils Marcus, qui a été tué dans le combat)

CATON.

Que je te revois avec joie, ô mon fils ! Permettez, mes chers amis, que je contemple à loisir ce corps sanglant, et que je compte ses glorieuses blessures. O mort pleine de gloire, qui est le prix de la vertu ! Qui d'entre vous n'envie pas le sort de ce jeune héros ? Qui pourrait le plaindre d'avoir sacrifié ses jours à son pays ? Pourquoi, mes chers amis, cette tristesse peinte sur vos visages ? Si la famille de Caton avait joui en paix des fruits de la guerre civile, c'est alors que j'aurais rougi et pleuré. Porcius *, regarde ton frère, et souviens-toi que notre vie n'est point à nous quand Rome la demande.

JUBA **.

Ah ! grand homme !......

CATON.

Hélas ! mes amis, pourquoi vous affligez-vous ? Ce n'est point à mon malheur et à la perte de mon fils que vous devez des larmes, c'est Rome seule qui mérite

* Second fils de Caton, frère de Marcus.
** Prince de Numidie, ami de Caton

vos regrets. La maîtresse du monde, le siège de l'empire, la mère des héros, l'admiration des dieux, qui humiliait les fiers tyrans de la terre, et brisait le joug des nations, Rome n'est plus ; ô liberté ! ô vertu ! ô ma patrie !

JUBA.

O courage héroïque d'un citoyen vertueux ! Rome fait couler de ses yeux des pleurs que la mort de son fils ne peut en arracher.

CATON.

Tout ce que la valeur des Romains a soumis, tous les lieux que le soleil éclaire, le jour, l'année, tout est à César. C'est pour lui que les Décius se sont dévoués à la mort, que les Fabius ont péri, que les grands Scipion ont dompté l'univers. Pompée même a combattu pour lui. O mes amis ! l'ouvrage du destin, le travail de tant de siècles, l'empire romain est tombé !.... Détestable ambition ! Il est tombé dans les mains de César. Nos illustres ancêtres ne lui ont rien laissé à conquérir que sa patrie.

JUBA.

Tant que Caton vivra, César rougira d'avoir mis le genre humain aux fers, et sera honteux de sa puissance même.

CATON.

César honteux ! n'a-t-il pas vu sans rougir les champs de Pharsale ?

LUCIUS [*].

Caton, il est temps de songer à ta sûreté et à la nôtre.

---

[*] Sénateur romain, ami de Caton

CATON.

Ne pensez point à moi ; je ne suis point en danger. Les dieux ne me laisseront point au pouvoir du vainqueur. César ne pourra jamais dire : *J'ai conquis Caton.* Mais, hélas ! mes chers amis, c'est votre conservation et votre sûreté qui remplissent mon âme d'inquiétude. Mille terreurs secrètes me troublent. Comment pourrai-je sauver des amis si fidèles ? D'aujourd'hui, César, je commence à te craindre.

LUCIUS.

César nous pardonnera si nous lui demandons grace.

CATON.

Demandez-la-lui donc, je vous en conjure. Dites lui que c'est Caton seul qui a tout fait : ajoutez-y même, si vous le voulez, que je l'implore pour vous, que je le supplie, les larmes aux yeux, de ne point punir mes amis de leur vertu. Juba, je suis inquiet pour toi. Te conseillerai-je de regagner la Numidie, ou d'aller trouver le vainqueur ?

JUBA.

Puissent les dieux abandonner Juba, s'il t'oublie jamais tant que le ciel lui conservera la vie.

CATON.

Tes vertus, cher prince, je te le prédis, rendront un jour ton nom respectable et célèbre. Ce ne sera pas toujours un crime à Rome d'avoir été l'ami de Caton. Porcius, approche-toi ; tu as vu, mon fils, dans un état corrompu, ton père en butte aux méchants lutter contre le vice et les factions. Tu me vois aujourd'hui accablé, sans force, et désespérant de succès. Retire-toi, si tu m'en crois, dans les campagnes que tes pères ont habitées et cultivées, où l'illustre Caton le Censeur travaillait de ses mains, où nos respectables ancêtres, bénis des dieux et des hommes, ont mené une vie champêtre, frugale et heureuse. Mène, à leur exemple, dans cette solitude, une vie obscure et retirée; prie pour la paix de Rome; borne-toi à être obscurément vertueux. Quand le crime l'emporte, et que le méchant a le pouvoir en main, le poste d'honneur est l'état privé.

PORCIUS.

Pourquoi, mon père, ordonnez-vous à Porcius de prendre soin d'une vie que vous dédaignez vous-même?

CATON.

Adieu, mes amis: s'il est quelqu'un parmi vous qui n'ose se fier à la clémence du vainqueur, sachez que j'ai fait préparer des vaisseaux dont les voiles sont déjà enflées par un vent favorable, et qui vous conduiront aux ports les plus éloignés et les plus sûrs. Puis-je faire encore quelque chose pour vous? Le conquérant approche. Adieu pour la dernière fois. Si jamais nous nous revoyons, ce sera dans des climats plus heureux, et sur un rivage plus salutaire, où César ne pourra plus nous atteindre.

(Montrant le corps de son fils.)

C'est là que ce jeune héros, enflammé de l'amour de la vertu, qui a répandu son sang avec tant de gloire pour la défense de son pays, jouira d'un sort digne de son courage. C'est là que le citoyen intrépide, qui a fait du salut de sa patrie le plus cher de ses soins, ne sera plus la victime du vice, des factions et du sort, et verra que ses généreux travaux ne sont pas sans récompense.

ACTE V. SCÈNE PREMIÈRE.

(Caton seul est assis près d'une table, dans l'attitude d'un homme qui médite profondément ; il tient le livre de Platon, de l'*Immortalité de l'Ame*. Auprès de lui, sur la table, est une épée nue.)

MONOLOGUE DE CATON.

Tu as raison, Platon. . . . . cela doit être comme tu le dis. . . . En effet, d'où pourrait venir en nous cette espérance flatteuse, ce désir ardent, cet élancement de notre âme vers l'immortalité? D'où pourrait venir cette horreur secrète, cette frayeur que nous ressentons de tomber dans le néant? Pourquoi notre âme, en envisageant sa destruction, se retire-t-elle avec frémissement au-dedans d'elle-même? C'est la divinité qui agit au-dedans de nous ; c'est le ciel lui-même qui nous montre de loin l'avenir, et qui annonce l'éternité à l'homme. Éternité! douce et terrible pensée! par combien de changements inconnus et d'états nouveaux doit passer notre fragile existence? Je vois devant mes yeux une immense perspective dont le fond n'est que nuages et que ténèbres. Arrêtons-nous à cette réflexion consolante : s'il y a au-dessus de nous quelque puissance suprême (et toute la nature, pleine de ses ouvrages, nous crie qu'il y en a une), elle doit aimer la vertu, et rendre heureux ce qu'elle aime. Mais quand! mais où! tout ce monde a été fait pour César. Je me perds dans mes conjectures : voici de quoi les terminer. (Il prend l'épée en tenant toujours le livre.)

Me voici doublement armé ; je tiens la vie d'une main et la mort de l'autre ; je vois en même temps le poison et le remède. L'un, dans un moment, va terminer mes jours ; l'autre m'apprend que je ne dois jamais mourir. Mon âme, sûre de son existence, défie la pointe de ce fer, et brave les coups qu'il me va porter. Oui, les étoiles disparaîtront, le soleil lui-même s'obscurcira dans les âges à venir, et la nature s'affaissera à la fin des siècles. Pour toi, tu jouiras d'une jeunesse immortelle et florissante, tranquille et inaltérable au milieu du choc des éléments, du naufrage de la matière et de l'écroulement des mondes. Mais quelle pesanteur m'accable! quelle léthargie se glisse dans tous mes sens ! La nature épuisée, et succombant à la fatigue, me demande encore un moment de repos. Accordons-lui pour la dernière fois cette faveur; mon âme, à son réveil, renouvelée dans toute sa force, prendra un plus noble essor, et, jouissant d'une vie nouvelle, ira se présenter aux dieux comme une offrande digne de leur grandeur. Que la frayeur ou le crime troublent le reste des hommes, Caton ne connaît ni l'un ni l'autre ; le choix du sommeil ou de la mort lui est indifférent. (*Voyez*, p. 85, ce monologue traduit ou plutôt imité par Voltaire.)

FIN DE LA DERNIÈRE SCÈNE DU Ve ACTE.

(Caton, après s'être percé de son épée, est apporté mourant sur le devant du théâtre.)

CATON.

Porcius, mon fils, approche-toi........ Mes amis

sont-ils embarqués? Puis-je faire pour eux quelque chose de plus? Tandis que je vis encore, ne me laissez pas vivre en vain....... Lucius, souffrez que notre amitié se perpétue dans nos enfants...... Faites le bonheur de Porcius mon fils en lui accordant votre fille..... Pourquoi versez-vous des larmes ?..... Marcia, ma fille, Juba brûle d'amour pour toi. Un sénateur romain, tandis que Rome subsistait encore, eût refusé sa fille à un roi ; mais les armes de César ont détruit toute distinction. C'est être Romain aujourd'hui, que d'être brave et vertueux.... . Un froid mortel s'empare de mes sens.... Hélas! quand verrai-je disparaître ce monde coupable, le séjour du malheur ou du crime ! Déjà il me semble qu'un rayon de lumière vient éclairer et remplir mon âme prête à s'envoler vers sa dernière demeure...... Hélas ! je crains d'avoir trop librement disposé de ma vie..... Puissances suprêmes, qui sondez le cœur des hommes, et qui pénétrez leurs pensées les plus secrètes, ne m'imputez point cette faute, si c'en est une ; la vertu même peut en faire; mais votre bonté me rassure.....

(Il expire.)

LUCIUS.

Ainsi disparaît du milieu de nous cette grande âme que l'amour de Rome et de la vertu embrasa toujours. O Caton! ô mon ami !....... tes dernières volontés seront religieusement observées ; mais allons, portons à César ce corps respectable, exposons à ses yeux les restes de Caton; qu'ils nous servent de rempart contre la colère du vainqueur :

Caton, même après sa mort, protègera encore ses amis.

Que les nations, si cruellement divisées, apprennent par cet exemple les funestes effets de la guerre civile; c'est elle qui ébranle les états, qui les remplit d'alarmes et de troubles, qui livre Rome en proie même aux armes romaines, qui enfante la trahison, la cruauté, les meurtres, et qui prive de la vie de Caton ce coupable univers.

II La Montagne de misères.

C'est une pensée fameuse de Socrate que, si tous les maux du genre humain se trouvaient réunis en un seul amas pour être également répartis entre chaque mortel, ceux qui se croient maintenant les plus malheureux préféreraient le lot qu'ils possèdent au sort qui leur tomberait en partage dans une pareille distribution. Horace a porté encore plus loin cette pensée, en avançant que les désagréments et les malheurs auxquels nous sommes soumis sont pour nous plus faciles à supporter que ne le seraient ceux de toute autre personne avec laquelle nous changerions de destinée.

Comme je méditais sur ces deux remarques, assis dans mon fauteuil à bras, je m'endormis peu à peu : tout-à-coup je crus entendre une proclamation de Jupiter, qui annonçait que chaque mortel pouvait apporter ses chagrins et ses afflictions, et les jeter à un amas commun. Il y avait une vaste plaine destinée à cette opération. Je me plaçai au centre, et je vis avec un plaisir infini tous les humains s'avancer l'un après l'autre, et déposer leurs divers fardeaux, dont la réunion forma en un instant une montagne prodigieuse qui semblait se perdre dans les nuages.

Il y avait une certaine dame, d'une taille svelte et aérienne, qui prenait une part très active à cette cérémonie. Elle portait dans une de ses mains un miroir propre à grossir les objets ; elle était parée d'une robe longue et traînante, dont la broderie représentait diverses figures de démons et de spectres qui se montraient sous mille formes fantastiques, tandis que son vêtement flottait dans les airs ; il y avait dans ses yeux je ne sais quoi de farouche et de hagard : son nom était l'Imagination. Elle conduisait chaque mortel à l'endroit prescrit, après l'avoir complaisamment aidé à faire son paquet, et à le mettre sur ses épaules. J'éprouvai un serrement de cœur en voyant mes semblables gémir sous leurs différents fardeaux, et en contemplant cet énorme amas de misères humaines qui s'élevait devant moi.

Néanmoins plusieurs personnes me divertirent beaucoup dans cette occasion. Je vis un homme porter un paquet enveloppé soigneusement sous un vieil habit brodé, et au moment où il le jetait dans le tas, je reconnus que c'était la pauvreté. Un autre, après beaucoup de fatigue et de mouvement, se débarrassa de son bagage, qui, lorsque je l'examinai, n'était autre chose que sa femme.

Il y avait une foule d'amants, munis d'un bizarre fardeau de dards et de flammes : mais ce qui était le plus étrange, c'est que, quoiqu'ils poussassent des soupirs comme s'ils eussent été près de succomber sous ces amas d'afflictions, ils ne pouvaient se résoudre à les jeter dans le monceau quand ils y arrivaient; mais, après quelques faibles efforts, ils secouaient la tête, et s'en retournaient aussi lourdement chargés qu'ils étaient venus.

Je vis bon nombre de vieilles femmes qui jetaient leurs rides, et d'autres plus jeunes se défaire d'un teint basané. Il y avait de vastes amas de nez rouges, de grosses lèvres et de dents jaunes. La vérité est que je fus surpris de voir la plus grande partie de la montagne composée de difformités naturelles. Ayant observé un homme qui s'avançait vers le monceau avec une cargaison d'un plus gros volume que les autres sur ses épaules, je découvris en m'approchant que c'était tout simplement une bosse, qu'il ajoutait avec une allégresse inexprimable à cette collection de misères humaines. Il y avait également des maladies de toutes les sortes; mais je ne pus me défendre de remarquer qu'il y en avait beaucoup plus d'imaginaires que de réelles. Un petit paquet attira surtout mon attention; c'était un mélange de tous les maux qui peuvent affliger la nature humaine, et il se trouvait dans les mains de beaucoup de gens de distinction : on l'appelait le spleen. Mais ce qui me surprit davantage, ce fut de remarquer qu'il n'y avait pas un seul vice ou une seule folie dans tout le monceau; cette circonstance m'étonna beaucoup, car je m'étais attendu que chacun saisirait l'occasion de s'affranchir de ses passions, de ses préjugés et de ses défauts.

Je distinguai particulièrement un insigne vaurien qui venait, au moins je n'en doutais pas, chargé de ses infamies ; mais en examinant son paquet, je trouvai qu'au lieu de se défaire de ses crimes, il n'avait jeté que sa mémoire. Il était suivi d'un impudent faquin, qui déposa sa modestie au lieu de son ignorance.

Quand tous les humains eurent jeté ainsi leurs fardeaux, le fantôme, qui avait montré tant d'empressement dans cette occasion, me voyant spectateur oisif de ce qui se passait, s'approcha de moi. Je sentis un malaise en sa présence, quand tout-à-coup il offrit à mes yeux son miroir. Je n'aperçus pas plus tôt ma face que je frémis de son excessive brièveté, dont le ridicule me choqua alors au dernier point. La largeur démesurée de mes traits me mit de mauvaise humeur contre ma physionomie, et aussitôt je la jetai loin de moi comme un masque. Il arriva par bonheur qu'un homme qui se trouvait près de moi venait justement de déposer son visage, qui, à ce qu'il paraît, était trop long pour lui. Il faut avouer qu'il s'étendait avec une longueur scandaleuse ; je crois que le menton seul, pour parler sans hyperbole, était aussi long que toute ma face. Nous avions tous deux une occasion de satisfaire notre envie ; et toutes les contributions étant réunies, chacun se trouvait libre d'échanger ses disgraces contre celles d'autrui.

Je voyais avec un plaisir extrême tous mes semblables délivrés ainsi de leurs maux. Néanmoins, tandis que nous étions rangés autour du monceau, et que nous examinions les matériaux divers dont il se composait, il y avait à peine un mortel dans une si grande multitude qui ne reconnût ce qu'il avait pris pour les plaisirs et les jouissances de la vie, et qui ne se demandât avec surprise comment leurs possesseurs avaient pu les regarder comme des fardeaux et des afflictions.

Pendant que nous observions fort attentivement cette confusion de misères, ce chaos de calamités, Jupiter publia une seconde proclamation qui annonçait que chacun était libre maintenant d'échanger son infortune, et de retourner à sa demeure avec le paquet qui lui serait remis.

Alors l'Imagination se donna de nouveau beaucoup de mouvement; et, après avoir distribué tout le monceau avec une activité incroyable, elle recommanda à chacun son lot particulier. Le tumulte et le désordre qui régnaient dans ce moment ne sauraient se concevoir. Je fis quelques remarques dans cette occasion, et je les communiquerai au public. Un vénérable personnage à cheveux blancs, qui s'était défait de la colique, et qui, à ce qu'il me parut, avait besoin d'un héritier pour sa fortune, mit la main sur un fils illégitime que son père mécontent avait jeté dans le monceau. L'ingrat jeune homme, en moins d'un quart d'heure, tira le vieillard par la barbe, et faillit lui briser la tête ; en sorte que celui-ci, rencontrant le véritable père qui venait vers lui avec un violent accès de tranchées, le pria de reprendre son fils et de lui rendre sa colique : mais il leur fut impossible de renoncer au choix qu'ils avaient fait. Un pauvre galérien qui avait déposé ses chaînes, ramassa la goutte à la place; mais il fit de telles contorsions, qu'on s'apercevait aisément qu'il n'avait pas gagné beaucoup au marché. C'était un spectacle assez amusant de voir les divers échanges qui se firent, de la maladie pour la pauvreté, de la faim pour le défaut d'appétit, et de l'inquiétude pour la peine.

Il y avait entre les dames un commerce de traits fort actif : l'une troquait une boucle de cheveux gris contre un bourgeon; l'autre brocantait une taille courte pour une paire d'épaules rondes; et une troisième marchandait une laide figure pour une réputation perdue. Mais, dans toutes ces occasions, il n'y en avait pas une qui ne trouvât sa nouvelle disgrace, aussitôt qu'elle en avait fait l'acquisition, beaucoup plus désagréable que l'ancienne. Je fis la même remarque sur toutes les autres misères ou afflictions que chaque personne de l'assemblée se choisit, au lieu de celles dont elle s'était débarrassée : si cela provenait de ce que les maux qui nous affligent sont, en quelque sorte, mesurés et proportionnés à nos forces, ou de ce que les malheurs deviennent plus supportables par l'habitude, c'est ce que je ne saurais décider.

Je ne pus me défendre d'avoir pitié de toute mon âme du pauvre bossu dont j'ai parlé plus haut, qui s'en retourna très bien fait, avec une pierre dans la vessie; ni du beau monsieur qui avait conclu ce marché avec lui, et qui traversa tout confus un cercle de dames accoutumées à l'admirer, avec une paire d'épaules qui lui dépassait la tête.

Je ne dois pas omettre mon aventure particulière. Aussitôt que mon ami au long visage se fût appliqué ma courte face, il fit une si grotesque figure que je ne pus m'empêcher en le regardant de me rire au nez, au point de perdre toute contenance. Le pauvre monsieur fut si affecté de se voir un objet de ridicule, qu'il parut tout honteux de son échange. D'un autre côté, je m'aperçus que je n'avais pas moi-même grand sujet de m'applaudir; car, en voulant porter la main à mon front, je me trompai de place, et je heurtai du doigt ma lèvre supérieure. De plus, comme mon nez était d'une dimension peu commune, je lui donnai deux ou trois gourmades malencontreuses en promenant ma main sur ma face, et en songeant à tout autre chose. Je vis près de moi deux autres messieurs qui se trouvaient dans une position non moins ridicule. Ils avaient fait un échange extravagant entre une paire de jambes tortues, et deux longs échalas sans mollet. L'un ressemblait à un homme qui marche avec des échasses, et il était juché en l'air, tellement au-dessus de sa hauteur ordinaire, que la tête lui tournait; pendant que l'autre faisait des pirouettes d'un air si gauche toutes les fois qu'il essayait de marcher, qu'il ne savait comment manœuvrer avec ses nouveaux supports. Voyant que c'était un assez bon diable, je plantai ma canne en terre, et lui dis que je gageais une bouteille de vin qu'il n'y arriverait pas en un quart d'heure par une ligne que je traçai devant lui.

Le monceau était enfin distribué entre les deux sexes, qui faisaient une piteuse figure, en errant çà et là, courbés sous le poids de leurs divers fardeaux. Toute la plaine retentissait de murmures et de plaintes, de gémissements et de lamentations. A la fin, Jupiter, ému de compassion pour les pauvres humains, leur ordonna de déposer leurs fardeaux une seconde fois, afin de reprendre leurs premiers lots. Ils se débarrassèrent avec une joie infinie; après quoi, le fantôme qui les avait abusés par de si grossières illusions reçut l'ordre de disparaître. On envoya à sa place une déesse d'un tout autre aspect : ses mouvements étaient calmes et réguliers, et son air sérieux mais gai; elle tournait de temps en temps ses yeux vers le ciel, et les arrêtait sur Jupiter : son nom était la Patience. Elle ne se fut pas plus tôt placée auprès de la montagne de misères, que, ce qui me parut très remarquable, tout le monceau s'amoindrit au point qu'il ne parut pas un tiers si gros qu'auparavant. Elle rendit ensuite à tous les hommes leur propre disgrace, et leur apprit à la supporter de la manière la plus commode : chacun se retira satisfait de son sort, et charmé de n'avoir pas été contraint de s'en tenir à son choix, au lieu du lot qui lui était échu en partage.

Outre les diverses leçons morales qu'on peut tirer de ce songe, il m'enseigna à ne jamais m'attrister de mes infortunes, et à ne point envier le bonheur d'autrui, puisqu'il est impossible à aucun homme de porter un jugement exact sur les peines de son voisin. C'est aussi par ce motif que je suis résolu à ne traiter jamais trop légèrement les plaintes des autres, mais à regarder les chagrins de mes semblables avec des sentiments d'humanité et de compassion.

Le Spectateur, N° 258.

III. L'Échelle des êtres.

Quoiqu'il y ait un plaisir infini à contempler le monde matériel, et j'entends par là le système des corps que la nature a combinés si merveilleusement, en façonnant la matière inanimée, avec les rapports divers que ces corps ont entre eux, on éprouve, ce me semble, encore plus de surprise et de ravissement dans la contemplation du monde vivant, et j'appelle ainsi cette foule d'animaux qui peuplent toutes les parties de l'univers. Le monde matériel n'est que l'enveloppe de l'univers, dont le monde vivant représente les habitants.

Si nous considérons les parties du monde matériel qui sont le plus rapprochées de nous, et qui par conséquent tombent dans le domaine de nos recherches et de nos observations, nous serons confondus de voir cette foule d'animaux dont elles sont remplies. Chaque particule de matière est peuplée; chaque feuille de verdure fourmille d'habitants. Il existe à peine une seule humeur dans le corps de l'homme, ou dans celui de tout autre animal, où nos microscopes ne découvrent des millions de créatures vivantes. Nous trouvons même dans les corps les plus solides, comme le marbre, des cellules et des cavités innombrables qui sont pleines d'habitants imperceptibles, trop chétifs pour que la vue les aperçoive. D'un autre côté, si nous observons des parties plus considérables de la nature, nous voyons les mers, les lacs et les fleuves regorger de prodigieux essaims de créatures vivantes. Nous trouvons les montagnes et les étangs, les déserts et les forêts, abondamment fournis de bêtes et d'oiseaux; et chaque portion de matière, pourvue des aliments et des objets nécessaires à la conservation des nombreux animaux qui l'habitent.

L'auteur de la *Pluralité des Mondes* tire de cette considération un fort bon argument pour en conclure que chaque planète est habitée : et en effet, il semble très probable par l'analogie du raisonnement que, si aucune partie de la matière qui nous est connue n'est oisive et inutile, ces grands corps placés à une telle distance de nous ne sont pas non plus vides et déserts, mais plutôt qu'ils sont peuplés d'êtres appropriés à leurs situations respectives.

L'existence n'est un bienfait que pour les créatures douées de perception : elle devient en quelque sorte un don stérile pour la nature inanimée, quand elle n'appartient pas à des êtres qui ont le sentiment de leur existence. Aussi nous trouvons par les corps soumis à nos observations que la matière est destinée uniquement à servir d'asyle et de soutien aux animaux, et qu'il y a précisément autant de l'une qu'il est nécessaire à l'existence des autres.

La bonté infinie a un tel caractère de grandeur

et de générosité, qu'elle semble se plaire à communiquer la vie en suivant tous les degrés de l'existence capable de perception. Comme c'est une pensée que j'ai souvent méditée avec beaucoup de satisfaction pour moi-même, je vais la développer un peu davantage en considérant la partie de l'échelle des êtres qui nous est connue.

Il y a plusieurs créatures vivantes qui ne s'élèvent que bien peu au-dessus de la matière inanimée : je ne citerai que cette espèce de poisson à coquille en forme de cône, qui naît à la surface de quelques rochers, et meurt aussitôt qu'on le sépare du lieu où il était attaché. Il y a plusieurs autres créatures supérieures à celles-là d'un seul échelon, et qui n'ont d'autres sens que ceux du toucher et du goût. D'autres ont encore de plus le sens de l'ouïe; d'autres celui de l'odorat; d'autres enfin celui de la vue. Ce n'est pas sans une profonde surprise qu'on observe par quelle graduelle progression le monde vivant traverse une prodigieuse variété d'espèces, avant de former une créature pourvue de tous ses sens; et même parmi celles-ci il y a tant de divers degrés dans la délicatesse des sens que tel animal possède à un plus haut point qu'un autre, que, bien que le même sens dans les différents animaux soit désigné par une dénomination commune, il semble presque d'une autre nature. Si nous considérons après cela les diverses gradations de finesse et de sagacité, ou de ce qu'on appelle en général instinct, nous trouvons qu'elles s'élèvent de la même manière imperceptiblement les unes au-dessus des autres, et qu'elles reçoivent de nouveaux accroissements selon le rang assigné à l'animal. Cette progression de la nature est si bien observée, que l'être le plus parfait d'une espèce inférieure approche de très près de l'être le plus imparfait de l'espèce qui vient immédiatement au-dessus.

La bonté inépuisable et infinie de l'Être suprême, dont la providence embrasse tous ses ouvrages, se révèle clairement, comme je l'ai déjà fait entendre, par le soin qu'il a eu de créer si peu de matière, au moins dans ce que nous connaissons, où ne fourmillent les germes de la vie. Et cette bonté n'est pas moins visible dans la diversité que dans le nombre des créatures vivantes. S'il n'avait fait qu'une seule espèce d'animaux, aucune des autres ne jouirait du bonheur d'exister : aussi a-t-il classé dans la création tous les degrés de la vie, toutes les combinaisons possibles de l'existence. L'intervalle immense de la nature, depuis la plante jusqu'à l'homme, est rempli de diverses classes de créatures qui s'élèvent les unes au-dessus des autres par une gradation si douce et si facile, que les légères transitions et les nuances d'une espèce à l'autre sont presque insensibles. L'espace intermédiaire est si habilement distribué et ménagé, qu'il y a à peine un seul degré de perception qui ne se montre quelque part dans le monde vivant. Est-ce la bonté ou la sagesse de la divinité qui se manifeste le mieux dans le plan qu'elle a choisi ? .

Outre les conséquences que j'ai déjà indiquées, il y en a une qui semble sortir naturellement des considérations précédentes. Si l'échelle des êtres monte par une progression si régulière jusqu'à l'homme, nous pouvons, en suivant l'analogie, supposer qu'elle passe graduellement à travers tous les êtres d'une nature supérieure à la nôtre, puisqu'il y a un intervalle et un champ bien plus vaste pour divers degrés de perfection entre l'Être suprême et l'homme, qu'entre l'homme et le plus méprisable insecte.

Dans ce magnifique système de l'existence, aucune créature n'est aussi étonnante par sa nature, et ne mérite autant toute notre attention, que l'homme, qui remplit l'espace intermédiaire entre la nature animale et la nature intellectuelle, entre le monde visible et le monde invisible; et qui, dans la chaîne des êtres, forme l'anneau qui les réunit; en sorte que celui qui, sous un rapport, est associé aux anges et aux archanges, qui peut regarder un être d'une perfection infinie comme son père, et voir ses frères dans l'ordre le plus élevé des esprits célestes, peut, sous un autre aspect, dire à la corruption: *Tu es ma mère*; et au reptile: *Tu es mon père et mon frère*[*].

Le Spectateur, N° 519.

IV. Hymne à la Reconnaissance.

Lorsque mon âme ravie contemple, ô mon Dieu, tous tes bienfaits, transporté à cette vue, je suis saisi d'étonnement, d'amour et de reconnaissance.

Comment les paroles exprimeraient-elles avec assez de force les sentiments qui s'élèvent dans mon cœur ému? C'est là seulement que tu peux les lire.

---

[*] Putredini dixi: *Pater meus es; mater mea et soror mea*, vermibus. (Job, XVIII, 14.) r.

Ta providence a soutenu ma vie et prévenu tous mes besoins lorsque je reposais en silence dans les flancs de ma mère, et que j'étais suspendu à son sein.

Ta bonté écoutait mes plaintes et mes faibles cris avant que ma débile pensée eût appris à former une prière.

Tes tendres soins me prodiguaient les plus douces jouissances avant que mon jeune cœur comprît d'où lui venaient ces jouissances.

Lorsque je parcourais d'un pied téméraire les sentiers glissants de la jeunesse, ton bras invisible me protégea et me conduisit à l'âge mûr.

Il aplanit doucement ma route à travers les écueils cachés, les travaux, les mortelles alarmes, et les pièges séducteurs du vice, encore plus funestes.

Quand je languissais affaibli par les maux, souvent tu rendis la fraîcheur à mes traits flétris; et quand je succombais au péché et au remords, tu ranimas mon âme par ta grace.

Ta main bienfaisante a comblé pour moi la coupe de la félicité humaine, et tu as doublé mon bonheur en m'accordant un ami vertueux et fidèle.

Mille et mille dons précieux réclament chaque jour les témoignages de ma gratitude, et ce n'est pas la moindre de tes faveurs qu'un cœur sensible qui goûte ces dons avec ivresse.

A toutes les époques de ma vie, je bénirai ta bonté; et, après ma mort, j'irai dans des mondes inconnus reprendre ce glorieux récit.

Quand la nature périra, quand le jour et la nuit ne

se partageront plus tes ouvrages, mon âme reconnaissante, ô mon Dieu, adorera encore ta providence.

Dans tout le cours de l'éternité, je t'adresserai un chant d'allégresse; mais, hélas! l'éternité est trop courte pour célébrer dignement tes louanges.

AFFECTATION. Manière trop étudiée, trop recherchée de s'exprimer : vice ordinaire aux gens qu'on appelle *beaux parleurs*.

L'affectation est dans la pensée, dans l'expression, dans le choix des mots, des tours ou des images. Quand on a l'idée de l'affectation dans la contenance, dans la démarche, dans la parure, on a l'idée de l'affectation dans le style.

L'affectation est quelquefois jusque dans le soin trop marqué d'être naturel, dans la familiarité, dans la négligence.

L'affectation de Pline, de Voiture, de Balzac, de Le Maître, de Fontenelle, de La Motte, n'est pas la même.

Voiture, en parlant d'une expression recherchée de Pline le jeune : « Ne m'avouerez-vous pas, dit-
« il, que cela est d'un petit esprit, de refuser un
« mot qui se présente, et qui est le meilleur, pour
« en aller chercher avec soin un moins bon et
« plus éloigné. »

Cette critique semble annoncer l'homme du monde le plus naturel dans sa façon de penser et d'écrire. C'est pourtant ce même Voiture qui, écrivant à mademoiselle Paulet qu'il s'est embarqué sur un na-

vire chargé de sucre, lui dit que, s'il vient à bon port, il arrivera *confit*, et que, si d'aventure il fait naufrage, il aura du moins la consolation de mourir *en eau douce*. Le maréchal de Vivonne disait à son cheval, au passage du Rhin. « Jean le Blanc, ne
« souffrez pas qu'un général des galères soit noyé
« dans l'eau douce. » Mais ceci est de meilleur goût.

C'est ce même Voiture qui écrit à une femme:
« Je crois que vous savez la source du Nil; et celle
« d'où vous tirez toutes les choses que vous dites,
« est beaucoup plus cachée et plus inconnue. »

C'est lui qui dit de Balzac. « Il a inventé un potage
« que j'estime plus que le Panégyrique de Pline et
« que la plus longue harangue d'Isocrate. »

C'est lui qui, félicitant Godeau des fleurs qui naissent dans son esprit, lui dit : « Qu'il en a reçu
« un bouquet sur des bords où il ne croît pas un
« brin d'herbe. Et il ajoute : L'Afrique ne m'a rien
« fait voir de plus nouveau que vos ouvrages : en les
« lisant à l'ombre de ses palmes, je vous les ai toutes
« souhaitées; et en même temps que je me consi-
« dérais avoir été plus avant qu'Hercule, je me suis
« vu bien loin derrière vous. »

C'est ce même Voiture qui écrivait à Costar, qu'il voulait s'abstenir de recevoir de ses lettres, à cause qu'on était en carême, et que, pour un temps de pénitence, « c'étaient de trop grands fes-
« tins. Pour vous, vous pouvez sans scrupule rece-
« voir ce que je vous envoie, ajoutait-il, à peine
« ai-je de quoi vous faire une légère collation.... Je
« ne vous servirai que des légumes; » et dans le

même sens figuré : « Vous faites des sauces avec
« lesquelles on mangerait des cailloux. »

Comment le même homme qui, dans son style,
emploie des tours si recherchés, des jeux de mots
si étudiés, des rapports si singuliers et si faux entre
les idées, en un mot, une plaisanterie si peu naturelle et si froide, comment peut-il être blessé
de l'affectation de Pline le jeune, mille fois moins
affecté que lui ? En voici la raison :

L'affectation de Voiture n'était pas celle qu'il reprochait à Pline : il ne voyait dans celui-ci que la
recherche de l'expression, sans même être blessé
du tour antithétique et artificiellement compassé que
Pline avait dans son éloquence; mais si Pline avait
lu Voiture, il eût été blessé du rapport forcé des
idées et des images qu'il emploie, et surtout de la
peine qu'il se donne pour traiter familièrement les
grands sujets, et plaisamment les choses les plus
graves.

Balzac, dont l'affectation est encore d'une autre
sorte, car elle consiste dans la recherche d'un style
périodique et soutenu avec dignité; ou, comme il
l'a dit de lui-même, dans « une gravité tendue et com-
« posée; ou, comme Boileau en a jugé, à ne sa-
« voir ni dire simplement les choses, ni descendre
« de sa hauteur; » Balzac ne laisse pas de donner
aussi quelquefois dans le faux bel-esprit de Voiture.

Il écrit à un homme affligé : « Votre éloquence
« rend votre douleur vraiment contagieuse; et quelle
« glace, je ne dis pas de Lorraine, mais de Norwège
« et de Moscovie, ne fondrait à la chaleur de vos

« belles larmes? » Ce n'est point là de la froide plaisanterie, comme dans Voiture, mais un sérieux du plus mauvais goût.

Lorsque Balzac veut être galant, il est encore plus forcé que Voiture. Il écrit à madame de Rambouillet, qui lui a envoyé des gants : « Quoique la « grêle et la gelée aient vendangé nos vignes au « mois de mai; quoique les blés n'aient pas tenu ce « qu'ils promettaient, et que la belle espérance des « moissons se trouve fausse dans la récolte; quoi- « que les avenues de l'épargne se soient rendues « extrêmement difficiles, etc., tous ces malheurs « ne me touchent point; et vous êtes cause que je « ne me plains ni de l'inclémence du ciel, ni de la « stérilité de la terre, ni de l'avarice de l'état. Par « votre moyen, Madame, jamais année ne me fut « meilleure ni plus heureuse que celle-ci. » C'est dire, avec bien de l'emphase, qu'on est flatté d'avoir reçu des gants; et il faut avouer que le style de Charleval, d'Hamilton, de Voltaire, dans le genre léger, est de meilleur goût que tout cela.

Le faux bel-esprit n'était naturel ni à Balzac ni à Voiture. Balzac en prenait le ton par complaisance : Voiture, par contagion, par vanité, par habitude; l'hôtel de Rambouillet l'avait gâté. On dit qu'une lettre leur coûtait souvent quinze jours de travail; ils auraient mieux fait en un quart-d'heure, s'ils avaient bien voulu se donner moins de peine.

Balzac, stoïcien par humeur et par principes, avait de l'élévation dans l'esprit et dans l'âme. On trouve dans ses lettres des mots dignes de Montaigne.

« Vous m'avouerez, dit-il à madame des Loges,
« que l'absence qui sépare ceux qui vivent de ceux
« qui ne vivent plus, est trop courte pour mériter
« une longue plainte. »

Cela peut être mis à côté de ce grand mot cité par lui-même. « Il n'y a que la première mort, non « plus que la première nuit, qui ait mérité de « l'étonnement et de la tristesse. »

Il ne manquait à Voiture qu'une société moins gâtée du côté du goût, pour faire de lui un excellent écrivain. Voyez sa lettre sur la prise de Corbie, où, d'un style véhément et simple, en donnant au cardinal de Richelieu de grandes louanges, il lui donne encore de plus grandes leçons. Quelle distance de cette lettre à ce qu'on admirait de lui dans le cercle de Rambouillet !

C'est le mauvais goût de ce temps-là que Molière a tourné en ridicule dans *les Précieuses* et dans *les Femmes Savantes*, et dont il a dit, dans *le Misanthrope* :

Ce n'est que jeux de mots, qu'affectation pure ;
Et ce n'est point ainsi que parle la nature.
(*Act. I*, sc. 2.)

L'affectation est un Protée dont les métamorphoses se varient à l'infini. Celle de l'avocat Le Maître et des orateurs de son temps, consistait à aller chercher, le plus loin qu'il était possible de leur sujet, des figures et des exemples. Le Maître, dans son plaidoyer pour une fille désavouée, dit que « son « père a été pour elle un ciel d'airain, et sa mère

« une terre de fer. Prendra-t-on, dit-il encore en
« parlant de la jalousie du père, pour un astre du
« ciel cette funeste comète de l'air, si féconde en maux
« et en désordres? » Il dit, en parlant des larmes que
la mère laissa échapper en désavouant sa fille : « Cette
« partie si tendre (le cœur) étant blessée, pousse
« des larmes comme le sang de sa plaie. » Il dit de
la jeune fille, que « le soleil de la Providence s'est
« levé sur elle; que ses rayons, qui sont comme
« les mains de Dieu, l'ont conduite. » Il dit, à propos des moyens qu'avait employés un clerc pour
séduire une servante : « Qui ne sait que l'amour
« est le père des inventions; qu'il anime dans l'*Iliade*
« toutes les actions merveilleuses des héros; que
« Sapho l'appelait le grand architecte des paroles,
« et le premier maître de rhétorique; qu'Agathon
« le surnommait le plus savant des dieux, et sou-
« tenait qu'il n'était pas seulement poète, mais qu'il
« rendait les amoureux capables de faire des vers ;
« que Platon a remarqué qu'Apollon n'a montré
« aux hommes à tirer de l'arc qu'à cause qu'il était
« blessé de la flèche de l'amour, ni enseigné la
« médecine qu'étant agité de cette violente maladie,
« ni inventé la divination que dans l'excès du même
« transport? » Quel usage de l'esprit et de l'érudition! (*Voyez* BARREAU.)

L'affectation de Marivaux ne ressemble ni à celle
de Pline, ni à celle de Voiture, ni à celle de Balzac,
ni à celle de Le Maître. Elle consiste, du côté de
la pensée, dans des efforts continuels de discernement, pour saisir des traits fugitifs, ou des singu-

larités imperceptibles de la nature; et du côté de l'expression, dans une attention curieuse à donner aux termes les plus communs une place nouvelle et un sens imprévu; souvent aussi, dans une continuité de métaphores familières et recherchées, où tout est personnifié, jusqu'à un *oui* qui a la *physionomie d'un non*. C'est un abus continuel de la finesse et de la sagacité de l'esprit.

On a été trop sévère lorsqu'on a dit de Marivaux « qu'il s'occupait à peser des riens dans des balances « de toile d'araignée: » mais lorsqu'on a dit de lui, « qu'en observant la nature avec un microscope, il « faisait voir des écailles sur la peau, » on n'a dit que la vérité, et on l'a dite de la manière la plus ingénieuse. Pour bien peindre la nature aux yeux des autres, il ne faut la voir qu'avec ses yeux, ni de trop près, ni de trop loin. C'est avoir beaucoup d'esprit, sans doute, que d'en avoir trop; mais c'est n'en pas avoir assez.

L'affectation de Fontenelle, la plus séduisante de toutes, consiste à rechercher des tours ingénieux et singuliers, qui donnent à la pensée un air de fausseté, afin qu'elle ait plus de finesse. Ce mot de lui, pour exprimer la ressemblance du portrait d'un homme taciturne, « on dirait qu'il se tait; » et celui-ci au cardinal Dubois : « Vous avez travaillé « dix ans à vous rendre inutile; » et celui-ci, en parlant de certaines choses : « Dès l'âge de neuf « ans, je commençais à n'y rien comprendre; » et celui-ci, en louant La Fontaine : « Il était si bête, « qu'il ne savait pas qu'il valait mieux qu'Ésope et

« Phèdre, » font sentir ce que je veux dire. Le mot de Charillus à un ilote : « Si je n'étais pas en colère, je « te ferais mourir sur l'heure; » et celui d'un autre Lacédémonien qui revenait d'Athènes, et à qui on demandait comment tout y allait : « Le mieux du « monde, tout y est honnête; » et ce mot de Pyrrhus, après avoir battu deux fois les Romains et vu périr ses meilleurs capitaines : « Si nous gagnons encore « une bataille, nous sommes perdus, » sont dans le goût de Fontenelle. On lui a reproché en général le soin d'aiguiser ses pensées et de brillanter ses discours, en ménageant, pour la fin des périodes, un trait saillant et inattendu. Mais cette affectation, qui n'en était plus une, tant l'habitude lui avait rendu ce tour d'esprit familier et facile, ne peut pas être celle de tout le monde. Marivaux, avec bien de l'esprit, s'était gâté le goût en voulant l'imiter.

Ce que Fontenelle paraît avoir recherché avec tant de soin, c'est cette simplicité délicate et fine qu'on attribuait à Simonide, et à propos de laquelle M. Lefèvre a dit: « Il faut vieillir dans le métier, pour « arriver à cette admirable, à cette bienheureuse « et divine facilité. Ni Hermogène, ni Longin, ni « Quintilien, ni Denys encore ne feront cette grande « affaire. Il faut que le ciel s'en mêle, et que la na- « ture commence ce que l'art achèvera peut-être un « jour. »

La Motte était moins étudié que Fontenelle dans sa prose; mais dans ses fables toutes les fois qu'il a voulu être naïf, il a été maniéré : c'est que la naïveté ne lui était pas naturelle, et que tout l'esprit

du monde ne peut suppléer au talent. (*Voy.* FABLE.)
MARMONTEL, *Eléments de Littérature.*

AFRANIUS (L. AFRANIUS QUINTIANUS) était fort estimé chez les anciens. Il excellait dans les comédies appelées *Togatæ** et *Atellanæ* **. Horace semble le comparer à Ménandre ***. Il était contemporain de Térence, mais beaucoup plus jeune; et il ne commença à avoir de la réputation qu'après sa mort. Il le mettait au dessus de tous les autres poètes, et ne voulait pas qu'on entreprît de lui en égaler aucun ****, de ceux apparemment qui avaient écrit dans le même genre que lui. Il était fort estimé pour ses pièces de poésie, et très décrié pour ses mœurs.
ROLLIN, *Histoire ancienne.*

On trouve le texte et la traduction des fragments de ce poète, dans le tome XV du *Théâtre des Latins*, publié par M. Levée en 1823.

AGATHIAS, écrivain grec du sixième siècle, naquit à Myrine, colonie éolienne en Asie, et exerça à Constantinople la profession d'avocat; c'est par lui que nous savons que, dès son enfance, il eut un goût prononcé pour la poésie, et que l'étude de

---

* Togatis excellit Afranius. (QUINTIL. X, 1.)

** On appelait ces comédies *Atellanæ*, d'Atella, ville de Campanie, d'où elles avaient passé à Rome; et *Togatæ*, parce qu'on n'y représentait que des actions et des personnes romaines, désignées par la toge, qui était l'habit propre et distinctif du peuple romain.

*** Dicitur Afrani toga convenisse Menandro. (HOR. *Epist.* II, 1.)

**** Terentio non similem dices quempiam. (QUINTIL. X, 1.)

l'histoire et le culte des muses lui parurent faits pour s'unir. Son mérite n'est pas égal comme poète et comme historien : en cette dernière qualité on lui reproche de manquer de naturel, de jugement et d'être écrivain diffus.

Ses vers jouissent d'une estime plus grande. Il avait composé différentes poésies détachées, à la réunion desquelles il avait donné le nom de *Daphniques*. Ces poésies érotiques, écrites en vers hexamètres, étaient disposées en neuf livres, comme il le témoigne dans une épigramme de l'*Anthologie* (liv. VI, chap. 9), citée par Suidas, au mot Ἀγαθίας.

Son histoire, qui appartient au Bas-Empire, est la continuation de celle de Procope de Césarée, et contient cinq livres publiés pour la première fois par Vulcanius, Leyde, 1594, in-4°. La traduction latine d'Agathias a paru la même année sous le même format. On estime l'édition de 1660, 1 vol. in-folio, qui fait partie de la Bysantine; ce n'est qu'une réimpression de l'édition de Vulcanius, dont s'est enrichie cette précieuse collection; à la fin on trouve le recueil de ses épigrammes, que Brunck a également insérées dans le troisième volume des *Analecta*, page 33 et suiv. Agathias avait continué le *Recueil des Epigrammatistes grecs* ; ce qui lui appartenait de cet ouvrage faisait suite au siècle d'Auguste; nous n'en avons que des fragments que l'on trouve dans l'*Anthologie* de Planude. L'histoire d'Agathias a été mise en français par le président Cousin, *Histoire de Constantinople*, tome II. Rollin et La Harpe ne disent qu'un mot d'Agathias:

on trouvera de plus amples renseignements sur cet écrivain dans La Mothe le Vayer et dans Vossius.

AGUESSEAU (Henri-François d'), chancelier de France, issu d'une ancienne famille de magistrature, naquit à Limoges le 7 novembre 1668. Son éducation, facilitée par les plus heureuses dispositions, fut brillante. Nommé, dès l'âge de vingt-deux ans, avocat général au parlement de Paris, il y débuta d'une manière si éclatante que le célèbre Denis Talon dit hautement « qu'il voudrait finir comme ce jeune « homme commençait. » A vingt-huit ans, d'Aguesseau était déjà procureur-général. Cette importante fonction le mit à même de déployer les vertus de son cœur, l'étendue de ses connaissances, et la capacité d'un esprit qui avait devancé le temps. Tous ses actes furent dès-lors empreints du zèle le plus désintéressé pour la chose publique ; et, durant le cours de sa longue carrière, il ne s'est pas départi un seul instant de ce pur amour de l'humanité. Entretenir la discipline dans les tribunaux ; fonder l'instruction criminelle et les juridictions qui étaient du ressort du parlement, à l'aide de règlements qui furent souvent autorisés par des arrêts ; participer à la rédaction des lois ; surveiller l'administration des hôpitaux ; tels furent les graves objets de sa sollicitude. En 1709, pendant ce fatal hiver qui traîna la famine à sa suite, d'Aguesseau montra un dévouement sans bornes ; il arma la sévérité des lois contre les accapareurs, rétablit la circulation des grains, et sembla se multiplier pour venir au secours de tant de calamités : « Puis-je me reposer, disait ce « généreux magistrat, tandis que je sais qu'il y « a des hommes qui souffrent ?.... » Le chancelier de Pontchartrain lui avait prédit qu'il lui succéderait un jour : la prédiction fut accomplie. Le chancelier Voisin étant mort en 1717, sous la régence, d'Aguesseau fut appelé à le remplacer; mais bientôt, ayant manifesté une vive opposition contre le désastreux système de Law, qui ne tarda pas à se répandre sur la France comme une épidémie, le régent le disgracia, et l'exila dans sa terre de Fresnes. Les sceaux lui furent rendus en 1720, après la catastrophe qui guérit la France, à ses dépens, de la folie du système. Il appliqua ses soins à la liquidation des billets de banque : leur émission avait été trop inconsidérée, pour qu'il fût possible de satisfaire les créanciers sans leur faire subir une réduction ; mais le chancelier sauva du moins au gouvernement la honte d'une banqueroute totale. Un nouvel exil paya ses efforts, parce qu'il n'avait pas voulu céder au cardinal Dubois, alors premier ministre, la préséance au conseil. D'Aguesseau fut rappelé au mois d'août 1727, par les soins du cardinal de Fleury; mais les sceaux ne lui furent remis qu'en 1737; Chauvelin les posséda pendant cet intervalle. Depuis cette époque, jusqu'à la fin de sa vie, d'Aguesseau se renferma dans les fonctions de ministre de la justice, et se maintint étranger aux affaires d'état, aussi bien qu'aux intrigues de cour. Au milieu de ses nombreuses occupations il

passait rarement un jour sans lire l'Écriture sainte,
éprouvant, ce qu'on a déjà dit de ce livre, qu'on
ne pouvait le lire sans devenir plus vertueux.

D'Aguesseau, dit Thomas, dans l'*Éloge* de ce
grand homme, ne demanda, ne désira jamais aucune charge; les honneurs vinrent le chercher. Au
commencement de la régence, lorsqu'il n'était encore que procureur-général, il refusa de faire des démarches pour son élévation, quoiqu'il fût presque
assuré du succès. « A Dieu ne plaise! dit-il, que j'oc-
« cupe jamais la place d'un homme vivant! » En 1750,
les infirmités de la vieillesse vinrent l'avertir qu'il
était temps de mettre un terme à ses travaux. Ne
pouvant plus remplir tous les devoirs de sa charge,
il ne voulut pas la garder davantage. Louis XV, en
acceptant sa démission, lui conféra le titre de chancelier honoraire, avec une pension de 100,000 livres. D'Aguesseau jouit peu du calme de la retraite;
la mort l'atteignit le 9 février de l'année suivante, à
l'âge de quatre-vingt-deux ans et quelques mois. Il avait
épousé, en 1694, Anne Lefèbvre d'Ormesson, dont il
eut six enfans. Cette femme, bien digne d'une telle
alliance, était morte en 1735, au village d'Auteuil, et
d'après ses propres désirs, avait été inhumée dans
le cimetière de cette paroisse; d'Aguesseau ordonna
en mourant que ses restes fussent déposés dans
le tombeau de son épouse. Louis XV donna les
marbres qui servirent à la construction d'un obélis-
que funéraire. Ce monument, détruit par le van-
dalisme révolutionnaire, a été relevé en 1800 par
la reconnaissance publique. La statue de d'Agues-

seau décore le péristyle de la Chambre des députés.

La première édition complète des *OEuvres du chancelier d'Aguesseau*, est de 1759-89; elle se compose de treize vol. in-4°. De toutes les éditions qui ont paru depuis cette époque, la plus complète est celle que nous devons aux soins de M. le professeur Pardessus; Paris, 1819, 16 vol. in-8°; mais elle laisse beaucoup à désirer sous le rapport de l'exécution typographique.

On a publié tout récemment les *Lettres inédites du chancelier d'Aguesseau*; Paris, 1824, in-4°, et 2 vol. in-8°.

JUGEMENTS.

I.

D'Aguesseau s'était fait par son éloquence la réputation la plus brillante. On disait de lui qu'il pensait en philosophe, et parlait en orateur. Son éloquence, pour se former, avait emprunté le secours de tous les arts et de toutes les sciences. La logique lui prêtait la méthode inventée par ce génie aussi hardi que sage, qui a été le fondateur de la philosophie moderne. La géométrie lui donnait l'ordre et l'enchaînement des vérités; la morale, la connaissance du cœur humain et des passions. L'histoire lui fournissait l'exemple et l'autorité des grands hommes; la jurisprudence, les oracles de ses lois. La poésie enfin répandait sur ses discours le charme du coloris, la chaleur du style et l'harmonie du langage. Ainsi, dans M. d'Aguesseau, aucune science n'était oisive, toutes combattaient pour la vérité. On aurait cru que chacun de ses plaidoyers était le fruit d'un long travail; cependant il n'en écrivait ordinairement que le plan, et réservait les détails et les soins d'une composition exacte pour les grandes causes, pour les réquisitoires, ou pour les mercuriales qu'il prononçait à la rentrée du parlement. Il était pour lui-même le censeur le plus rigide de ses ouvrages; et l'idée qu'il s'était formée du beau était si parfaite, qu'il ne croyait jamais en avoir approché; c'est pourquoi il corrigeait sans cesse. Un jour il consulta M. d'Aguesseau, son père, sur un discours qu'il avait extrêmement travaillé, et qu'il voulait retoucher encore. Son père lui répondit avec autant de finesse que de goût : « Le « défaut de votre discours est d'être trop beau; il « serait moins beau, si vous le retouchiez encore. » Dans la mercuriale qu'il prononça après la mort de M. Le Nain, son ami et son successeur dans la place d'avocat-général, il plaça un portrait de ce magistrat, qui fit une si forte impression sur lui-même et sur ses auditeurs, qu'il fut obligé de s'arrêter par sa propre douleur, et par des applaudissements qui s'élevèrent au même instant. Quel moment pour un orateur! on en compte peu de pareils dans l'histoire de l'éloquence.

Thomas, *Éloge de d'Aguesseau.*

II.

D'Aguesseau fut le plus savant magistrat que jamais la France ait eu, possédant la moitié des langues modernes de l'Europe, outre le latin, le grec et un peu d'hébreu; très instruit dans l'histoire, profond dans la jurisprudence, et, ce qui est plus rare, éloquent. Il fut le premier au barreau qui parla avec force et pureté à la fois; avant lui on faisait des phrases.

VOLTAIRE, *Siècle de Louis XIV*.

III.

Ce nom respectable manquait à ces *Mémoires*. Le grand jurisconsulte, le législateur, l'homme enfin qui avait honoré successivement toutes les magistratures, nous avait, en quelque sorte, dérobé l'homme de lettres, et d'Aguesseau en était un du rang le plus distingué. Lié, dès sa première jeunesse, avec Boileau et Racine, il avait puisé, dans la conversation de ces deux grands poètes, l'amour des arts qu'il a conservé toute sa vie, et le goût exquis, et l'élocution noble et simple qui embellit tous ses ouvrages.

En ne rendant au mérite de d'Aguesseau que la justice la plus exacte, on pourrait être soupçonné d'exagération. Les sciences, la philosophie, l'éloquence, la poésie même, rien ne lui était étranger. A l'étude de toutes les langues savantes, il avait réuni celle de la plupart des langues de l'Europe; et s'il est un moderne que l'on pût comparer à Cicéron, soit pour l'étendue, soit pour l'universalité des connaissances, nous ne pourrions citer que d'Aguesseau.

PALISSOT, *Mémoires sur la Littérature*.

IV.

La postérité honorera toujours dans le chancelier d'Aguesseau un homme qui lui-même honora la France, la magistrature et les lettres par ses vertus, ses talents, ses connaissances aussi étendues que variées, les services qu'il rendit à l'état, et les lumières qu'il porta dans la jurisprudence. Sa jeunesse fut illustre sous Louis XIV, et sa disgrace sous la régence le fut autant que son élévation. On pardonna quelques faiblesses politiques en faveur de son amour pour le bien; et sa vieillesse, qui le conduisit jusqu'au milieu de ce siècle, fut justement respectée. Ses écrits seront toujours une source d'instruction pour ceux qui se destinent à l'étude des lois. Son éloquence fut celle d'un magistrat qui est l'interprète de l'équité, qui recommande les bons principes, montre les abus, prescrit la modération et en donne l'exemple. Sa diction est pure, et son goût aussi sain que son jugement: on y reconnaît un écrivain formé à l'école des classiques anciens et modernes.

La Harpe, *Cours de Littérature.*

v.

La noblesse, l'harmonie, une élégance continue mais peu animée, caractérisent les nombreux discours du célèbre d'Aguesseau. Cochin, d'ailleurs si estimable pour la sagesse et la clarté, lui est inférieur comme écrivain, sans le surpasser comme orateur.

J. Chénier, *Tableau de la Littérature française.*

vi.

Il n'est peut-être aucun nom plus justement et plus universellement honoré que celui du chancelier d'Aguesseau; grand magistrat, ministre intègre et vertueux, savant profond, orateur célèbre, il a réuni les plus beaux titres d'illustration. Il semble même que la renommée, dont les erreurs ne sont jamais plus excusables que lorsqu'elle exagère le talent d'un homme de bien, a porté la réputation de son éloquence au-delà des bornes de la vérité. En effet, lorsqu'on lit les ouvrages du chancelier d'Aguesseau, en les comparant à la gloire dont il a joui dans son siècle, et surtout en les opposant au génie de ses illustres contemporains, on regrette de n'y pas trouver cet éclat de talent, cette élévation originale qui caractérisaient, dans des genres et quelquefois à des degrés différents, les grands hommes parmi lesquels il a vécu, et dont il semblait l'égal. Les ouvrages purement oratoires de d'Aguesseau, en portant l'empreinte d'une savante littérature et d'un travail ingénieux, ne sont pas en effet exempts de pompe et d'affectation. Son style, qui, pour le fond du langage, tient à la meilleure époque de notre idiome, est mêlé de faux ornements; il porte la symétrie de l'élégance jusque dans la gravité des plus hautes fonctions du barreau, et trop souvent manque à la fois de naturel et de grandeur.

Cependant ce privilège qu'eut le chancelier d'Aguesseau de représenter presque seul, pour ses lecteurs, notre ancienne éloquence parlementaire, lui a conservé une place éminente dans les traditions du barreau et même de la littérature. Les défauts que le goût peut reprocher à ses discours publics, à ses harangues d'apparat, s'expliquent au reste presque toujours par la différence qui se trouvait entre la situation d'un avocat-général au parlement de Paris, et les souvenirs de la tribune antique, dont le talent de d'Aguesseau s'était nourri. Privé d'un grand sujet, et n'ayant pas, il est permis de le croire, cet instinct profond de naturel qui appartenait aux vrais hommes de génie de son temps, d'Aguesseau eut plutôt les artifices que les inspirations de l'éloquence, et fut un écrivain habile, mais non pas un grand écrivain. Toutefois cette infériorité que l'on doit reconnaître dans les productions où probablement il plaçait sa gloire, disparaît dans les morceaux moins importants qui sont sortis de sa plume sans prétention et sans efforts. Lorsqu'il s'entretient avec son fils sur des sujets de littérature ou de philosophie, lorsqu'il écrit de simples mémoires sur la vie de son père, dans ses lettres enfin, il ne laisse plus voir que l'excellent goût de son siècle, et les lumières d'un esprit formé par les plus purs modèles; alors il est écrivain supérieur, précisément parce qu'il ne cherche pas la réputation de bien écrire. Un enjouement aimable, une sorte d'urbanité gracieuse tempèrent la gravité naturelle de son esprit, et donnent plus de charmes à ses vertus. Comme orateur, il est bien loin de Cicéron, mais dans ses lettres il l'égale quelquefois.

Villemain.

MORCEAUX CHOISIS.

1 Portrait de M. Le Nain, avocat-général.

Qui l'aurait cru que la perte de M. de Lamoignon dût être suivie si promptement de celle du magistrat aussi aimable que respectable, qu'une mort prématurée vient d'enlever à la justice, au public; et, puisqu'il faut que nous prononcions cette triste parole, à nous-mêmes?

Comme si le ciel eût voulu proportionner la rapide perfection de son mérite à la trop courte durée de ses jours, il lui donna, dès sa jeunesse, cette maturité de jugement qui, dans les autres hommes, est l'ouvrage des années, et souvent le dernier fruit d'une lente vieillesse.

Peu s'en faut que nous n'oublions ici nos propres principes, et que nous ne disions que la force de sa raison aurait pu nous faire douter de la nécessité de la science, s'il ne l'avait prouvée par son exemple. Il joignit au mérite de l'esprit le don encore plus précieux de savoir s'en défier; et, ce qui est beaucoup plus rare, il sut s'en défier seul, chercher dans les autres les lumières qu'ils trouvaient en lui, consulter ceux dont il aurait pu être le conseil, et les instruire, malgré lui, en les consultant.

Que manquait-il à un mérite si pur, que d'être parfaitement connu, et de se montrer dans une place * qui pût forcer le secret de sa sagesse et lever le voile de sa modestie? Il est enfin appelé à cette place éclatante; et après avoir contribué long-temps de ses lumières à former les oracles du sénat, il est jugé digne de les prévenir.

Que ne pouvons-nous employer les traits nobles et expressifs dont vous venez de nous le peindre à nous-mêmes, pour le représenter ici avec cette gravité naturelle et ce caractère de magistrat qu'il semblait porter écrit sur son front; faisant tomber le nuage de l'erreur aux pieds du trône de la justice,

---

* C'était M. d'Aguesseau lui-même qui l'avait engagé à prendre sa place d'avocat-général lorsqu'il passa à celle de procureur-général.

et lui présentant toujours la pure lumière de la vérité ! Au-dessus des plus grandes affaires par l'étendue de son génie, et se croyant presque au-dessous des plus petites, par l'exactitude de sa religion; esprit aussi lumineux que solide, les principes y naissaient comme dans leur source; et la même justesse qui les produisait, les plaçait sans effort, dans leur ordre naturel. Ses paroles, remplies et comme pénétrées de la substance des choses mêmes, sortaient moins de sa bouche que de la profondeur de son jugement; et l'on eût dit, en l'écoutant, que c'était la raison même qui parlait à la justice.

Avec quelle délicatesse savait-il remuer les ressorts les plus secrets de l'esprit et du cœur, soit qu'il entreprit de former l'orateur dans le barreau, soit qu'au milieu du sénat assemblé, il voulût tracer l'image du parfait magistrat ! Il devait encore aujourd'hui faire entendre cette voix dont la douce insinuation semblait donner du poids à la justice et du crédit à la vertu. Que ne nous est-il permis de le faire parler au lieu de nous ! Mais puisque nous sommes privés de cette satisfaction, que pouvons-nous faire de mieux que de vous parler de lui? son éloquence même ne lui était pas nécessaire pour inspirer l'amour de la vertu. Il n'avait, pour la rendre aimable, qu'à se peindre dans ses discours, et à parler d'après lui-même. Né dans le sein de la justice, digne fils d'un père * aussi heureux de lui avoir donné la vie que malheureux de lui survivre;

---

* M. Le Nain, doyen du parlement.

élevé sous les yeux d'un aïeul* vénérable; objet de la tendresse et de la complaisance de cet homme vrai qui n'a point connu les faiblesses du sang, et qui dans ses propres enfants n'a jamais loué que la vérité, il avait su allier heureusement à la vertu héréditaire de sa famille, des graces innocentes qui, sans lui rien faire perdre de sa droiture inflexible, répandaient sur elle ce charme secret qui lui attire l'amour encore plus que l'admiration.

Quelle facilité dans le commerce ! quel agrément dans les mœurs! quelle douceur ! ce n'est pas assez dire, quel enchantement dans la société! Faut-il que nous rouvrions encore cette plaie? et ne pouvons nous le louer sans toucher ici la partie la plus sensible de notre douleur? Vrai, simple, sans faste, sans affectation, aucun fard ne corrompait en lui la vérité de la nature. Exempt de toute ambition, il n'en avait pas même pour les ouvrages de son esprit; le désir de bien faire n'a jamais été avili dans son cœur par le désir de paraître avoir bien fait; et pour parvenir à la gloire, il ne lui en avait pas même coûté de la souhaiter. On eût dit que son âme était le tranquille séjour de la paix. Nul homme n'a jamais mieux su vivre avec soi-même; nul homme n'a jamais mieux su vivre avec les autres. Content dans la solitude, content dans la société, partout il était à sa place; et sachant toujours se rendre heureux, il répandait le même bonheur sur tous ceux qui l'environnaient.

Le ciel n'a pas permis que nous ayons joui plus

* M Le Nain, maître des requêtes.

long-temps de ce bonheur : il a rompu les liens de cette union si douce, si intime, qui dans les peines et les travaux attachés à notre ministère était notre force, notre sûreté, notre gloire, nos délices. Mais, si la mort nous enlève, avant le temps, un magistrat si digne de nos regrets, nous aurons au moins la consolation de ne pas le perdre tout entier. Gravé dans le fond de notre âme par les traits ineffaçables de notre douleur, il y vivra encore plus utilement par ses exemples. Nous n'aurons plus le plaisir de l'avoir pour collègue et pour coadjuteur de nos fonctions; mais nous l'aurons toujours pour modèle ; et, si nous ne pouvons plus vivre avec lui, nous tâcherons au moins de vivre comme lui.

La Science du Magistrat, XIIIe Mercuriale.

II. La Science.

Par elle, l'homme ose franchir les bornes étroites dans lesquelles il semble que la nature l'ait renfermé : citoyen de toutes les républiques, habitant de tous les empires, le monde entier est sa patrie. La science, comme un guide aussi fidèle que rapide, le conduit de pays en pays, de royaume en royaume; elle lui en découvre les lois, les mœurs, la religion, le gouvernement : il revient chargé des dépouilles de l'Orient et de l'Occident; et, joignant les richesses étrangères à ses propres trésors, il semble que la science lui ait appris à rendre toutes les nations de la terre tributaires de sa doctrine.

Dédaignant les bornes des temps comme celles des lieux, on dirait qu'elle l'ait fait vivre long-temps avant sa naissance. C'est l'homme de tous les siècles comme de tous les pays. Tous les sages de l'antiquité ont pensé, ont agi pour lui; ou plutôt il a vécu avec eux; il a entendu leurs leçons; il a été le témoin de leurs grands exemples. Plus attentif encore à exprimer leurs mœurs qu'à admirer leurs lumières, quels aiguillons leurs paroles ne laissent-elles pas dans son esprit? Quelle sainte jalousie leurs actions n'allument-elles pas dans son cœur?

Ainsi nos pères s'animaient à la vertu : une noble émulation les portait à rendre à leur tour Athènes et Rome jalouses de leur gloire; ils voulaient surpasser les Aristide en justice, les Phocion en constance, les Fabrice en modération, et les Caton même en vertu.

Si les exemples de sagesse, de grandeur d'âme, de générosité, d'amour de la patrie, deviennent plus rares que jamais, c'est parce que la mollesse et la vanité de notre âge ont rompu les nœuds de cette douce et utile société que la science forme entre les vivants et ces illustres morts dont elle ranime les cendres pour en former le modèle de notre conduite.

De l'Esprit et de la Science, VIIe Mercuriale.

III. La fausse et la véritable Érudition.

Nous savons qu'il est une science peu digne des efforts de l'esprit humain; ou plutôt il est des savants peu estimables, en qui le bon sens paraît comme accablé sous le poids d'une fatigante érudition. L'art, qui ne doit qu'aider la nature, l'étouffe chez eux, et la rend impuissante. On dirait qu'en apprenant les pensées des autres, ils se soient condamnés eux-mêmes à ne plus penser, et que la science leur ait fait perdre l'usage de leur raison. Chargés de richesses superflues, souvent le nécessaire leur manque; ils savent tout ce qu'il faut ignorer, et ils n'ignorent que ce qu'ils devraient savoir.

A Dieu ne plaise qu'une telle science devienne jamais l'objet de nos veilles! Mais ne cherchons point aussi à faire, des défauts de quelques savants, le crime de la science même.

Il est une culture savante, il est un art ingénieux qui, loin d'étouffer la nature et de la rendre stérile, augmente ses forces et lui donne une heureuse fécondité; une doctrine judicieuse, moins attentive à nous tracer l'histoire des pensées d'autrui, qu'à nous apprendre à bien penser; qui nous met, pour ainsi dire, dans la pleine possession de notre raison, et qui semble nous la donner une seconde fois en nous apprenant à nous en servir; enfin, une science d'usage et de société, qui n'amasse que pour répandre, et qui n'acquiert que pour donner. Profonde sans obscurité, riche sans confusion, vaste sans incertitude, elle éclaire notre intelligence, elle étend les bornes de notre esprit, elle fixe et assure nos jugements.

Ibid.

IV. L'Esprit

Penser peu, parler de tout, ne douter de rien, n'habiter que les dehors de son âme, et ne cultiver que la superficie de son esprit; s'exprimer heureusement; avoir un tour d'imagination agréable, une conversation légère et délicate, et savoir plaire sans se faire estimer; être né avec le talent équivoque d'une conception prompte, et se croire par là au-dessus de la réflexion; voler d'objets en objets, sans en approfondir aucun; cueillir rapidement toutes les fleurs, et ne donner jamais aux fruits le temps de parvenir à leur maturité : c'est une faible peinture de ce qu'il a plu à notre siècle d'honorer du nom d'esprit.

Esprit plus brillant que solide, lumière souvent trompeuse et infidèle; l'attention le fatigue, la raison le contraint, l'autorité le révolte; incapable de persévérance dans la recherche de la vérité, elle échappe encore plus à son inconstance qu'à sa paresse.

Ibid.

V. Le Bel-Esprit.

C'est un feu qui brille sans consumer, c'est une lumière qui éclate pendant quelques moments, et qui s'éteint d'elle-même par le défaut de nourriture; c'est une superficie agréable, mais sans profondeur et sans solidité; c'est une imagination vive, ennemie de la sûreté du jugement; une conception prompte, qui rougit d'attendre le conseil salutaire de la réflexion; une facilité de parler qui saisit avidement les premières pensées, et qui ne permet jamais aux secondes de leur donner leur perfection et leur maturité.

Semblable à ces arbres dont la stérile beauté a chassé des jardins l'utile ornement des arbres fruitiers, cette agréable délicatesse, cette heureuse légèreté d'un génie vif et naturel, qui est devenue l'unique ornement de notre âge, en a banni la force et la solidité d'un génie profond et laborieux; et le bon esprit n'a point eu de plus dangereux ni de plus mortel ennemi que ce que l'on honore dans le monde du nom de bel-esprit.

C'est à cette flatteuse idole que nous sacrifions tous les jours, par la profession publique d'une orgueilleuse ignorance. Nous croirions faire injure à la fécondité de notre génie, si nous nous rabaissions jusqu'à vouloir moissonner pour lui une terre étrangère. Nous négligeons même de cultiver notre propre bien; et la terre la plus fertile ne produit plus que des épines, par la négligence du laboureur qui se repose sur sa fécondité naturelle.

Que cette conduite est éloignée de celle de ces grands hommes dont le nom fameux semble être devenu le nom de l'éloquence même!

Ils savaient que le meilleur esprit a besoin d'être formé par un travail persévérant et par une culture assidue; que les grands talents deviennent aisément de grands défauts, lorsqu'ils sont livrés et abandonnés à eux-mêmes, et que tout ce que le ciel a fait naître de plus excellent dégénère bientôt, si l'éducation, comme une seconde mère, ne conserve l'ouvrage que la nature lui confie aussitôt qu'elle l'a produit.

Causes de la Décadence de l'Éloquence, IIIe Discours.

VI. Démosthène et Cicéron

Ne compter pour rien les travaux de l'enfance, et commencer les sérieuses, les véritables études dans le temps où nous les finissons; regarder la jeunesse, non comme un âge destiné par la nature au plaisir et au relâchement, mais comme un temps que la vertu consacre au travail et à l'application; négliger le soin de ses biens, de sa fortune, de sa santé même, et faire, de tout ce que les hommes chérissent le plus, un digne sacrifice à l'amour de la science et à l'ardeur de s'instruire; devenir invisible pour un temps; se réduire soi-même dans une captivité volontaire, et s'ensevelir tout vivant dans une profonde retraite, pour y préparer de loin des armes toujours victorieuses : voilà ce qu'ont fait les Démosthène et les Cicéron. Ne soyons plus surpris de ce qu'ils ont été; mais cessons en même temps d'être surpris de ce que nous sommes, en jetant les yeux sur le peu que nous faisons pour arriver à la même gloire à laquelle ils sont parvenus.

Ibid.

VII. Union de la Philosophie et de l'Éloquence.

C'est en vain que l'orateur se flatte d'avoir le talent de persuader les hommes, s'il n'a acquis celui de les connaître.

L'étude de la morale et celle de l'éloquence sont nées en même temps, et leur union est aussi ancienne dans le monde que celle de la pensée et de la parole.

On ne séparait point autrefois deux sciences qui, par leur nature, sont inséparables : le philosophe et l'orateur possédaient en commun l'empire de la sagesse; ils entretenaient un heureux commerce, une parfaite intelligence entre l'art de bien penser et celui de bien parler; et l'on n'avait pas encore imaginé cette distinction injurieuse aux orateurs, ce divorce funeste à l'éloquence, de l'esprit et de la raison, des expressions et des sentiments, de l'orateur et du philosophe.

S'il y avait quelque différence entre eux, elle était tout à l'avantage de l'éloquence; le philosophe se contentait de convaincre, l'orateur s'appliquait à persuader.

L'un supposait ses auditeurs attentifs, dociles, favorables; l'autre savait leur inspirer l'attention, la docilité, la bienveillance.

L'austérité des mœurs, la sévérité du discours, l'exacte rigueur du raisonnement, faisaient admirer le philosophe; la douceur d'esprit, ou naturelle, ou étudiée, les charmes de la parole, le talent de l'imagination, faisaient aimer l'orateur.

L'esprit était pour l'un, et le cœur était pour l'autre. Mais le cœur se révoltait souvent contre les vérités dont l'esprit était convaincu; l'esprit, au contraire, ne refusait jamais de se soumettre aux sentiments du cœur; et le philosophe, roi légitime, se faisait souvent craindre comme un tyran; au lieu que l'orateur exerçait une tyrannie si douce et si agréable, qu'on la prenait pour la domination légitime.

Ce fut dans ce premier âge de l'éloquence, que la Grèce vit autrefois le plus grand de ses orateurs jeter les fondements de l'empire de la parole sur la connaissance de l'homme et sur les principes de la morale.

En vain la nature, jalouse de sa gloire, lui refuse ces talents extérieurs, cette éloquence muette, cette autorité visible qui surprend l'âme des auditeurs, et qui attire leurs vœux avant que l'orateur ait mérité leurs suffrages; la sublimité de son discours ne laissera pas à l'auditeur, transporté hors de lui-même, le temps et la liberté de remarquer ces défauts; ils seront cachés dans l'éclat de ses vertus: on sentira son impétuosité, mais on ne verra point ses démarches; on le suivra comme un aigle dans les airs, sans savoir comment il a quitté la terre.

Censeur sévère de la conduite de son peuple, il paraîtra plus populaire que ceux qui le flattent; il osera présenter à ses yeux la triste image de la vertu pénible et laborieuse; et il le portera à préférer l'honnête difficile, et souvent même malheureux, à l'utile agréable et aux douceurs d'une indigne prospérité.

La puissance du roi de Macédoine redoutera l'éloquence de l'orateur athénien; le destin de la Grèce demeurera suspendu entre Philippe et Démosthène; et, comme il ne peut survivre à la liberté de sa patrie, elle ne pourra jamais expirer qu'avec lui.

D'où sont sortis ces effets surprenants d'une éloquence plus qu'humaine? Quelle est la source de tant de prodiges, dont le simple récit fait encore, après tant de siècles, l'objet de notre admiration?

Ce ne sont point des armes préparées dans l'école d'un déclamateur; ces foudres, ces éclairs qui font trembler les rois sur leurs trônes, sont formés dans une région supérieure. C'est dans le sein de a sagesse qu'il avait puisé cette politique hardie et généreuse, cette liberté constante et intrépide cet amour invincible de la patrie; c'est dans l'étude de la morale qu'il avait reçu des mains de la raison même cet empire absolu, cette puissance souveraine sur l'âme de ses auditeurs. Il a fallu un Platon pour former un Démosthène, afin que le plus grand des orateurs fît hommage de toute sa réputation au plus grand des philosophes.

La Connaissance de l'homme, *IIe Discours.*

VIII. Bossuet et Fénelon.

On vit alors entrer en lice deux adversaires illustres, plutôt égaux que semblables: l'un, consommé depuis long-temps dans la science de l'Église, couvert des lauriers qu'il avait remportés tant de fois en combattant pour elle contre les hérétiques; athlète infatigable que son âge et ses victoires auraient pu dispenser de s'engager dans un nouveau combat, mais dont l'esprit encore vigoureux et supérieur au poids des années, conservait dans sa vieillesse une partie de ce feu qu'il avait eu dans sa jeunesse; l'autre, plus jeune et dans la force de l'âge, moins connu par ses écrits, non moins célèbre par la réputation de son éloquence et la hauteur de son génie, nourri et exercé depuis long-temps dans la matière qui faisait le sujet du combat, possédait parfaitement la langue des mystiques; capable de tout entendre, de tout expliquer, et de rendre plausible tout ce qu'il expliquait: tous deux long-temps amis, avant que d'être devenus rivaux : tous deux également recommandables par l'innocence de leurs mœurs, également aimables par la douceur de leur commerce, ornements de l'Église, de la cour, de

l'humanité même : mais l'un, respecté comme le soleil couchant dont les rayons allaient s'éteindre avec majesté; l'autre, regardé comme un soleil levant qui remplirait un jour la terre de ses lumières, s'il pouvait sortir de l'espèce d'éclipse dans laquelle il s'était engagé.
Mémoires sur les Affaires de l'Église de France.

AIKIN (JEAN,), médecin et littérateur anglais, très estimé de nos jours, est fils d'un ministre presbytérien qui enseignait la théologie dans l'école de Warrington. Il étudia la médecine et commença à l'exercer, ainsi que la chirurgie, en 1780, époque à laquelle il s'était déjà fait connaître par diverses productions littéraires, où un style élégant et concis se joignait à des recherches curieuses. Sa sœur Anna Lætitia Aikin, depuis mistriss Barbauld, qui s'est fait tant de réputation en Angleterre par ses écrits (*Voy.* BARBAULD), a travaillé à quelques-uns de ses nombreux ouvrages, dont nous ne citerons que les plus remarquables. En 1774, il publia un *Essai sur la composition des Chansons*, avec un *Recueil des meilleures Chansons anglaises*. Ce traité, où l'on trouve une foule de curiosités littéraires, fut suivi, en 1777, d'un *Essai sur l'application de l'histoire naturelle à la poésie*, ouvrage plusieurs fois réimprimé. Parurent ensuite : *Esquisse du caractère et des services publics de J. Howard*, 1792, in-8°, traduit en allemand, Leipsick, 1792, et en français par M. Boulard, 1796; *Lettres d'un père à son fils sur divers sujets de morale*, 1793 et 1800; *Soirées au logis*, de moitié avec mistriss Barbauld, 1793 et 1796; *Les Arts nécessaires à la vie, décrits dans une série de lettres*, 1802; *Essais littéraires et Mélanges*, 1811; *Annales du règne de Georges III*, 1815. Lorsque Napoléon menaçait l'Angleterre d'une invasion, Aikin, voulant montrer à ses compatriotes ce que peut la résolution de quelques hommes dévoués à leur patrie contre les tentatives de l'ambition, traduisit en anglais l'*Histoire de l'Invasion de la Suisse*, par Zschokke, déjà traduite en français par Briatte.

Aikin a fait l'essai de plusieurs entreprises littéraires. Entre autres, s'étant proposé de donner une histoire complète de la médecine en Angleterre, il fit, dès 1775, un appel aux amis de la science pour en obtenir les livres et les renseignements nécessaires; mais l'insuffisance des secours de ce genre qu'on lui offrit, le forcèrent de renoncer à son plan; il se contenta de publier un fragment très curieux de son *Histoire médicale*, où l'on trouve des détails intéressants sur plus de cinquante médecins qui vécurent de 1230 à 1677. Benjamin Hutchinson a fondu ce travail dans sa *Biographia medica*, 1799. Aikin fut aussi l'éditeur de plusieurs poètes anglais. Il entreprit, en 1799, avec W. Enfield, une *Biographie générale*; mais son collaborateur étant mort avant la publication du premier volume, cet ouvrage fut continué par différents auteurs; il se compose de dix volumes in-4°, 1799 à 1815. Aikin est l'éditeur d'un ouvrage périodique qui paraît chaque année depuis 1801, sous le titre de (The annual review), *Revue annuelle et historique de la Littérature,* et, depuis 1806, il dirige un journal qui paraît de mois en mois sous le titre de *Atheneum.*

Tous les ouvrages de cet écrivain annoncent une grande variété de connaissances, un esprit sage, impartial, et un goût très délicat. Le docteur Aikin est père de plusieurs enfants qui cultivent également les lettres avec succès.

AIR. En lisant et relisant l'*Essai sur l'union de la poésie et de la musique,* je me suis si bien pénétré des idées dont cet excellent ouvrage est rempli ; et depuis, mes réflexions et les lumières que l'expérience a pu me donner, se sont si parfaitement accordées avec les principes de l'auteur de l'*Essai*, qu'en écrivant sur la poésie destinée à être mise en chant, il ne me serait pas possible de distinguer ce qui est de lui ou de moi ; et qu'il vaut mieux tout d'un coup lui attribuer, soit que je le copie ou non, tout ce que je dirai sur l'objet qu'il a si bien approfondi.

L'air est une période musicale, qui a son motif, son dessin, son ensemble, son unité, sa symétrie, et souvent aussi son retour sur elle-même.

Ainsi, l'air est à la musique ce que la période est à l'éloquence, c'est-à-dire ce qu'il y a de plus régulier, de plus fini, de plus satisfaisant pour l'oreille ; et l'interdire au chant théâtral, ce serait retrancher du spectacle lyrique le plus sensible de ses plaisirs. C'est surtout le charme de l'air qui dédommage les Italiens de la monotonie de leur récitatif et de la froideur de leurs scènes épisodiques ; et c'est ce qui manque à l'opéra français pour en dissiper la langueur. (J'écrivais ceci avant que la musique italienne fût établie sur notre scène lyrique : les opéras de M. Piccini n'y laissent plus rien à désirer.)

Mais si l'air doit être admis dans la musique théâtrale, il doit y être aussi naturellement amené ; et l'art de le placer à-propos n'a pas été assez connu.

La musique vocale a trois procédés différents : le récitatif simple, le récitatif obligé, et l'air, ou le chant périodique et suivi. Le premier s'emploie à tout ce que la scène a de tranquille et de rapide : le second a lieu dans les situations plus vives ; il exprime le choc des passions, les mouvements interrompus de l'âme, l'égarement de la raison, les irrésolutions de la pensée, et tout ce qui se passe de tumultueux et d'entrecoupé sur la scène. (*Voyez* RÉCITATIF.)

Quelle est donc la place de l'air ? Le voici : Il est des moments où la situation de l'âme est déterminée et son mouvement décidé, ou par une passion simple, ou par deux passions qui se succèdent, ou par deux passions qui se combattent, et qui l'emportent tour à tour. Si l'affection de l'âme est simple, l'air doit être simple comme elle : il est alors l'expression d'un mouvement plus lent ou plus rapide, plus violent ou plus doux, mais qui n'est point contrarié ; et l'air en prend le caractère. Si l'affection est implexe, et que l'âme se trouve agitée par deux mouvements opposés, l'air exprimera l'un et l'autre, mais avec quelque différence. Tantôt il n'y aura qu'une succession directe, un passage, comme de l'abattement au transport, de la douleur au désespoir; et alors le premier sentiment doit être en contraste avec le second, et celui-ci former sa période particulière; c'est là ce qu'on appelle un air à deux motifs, mais sans retour de l'un à l'autre. Tantôt il y aura un retour de l'âme sur elle-même, et comme une espèce de révulsion du second mouvement au premier; et alors l'air prendra la forme de rondeau : par exemple, il commencera par la colère, à laquelle succèdera un mouvement de pitié, qu'un nouveau mouvement de dépit fera disparaître, en ramenant avec plus de violence le premier de ces sentiments. Par cet exemple, on voit que l'air en rondeau peut commencer par le sentiment le plus vif, dont la seconde partie soit le relâche, et qui se réveille à la fin avec plus de chaleur et de rapidité : c'est quelquefois l'amour que le devoir retient, mais qui lui échappe et s'abandonne à toute l'ardeur de ses désirs; c'est la joie que la crainte modère, et qu'un nouveau rayon d'espérance ranime; c'est la colère que ralentit un mouvement de générosité, mais que le ressentiment de l'injure vient ranimer encore avec plus de fureur.

Il peut arriver cependant que la première partie de l'air, quoique la plus douce, ait un caractère si sensible, si gracieux, ou si touchant, qu'elle se fasse désirer à l'oreille ; et alors c'est au poète à prendre soin que le mouvement de l'âme l'y ramène : l'oreille, qui demande et qui attend ce retour, serait désagréablement trompée, si on lui en dérobait le plaisir.

Enfin, les révolutions de l'âme, ou ses oscillations d'un mouvement à l'autre, peuvent être naturellement redoublées, et par conséquent le retour de la première partie de l'air peut avoir lieu plus d'une fois.

La forme et la coupe de l'air est donc prise dans la nature, soit qu'il exprime un simple mouvement de l'âme, une seule affection développée et variée par ses nuances; soit qu'il exprime le balancement et l'agitation de l'âme entre deux ou plusieurs sentiments opposés; soit qu'il exprime le passage unique d'un sentiment plus modéré à un sentiment plus rapide, *et vice versâ* : car tout cela est conforme aux lois des mouvements du cœur humain; et demander alors que la déclamation musicale ne soit pas un air, mais un simple récitatif, rompu dans ses modulations, sans dessin et sans unité, c'est non-seulement vouloir que l'art soit dépouillé d'un de ses ornements, mais que la nature elle-même soit contrariée dans l'expression qu'elle indique. Un sentiment simple et continu demande un chant dont le cercle l'embrasse, et dont l'étendue circonscrite le développe et le termine; deux sentiments qui se succèdent l'un à l'autre, ou qui se balancent dans l'âme, demandent un chant composé dont les dessins soient en contraste : la reprise même de l'air a son modèle dans la nature; car il arrive assez souvent à la réflexion tranquille, et plus encore à la passion, de ramener l'âme à l'idée ou au sentiment qu'elle a quitté. Il y a donc autant de vérité dans le *da capo* en musique, que dans ces répétitions de Molière : « Le pauvre homme !.... Qu'allait-il faire « dans cette galère ?.... Ma chère cassette !.... etc. »

Mais pour que l'air soit naturellement placé, il faut saisir avec justesse le moment où la vérité de l'expression le sollicite : l'air, dans un moment vide ou froid, sera toujours un ornement postiche. C'est le moment le plus vif de la scène qu'il faut choisir pour y attacher l'expression la plus saillante; et cette expression doit être prise elle-même dans la nature. Ce n'est ni une image tirée de loin, ni une comparaison forcée, ni un madrigal artificiellement aiguisé, ni une antithèse curieusement arrangée, qui doit être le sujet de l'air; l'expression la plus simple de ce qui affecte l'âme, est ce qui lui convient le mieux; parce que c'est là ce qui donne lieu aux accents les plus sensibles de la parole, et, par imitation, aux accents les plus touchants de la musique.

Quant à la forme que le poète doit donner à la période destinée à former un air, elle serait difficile à prescrire : on doit observer seulement que chaque partie de l'air soit simple, c'est-à-dire que les idées ou les sentiments qu'elle réunit soient analogues et susceptibles d'unité dans l'expression qui les embrasse. C'est cette unité d'expression qu'on appelle motif ou dessin, et qui fait le charme de l'air.

Un talent sans lequel il est impossible de bien écrire dans ce genre, c'est le pressentiment du chant, c'est-à-dire du caractère que l'air doit avoir, de l'étendue qu'il demande, et du mouvement qui lui est propre.

On a prétendu que la symétrie des vers était inutile au musicien, et l'on fait dire à celui-ci :

« Composez à votre fantaisie : le mètre, le rhythme, « la phrase, le style concis ou périodique, tout m'est « égal ; je trouverai toujours le moyen de faire du « chant. » Oui, du chant rompu, mutilé, sans dessin et sans suite, qui tâchera d'être expressif, mais qui, n'étant point mélodieux, n'aura ni la vérité de la nature, ni l'agrément de l'art. L'Italie a deux poètes célèbres, Zéno et Métastase. Zéno est dramatique ; il a de la chaleur, de l'intérêt, du mouvement dans la scène ; mais ses airs sont le plus souvent mal composés ; nul rapport, nulle intelligence dans la coupe des vers et dans le choix du rhythme : les musiciens l'ont presque abandonné. Métastase, au contraire, a disposé les phrases, les repos, les nombres, et toutes les parties de l'air, comme s'il l'eût chanté lui-même : tous les musiciens se sont donnés à lui.

Ce n'est pas qu'un musicien ne tire quelquefois parti d'une irrégularité, comme un lapidaire habile sait profiter de l'accident d'une agate ; mais ce sont les hasards du génie, et les hasards sont sans conséquence.

Dans un opéra de Rameau n'a-t-on pas vu ce mauvais vers,

Brillant soleil, jamais nos yeux dans ta carrière,

produire un beau dessin de chœur? L'homme sans

talent se fait des règles de toutes les exceptions, pour excuser ses maladresses; l'homme habile sait quelquefois tirer parti des fautes de l'homme maladroit.

Du reste, ce n'est point telle forme de vers, ni leur égalité apparente qui les rend favorables à un chant mesuré : ce sont les nombres qui les composent; c'est l'arrangement symétrique de ces nombres dans les différentes parties de la période; c'est la facilité qu'ils donnent à la musique d'être fidèle en même temps à la mesure et à la prosodie, et de varier le rhythme sans altérer le mouvement; c'est l'attention à placer les repos, à mesurer les espaces, à ménager les suspensions ou les cadences au gré de l'oreille; et plus encore au gré du sentiment, qui est le juge de l'expression.

Prenez la plus harmonieuse des odes de Malherbe ou de Rousseau, vous n'y trouverez pas quatre vers de suite favorablement disposés pour une phrase de chant : c'est bien le même nombre de syllabes; mais nulle correspondance, nulle symétrie, nulle rondeur, nulle assimilation entre les membres de la période, nulle aptitude enfin à recevoir un chant périodique et mélodieux : le mouvement donné par le premier vers est contrarié par le second; la coupe de l'air, indiquée par ces deux vers, ne peut plus aller aux deux autres; ici la phrase est trop concise, et là elle est trop prolongée : d'où il arrive que le musicien est obligé de faire sur ces vers un chant qui n'a point d'unité de motif et de caractère; ou de mettre le chant dans la symphonie, et d'y ajuster çà et là les paroles; ou de n'avoir aucun égard à la prosodie et au sens.

On fait le même reproche aux vers de Quinault, les plus harmonieux peut-être qui soient dans notre langue, et sur lesquels il est rare de pouvoir composer un air : ce qui prouve bien que l'harmonie poétique n'est pas l'harmonie musicale. Quinault a fait le mieux possible pour l'espèce de chant auquel ses vers étaient destinés; mais le chant périodique, dont il s'agit ici, n'était pas connu de son temps; il ne l'était pas même en Italie : on sait que le fameux Corelli n'en avait pas l'idée; et Lulli, son contemporain, l'ignorait comme lui.

L'invention de l'air, ou de la période musicale, est regardée par les Italiens comme la plus précieuse découverte qu'on ait faite en musique : la gloire en est due à Vinci. Les Italiens en ont abusé, comme on abuse de tous les plaisirs; ils ont sans doute trop négligé la propriété, la vérité, qui fait le charme de l'expression, surtout dans ces airs de bravoure où l'on a brisé les paroles, dénaturé le sentiment, sacrifié la vraisemblance et l'intérêt même, au plaisir d'entendre une voix brillante badiner sur une roulade ou sur un passage léger. Mais il y a long-temps qu'on a dit que l'abus des bonnes choses ne prouve pas qu'elles soient mauvaises. Il faut prendre des Italiens ce qu'un goût pur et sain, ce qu'un sentiment juste et délicat approuve; leur laisser le luxe et l'abus, se garantir de l'excès, et tâcher de faire comme ils ont fait souvent, c'est-à-dire le mieux possible.

L'art d'arrondir et de symétriser la période musicale a été jusqu'ici peu connu des Français, si ce n'est dans leurs vaudevilles, où la phrase d'un chant donné a prescrit le rhythme des vers. Mais par les essais que j'en ai faits moi-même au gré d'un musicien habile, j'ose assurer que notre langue s'accommode facilement à cette formule de chant. On commence à le reconnaître ; on commence même à sentir que le charme de l'air, phrasé à l'italienne, manque à la scène de l'opéra français pour l'animer et l'embellir ; et lorsqu'on saura l'y employer avec intelligence et avec avantage, ainsi que le duo et le récitatif obligé, il en résultera, pour l'opéra français, sur l'opéra italien, une supériorité que je ne crains pas de prédire. (Ceci est écrit il y a long-temps.)

Mais on aura toujours à regretter que les chefs-d'œuvre de Quinault soient privés de cet ornement ; et celui qui réussirait à les en rendre susceptibles, en conservant à ces poèmes leurs inimitables beautés, ferait plus qu'on ne saurait croire pour les progrès de la musique en France, et pour la gloire d'un théâtre où Quinault doit toujours régner.

Quelque mérite que l'on suppose à Lulli, la facilité, la noblesse, le naturel de son récitatif peuvent être imités ; et, dans tout le reste, il n'est pas difficile d'être supérieur à lui. Mais rien peut-être ne remplacera jamais les poèmes de *Thésée*, de *Roland* et d'*Armide* ; et toute nouveauté qui les bannira du théâtre nous laissera de longs regrets.

Le moyen le plus infaillible de nous rendre tout-à-coup passionnés pour une musique nouvelle, ce serait donc de l'adapter à ces poëmes enchanteurs ; et ce n'est pas sans y avoir réfléchi que je crois cela très possible.

Deux chefs-d'œuvre de M. Piccini ont vérifié mon pressentiment; et ce qu'on ne trouvait pas encore assez prouvé par ses opéras de *Roland* et d'*Atys*, il l'a démontré dans son *Iphigénie en Tauride*, sa *Didon* et sa *Pénélope*, savoir, que l'expression la plus tragique se concilie parfaitement avec la mélodie, et le dessin d'un chant régulier et fini.

J'ai dit que l'égalité des vers n'était pas essentielle à la symétrie du chant : soit parce que deux vers inégaux peuvent avoir des mesures égales, et que le spondée, par exemple, qui n'a que deux syllabes, est l'équivalent du dactyle, qui en a trois; soit qu'il arrive aussi que le musicien, par des silences ou par des prolations, supplée au pied qui manque à un vers pour égaler la longueur d'un autre; soit enfin parce que les phrases de chant qui ne sont pas correspondantes, n'ont pas besoin d'avoir entre elles une parfaite égalité. Mais entre les membres symétriquement opposés d'une période, c'est une chose précieuse que l'égalité du mètre et que l'identité des nombres; et l'auteur qui me sert de guide en fait, avec raison, un mérite à Métastase, à l'exclusion d'Apostolo Zéno. Voici l'exemple qu'il en cite, et cet exemple est une leçon :

> L'onda che mormora
> Fra sponda e sponda,
> L'aura che tremola

> Tra fronda e fronda,
> E meno instabile
> Del vestro cor.
> Pur l'alme simplici
> Dei folli amanti
> Sol per voi spargono
> Sospiri e pianti,
> E da voi sperano,
> Fede in amor.

Notre langue, il faut l'avouer, n'est pas assez dactylique pour imiter une pareille harmonie; mais avec une oreille juste et long-temps exercée aux formules du chant, un poète français, qui voudra bien se donner un peu de peine en composant les paroles d'un air, y observera un rhythme assez sensible, une correspondance assez marquée d'un nombre à l'autre dans les parties symétriques, et assez d'analogie entre le mouvement du vers et le caractère du sentiment ou de l'image, pour donner lieu au musicien de concilier dans son chant l'unité du dessin, la vérité de l'expression, la précision des mouvements, et cette justesse des rapports qui dans les sons plaît à l'oreille, comme dans les idées elle plaît à l'esprit.

Je ne dois pourtant pas dissimuler l'avantage que les Italiens ont sur nous à cet égard, et le voici : Plus une nation est passionnée pour un art, plus elle lui donne de licences : de là vient que la musique italienne fait de la langue tout ce qu'elle veut; qu'elle combine les paroles d'un air comme bon lui semble, et les répète tant qu'il lui plaît. Notre langue est moins indulgente; et le sentiment de la mélodie

n'a pas encore tellement séduit et préoccupé nos
oreilles, que tout le reste y soit sacrifié. Nous voulons que la prosodie et le sens soient respectés dans
le plus bel air : une syncope, une prolation, une
inversion forcée altèrent en nous l'impression de la
musique la plus touchante; et des paroles trop répétées nous fatiguent, quelque facilité qu'elles donnent aux modulations du chant. De là vient que
l'air français, dans un petit cercle de paroles, peut
difficilement avoir la même liberté, la même variété,
la même étendue que l'air italien. Que faire donc?
laisser la musique à la gêne dans l'étroit espace de
huit petits vers, à la simple expression desquels le
chant sera servilement réduit? c'est lui ôter beaucoup trop et de sa force et de sa grace. La musique,
pour émouvoir profondément l'oreille et l'âme, a
besoin, comme l'éloquence, de graduer, de redoubler, de graver ses impressions : à la première, ce
n'est souvent qu'une émotion légère; à la seconde,
l'âme et l'oreille, plus attentives, seront aussi plus
vivement émues; à la troisième, leur sensibilité,
déjà fortement ébranlée, produit l'ivresse et le transport. Voilà pourquoi dans les symphonies, comme
dans la musique vocale, le retour du motif a tant
de charme et de pouvoir. Le vrai moyen de suppléer à la liberté que les Italiens donnent au chant
de se jouer des paroles, est donc de lui donner, dans
les paroles mêmes, des dessins plus développés, et
plus d'espace à parcourir. L'art du poète consiste
alors à faire de toutes les parties de l'air, par leur
liaison, leur enchaînement, leur mutuelle dépen-

dance, et par la facilité des passages et des retours d'une partie à l'autre, un ensemble bien assorti.

Les exemples que j'ai indiqués de l'alternative des passions dans un air à plusieurs dessins, font entendre ce que je veux dire. Les modèles que M. Piccini nous en a donnés, nous l'ont fait sentir encore mieux.

Mais je persiste à représenter que nous nous rendons beaucoup trop sévères à l'égard des répétitions, et qu'en réduisant la musique à une expression simple et fugitive, nous lui ôterions une grande partie de sa force et de sa beauté. La musique a son éloquence, et cette éloquence consiste non-seulement à exprimer, comme la parole et mieux que la parole, le sentiment qui leur est commun; mais à le varier, à le développer, à lui donner par accroissement tous les caractères dont il est susceptible; et c'est là son grand avantage sur la simple déclamation.

De combien de manières une femme qui se croit trahie par un époux qu'elle aime, ne dit-elle pas:

> Perchè tradir mi,
> Sposo infedel?

D'abord c'est un reproche tendre; bientôt un reproche plus vif, plus douloureux, et plus amer; enfin c'est de l'indignation; et dans l'expression variée de ces trois nuances de sentiment, la musique peint les effets de la réflexion sur une âme où l'amour, la douleur, le dépit se succèdent. Rien de plus naturel sans doute et rien de plus touchant.

De combien de façons encore une femme qui

tremble pour les jours d'un époux adoré, ne dit-elle pas :

> Non vivo, non moro;
> Ma provo un tormento
> Di viver penoso,
> Di lungo morir.

Or, ce sont là les variétés, les nuances, les gradations que la musique exprime en répétant le mot sensible, avec ces accents imprévus que le génie trouve dans la nature, et dont lui seul semble avoir le secret.

Dans le récitatif et dans le dialogue, c'est l'intérêt de l'action qui domine, et rien ne doit la retarder; dans les situations où l'air trouve sa place, c'est de tel sentiment que l'on est occupé; et si on n'est pas ennemi de son plaisir, on laissera à la musique tous les moyens d'en rendre l'impression plus pénétrante et plus profonde. La simple déclamation a le choix de l'expression la plus touchante; mais elle n'en a qu'une : on ne lui permet pas de renchérir sur elle-même. Le chant a demandé à varier la sienne, à condition de la rendre plus belle et plus sensible par degrés : on lui a accordé cette licence; et quand l'oreille des Français aura mieux appris à goûter tous les charmes de la musique, ils seront aussi indulgents que les Italiens l'ont été. En éloquence et en poésie, l'amplification a son luxe comme en musique : ce luxe est vicieux; mais l'orateur, le poète, le musicien n'ont tort d'amplifier l'expression que lorsqu'ils l'affaiblissent ou qu'ils ne la fortifient pas; et tant que celle du chant n'insiste que pour redoubler de chaleur, de véhémence et d'énergie, il n'y a qu'un goût minutieux et faux qui puisse le trouver mauvais.

Il est à craindre, je l'avoue, qu'un pareil chant, au milieu de la scène, interrompant le dialogue, ne ralentisse l'action et ne refroidisse l'intérêt; et c'est pour cela que les Italiens l'ont presque toujours relégué, ou à la fin des scènes, ou dans les monologues : c'est communément là qu'un personnage, livré à lui-même, peut donner plus de développement à la passion qui l'agite, au sentiment dont il est occupé.

Mais au milieu même de la scène la plus vive et la plus rapidement dialoguée, il est des circonstances où ces élans impétueux de l'âme, cette espèce d'explosion des mouvements qu'elle a réprimés, trouvent place, et loin de refroidir la situation, y répandent plus de chaleur. Que devient alors, demandera-t-on, l'interlocuteur à côté duquel on chante? Ce qu'il devient dans une scène tragique, lorsqu'emporté par une passion violente, le personnage qui est en scène avec lui, l'oublie et se livre à ses mouvements. Que devient OEnone pendant le délire de Phèdre? que devient Électre ou Pylade pendant les accès de fureur où tombe Oreste? Que devient Néoptolème à côté de Philoctète rugissant de douleur? Tout personnage vivement intéressé à l'action ne saurait être froid ni sans contenance sur la scène; soit que son interlocuteur parle ou chante, il le met en jeu, en l'affectant lui-même des passions dont il est ému; et s'il ne sait que faire alors, c'est qu'il manque d'âme ou d'intelligence.

Ce qui nuit le plus réellement à la chaleur de l'action, ce sont ces longs préludes et ces épilogues de symphonie, qu'on nomme ritournelles. Quelquefois elles sont placées pour annoncer les mouvements de l'âme qui précèdent l'air, ou pour exprimer un reste d'agitation dans le silence qui le suit; mais en général ces libertés que se donne le musicien, pour briller aux dépens du poème, font une longueur importune; et l'on ne saurait être trop ménager de cette espèce d'ornements. (*Voyez* DUO, RÉCITATIF.)

MARMONTEL, *Eléments de Littérature.*

A KEMPIS. (*Voyez* KEMPIS.)

AKENSIDE (MARC), médecin et poète distingué, naquit le 9 novembre 1721 à New-Castle, sur la Tyne. Son père, riche boucher, et de la secte presbytérienne, après l'avoir fait élever avec soin, l'envoya à dix-huit ans à l'université d'Édimbourg, pour y faire les études nécessaires à l'état ecclésiastique, qu'il voulait lui faire embrasser; mais Akenside ne se sentant aucun goût pour cette carrière, abandonna, un an après, l'étude de la théologie, et se livra à celle de la médecine, qu'il suivit d'abord à Édimbourg, puis à Leyde, où il fut reçu docteur en 1744.

11.

Les secours d'un ami, M. Dyson, qui le força d'accepter une pension annuelle de 300 livres sterling, ayant facilité son établissement à Londres, il y acquit de la réputation, et fut nommé successivement médecin de l'hôpital de Saint-Thomas, agrégé au collège des médecins de Londres, membre de la société royale, et enfin médecin de la reine.

Akenside fit quelques ouvrages de médecine, publiés dans les *Transactions philosophiques* et dans d'autres recueils périodiques; mais, entraîné par le charme de la poésie dont il avait eu le goût de très bonne heure, il négligea souvent Esculape pour les Muses, et ce ne fut aussi que par elles qu'il obtint de la célébrité. Son poème des *Plaisirs de l'Imagination*, qu'il avait commencé à Leyde, et qu'il publia à Londres, est écrit en vers blancs, comme le poème de Milton. Les beautés qu'il renferme le firent accueillir avec le plus vif enthousiasme; et les Anglais le regardent encore aujourd'hui comme un des beaux monuments de leur littérature. « Le docteur Aken« side, dit Blair, a su donner à son ouvrage didac« tique sur les *Plaisirs de l'Imagination* la forme
« la plus riche et la plus poétique; et, quoique dans
« l'ensemble on remarque quelque inégalité, il a
« parfaitement réussi dans plusieurs endroits, et
« déployé presque partout le plus beau génie. »
Cependant on lit moins cet ouvrage qu'on ne l'admire; parce que les idées trop métaphysiques qui y dominent, l'emploi fréquent des termes abstraits, et l'abus des métaphores, y répandent une certaine obscurité qui fatigue l'esprit, et qui faisait maligne-

ment dire à lord Chesterfield : « C'est le plus beau « des ouvrages que je n'entends pas. »

Lorsque Akenside voulut faire imprimer ce poème, qui était sa première production, le libraire auquel il présenta son manuscrit, voyant un jeune homme qui n'avait encore aucune réputation littéraire, craignit de faire une mauvaise affaire en lui en donnant 150 guinées, et alla consulter Pope, qui lui dit, après avoir lu l'ouvrage : « Je vous conseille de « n'y pas regarder de si près ; ce n'est pas là un au- « teur de tous les jours. »

Outre cet ouvrage, qui a fourni à Delille l'idée de son poème de *l'Imagination,* Akenside publia, à diverses époques, des odes, des épîtres et d'autres poèmes de différents genres ; mais ces derniers ouvrages n'obtinrent qu'un médiocre succès, et sont à peu près oubliés aujourd'hui. Il préparait une nouvelle édition de son poème des *Plaisirs de l'Imagination,* lorsqu'une fièvre putride l'enleva aux lettres et aux sciences, le 23 juin 1770, à l'âge de quarante-neuf ans.

M. Dyson a publié une édition des œuvres poétiques d'Akenside ; Londres, 1772, in-4°; réimprimée en 1807, in-18.

Le poème des *Plaisirs de l'Imagination* a été traduit en français par le baron d'Holbach ; 1769, in-12, et 1806, in-18 ; cette traduction, qui est fidèle, contient des notes instructives.

MORCEAUX CHOISIS.

I. La Beauté.

Mais, dans tout l'éclat de sa pompe séduisante,

la Beauté s'avance, et réclame les hommages que ses charmes inspirent. Le vers prêt à chanter tes louanges immortelles, ô aimable déesse, coule avec plus d'aisance et d'harmonie! C'est toi, ô Beauté, oui, c'est ta chaleur féconde que le palais des rois et l'humble chaumière adorent! Astre bienfaisant, tu allumes sans cesse dans nos cœurs enchantés l'amour, la tendre sympathie et les poétiques transports! Noble fille du ciel, comment reproduire tes traits? Où choisir d'assez fraîches couleurs pour peindre ton incarnat vermeil? Prends ton vol, ô ma muse; parcours le vaste domaine de la nature; va recueillir ses plus précieuses richesses, et tous les trésors que renferment les campagnes fleuries, les eaux et l'espace des airs, pour embellir ce gracieux portrait! Iras-tu, avec le riant Automne, visiter les îles atlantiques, et t'égarer sur ses traces dans les champs d'Hespérie, pour voir comment sous ses mains les fertiles bosquets se parent d'un feuillage d'or; comment sous ses pas la terre charmée se colore de grappes de pourpre qui brillent sur les coteaux comme la douce lumière du jour mourant? ou plutôt abaisseras-tu ton vol errant sur les prairies où le Pénée glisse à travers les glorieux ombrages de sa fille, et réfléchit dans le cristal de ses ondes les délicieux vallons de Tempé, séjour favori des divinités champêtres, des nymphes et des faunes, où, dans le siècle d'or, ils prenaient avec le vieux Pan leurs mystérieux ébats sur la rive fleurie; et où, tandis qu'ils formaient des danses légères, les heures folâtres et les joyeux zéphirs, de leurs mains infatigables versaient des fleurs, des parfums, une céleste rosée, et tous les tributs d'un éternel printemps! Non, Tempé ne te refusera pas ses fraîches guirlandes, et le dragon ailé ne sauvera pas de tes innocents larcins les pommes d'Hespérie. Porte donc sans crainte ces fortunés trésors dans le vert bocage où repose la jeune Dioné. Invite-la par tes accents les plus flatteurs à prêter ses charmes ravissants pour peindre l'image de la beauté. Tourne ici tes pas; viens, déesse chérie, t'appuyer sur ton beau front; que tes yeux d'azur expriment la douce volupté; que le souffle caressant des brises soulève tes boucles ondoyantes, et découvre les gracieux contours de ton cou d'albâtre, la fraîcheur de tes joues vermeilles et de tes lèvres de rose, où les sourires séduisants et les plaisirs de l'amour, épurés par l'innocence et la vertu, unissent leurs divins attraits!

Plaisirs de l'Imagination, chant I.

II. Grandeur et sublimité de l'Imagination.

Dis-nous pourquoi l'homme obtint un rang si haut dans l'immense création; pourquoi il reçut le privilège de porter son œil perçant dans l'empire de la vie et de la mort, avec une imagination qui l'entraîne au-delà des limites de l'existence. N'était-ce pas afin que le Tout-Puissant l'envoyât sur ce globe, comme sur un théâtre infini, en présence des êtres mortels et immortels, pour parcourir la noble carrière de la justice; pour s'élancer par un généreux essor vers les perfections divines; pour bannir de son cœur toutes les pensées abjectes, et marcher d'un pas ferme au milieu des vapeurs des passions et des sens, et de l'orageux reflux des évènements et des caprices du sort, tandis que la voix de la vérité et de la vertu, à travers les âpres sentiers de la nature, l'invite à mériter la plus douce récompense, l'approbation du ciel? Autrement, pourquoi s'allume dans le sein des mortels cet impérissable espoir qui inspire chaque jour une ambition sublime, et méprise la possession de la terre? Pourquoi l'âme aspire-t-elle avec une ardeur invincible à contempler des scènes majestueuses, impatiente d'être libre et de s'affranchir des grossières entraves qui la retiennent captive, fière de ses laborieux efforts, fière de son audace? Qui ne porte avec plus de joie ses regards charmés sur les feux éclatants du ciel que sur la faible lueur d'un flambeau? Qui, du sommet d'un rocher sauvage, promenant sa vue errante dans le vaste horizon, pour voir le Nil ou le Gange rouler leurs flots impétueux à travers les montagnes, les plaines, les empires lointains et les sables du désert, détourne ses yeux pour suivre les sinuosités d'un chétif ruisseau qui murmure à ses pieds? L'âme, née dans le ciel, dédaigne d'abaisser son vol audacieux au-dessous de son séjour natal. Dégoûtée de la terre, et des vulgaires tableaux, elle s'enfonce dans les abîmes de l'espace; elle poursuit la fougueuse tempête, franchit les cieux, aussi rapide que l'éclair, ou, portée sur l'aile des tourbillons et des vents du nord, traverse les régions du jour. Alors elle parcourt la voûte azurée, plane près du soleil, le voit répandre des torrents de lumière, observe la puissance irrésistible qui force les planètes rebelles d'achever autour de lui leurs éternelles révolutions. Puis, pénétrant plus loin encore, elle suit dans leur inégale carrière les comètes vagabondes; à travers les signes brûlants, triomphante, elle cherche les derniers confins de la nature, et ramène ses regards sur les pâles étoiles dont la lumière vacillante enveloppe l'orient d'une blanche écharpe. Tantôt elle contemple avec ravissement le noble empyrée où les âmes heureuses, bien au-dessus de la voûte du ciel, jouissent de leur paisible demeure, et ces régions de la lumière, dont l'inaltérable éclat a traversé soixante siècles, et ne parvient pas encore à la vue des mortels. Même aux limites du monde, l'âme infatigable mesure la profondeur de l'abîme; enfin, ramassant ses forces, elle s'élance, et bientôt rentre dans le gouffre de l'existence. Là son espoir aspire au jour de la liberté : car, dès la naissance de l'homme mortel, son souverain créateur annonça que, ni dans les vains et fugitifs plaisirs, ni dans les passagères faveurs de la renommée, ni dans la pourpre du trône, ni dans les sentiers fleuris de la volupté, l'âme ne pourrait trouver de vraie jouissance; mais que, dédaignant leurs attraits pour un bien seul capable de satisfaire ses désirs, elle porterait plus haut ses vœux hardis, jusqu'au temps où toutes les barrières disparaîtront, et où l'infinie perfection se dévoilera devant elle.

Ibid.

III. Le Goût.

Mais qu'est-ce que le goût? N'est-ce pas cette puissance de l'âme, active, énergique, et capable de toutes les nobles impressions? ce sentiment exquis, prompt à saisir le délicat et le sublime, et à repousser avec un vif dégoût les objets informes, grossiers, et d'un aspect rebutant? Ce trésor, ni les pierreries, ni les immenses richesses, ni l'éclat de la pourpre, ni même le travail, ne peuvent le donner; mais Dieu seul, quand sa main puissante communique d'abord à l'âme sa secrète influence. Oui, c'est ce père immortel, toujours juste et sage, libre comme l'air que nous respirons, ou comme la lumière céleste, qui nous révèle tous les charmes de la nature. Demandez à ce villageois qui, dans un jour d'été, regagne sa chaumière après de pénibles travaux, pourquoi, oubliant ses fatigues et les douceurs du repos, il s'arrête à contempler les rayons du soleil qui brillent à travers les nuages dorés, et colorent tout l'occident : à l'instant, d'un air simple, et avec un langage naïf, plus éloquent que toutes les puissances de la parole, il vous expliquera les beautés de ce tableau qui parle à son cœur, de ce tableau si aimable et si imposant! Mais quoique le ciel ait mis dans nos âmes ces germes précoces d'amour et d'enthousiasme, en vain, sans la main secourable de la culture, sans un soleil bienfaisant, des pluies rafraîchissantes et un abri contre le souffle dévorant du nord, nous espérons que cette plante délicate lèvera sa tête riante, ou offrira les fruits qu'elle promettait à son printemps. D'ailleurs, tous les terrains ne paient pas avec la même largesse les soins du cultivateur, et, dociles à sa voix, n'attendent pas son ordre pour enfanter soudain l'olive ou le laurier. Les esprits divers se livrent à divers objets : l'un ne poursuit que le grand, le merveilleux, le terrible; mais l'autre soupire pour l'harmonie, la grace et les charmes les plus délicats. Ainsi, lorsque l'éclair embrase la voûte du ciel, et que la foudre ébranle au loin la terre; quand les fougueux tourbillons déchirent l'air avec des sifflements horribles, et que l'Océan, ému au fond de ses abimes, soulève jusqu'aux cieux ses vagues turbulentes; au milieu de ce majestueux désordre, tandis que les nations tremblent à ses pieds, sur le haut d'un rocher sauvage le sublime Shakspeare contemple avec transport le combat des éléments. Mais le tendre Waller aime à se reposer mollement au bord fleuri d'un ruisseau, sous le frais ombrage des platanes, pour charmer, durant tout le jour, les hôtes des forêts, par le récit de ses amoureux tourments et de ses vœux dédaignés : Zéphire attendri répond à ses plaintes; le ruisseau mêle à ses sanglots un mélodieux murmure; dans les bocages émus, dans les vallons et sur les collines, tous les échos soupirent des chants d'amour. Tels et non moins variés sont les goûts des mortels.

O trop heureux le favori du ciel que ni les voluptueux concerts de la mollesse, dangereuse sirène, ni les dons de l'abjecte opulence, ni le faste séduisant des vains honneurs, ne peuvent dégoûter de ces plaisirs toujours délicieux que l'imagination féconde puise dans les trésors de la nature pour charmer l'âme en l'éclairant! Qu'importe que tous les fils des hommes ne puissent parvenir à ces grandeurs, objets d'envie, et que bien peu possèdent les privilèges de la richesse ou la pompe du pouvoir suprême? La bonté de la nature, équitable pour tous ses enfants, a doté de trésors plus précieux et de dons plus rares le fortuné mortel qui sait les apprécier. La splendeur des cités et les délices des champs sont à lui. Tout ce qui orne le palais des princes, les colonnes et les portiques, le marbre animé par le ciseau et l'or par le burin, son âme sensible en jouit bien mieux que l'étroite vanité de leur superbe possesseur. C'est pour lui que le printemps distille sa rosée, et du sein d'un bouton fragile fait sortir des feuilles transparentes; pour lui la main de l'automne dore les fertiles rameaux, et rougit les fruits vermeils; chaque heure, en fuyant d'un vol rapide, lui apporte son tribut; et, dans ses promenades solitaires, sans cesse il rencontre des beautés nouvelles qui l'attirent par un charme inconnu. Pas une brise n'effleure les prairies, pas un nuage ne se colore aux feux du soleil couchant, pas un accent des hôtes du bocage ne monte au ciel, sans faire palpiter son sein d'une joie pure et innocente. Et ce n'est pas seulement une joie pure qu'il en reçoit; son âme attentive, par cette action harmonieuse sur ses facultés, devient elle-même tout harmonie, accoutumée qu'elle est à contempler dans les objets extérieurs les charmes de l'ordre divin. Bientôt elle se replie sur elle-même pour y chercher une image de cet ordre parfait, et pour satisfaire son immense besoin d'amour et de vives émotions : ainsi elle épure ses penchants, et imprime à toutes ses passions un caractère plus chaste, plus doux et plus aimable. Mais si elle s'élève à de plus vastes tableaux ; si elle admire les formes de la nature, lorsque, dédaignant des graces plus délicates, elle se montre avec cette éternelle majesté qui présida à la création de l'univers ; si l'âme porte jusque-là ses regards audacieux, combien elle sentira des impressions plus nobles et plus puissantes ! Les liens de nos serviles coutumes pourraient-ils retenir son généreux essor ? Nos systèmes politiques, fruits honteux de l'ignorance et de la cupidité, pourraient-ils encore l'asservir à des soins frivoles, à l'indolence et à la crainte ? Non. La nature, les vents, les vagues écumantes, le cours infatigable du soleil, les éléments et les saisons, voilà son domaine ; tout annonce le but glorieux que l'éternel créateur a marqué aux destins de l'homme. Nous sentons en nous-mêmes son énergie divine ; il dit à nos cœurs qu'il nous a faits pour contempler et pour aimer ce qu'il aime et contemple lui-même, l'harmonie générale de la vie et de l'existence, pour être grands comme lui, bienfaisants et actifs. Ainsi l'homme, que charment les œuvres de la nature, s'entretient avec Dieu même, se familiarise chaque jour avec ses conceptions, se conforme à son plan, et règle ses plaisirs sur ceux de ce parfait modèle.

Ibid, chant III.

ALAMANNI (Louis), gentilhomme florentin, et célèbre poète italien, naquit le 28 octobre 1495. Étant entré dans une conjuration contre le cardinal Jules de Médicis, depuis pape sous le nom de Clément VII, il fut deux fois obligé de se réfugier en France, où François Ier l'accueillit, le combla de bienfaits, et le choisit en 1544 pour son ambassadeur auprès de Charles-Quint. Alamanni avait adressé à François Ier un dialogue allégorique entre le coq et l'aigle; et dans cette pièce, qu'il ne croyait pas connue de l'empereur, le coq appelait l'aigle « oiseau de proie « qui porte deux becs pour dévorer davantage. » Lors du discours d'apparat qu'il prononça devant ce prince à la première audience, il commença plusieurs de ses périodes par le mot *aquila* (aigle); pour toute réponse, Charles-Quint répéta à haute voix le passage que nous venons de citer. « Je par-« lais alors en poète, répondit Alamanni sans s'éton-« ner : maintenant je parle en ambassadeur; j'étais « indigné contre le duc Alexandre, gendre de Votre « Majesté, qui m'avait chassé de ma patrie; à présent « je suis libre de toute passion, et ne crois pas que « Votre Majesté veuille autoriser aucune injustice. » Cette réponse plut beaucoup à l'empereur, qui accorda à Alamanni tout ce qu'il demandait. Il fut également en faveur auprès de Henri II, qui le chargea de diverses négociations pour lesquelles Alamanni n'avait pas moins de talent que pour la poésie. Suivant habituellement la cour, il était avec elle à Amboise quand il fut attaqué d'une dyssenterie à laquelle il succomba le 18 avril 1556.

Les principaux ouvrages de ce poète sont : une imitation en vers du roman de *Giron le Courtois*.

Paris 1548, in-4°, en vingt-quatre chants; un recueil de poésies en deux vol. sous le titre d'*Opere Toscane*; *Antigone*, tragédie; *Flore*, comédie; la *Avarchide* ou *le siège de Bourges*, poème épique en vingt-quatre chants, Florence 1570 in-4°; et cent vingt-deux épigrammes, que l'on trouve dans plusieurs éditions à la fin de son poème sur *l'Agriculture* (della Coltivazione); Paris 1544, in-4°. Ce poème didactique en six livres et en vers libres est le fondement le plus solide de la renommée d'Alamanni; les Italiens le mettent à côté des *Géorgiques*.

JUGEMENT.

I.

Les principales qualités des compositions trop nombreuses d'Alamanni sont, la facilité, la clarté et la pureté du style; mais elles manquent trop souvent d'élévation et de force. On peut être indifférent sur le plus grand nombre, mais on ne devrait pas l'être en France sur le poème de *l'Agriculture*, écrit et publié en France, rempli d'imitations élégantes des *Géorgiques* de Virgile, de traductions en beaux vers des meilleurs préceptes donnés en prose par Columelle, Varron, Pline et d'autres auteurs, d'indications curieuses de procédés d'agriculture particuliers à l'Italie, de descriptions aussi vraies que poétiques des beautés champêtres de l'Italie et de la France, d'éloges du roi qui protégeait le poète et du pays où il avait trouvé un asyle.

GINGUENÉ, *Biographie universelle*.

II.

Je voudrais donner, par un morceau de quelque étendue, une idée du talent qu'il a mis dans cette partie importante de la poésie didactique, de la manière dont il lie ses épisodes au fond du sujet, de l'abondance et de la facilité de son style, toujours clair, nombreux et plein d'images. J'essaierai de traduire, en l'abrégeant, le long éloge épisodique de François Ier et de la France, qui est à la fin du premier livre.

Après une description charmante des plaisirs dont jouit le véritable *homme des champs*, il s'arrête, et se demande dans quel pays le cultivateur peut actuellement goûter ainsi, avec sécurité et avec joie, le fruit de ses pénibles travaux. « Ce n'est plus, dit-
« il, dans le beau pays d'où je suis exilé; ce n'est
« plus dans ma chère Italie : depuis que vos dra-
« peaux, ô grand roi, s'en sont éloignés, elle est
« plongée dans le deuil, et livrée aux horreurs de
« la guerre *. Plus de sûreté dans les campagnes
« pour les laboureurs ni pour les bergers. Que le
« villageois italien fuie donc désormais son antique
« demeure, qu'il passe les Alpes, qu'il se réfugie
« dans le sein de la France, qu'il repose en sûreté
« à l'ombre de vos ailes, et sous l'abri de votre
« empire. S'il ne trouve pas ici un soleil aussi
« chaud, un ciel aussi pur, s'il ne voit pas ces vertes
« collines de la Toscane, où Pallas et Pomone ont
« leur plus belle demeure; s'il ne voit pas ces ci-

---

* Je dois remarquer qu'Alamanni ne parle pas seulement ici en courtisan, mais comme un homme qui avait été, à Florence sa patrie, du parti que François Ier avait promis de soutenir, et qui avait succombé dès que l'armée de ce roi avait repassé les Alpes

« tronniers, ces lauriers, ces myrtes qui couvrent
« les campagnes de Parthénope; s'il ne peut trouver
« ici les ondes ni les rivages du Benaco et de mille
« autres lacs; ni l'ombrage, ni les parfums, ni les
« agréables rochers (*i scogli ameni*) qu'environne
« et vient baigner la mer de Ligurie, ni les vertes
« prairies et les vastes plaines que le Pô, l'Adda,
« le Tésin, arrosent et couvrent de fleurs; il y verra
« des campagnes découvertes et fécondes, qui s'éten-
« dent sans fin jusqu'à fatiguer les regards, où le
« bon laboureur daigne à peine se séparer de son
« voisin par une fosse étroite ou par une pierre; il
« verra de charmantes collines, d'une pente si douce
« et si agréable, séparées délicieusement par de si
« clairs ruisseaux et de si sombres vallées, qu'elles
« forceraient de s'arrêter le voyageur le plus em-
« pressé. Combien ne verra-t-il pas de forêts épaisses
« et sacrées, environnées, au milieu d'une vaste plaine,
« non de montagnes arides et de rochers escarpés,
« mais de douces campagnes et de plages riantes !

« Peut-être avouera-t-il encore avec surprise que
« Bacchus, oubliant Lesbos, Rhodes et la Crète, y
« donne à sa douce liqueur une saveur et des par-
« fums qu'envierait l'antique Falerne. Combien de
« fleuves limpides, paisibles et secourables, ne verra-
« t-il pas couler, sans cesse chargés des trésors du
« commerce, et dont pas un seul ne s'indigne de
« voir que ces riches fardeaux osent lutter contre
« ses ondes, et remonter son cours !... Mais, ce qui
« vaut beaucoup mieux encore, il n'y verra point
« de volontés divisées, ni de désirs avides, ni l'aveu-

« gle ambition de dominer, qui détruit ailleurs la
« vertu, la pitié, l'honneur et la foi.... Il verra le
« peuple rempli d'amour et d'un véritable esprit de
« paix, les seigneurs les plus riches unis par l'amitié,
« le bas peuple vivant ensemble de bon accord,
« chacun conservant son bien, sans violer celui des
« autres. »

L'auteur amène ensuite son villageois italien dans le palais de nos rois. Il lui fait voir avec admiration les princesses qui embellissaient la famille royale, et le prince qui était alors l'espoir de l'empire, et enfin le roi magnanime qui soutenait encore le poids du sceptre, mais qui devait, dès l'année suivante, le laisser tomber de sa main *. « Il vous contem-
« plera, grand roi, dit le poète, comme le parfait mo-
« dèle des vertus les plus nobles et de tous les dons
« du ciel, vous dont le fécond territoire repose avec
« sûreté sous un gouvernement doux et tranquille,
« tandis que tous les autres sont plus agités que jamais
« par la douleur et par la crainte. » Il finit par des vœux ardents pour que le bonheur de cette terre sacrée, de cet asyle de tout ce qui est bon et glorieux, soit éternel. C'est à elle qu'il consacre ses vers; c'est pour elle qu'il a osé le premier verser sur les bords étruriens les eaux de cette source divine que Mantoue et Ascra connurent seules, et dont elles burent avec tant de gloire. Mais il est temps qu'il arrête l'essor de son coursier, qui prend tant de plaisir à s'égarer dans ces douces campagnes,

* La *Coltivazione* fut imprimée en 1546, et François Ier mourut en 154-

qu'il ne s'aperçoit ni de sa fatigue, ni de la sueur dont il est couvert.

Je ne sais si je me trompe; mais en relisant ce morceau, que j'abrège ici beaucoup, et qui, à le prendre depuis l'éloge de la vie rustique, n'a pas moins de deux cents vers; en relisant un grand nombre d'autres morceaux, ou épisodiques, ou tenant au fond même du sujet, dans lesquels règne, avec une grande abondance et une richesse vraiment poétique de style, une justesse de pensées qui n'est jamais sacrifiée aux saillies de l'esprit; en considérant enfin dans tout ce poëme combien il offre de beautés solides et réelles, je m'étonne qu'un si bel ouvrage soit réduit à une sorte de succès d'estime, et ne soit pas, autant que d'autres chefs-d'œuvre italiens, entre les mains de tout le monde. Il devrait être mis surtout dans celles de la jeunesse, qui pourrait y étudier, sans danger ni pour le goût ni pour les mœurs, les richesses de la langue italienne.

Ginguené, *Histoire littéraire d'Italie.*

ALCÉE, poète lyrique grec, naquit à Mitylène, dans la XLIVe olympiade; il était contemporain de Sapho, qu'il aima, dit-on. Il est à regretter, si l'on en juge d'après les éloges que lui a prodigués l'antiquité, qu'il ne nous reste que quelques fragments bien imparfaits de ses poésies. Elles étaient dirigées contre les tyrans, comme semble le faire entendre une expression d'Horace (*Od.* IV, 9). Diogène Laërce cite les injures adressées par Alcée à Pittacus, qui exerçait la dictature à Mitylène; elles prouvent plus de rage que de goût; aussi la seule vengeance que Pittacus voulut tirer du poète satirique fut de lui accorder un pardon humiliant. Il ne se borna pas à attaquer Pittacus; plusieurs citoyens puissants furent en butte à ses outrages. Quelque audacieux qu'il se montrât dans ses vers, il paraît qu'il fut un faible guerrier. Au rapport d'Hérodote (V, 95), dans un combat entre les Athéniens et ceux de Mitylène, la victoire étant restée aux premiers, Alcée, pour faciliter sa fuite, jeta ses armes sur le champ de bataille. L'ennemi les recueillit, et les suspendit dans le temple de Minerve à Sigée. Il peut paraître singulier d'après cela qu'Alcée ait écrit le récit de ses voyages et de ses campagnes; et c'est pourtant ce qu'attestent quelques vers d'Horace, qui du reste fait de ce poète un éloge pompeux. Alcée composa d'autres ouvrages que ses satires. Suivant Quintilien (X, 1), son style concis, magnifique, harmonieux, comparable à celui d'Homère, descendit aux simples peintures des plaisirs et de l'amour. C'est de lui que le vers alcaïque a tiré son nom. On trouve réunis dans la Collection des lyriques grecs de H. Étienne les fragments d'Alcée. Ils ont été traduits par M. Coupé, tome VI des *Soirées littéraires*.

JUGEMENT.

Environ cinquante ans après Terpandre[*], floris-

---

[*] Terpandre vivait à peu près dans le même temps qu'Arion. Il remporta plus d'une fois le prix dans les jeux publics de la Grèce; mais ses véritables victoires furent ses découvertes. Il ajouta trois cordes à la lyre, qui auparavant n'en avait que quatre; composa pour divers instruments des airs qui servirent

saient à Mitylène Alcée et Sapho, tous deux placés au premier rang des poètes lyriques. Alcée avait dans ses premiers écrits exhalé sa haine contre la tyrannie; il chanta depuis les dieux, et surtout ceux qui président aux plaisirs. Il chanta ses amours, ses travaux guerriers, ses voyages et les malheurs de l'exil. Son génie avait besoin d'être excité par l'intempérance; et c'était dans une sorte d'ivresse qu'il composait ses ouvrages, qui ont fait l'admiration de la postérité*. Son style, toujours assorti aux matières qu'il traite, n'a d'autres défauts que ceux de la langue qu'on parle à Lesbos. Il réunit la douceur à la force, la richesse à la précision et à la clarté. Il s'élève presque à la hauteur d'Homère, lorsqu'il s'agit de décrire des combats et d'épouvanter un tyran**.

BARTHELEMY, *Voyage d'Anacharsis*.

ALCORAN, ou plutôt le KORAN. C'est un poème, ou une espèce de prose rimée, qui contient plus de six mille vers. Il faudrait des volumes entiers pour donner une simple idée de tout ce qu'on en a dit. Mahomet, selon les uns, ne savait pas signer son nom, lui qui avait été négociant, poète, législateur et

---

de modèles ; introduisit de nouveaux rhythmes dans la poésie, et mit une action et par conséquent un nouvel intérêt dans les hymnes qui concouraient aux combats de musique. On lui doit savoir gré d'avoir fixé par des notes le chant qui convenait aux poésies d'Homère. Les Lacédémoniens l'appellent par excellence le chantre de Lesbos, et les autres Grecs conservent pour lui l'estime profonde dont ils honorent les talents qui contribuent à leurs plaisirs.

* Dion. Halic. *De Struct. orat.*
** *De Cens. vet. script.*

souverain. L'Alcoran, selon les autres, avait été fait par un juif ou par un moine, sans qu'on sache autre chose de cette particularité, sinon que ce moine ou ce juif s'appelait Bensalen ou Bensalon, Bohaïra ou Sergius, noms qui, bien loin d'avoir la même source, viennent de l'hébreu, du syriaque, de l'arabe et du latin.

Il paraît que du temps de Mahomet lui-même des envieux lui contestèrent la paternité de l'Alcoran; car on lit au XVIe sura, ou chapitre de son livre, cette réponse qui paraît le prouver : « quelques-uns « disent malignement : Il y a un certain homme qui « travaille avec lui à composer le Koran; mais com-« ment cet homme, à qui ils attribuent mes ouvra-« ges, pourrait-il m'enseigner, puisqu'il parle une « langue étrangère, et que celle dans laquelle le Ko-« ran est écrit est l'arabe le plus pur? » Mais, bizarre contradiction! Mahomet, qui se déclare ici l'auteur unique du Koran, a dit auparavant que le Koran est de Dieu seul. « On crie, dit-il au chapitre X : « C'est Mahomet qui a fait ce livre. Eh bien! tâchez « d'écrire un chapitre qui lui ressemble, et appelez « à votre aide qui vous voudrez. » Mais les musulmans rigides ont tranché la question; ils croient le Koran éternel, et par conséquent l'ouvrage de Dieu.

Les sottises imprimées contre l'Alcoran, avec ou sans privilège, sont innombrables. Écrites par des hommes qui pouvaient n'en point écrire, elles se sont accréditées dans l'esprit des générations, au point de donner de cet ouvrage l'idée la plus fausse qui existe. On n'a pas craint de publier que « Maho-

« met ne regardait pas les femmes comme des ani-
« maux intelligents; qu'elles étaient toutes esclaves
« par les lois de l'Alcoran; qu'elles ne possédaient
« aucun bien dans ce monde; et que, dans l'autre,
« elles n'avaient aucune part au paradis. » Faussetés
complètement démenties par le second et le quatrième sura, dont les premiers articles sont, au
contraire, les protecteurs des femmes, et la sauve-
garde de leurs droits.

Les premières lignes de l'Alcoran donnent une idée
de sa doctrine, les voici : « Louanges à Dieu, le souve-
« rain de tous les mondes, au Dieu de miséricorde,
« au souverain du jour de la justice; c'est toi que
« nous adorons, c'est de toi seul que nous attendons
« la protection. Conduis-nous dans les voies droites,
« dans les voies de ceux que tu as comblés de tes
« graces, non dans les voies des objets de ta colère
« et de ceux qui se sont égarés. »

La morale qu'il enseigne, c'est l'unité du Dieu
qui créa l'univers; c'est l'horreur de l'usure et l'a-
mour de l'aumône; c'est la pratique de la prière;
c'est la résignation aux décrets éternels; c'est une
vie meilleure pour les bons et des supplices sans
fin pour les méchants.

Mahomet n'a pas inventé tous les points dont sa
loi se compose. Il en a conservé plusieurs qui existaient chez les Arabes. La circoncision, le jeûne,
le voyage de la Mecque, les ablutions, le jugement
dernier; la balance dans laquelle un ange pèsera
tous les hommes, le pont aigu sur lequel il faut
passer après la mort; ce Jannat où les musulmans

trouveront des biens, des appartements bien meublés, de bons lits, et des houris avec de grands yeux noirs, sont des choses qu'en général il a empruntées des mages. Il y en a aussi beaucoup qui sont de lui, et qui se rapportent pour la plupart à des circonstances locales. La défense du vin, par exemple, provient de ce qu'un jour quelques-uns de ses sectateurs vinrent à la prière étant ivres; il craignait d'ailleurs que l'abus de cette liqueur, dont l'effet ordinaire est d'inspirer la franchise, ne portât quelque jour ses plus intimes confidents à révéler aux hommes le secret de son ascendant sur eux. Quant à la partie de sa doctrine relative aux femmes, que, selon quelques ignorants, il avait disgraciées, voici ce que raconte Abulféda : « Une vieille l'importunant un jour, en
« lui demandant ce qu'il fallait faire pour aller en
« paradis : Ma mie, lui dit-il, le paradis n'est pas
« pour les vieilles. La bonne femme se mit à pleu-
« rer, et le prophète pour la consoler, lui dit : Il
« n'y aura point de vieilles, parce qu'elles rajeuni-
« ront. »

« Le Koran, dit Voltaire, est une rapsodie sans
« liaison, sans ordre, sans art : on dit pourtant que
« ce livre ennuyeux est un fort beau livre; je m'en
« rapporte aux Arabes, qui prétendent qu'il est écrit
« avec une élégance et une pureté dont personne n'a
« approché depuis. »

Cette admiration que la lecture du Koran inspire aux Arabes vient, selon M. Savary, de la magie de son style, du soin avec lequel Mahomet embellit la prose des ornements de la poésie, en lui donnant une marche cadencée, et en faisant rimer les versets. Quelquefois aussi, quittant le langage ordinaire, il peint en vers majestueux l'Éternel assis sur le trône des mondes, donnant des lois à l'univers. Ses vers deviennent harmonieux et légers lorsqu'il décrit les plaisirs éternels du séjour des délices; ils sont pittoresques et énergiques quand il offre la peinture des flammes dévorantes. (*Préface de la traduction du Koran.*)

ALEMBERT (Jean Le Rond d'), célèbre dans les sciences et dans les lettres, naquit à Paris le 16 novembre 1717. Long-temps sa naissance fut inconnue. Le commissaire du quartier dans lequel il fut abandonné ne voulut pas le faire porter aux Enfants-Trouvés; et, jugeant que sa faiblesse avait besoin de secours plus particuliers, il le mit entre les mains de la femme d'un vitrier, qui conçut pour lui la tendresse d'une mère. Peut-être serait-il juste de remarquer que cette action du commissaire peut avoir été dictée par les parents de d'Alembert, qui, sans s'être déclarés, pourvurent cependant à son sort. Son père lui assura une pension de douze cents livres. Il se nommait *Destouches*, et on lui donnait le surnom de *Canon* pour le distinguer du poète *Néricault Destouches*. Sa mère était cette madame de Tencin si connue par son esprit et par sa beauté.

Dès l'âge de quatre ans, d'Alembert fut mis en pension, et y resta jusqu'à celui de douze. Doué d'une intelligence précoce, il avait épuisé à dix ans tout ce qu'on pouvait lui enseigner chez son maître; et celui-ci, honnête homme attaché à son élève, déclara qu'il n'avait plus rien à lui montrer, et qu'on devait le mettre au collège où il pouvait entrer en seconde. Ce ne fut pourtant qu'en 1730, deux ans après, qu'il fut mis au collège Mazarin où il fit sa seconde et deux années de rhétorique. Un de ses maîtres, janséniste outré, crut voir dans le jeune élève un homme destiné à relever l'honneur du parti, et chercha à tourner vers la controverse son esprit qui se montrait plus disposé à cultiver les lettres et surtout la poésie latine. Ses efforts, ainsi que ceux du professeur de philosophie, n'eurent que peu ou point de succès, et ne produisirent qu'un *Commentaire sur l'Épître de saint Paul aux Romains,* que d'Alembert composa pendant qu'il faisait sa philosophie. Maître ès-arts en 1735, il prit le parti du barreau, et fut reçu avocat en 1738. Son cours de droit lui avait laissé assez de liberté pour qu'il pût se livrer à son goût pour les mathématiques, goût qui s'était manifesté à la suite des leçons élémentaires qu'il avait reçues de M. Caron, professeur à Mazarin. Désormais d'Alembert n'eut plus de maîtres. Sans guide, presque sans livres, il étudiait dans les bibliothèques publiques; et, rentré chez lui, cherchait à appliquer, à féconder les notions qu'il venait d'acquérir. Cependant ces études n'assuraient point son existence : ses amis lui conseillèrent d'embrasser un état qui lui procurât des ressources; il se décida pour la médecine; et afin de se livrer sans interruption à l'étude de ce nouvel état, il remit à un ami les livres de mathématiques qu'il possédait. Mais, entraîné par un penchant invincible, il revenait toujours à son étude chérie; et bientôt il ramena chez lui un à un les livres qu'il en avait bannis. Il se livra alors exclusivement aux sciences, et fut long-temps sans s'occuper des lettres qu'il avait aimées.

En 1739 et 1740, il donna plusieurs Mémoires, entre autres, un sur la *réfraction des corps solides*, et un sur le *calcul intégral*, qui lui ouvrirent les portes de l'Académie des sciences, où il entra en 1741.

En 1746, il fut nommé par acclamation membre de l'Académie de Berlin, à l'occasion d'un ouvrage sur *la Cause générale des Vents*, couronné par cette académie. Pendant plusieurs années, entièrement livré aux sciences exactes, il publia un grand nombre de Mémoires qui lui valurent son admission dans beaucoup d'académies, et quelques faveurs du roi de Prusse dont il reçut en 1754 une pension de 1200 livres; en 1756, il en obtint une pareille de Louis XV. D'Alembert, moins absorbé dans ses méditations scientifiques, revint enfin à la culture des lettres, et son début dans cette carrière fut cette préface si justement célèbre que l'on voit à la tête de l'*Encyclopédie*. Il se chargea aussi de la partie mathématique de cet ouvrage, et se vit lancé dans le monde littéraire. L'Académie française le reçut au nombre de ses membres en 1754. Depuis lors il allia toujours la culture des lettres à celle des sciences, et publia un assez grand nombre d'ouvrages peu étendus. Malgré la médiocrité de sa fortune, d'Alembert refusa constamment la présidence de l'Académie de Berlin, que lui offrit à plusieurs reprises le roi de Prusse ; une offre plus brillante fut également refusée par lui. A la fin de 1762, l'impératrice de Russie, Catherine II, le pria de se charger de l'éducation du grand duc de Russie, son fils, et lui fit proposer par M. de Sotikof, son ministre à Paris, un traitement de cent mille francs ; l'attachement de d'Alembert pour sa patrie et pour ses amis, joint à la faiblesse de sa santé, le firent résister à des offres aussi avantageuses qu'honorables. Ses goûts simples ne lui permettaient pas de désirer une place où il eût été si en vue ; et l'homme qui pendant trente ans avait toujours voulu habiter la maison de sa mère adoptive, et n'en était sorti que par l'ordre des médecins, devait ambitionner peu l'honneur pénible d'élever un prince. D'Alembert mourut de la pierre, le 29 octobre 1783, à l'âge de soixante-six ans, sans avoir voulu se faire opérer. L'Académie française proposa son éloge pour sujet du prix de 1787.

Sans parler de ses ouvrages mathématiques, ni de ses *Éléments de Musique*, les productions littéraires de d'Alembert, presque toutes entachées d'un esprit irréligieux, sont : *Mélanges de Littérature, d'Histoire et de Philosophie*, 1765, 5 vol. in-12 ; *Sur la Destruction des Jésuites*, avec un supplément, 1767, 1 vol. in-12 ; *Éloges lus à l'Académie française*, 1779—87, 6 vol. in-12 ; *OEuvres posthumes*, publiées par Pougens, 1799, 2 vol. in-12 ; et quelques écrits de moindre importance, qui ont été réunis dans l'édition que le libraire Bastien a publiée en 18 vol. in-8°, 1805, sous ce titre : *Œuvres philosophiques, historiques et littéraires* de d'Alembert. On y trouve des morceaux inédits, et la correspondance de d'Alembert avec Voltaire et avec le roi de Prusse.

DE BROTONNE.

JUGEMENTS

I.

Les premiers *Éloges* de d'Alembert sont écrits d'un style clair et précis, tantôt énergique, tantôt piquant et plein de finesse, mais toujours noble, rapide, soutenu. Dans ceux qu'il a faits pour l'histoire de l'Académie française, il s'est permis plus de simplicité, de familiarité même. Des traits plaisants, des mots échappés à ceux dont il parle, ou dits à leur occasion, un grand nombre d'anecdotes propres à peindre les hommes ou les opinions de leur temps, donnent à ces ouvrages un autre caractère; et le public, après avoir encouragé cette liberté par des applaudissements multipliés, parut ensuite la désapprouver. Nous osons croire qu'avant de prononcer si cette sévérité n'a pas été injuste, il faut avoir vu tout l'ouvrage. En effet, si dans une suite d'éloges, ce ton familier rend la lecture de la collection plus facile; si cette liberté d'entremêler des plaisanteries ou des anecdotes à des discussions philosophiques et littéraires augmente l'intérêt et le nombre des lecteurs, alors il serait difficile de blâmer d'Alembert d'avoir changé de manière.

Cet ouvrage sera un monument précieux pour l'histoire littéraire, et un de ces livres si rares où les hommes qui craignent l'application, mais qui aiment la vérité et les lettres, peuvent trouver des leçons utiles de philosophie et de goût.

CONDORCET, *Éloge de d'Alembert.*

II.

D'Alembert conservera dans les sciences exactes une réputation que peu de personnes seraient à portée de lui contester; et, sous ce rapport, il serait absolument étranger à nos *Mémoires :* mais c'est en qualité d'homme de lettres que nous allons le considérer; et quoique, avec infiniment d'adresse et de manège, il eût trouvé moyen de jouer dans la littérature un personnage très important, nous croyons que, pour sa gloire, il eût dû se renfermer dans les sciences exactes.

Ses *Réflexions sur l'abus de la critique en matière de religion*, son *Essai sur les gens de lettres*, ses *Éloges* lus dans les séances publiques de l'Académie, et principalement la préface qu'il mit à la tête de l'*Encyclopédie*, et qui est son plus beau titre d'honneur (si elle est véritablement son ouvrage *), lui firent, dans leur temps, une réputation qui commence à décroître, depuis que sa correspondance avec Voltaire, ignorée encore lorsque la dernière édition de nos *Mémoires* parut, est sortie, malheureusement pour lui, de l'oubli qu'elle méritait. En effet, elle détruit, non-seulement l'idée avantageuse qu'il était parvenu à donner de lui comme homme

---

* Elle lui a été disputée dans une notice sur la vie et les écrits de Mercier Saint-Léger, l'un de nos plus savants bibliographes, publiée par Chardon-la-Rochette.

de lettres, mais elle laisse sur son caractère moral une tache ineffaçable, en prouvant, pour ne rien dire de plus, qu'il n'était pas moins charlatan en philosophie qu'en littérature.

Palissot, *Mémoires sur la Littérature.*

III.

D'Alembert a choisi seulement quelques morceaux d'un grand éclat dans les différents ouvrages de Tacite : son choix est excellent ; mais, il faut l'avouer, d'Alembert, malgré tout son mérite, a peu réussi dans sa traduction : même il y est constamment sec, précis, mais en géomètre et non pas en grand écrivain ; d'ailleurs souvent infidèle au texte, et plus souvent au génie de Tacite.

M. J. Chenier, *Tableau de la Littérature française.*

IV

Le discours préliminaire de l'*Encyclopédie* est un ouvrage très remarquable par la clarté, par la précision et la noblesse d'un style convenable ; mais il s'en faut de beaucoup que le reste de l'édifice réponde à l'élégance et à la pureté du vestibule. A l'exemple de Fontenelle, d'Alembert voulut mêler les fleurs de la littérature aux épines de la géométrie. Ses *Eléments de philosophie*, ses *Dissertations sur plusieurs points de littérature*, ses *Éloges des Académiciens*, ses *Essais de traduction*, sont en général des ouvrages très médiocres, estimés par la clarté de la diction, et quelquefois par la justesse des idées, mais sans caractère, sans originalité et sans force.

Dussault, *Annales littéraires.*

V

D'Alembert, si l'on écoute le témoignage impartial des mathématiciens, était un génie du premier ordre, et il a laissé dans cette carrière des traces de son passage. Même sans être fort instruit en cette matière, on ne s'étonne pas de ce jugement, en lisant la portion du discours préliminaire de l'*Encyclopédie*, qui a rapport aux sciences exactes : peut-être n'a-t-on jamais porté dans l'examen de leurs principes et de leurs résultats, plus de finesse et de bonne foi. L'analyse qu'il fait de leurs procédés, la manière dont il montre la vérité, acquérant d'autant plus de certitude qu'on fait abstraction d'un plus grand nombre de circonstances réelles, et n'étant vraiment complète que lorsqu'elle devient l'identité de deux signes exprimant la même idée ; tout cela est d'un homme qui plane de haut sur la science qu'il professe. Mais l'autre partie du discours est loin de donner une aussi haute idée de d'Alembert. Quand il vient à rechercher les sources et les principes des autres divisions des connaissances humaines, il se montre alors incomplet et superficiel. S'il avait une connaissance approfondie des sciences qui classent et comparent nos perceptions, il était loin de connaître celles qui consistent à décrire les impressions de l'âme.

DE BARANTE, *de la Littér. Franç., pendant le XVIIIe siècle.*

VI.

D'Alembert partagea avec Euler l'honneur d'être un des plus célèbres géomètres de son siècle ; peut-être même le placerait-on au premier rang, a dit

M. Lacroix, quand on considère les difficultés qu'il a vaincues, la valeur des méthodes qu'il a inventées, et la finesse de ses aperçus, si son exposition était toujours lumineuse et facile, si son style était en harmonie avec ce qu'il écrit, si la trop grande finesse de ses aperçus ne le jetait souvent dans des voies détournées, et s'il avait soigné les détails de ses ouvrages mathématiques. Aussi, les découvertes de d'Alembert ont pris dans les écrits de ses successeurs une forme nouvelle, qui détourne de plus en plus de la lecture des traités où elles ont paru pour la première fois ; et ses œuvres mathématiques, peu recherchées, n'ont pas été réunies en collection.

Nous avons parlé jusqu'à présent de d'Alembert comme géomètre, nous allons le suivre maintenant dans une nouvelle carrière. La littérature et la philosophie, qui semblaient devoir être étrangères à un auteur enfoncé dans les profondes méditations des sciences abstraites, devinrent tout-à-coup le sujet de ses études et de ses productions. Il commença sa carrière littéraire par son discours préliminaire de l'*Encyclopédie*. Ce morceau, ou plutôt cet ouvrage, où se trouvent réunies la précision du style, la clarté des idées, la force et l'élégance, avec une généalogie savante et bien raisonnée des sciences et des connaissances humaines, est le seul titre incontestable qu'il offre à la postérité comme grand écrivain. Il fut beaucoup loué et beaucoup critiqué ; mais toutes les préventions ont disparu, et le discours préliminaire de l'*Encyclopédie* est le morceau le plus remarquable de cette énorme compilation.

En attachant son nom à ce grand ouvrage, et en se chargeant pour ainsi dire du vestibule de ce vaste édifice, d'Alembert s'imposa l'obligation de travailler à son succès. Il en rédigea la partie mathématique, et quelques articles d'histoire et de belles-lettres, et il eût sans doute travaillé plus long-temps à la nouvelle Babel, sans le refroidissement qui survint entre lui et Diderot. Vers cette époque (1754), il fut reçu à l'Académie française, et continua la publication de ses productions littéraires. En général, et à l'exception de quelques morceaux, elles n'offrent rien de bien remarquable, et quelques-unes même portent l'empreinte d'une imagination stérile, d'une prétention et d'une recherche trop affectées : on voit, par exemple, dans ses *Éloges des Académiciens*, de l'enflure dans le style, un certain apprêt, et un désir trop marqué de faire de l'effet et de produire de la sensation dans l'auditoire, par une pensée fine et délicate. Cependant ces *Éloges* ne sont pas sans mérite, quoique bien inférieurs à ceux de Fontenelle. Après avoir peint d'Alembert comme géomètre et littérateur, il nous reste à le présenter comme philosophe, à le montrer tout entier tel qu'il s'est représenté lui-même, ennemi déclaré de la religion, et apôtre zélé de l'incrédulité. Lié avec tous les écrivains qui, vers le milieu du dernier siècle, firent la guerre au christianisme, d'Alembert partagea leurs sentiments et leurs projets; il fut même un des coryphées du parti, et, à la mort de Voltaire, il devint ou il *usurpa*, suivant l'expression de Grimm, « la souveraineté de l'illustre église dont

Voltaire avait été le chef et le soutien. » Cependant d'Alembert n'était pas un frondeur hardi de la religion ; il n'eut jamais l'emportement du philosophe de Ferney. D'un caractère moins vif et moins inquiet, il mit dans son zèle plus de circonspection, de prudence et de lenteur, et se peignait lui-même dans sa correspondance comme un homme « qui donne des soufflets en faisant semblant de faire des révérences ; » et cette comparaison exprime assez bien le genre d'attaque suivi par d'Alembert, quoiqu'il se soit écarté, en plus d'une rencontre, de cette modération dont il faisait parade, comme on peut s'en convaincre par ses lettres du 16 juin et du 18 octobre 1760. Toutes ses productions, à l'exception de celles qui ont rapport aux mathématiques, se ressentent plus ou moins de ses affections anti-religieuses. La préface de l'*Encyclopédie*, et les articles de philosophie et d'histoire qu'il composa pour cet ouvrage, quoique moins blâmables que ses autres livres, portent cependant une teinte de cet esprit philosophique qu'il servit avec tant de complaisance et de dévouement. D'Alembert seconda Diderot dans l'entreprise si irréligieuse de l'*Encyclopédie*, et composa même avec lui une des parties de l'Apologie de l'abbé de Prades. La brochure intitulée : *De la Destruction des Jésuites en France*, et la *Lettre* qui lui sert de supplément, est, suivant la *Biographie universelle*, ce qu'il y a de plus impartial sur les Jésuites et leurs adversaires ; mais quiconque l'a lue a pu se convaincre que, sous prétexte de se moquer tour à tour des jésuites et des jansénistes, il a tourné la religion en ridicule ; et voilà sans doute pourquoi Voltaire l'engagea à continuer sur le même ton, et applaudissait à ce genre d'attaque. Les *Mélanges de Littérature, d'Histoire et de Philosophie*, qui, sous le rapport littéraire, ne sont pas exempts de reproches, en méritent de plus graves sous le rapport moral; et les *Éloges académiques*, où l'on trouve plus de réserve, perdent ce mérite par les notes artificieuses que l'auteur y a insérées. Là, il se met à l'aise, et donne un plus libre cours à sa malignité, quelquefois même aux dépens de la vérité. Mais pourquoi nous arrêter à ces premières productions de d'Alembert, pour faire connaître ses opinions et son dévouement à la nouvelle philosophie? Ouvrons cette fatale *Correspondance*, triste monument de la haine et de l'orgueil de nos modernes incrédules. Là, l'âme de d'Alembert se montrera tout entière.

Son mérite comme géomètre n'a pas été contesté, quoiqu'on ait répété souvent ce bon mot : « qu'il « était grand géomètre parmi les littérateurs, et grand « littérateur parmi les géomètres; » et il occupe dans cette catégorie un rang distingué. Comme écrivain, il n'est pas au-dessus du médiocre; et trop de défauts ternissent ses productions pour lui donner un rang plus honorable. Considéré comme philosophe, il ne mérite que le mépris, puisqu'il tourna contre le ciel les dons qu'il en avait reçus, et fit servir pour le mal des talents qu'il pouvait si utilement employer. Bon géomètre, médiocre écrivain, mauvais philosophe, voilà en trois mots d'Alembert tout entier.

Dictionnaire historique de Feller.

VII. Sur les Éloges lus dans les séances publiques de l'Académie française, par M. d'Alembert, secrétaire perpétuel de cette Académie.

Après les applaudissements qu'ont reçus aux séances de l'Académie les différents morceaux rassemblés dans ce volume, il ne fallait pas moins que tout le mérite de leur auteur pour leur assurer un égal succès à la lecture du cabinet. Ses ennemis ont prétendu, dit-on, dans des brochures satiriques, que tout le plaisir que ces Éloges ont fait dans nos assemblées tenait uniquement au prestige d'un débit séduisant; mais, en lisant l'ouvrage, on verra que ce grand art de l'auteur n'est autre chose que celui de penser et d'écrire. De tous ces Éloges, recueillis aujourd'hui pour la première fois, il n'y en a pas un seul qui ne contienne des idées très judicieuses sur le caractère du personnage dont il est question, sur la trempe de son génie, sur l'art dont il s'est occupé. Personne n'a mieux rempli le vœu que formait l'abbé de Saint-Pierre, un des académiciens qu'a célébrés l'éloquent secrétaire. Il voulait, suivant l'expression de ce dernier, « que les Éloges « servissent de cadre et comme de prétexte à des « leçons importantes tracées ou par le succès, ou « même par les fautes, de ces grands hommes. » L'auteur a su joindre à l'intérêt qui naît de la variété des objets celui d'un style toujours élégant et ingénieux, qui se proportionne à tous les sujets, et se plie à tous les tons; et la devise de ce livre aussi agréable qu'instructif doit être celle qu'Horace assigne à la perfection : *Utile dulci.*

Nous allons mettre le lecteur à portée de juger

lui-même de la manière dont M. d'Alembert sait caractériser les hommes célèbres dont il honore la mémoire. Nous nous sommes renfermés dans des bornes très étroites; et si nous restreignons malgré nous des citations que nous voudrions étendre, nous sommes bien sûrs du moins qu'elles suffiront pour inspirer à tous les lecteurs éclairés le désir d'y suppléer en lisant l'ouvrage entier.

Le premier de ces Éloges est celui de Massillon. Ceux qui s'occupent de l'éloquence de la chaire trouveront sans doute que celle de ce grand modèle est ici très bien saisie et très bien peinte. « Il « était persuadé que, si le ministre de la parole « divine se dégrade en annonçant d'une manière « triviale des vérités communes, il manque aussi « son but en croyant subjuguer, par des raisonne- « ments profonds, des auditeurs qui, pour la plu- « part, ne sont guère à portée de le suivre; que si « tous ceux qui l'écoutent n'ont pas le bonheur « d'avoir des lumières, tous ont un cœur où le « prédicateur doit aller chercher ses armes; qu'il « faut, dans la chaire, montrer l'homme à lui- « même, moins pour le révolter par l'horreur du « portrait que pour l'affliger par la ressemblance; « et qu'enfin, s'il est quelquefois utile de l'effrayer « et de le troubler, il l'est encore plus de faire cou- « ler ces larmes douces, bien plus efficaces que celles « du désespoir.

« Tel fut le plan que Massillon se proposa, et « qu'il remplit en homme qui l'avait conçu, c'est- « à-dire en homme supérieur. Il excelle dans la

« partie de l'orateur, qui seule peut tenir lieu de
« toutes les autres, dans cette éloquence qui va
« droit à l'âme, mais qui l'agite sans la renverser,
« qui la consterne sans la flétrir, et qui la pénètre
« sans la déchirer. Il va chercher au fond du cœur
« ces replis cachés où les passions s'enveloppent,
« ces sophismes secrets dont elles savent si bien
« s'aider pour nous aveugler et nous séduire. Pour
« combattre et détruire ces sophismes, il lui suffit
« presque de les développer; mais il les développe
« avec une onction si affectueuse et si tendre, qu'il
« subjugue moins qu'il n'entraîne, et qu'en nous
« offrant la peinture de nos vices, il sait encore
« nous attacher et nous plaire. Sa diction, toujours
« facile, élégante et pure, est partout de cette sim-
« plicité noble sans laquelle il n'y a ni bon goût
« ni véritable éloquence; simplicité qui, étant
« réunie dans Massillon à l'harmonie la plus sédui-
« sante et la plus douce, en emprunte encore des
« graces nouvelles; et, ce qui met le comble au
« charme que fait éprouver ce style enchanteur,
« on sent que tant de beautés ont coulé de source,
« et n'ont rien coûté à celui qui les a produites. Il
« lui échappe même quelquefois, soit dans les ex-
« pressions, soit dans les tours, soit dans la mélan-
« colie si touchante de son style, des négligences
« qu'on peut appeler heureuses, parce qu'elles
« achèvent de faire disparaître, non-seulement
« l'empreinte, mais jusqu'au soupçon du travail.
« C'est par cet abandon de lui-même que Massillon
« se faisait autant d'amis que d'auditeurs; il savait

« que plus un orateur paraît occupé d'enlever l'ad-
« miration, moins ceux qui l'écoutent sont disposés
« à l'accorder; et que cette ambition est l'écueil
« de tant de prédicateurs qui, chargés, si on peut
« s'exprimer ainsi, des intérêts de Dieu même, veu-
« lent y mêler les intérêts si minces de leur vanité.»

M. d'Alembert s'est bien gardé d'établir entre Massillon et Bourdaloue un parallèle qui n'aurait pas échappé à un rhéteur vulgaire. Ces sortes de parallèles, dit-il, féconde matière d'antithèses, prouvent seulement qu'on a plus ou moins le talent d'en faire. Et d'ailleurs, quel homme de goût imaginera de rapprocher ces deux prédicateurs, qui sont si éloignés l'un de l'autre, comme écrivains et comme orateurs, puisque l'un n'eut que le mérite, très grand à la vérité pour son temps, d'amener le premier la raison dans la chaire, et que l'autre y amena l'éloquence, mérite très grand pour la postérité? M. d'Alembert, sans paraître vouloir décider entre eux, tranche d'un seul mot la question, qui, après tout, n'en est plus une pour tous les bons juges. « En comptant le nombre des lecteurs,
« dit-il, Massillon aurait tout l'avantage : Bourda-
« loue n'est guère lu que des prédicateurs ou des
« âmes pieuses ; son rival est dans les mains de tous
« ceux qui lisent. »

Nous pouvons ajouter ici, comme un fait dont nous sommes très sûrs, que les sermons de Massillon, prêchés dans les églises de village, y produisent beaucoup plus d'effet que tous les autres. Un curé qui, sur ce point, était d'une grande franchise, répondit, il y a quelque temps, à des personnes qui le félicitaient sur la manière dont il avait été écouté dans son prône : « Cela m'arrive toujours « quand je leur prêche Massillon. » C'est que l'éloquence du cœur est faite pour tout le monde.

L'auteur observe, pour mettre le comble à l'éloge de Massillon, que « le plus célèbre écrivain de notre « nation et de notre siècle faisait des sermons de « ce grand orateur une de ses lectures les plus assidues ; que Massillon était pour lui le modèle des « prosateurs, comme Racine celui des poètes, et « qu'il avait toujours sur la même table le *Petit* « *Carême* et *Athalie*. » Ce n'est pas que M. de Voltaire ne sentît plus que personne la prodigieuse distance d'un beau discours à une belle tragédie ; mais, infiniment sensible au mérite du style, il pensait que Massillon et Fénelon avaient donné à notre prose le charme et la douceur que Racine a mis le premier dans nos vers : et dans l'*Encyclopédie*, à l'article Éloquence, c'est Massillon qu'il a cité. M. d'Alembert rapporte ce mot d'un homme d'esprit : que, Bourdaloue étant plus raisonneur, et Massillon plus touchant, un sermon excellent, à tous égards, serait celui dont Bourdaloue aurait fait le premier point, et Massillon le second. Nous ne pouvons pas être de l'avis de cet homme d'esprit ; il nous semble qu'un sermon de ce genre serait une étrange bigarrure. C'est un des vœux que l'on forme aujourd'hui le plus souvent, et que l'on peut mettre au nombre des vœux bien mal entendus, que celui de voir réunir ainsi dans un même ouvrage, ou dans un même homme, des talents disparates ou étrangers l'un à l'autre, qui, le plus souvent, s'excluent et se repoussent mutuellement.

Dans l'Éloge de Despréaux, l'auteur relève avec beaucoup d'agrément et de finesse la manière maladroite dont les détracteurs de l'antiquité se défendaient contre Despréaux, dans la querelle trop fameuse des Anciens et des Modernes. Perrault et ses partisans, « tous occupés à rendre bien ou mal
« à Despréaux les ridicules qu'ils en recevaient,
« auraient peut-être trouvé aisément, avec un sens
« plus rassis et plus de connaissance des hommes,
« le moyen de ramener ou de calmer au moins leur
« adversaire; car, supposons pour un moment que,
« dans le fort de cette violente querelle, Perrault
« eût dit à Despréaux : Euripide est sans doute un
« grand poète tragique; mais, de bonne foi, votre
« ami Racine ne l'a-t-il pas surpassé? Horace, Ju-
« vénal et Perse, étaient des satiriques du premier
« ordre; mais vous, monsieur Despréaux, n'êtes-vous
« pas supérieur à chacun d'eux, puisque vous les
« réunissez tous trois? Homère est le prince des
« poètes; mais donnez-nous une traduction entière
« de l'*Iliade*, semblable à quelques morceaux que
« vous nous avez déjà traduits : croyez-vous que
« l'*Iliade* française dût alors rien envier à l'*Iliade*
« grecque? Ces questions auraient vraisemblable-
« ment refroidi le zèle religieux de Despréaux pour
« les Anciens qui se seraient trouvés aux prises avec
« son amour-propre ; et si Perrault eût ajouté :
« Croyez-vous que Louis-le-Grand ne soit pas su-

« périeur à Auguste, la dévotion du satirique aurait
« pu se changer en apostasie. »

Nous ne devons pas passer sous silence le souvenir des bonnes actions, toujours douces à entendre, même pour ceux qui n'ont pas le courage de les imiter. L'abbé de Saint-Pierre * nous offre un trait de ce genre, par lequel M. d'Alembert a commencé son Éloge. « Le géomètre Varignon, qui de-
« puis se fit connaître par ses ouvrages mathéma-
« tiques, menait alors une vie obscure et pauvre
« dans la ville de Caen, sa patrie; il allait souvent
« disputer à des thèses au collège de cette ville, où
« il avait aussi acquis la réputation, qu'il mé-
« prisa bien dans la suite, d'un subtil et redou-
« table argumentateur. L'abbé de Saint-Pierre,
« qui étudiait dans ce même collège, y connut Va-
« rignon, disputa beaucoup avec lui sur les ques-

---

* Charles-Irénée Castel, abbé de Saint-Pierre, né en 1658, au château de Saint-Pierre-Église en Normandie, fut exclus de l'Académie française principalement pour avoir exalté la manière de gouverner du régent, en blâmant celle de Louis XIV. Il est surtout connu par son fameux *Projet de Paix universelle entre les Potentats de l'Europe*, 3 vol., in-12. On a publié une analyse de ses différents écrits, sous le titre de *Rêves d'un homme de bien*, in-12. Il mourut en 1743. On connaît ces vers satiriques de Voltaire :

> N'a pas long-temps de l'abbé de Saint-Pierre
> On me montrait un buste tant parfait,
> Qu'on ne sut voir si c'était chair ou pierre,
> Tant le sculpteur l'avait pris trait pour trait
> Si que restai perplexe et stupéfait,
> Craignant bien fort de tomber en méprise ;
> Puis dis soudain : Ce n'est là qu'un portrait,
> L'original dirait quelque sottise.

« tions creuses qui étaient l'unique et malheureuse
« philosophie de ce temps-là, et goûta tellement sa
« société, qu'il résolut de l'emmener à Paris, où
« ils devaient trouver, l'un et l'autre, plus de se-
« cours et de lumières. Il prit une petite maison au
« faubourg Saint-Jacques, et y logea avec lui le
« géomètre son compatriote. Mais comme ce sa-
« vant, absolument sans fortune, avait besoin d'une
« subsistance assurée pour se livrer à son étude
« favorite, l'abbé de Saint-Pierre, malgré l'extrême
« modicité de son revenu, qui n'était que de 1,800
« liv., en détacha 300, qu'il donna à Varignon; il
« fit plus, il ajouta infiniment à ce don par la ma-
« nière dont il l'assura à son ami. Je ne vous donne
« pas, lui dit-il, une pension, mais un contrat, afin
« que vous ne soyez pas dans ma dépendance, et
« que vous puissiez me quitter pour aller vivre ail-
« leurs, quand vous commencerez à vous ennuyer
« de moi. »

Il y a tel homme de lettres dont le talent a été retardé long-temps, ou même étouffé, faute d'avoir trouvé un ami aussi généreux.

L'auteur remarque, avec l'abbé de Saint-Pierre, les inconvénients de cette politique timide, si commune parmi les gens de lettres, qui les force presque toujours d'avoir dans leurs écrits un langage assez différent de celui qu'ils ont dans la liberté de la conversation. On dirait souvent qu'il y a dans la littérature, comme dans la philosophie des Orientaux, une doctrine secrète dont il est défendu de développer les mystères. « Les sages, dit l'abbé

« de Saint-Pierre, se traînent à regret et par fai-
« blesse dans les routes battues, répètent, en la
« méprisant, l'opinion de la multitude, qui s'y
« affermit ensuite elle-même en la répétant d'après
« eux, et qui devient à son tour leur écho, parce
« qu'ils ont été le sien. Notre philosophe prétendait
« que cette frayeur pusillanime de heurter les idées
« vulgaires s'était étendue sur les matières mêmes
« où il est le plus évidemment permis de penser
« d'après soi, sur les objets de littérature et de goût;
« il soutenait que la crainte de s'attirer des enne-
« mis, ou tout au moins des injures, avait forcé
« des milliers d'écrivains de rendre humblement
« leurs hommages à des préjugés qu'ils savaient
« nuisibles au bien des lettres; d'adorer avec su-
« perstition ce qu'ils auraient dû honorer avec
« discernement; de louer, à force de prudence,
« des productions médiocres honorées de la pro-
« tection publique; d'employer, enfin, à ne pas
« dire leur pensée tout l'esprit qu'ils auraient dû
« mettre à la dire. En déplorant cette faiblesse,
« l'abbé de Saint-Pierre aurait pu y trouver un re-
« mède; ce serait que chaque homme de lettres
« laissât un *testament de mort*, où il s'expliquât li-
« brement sur les ouvrages, les opinions, les hom-
« mes, que sa conscience lui reprocherait d'avoir
« encensés, et demandât pardon à son siècle de
« n'avoir avec lui qu'une sincérité posthume. En
« usant de cette innocente ressource, les sages
« qui dirigent l'opinion par leurs écrits n'auraient
« plus la douleur d'accréditer les erreurs qu'ils

« voudraient détruire; et leur réclamation, quoi-
« que timide et tardive, serait comme une porte
« secrète qu'ils ouvriraient à la vérité. »

C'est dans l'Éloge de Bossuet que le panégyriste s'est élevé davantage, et qu'il semble avoir pris les pinceaux de ce grand homme pour nous tracer les caractères et les effets de son éloquence. « Toutes
« celles, dit-il, qu'il a prononcées (en parlant de ses
« Oraisons funèbres) portent l'empreinte de l'âme
« forte et élevée qui les a produites; toutes reten-
« tissent de ces vérités terribles que les puissants de
« ce monde ne sauraient trop entendre, et qu'ils
« sont si malheureux et si coupables d'oublier. C'est
« là, pour employer ses propres expressions, qu'on
« voit *tous les dieux de la terre dégradés par les*
« *mains de la mort, et abîmés dans l'éternité, comme*
« *les fleuves demeurent sans nom et sans gloire mê-*
« *lés dans l'Océan avec les rivières les plus incon-*
« *nues.* Si, dans ces admirables discours, l'éloquence
« de l'orateur n'est pas toujours égale; s'il paraît
« même s'égarer quelquefois, il se fait pardonner
« ses écarts par la hauteur immense à laquelle il
« s'élève : on sent que son génie a besoin de la plus
« grande liberté pour se déployer dans toute sa vi-
« gueur, et que les entraves d'un goût sévère, les
« détails d'une correction minutieuse, et la séche-
« resse d'une composition *léchée*, ne feraient qu'é-
« nerver cette éloquence brûlante et rapide. Son
« audacieuse indépendance, qui semble repousser
« toutes les chaînes, lui fait quelquefois négliger la
« noblesse même des expressions : heureuse négli-

« gence, puisqu'elle anime et précipite cette marche
« vigoureuse où il s'abandonne à toute la véhé-
« mence et l'énergie de son âme! On croirait que la
« langue dont il se sert n'a été créée que pour lui;
« qu'en parlant même celle des sauvages, il eût
« forcé l'admiration, et qu'il n'avait besoin que d'un
« moyen, quel qu'il fût, pour faire passer dans l'âme
« de ses auditeurs toute la grandeur de ses idées.
« Les censeurs scrupuleux et glacés, auxquels tant
« de beautés laisseraient assez de sang-froid pour
« apercevoir quelques taches qui ne peuvent les
« déparer, méritent la réponse que milord Boling-
« broke faisait, dans un autre sens, aux détracteurs
« du duc Marlborough : *C'était un si grand homme,*
« *que j'ai oublié ses vices.* Cet orateur si sublime
« est encore pathétique, mais sans en être moins
« grand; car l'élévation, peu compatible avec la fi-
« nesse, peut au contraire s'allier de la manière la
« plus touchante à la sensibilité, dont elle augmente
« l'intérêt en la rendant plus noble. Bossuet, dit un
« écrivain célèbre, obtint le plus grand et le plus
« rare des succès, celui de faire verser des larmes
« à la cour dans l'Oraison funèbre de la duchesse
« d'Orléans, Henriette d'Angleterre : il se troubla
« lui-même, et fut interrompu par ses sanglots
« lorsqu'il prononça ces paroles si foudroyantes à
« la fois et si lamentables, que tout le monde sait
« par cœur, et qu'on ne craint jamais de trop ré-
« péter :

« *O nuit désastreuse! nuit effroyable! où retentit*
« *tout-à-coup comme un éclat de tonnerre cette*

« *accablante nouvelle: Madame se meurt! Madame*
« *est morte!*

« On trouve une sensibilité plus douce, mais
« non moins sublime, dans les dernières paroles
« de l'Oraison funèbre du grand Condé. Ce fut par
« ce beau discours que Bossuet termina sa carrière
« oratoire. Il finit par son chef-d'œuvre, comme
« auraient dû faire beaucoup de grands hommes
« moins sages ou moins heureux que lui. *Prince*, dit-il
« en s'adressant au héros que la France venait de
« perdre, *vous mettrez fin à tous ces discours. Au*
« *lieu de déplorer la mort des autres, je veux dé-*
« *sormais apprendre de vous à rendre la mienne*
« *sainte. Heureux si, averti par ces cheveux blancs*
« *du compte que je dois rendre de mon adminis-*
« *tration, je réserve au troupeau que je dois nour-*
« *rir de la parole de vie les restes d'une voix qui*
« *tombe et d'une ardeur qui s'éteint!* La réunion
« touchante que présente le tableau d'un grand
« homme qui n'est plus, et d'un autre grand homme
« qui va bientôt disparaître, pénètre l'âme d'une
« mélancolie douce et profonde, en lui faisant en-
« visager avec douleur l'éclat si vain et si fugitif des
« talents et de la renommée, le malheur de la con-
« dition humaine, et celui de s'attacher à une vie si
« triste et si courte. »

La protection que Bossuet accorda au cartésia-
nisme, et qui n'a pu sauver cette philosophie er-
ronée du néant où elle est aujourd'hui, fournit à
l'auteur des réflexions saines et profondes, qui peut
être ne seront pas toujours sans fruit. « La philo-

« sophie de Descartes, qui n'avait guère fait que
« substituer à des erreurs anciennes et absurdes des
« erreurs nouvelles et séduisantes, a disparu, ainsi
« que celle d'Aristote, mais sans résistance et sans
« effort. Cette philosophie, si inutilement tourmen-
« tée dans son berceau par l'imbécillité puissante,
« réclamerait aussi inutilement aujourd'hui la pro-
« tection dont Bossuet l'a honorée; elle a péri sous
« nos yeux, de sa mort naturelle, et la raison a
« fait toute seule ce que l'autorité n'avait pu faire.
« Importante mais presque inutile leçon pour ceux
« qui ont le pouvoir en main, de ne pas user vai-
« nement leurs forces pour prescrire à la raison ce
« qu'elle doit penser, et de la laisser démêler elle-
« même ce qu'il lui convient de rejeter ou de sai-
« sir. Plus l'autorité agitera le vase où ces vérités
« nagent pêle-mêle avec les erreurs, plus elle retar-
« dera la séparation des unes et des autres, et plus
« elle verra s'éloigner ce moment qui arrive pour-
« tant tôt ou tard, où les erreurs se précipitent en-
« fin d'elles-mêmes au fond du vase, et abandon-
« nent la place aux vérités. »

Avec quel intérêt l'auteur n'a-t-il pas rappelé les derniers travaux et la fin de Bossuet!

« Accablé de travaux et de triomphes, l'évêque
« de Meaux exécuta, après la mort du grand Condé,
« ce qu'il avait annoncé en terminant l'Oraison fu-
« nèbre de ce prince. Il se livra sans réserve au soin
« et à l'instruction du diocèse que la Providence
« avait confié à ses soins, et dans le sein duquel il
« avait résolu de finir ses jours. Dégoûté du monde

« et de la gloire, il n'aspirait plus, disait-il, qu'à
« être enterré *aux pieds de ses saints prédécesseurs*
« Il ne monta plus en chaire que pour prêcher à
« son peuple cette même religion qui, après avoir
« si long-temps effrayé par sa bouche les souverains
« et les grands de la terre, venait consoler par cette
« même bouche la faiblesse et l'indigence. Il des-
« cendait même jusqu'à faire le catéchisme aux en-
« fants, et surtout aux pauvres, et ne se croyait pas
« dégradé par cette fonction si digne d'un évêque.
« C'était un spectacle rare et touchant, de voir le
« grand Bossuet transporté de la chapelle de Ver-
« sailles dans une église de village, apprenant aux
« paysans à supporter leurs maux avec patience,
« rassemblant avec tendresse leurs jeunes familles
« autour de lui, aimant l'innocence des enfants et
« la simplicité des pères, et trouvant dans leur nai-
« veté, dans leurs mouvements, dans leurs affec-
« tions, cette vérité précieuse qu'il avait cherchée
« vainement à la cour, et si rarement rencontrée
« chez les hommes. »

Nous ne nous arrêterons point sur l'Éloge de La Motte et sur celui de Fénelon, qui ont été ailleurs l'objet d'un examen particulier; nous ne pouvons pas non plus transcrire ici tout ce qui mériterait d'être cité : par exemple, les idées sur la formation des langues, dans l'Éloge de l'abbé de Dangeau; les réflexions sur les tragiques français, dans celui de Crébillon; toutes les anecdotes piquantes semées dans celui de l'abbé de Choisy, du président Rose. Mais, quoique obligés de hâter notre marche, nous ne priverons pas nos lecteurs d'un morceau plein de goût et de justesse, où l'auteur analyse le talent de deux auteurs célèbres, si différents l'un de l'autre dans un même genre, Destouches et Dufresny, parallèle qui se présentait naturellement dans l'Éloge du premier, et qui est aussi bien fait qu'il est convenablement placé.

« Les succès si multipliés de Destouches étaient
« d'autant plus flatteurs pour lui, qu'ils ne furent
« ni arrêtés ni affaiblis par ceux d'un rival redou-
« table, du célèbre Dufresny, qui brillait à peu près
« dans le même temps sur la scène. Tous deux s'y
« distinguaient par des qualités différentes et pres-
« que opposées. Destouches, naturel et vrai, sans
« jamais être ignoble ou négligé; Dufresny, original
« et neuf, sans cesser d'être vrai et naturel : l'un s'at-
« tachant à des ridicules plus apparents; l'autre
« saisissant des ridicules plus détournés : le pinceau
« de Destouches plus égal et plus sévère ; la touche
« de Dufresny plus spirituelle et plus libre : le pre-
« mier dessinant avec plus de régularité la figure
« entière; le second donnant plus de traits et de jeu
« à la physionomie : Destouches, plus réfléchi dans
« ses plans, plus intelligent dans l'ensemble; Du-
« fresny, animant par des scènes piquantes sa mar-
« che irrégulière et décousue : l'auteur du *Glorieux*,
« sachant plaire également à la multitude et aux
« connaisseurs; son rival, ne faisant rire la multitude
« qu'après que les connaisseurs l'ont averti : tous
« deux enfin occupant au théâtre une place qui leur
« est propre et personnelle : Dufresny, par un mé-

« lange heureux de verve et de finesse; par un genre
« de gaieté qui n'est qu'à lui, et qu'il trouve néan-
« moins sans la chercher; par un style qui réveille
« toujours sans qu'on ose le prendre pour modèle,
« et qu'on ne doit ni blâmer ni imiter : Destouches,
« par une sagesse de composition et de pinceau qui
« n'ôte rien à l'action et à la vie des personnages;
« par un sentiment d'honnêteté et de vertu qu'il
« sait répandre au milieu du comique même; par le
« talent de lier et d'opposer les scènes entre elles;
« enfin, par l'art plus grand encore d'exciter à la
« fois le rire et les larmes, sans qu'on se repente
« d'avoir ri, ni qu'on s'étonne d'avoir pleuré. »

Ces sortes de comparaisons détaillées entre deux artistes distingués, qui tous deux ont atteint le même but par des routes diverses, ne sont point des hors-d'œuvre de rhéteur, mais d'excellents morceaux de critique, qui développent aux bons esprits ce qu'ils ont pensé, et apprennent à penser à la multitude.

Le refus que fit Destouches d'aller occuper à Pétersbourg la place de ministre de France (refus qui en rappelle un autre plus remarquable dont nous avons été témoins) donne occasion à M. d'Alembert de peindre à grands traits, et avec cette énergie rapide qui n'appartient qu'aux grands maîtres, l'influence du czar Pierre Ier sur la Russie. « Des-
« touches préféra le plaisir de cultiver son jardin à
« l'honneur d'aller jouer, à huit cents lieues, un
« rôle important. Ce n'était pas, en effet, ce qui
« aurait dû le tenter dans ce vaste empire; c'était

« le spectacle vraiment rare qu'il offrait alors à des
« yeux éclairés : la lumière, qui partout ailleurs est
« montée des sujets au monarque, descendant, en
« Russie, du monarque aux sujets; ces sujets qu'une
« longue barbarie avait avilis au point de s'en faire
« aimer, s'efforçant de retenir sur leurs yeux le ban-
« deau que le souverain leur arrachait; la supersti-
« tion et l'ignorance détruites chez cette nation par
« la même force qui les a enracinées chez tant d'au-
« tres, par le despotisme le plus absolu et le plus
« sévère; enfin, la naissance politique d'un grand
« peuple, ignoré durant plusieurs siècles, et des-
« tiné à se venger bientôt, par une existence re-
« doutable, de l'oubli où le reste de l'Europe l'avait
« laissé jusqu'alors. M. Destouches pouvait étudier
« ce peuple en philosophe; il fut plus philosophe
« encore, il aima mieux sa liberté et sa retraite. »

L'Éloge de Fléchier est peut-être le plus remarquable de ce recueil, parce que c'est le seul où le panégyriste, sans exagérer le mérite de son héros, l'ait agrandi dans l'opinion publique : non qu'il l'élève au-dessus du second rang des orateurs, qui est la place que la postérité éclairée semble lui avoir marquée; mais le tableau qu'il trace de ses vertus épiscopales, tableau fondé sur les faits, doit rendre la mémoire de Fléchier bien chère à toutes les âmes sensibles; et si, dans le portrait qu'en fait M. d'Alembert, il ne paraît que le second des orateurs, il paraît peut-être le plus grand des évêques. On ne lira pas sans admiration et sans attendrissement les traits de bonté et de courage qui marquent en lui le protecteur des religieux de son diocèse, et le bienfaiteur du peuple; sa vigilance active, ses libéralités inépuisables, ses sollicitudes paternelles: et surtout qui ne versera pas des larmes en lisant le morceau suivant?

« Une malheureuse fille, que des parents barbares
« avaient contrainte à se faire religieuse, mais à qui
« la nature donnait le besoin d'aimer, avait eu le
« malheur de se permettre ce sentiment que lui
« interdisait son état, le malheur plus grand d'y
« succomber, et celui de ne pouvoir cacher à sa
« supérieure les déplorables suites de sa faiblesse.
« Fléchier apprit que cette supérieure l'en avait pu-
« nie de la manière la plus cruelle, en la faisant
« enfermer dans un cachot, où, couchée sur un peu
« de paille, réduite à un peu de pain qu'on lui don-
« nait à peine, elle attendait et invoquait la mort
« comme le terme de ses maux. L'évêque de Ni-
« mes se transporta dans le couvent, et, après beau-
« coup de résistance, se fit ouvrir la porte du réduit
« affreux où cette infortunée se consumait dans le
« désespoir. Dès qu'elle aperçut son pasteur, elle
« lui tendit les bras, comme à un libérateur que
« daignait lui envoyer la miséricorde divine. Le
« prélat, jetant sur la supérieure un regard d'hor-
« reur et d'indignation : Je devrais, lui dit-il, si je
« n'écoutais que la justice et l'indignation humaine,
« vous faire mettre à la place de cette malheureuse
« victime de votre barbarie; mais le Dieu de clé-
« mence dont je suis le ministre m'ordonne d'user,
« même envers vous, de l'indulgence que vous n'a-

« vez pas eue pour elle. Allez, lisez tous les jours,
« dans l'Évangile, le chapitre de la femme adultère.
« Il fit aussitôt tirer la religieuse de cette horrible
« demeure, ordonna qu'on eût d'elle les plus grands
« soins, et veilla sévèrement à ce que ses ordres
« fussent exécutés. Mais ces ordres charitables, qui
« l'avaient arrachée à ses bourreaux, ne purent la
« rendre à la vie; elle mourut après quelques mois
« de langueur, en bénissant le nom de son vertueux
« évêque, et en espérant de la bonté suprême le
« pardon que lui avait refusé la cruauté monasti-
« que*. »

La Harpe, Cours de Littérature.

ALEXANDRIN. Ce vers, qu'on appelle héroïque, nous tient lieu du vers hexamètre, et, à sa place, nous l'employons dans la haute poésie; mais quant au nombre et au mètre, c'est au vers asclépiade latin que notre vers héroïque répond. Composé de douze syllabes ainsi que l'asclépiade, il en a la coupe et le rhythme, avec cette différence que le premier hémistiche de l'asclépiade n'est pas essentiellement séparé du second par un repos dans le sens, mais seulement par une syllabe qui reste en suspens après le second pied; au lieu que, dans les vers français, c'est dans le sens que doit être marquée la suspension de l'hémistiche.

Plus le vers héroïque français approche de l'as-

---

* Ce beau trait de Fléchier a fourni à M. J. Chénier le sujet de sa tragédie intitulée : *Fénelon ou les Religieuses de Cambrai*   H. P.

clépiade par les nombres et plus il est harmonieux ; or, ces nombres peuvent s'imiter de deux façons, ou par des nombres semblables, ou par des équivalents.

On sait que les nombres de l'asclépiade sont le spondée et le dactyle, et que chacun de ces deux pieds forme une mesure à quatre temps. Ainsi, toutes les fois que le vers héroïque français se divise à l'oreille en quatre mesures égales, que ce soit des spondées, des dactyles, des anapestes, des dipyriques ou des amphibraques, il a le rhythme de l'asclépiade, quoiqu'il n'en ait pas les nombres. (*Voyez* NOMBRE.)

Le mélange de ces éléments étant libre dans nos vers français, il les rend susceptibles d'une variété que ne peut avoir l'asclépiade, dont les nombres sont immuables. Cependant nos grands vers sont encore monotones ; et cette monotonie a deux causes : l'une, parce qu'on ne se donne pas assez de soin pour en varier les césures ; l'autre, parce que, dans nos poèmes héroïques, les vers sont rimés deux à deux ; et rien de plus fatigant pour l'oreille que ce retour périodique de deux finales consonnantes, répété mille et mille fois.

Il serait donc à souhaiter qu'il fût permis, surtout dans un poème de longue haleine, de croiser les rimes, en donnant, comme a fait Malherbe, une rondeur harmonieuse à la période poétique. Peut-être serait-il à souhaiter aussi que, selon le caractère des images et des sentiments qu'on aurait à peindre, il fût permis de varier le rhythme et d'entremêler, comme a fait Quinault, le vers de huit avec celui de douze.

Corneille, dans sa vieillesse, essaya d'écrire la tragédie d'*Agésilas* en vers entremêlés et de différentes mesures. Ce faible ouvrage n'était pas fait pour servir de modèle; l'essai ne fut point imité.

M. de Voltaire a croisé les vers de la tragédie de *Tancrède*; et au moins cette singularité n'a-t-elle pas nui au succès de la pièce, l'une des plus intéressantes du plus pathétique de nos poètes.

Dans le conte charmant des *Trois manières*, le même poète a employé avec choix trois mètres différents, et analogues aux caractères des personnages et des sujets. C'est là qu'en comparant le vers de dix syllabes à celui de douze, il dit, dans le style de Despréaux :

Apamis raconta ses malheureux amours,
En mètres qui n'étaient ni trop longs ni trop courts:
Dix syllabes par vers, mollement arrangées,
Se suivaient avec art, et semblaient négligées.
Le rhythme en est facile; il est mélodieux.
L'hexamètre est plus beau, mais parfois ennuyeux.

La plus petite suspension suffit au milieu du vers héroïque français pour le diviser en deux parties égales; c'est assez qu'il n'y ait pas, d'un hémistiche à l'autre, une continuité absolue dans le sens. Mais, indépendamment de ce repos que la règle prescrit, les poètes qui ont de l'oreille, savent de temps en temps couper différemment le vers pour en varier la cadence.

Je fuis : ainsi le veut la fortune ennemie...

Je suis vaincu. Pompée a saisi l'avantage
D'une nuit qui laissait peu de place au courage.
(*Mithridate*, act. *II*, sc. 3. — act. *III*, sc. 1.)

Voilà mon cœur. C'est là que ta main doit frapper.
Impatient déjà d'expier son offense,
Au devant de ton bras je le sens qui s'avance.
Frappe.
(*Phèdre*, act. *II*, sc. 5.)

C'est surtout dans la coupe des phrases et dans l'heureux mélange des incises et des périodes, que consiste l'art de varier l'harmonie et le mouvement des vers alexandrins; et ce secret, qu'on ne peut expliquer, ne s'apprend bien qu'en lisant les bons poètes, et surtout Racine et Voltaire. (*Voyez* vers.)
Marmontel, *Éléments de Littérature*.

ALFIERI (le comte Victor), poète dramatique italien, issu d'une famille noble et riche du Piémont, naquit à Asti, le 17 janvier 1749. Cet homme célèbre, qui s'est placé au premier rang des poètes tragiques de l'Italie, présente un phénomène moral fort singulier. Il a vécu cinquante-quatre ans, et la première moitié de son existence, perdue presque entière dans la dissipation et une sorte de vagabondage, fut loin de laisser présager l'éclat de la seconde moitié; en sorte qu'il y a, pour ainsi dire, deux hommes à observer dans Alfieri, et deux vies dans la sienne.

Dès son enfance, il décela un caractère très fougueux uni à un tempérament débile; et il eut à lutter entre des maladies continuelles et des passions indomptables. A dix ans, il entra pensionnaire à l'Académie de Turin, où il perdit le temps de ses études. De son propre aveu, consigné dans les Mémoires de sa vie écrite par lui-même, « son adoles-« cence ne fut que maladie, oisiveté, ignorance. » Il atteignait sa dix-septième année quand il obtint du service dans les troupes sardes; mais, ennemi de toute dépendance, la subordination militaire lui parut bientôt un joug trop pesant : poursuivi de la manie des voyages, il quitta le service pour se livrer à son goût. Durant six années, de 1766 à 1772, il parcourut successivement l'Italie, la France, l'Angleterre, la Hollande; visita en courant l'Allemagne, la Suède, le Danemarck, la Russie; puis repassa en Hollande et en Angleterre, d'où il revint dans sa patrie, après avoir traversé l'Espagne et le Portugal. Ces courses lointaines, où Alfieri traîna son opulente oisiveté, où il eut quelques intrigues peu honorables, furent sans profit pour son instruction; et, pour employer encore ici ses propres expressions, « sa jeunesse embrassa dix années de voyages « et de déréglements. »

C'est assez fixer notre attention sur cette première période de la vie d'Alfieri ; hâtons-nous d'arriver à la seconde, qui nous présente un homme tout différent.

Dans ses voyages si mal faits, ses idées avaient cependant germé; quelques aventures pénibles avaient rectifié sa raison : il rougit de son ignorance, et sentit enfin le besoin de s'instruire. Échauffé par un sentiment nouveau, l'ardeur de la célébrité, il s'enflamma pour l'art dramatique. De son premier accès de la fièvre poétique sortit une tragédie de *Cléopâtre*, et une comédie des *Poètes*. Ces deux pièces, bien informes, mais où brillaient çà et là des traits de génie, furent jouées ensemble à Turin, en 1775; l'auteur eut le bon esprit de les retirer après la deuxième représentation. Il dit lui-même, en parlant de sa *Cléopâtre* : « Après avoir usé des diction-« naires, lassé des grammaires, après avoir réuni « une quantité de sottises, je parvins à rassembler « cinq morceaux que j'appelai actes, et j'intitulai le « tout tragédie. » Un pareil début était loin de prédire le premier tragique de l'Italie. Alfieri, en effet, connaissait à peine, à cette époque, la langue italienne. A l'âge de vingt-sept ans, il a le courage de prendre un instituteur; il étudie Virgile, Horace; parvient à traduire Salluste avec un rare bonheur, en lui conservant sa précision sans tomber dans l'obscurité; en même temps, il entreprend diverses incursions littéraires en Italie, et fait plusieurs séjours à Florence pour *se toscaniser*. C'est à cette époque (1777), qu'il faut rapporter la liaison d'Alfieri avec une noble étrangère, qu'il n'a point nommée dans ses Mémoires, mais dont les belles qualités ont été bien connues de l'Europe entière : cette liaison a duré dans toute son intimité jusqu'à la mort d'Alfieri, et son illustre amie a vu le terme de son existence dans l'année même où nous écrivons cette notice [*]. Cette union de deux esprits, aussi bien que de deux cœurs, loin d'être défavorable au

---

[*] La duchesse d'Albany, morte à Florence, le 29 janvier 1824.

talent d'Alfieri, stimula son ambition; l'amour de la gloire ne perdit rien dans son union avec un sentiment plus doux. La vocation d'Alfieri est décidée : fixé à Rome, il y termine quatorze de ses tragédies, où son mâle génie s'est glorieusement dessiné; il imprime les quatre premières; il fait représenter *Antigone* avec un succès marqué. Cependant, en 1783, à la suite de chagrins domestiques, nous voyons avec regret ce grand homme retomber dans une ancienne manie long-temps oubliée. De poëte redevenu palefrenier, il passe en Angleterre, uniquement pour y acheter des chevaux. « Cette passion des che-
« vaux était si forte, si impudente et si audacieuse,
« dit-il, que mes beaux coursiers ont osé quelque-
« fois combattre et même vaincre l'amour des livres
« et des vers. » Autre voyage en France, en 1787; mais cette fois notre auteur vient à Paris dans un but plus louable et plus digne de lui. Il prend, avec Didot, des arrangements pour l'impression de ses œuvres dramatiques; il confie en même temps d'autres poésies à l'imprimerie de Beaumarchais, à Kehl. Il séjourne à Paris pendant plusieurs années, et se voit contraint de fuir cette capitale, lors des troubles de la révolution. Tous les écrits d'Alfieri respirent un vif amour de la liberté; mais il désapprouvait hautement l'anarchie; il a censuré avec indignation la révolution française, dès qu'elle eut pris un caractère persécuteur.

En 1792, Alfieri se fixa tout-à-fait à Florence, et reprit le cours de ses travaux. En 1796, âgé de quarante-sept ans, il voulut apprendre le grec; et tel est l'empire d'une volonté ferme, qu'il atteignit son but à force de persévérance. Alfieri est mort à Florence, le 8 octobre 1803.

Tragédies d'Alfieri: *Philippe, Polynice, Antigone, Virginie, Agamemnon, Oreste, Rosamonde, Octavie, Timoléon, Mérope, Marie-Stuart,* la *Conjuration des Pazzi, Don Garcias, Saül, Agis, Sophonisbe, Mirrha, Brutus I, Brutus II* (ces tragédies ont été traduites par M. Petitot; 4 volumes in-8°, 1802.); *Abel, Alceste I, Alceste II, les Perses, Philoctète.* (Plusieurs des tragédies d'Alfieri figurent parmi les *Chefs-d'œuvre des Théâtres étrangers*, dont on donne présentement une belle édition française.) Parmi ses comédies on distingue *le Divorce, le Trop*, et *les Poisons et l'Antidote.* Œuvres philosophiques et politiques : *Du Prince et des Lettres*, trois livres ; *De la Tyrannie*, deux livres. (Le traité *de la Tyrannie* a été traduit en français en 1802.) Poème , *l'Étrurie vengée* , en quatre chants. On possède en outre d'Alfieri des *Sonnets*, des *Poésies mêlées*, des *Satires*, des *Traductions*, et sa *Vie écrite par lui-même.* (Cette *Vie d'Alfieri* a été traduite en français, et publiée en 1809.)

H. LEMONNIER.

JUGEMENTS.

I.

Alfieri avait trop de fierté et d'audace pour vouloir gagner les suffrages par de lâches séductions. Il était profondément révolté de la mollesse indolente de ses compatriotes et de la corruption générale de son siècle. L'indignation, en développant les forces de son âme lui fit déployer une rare énergie, des principes stoïques, et le porta à tracer des peintures effrayantes des crimes du despotisme. Son inspiration est plutôt politique et morale que poétique, et l'on doit louer ses tragédies en qualité d'actions bien plus qu'en qualité d'ouvrages. Son dédain pour la route qu'avait suivie Métastase le jeta dans un autre extrême...... Si la muse de Métastase est une nymphe voluptueuse, celle d'Alfieri est une fière Amazone, ou une Spartiate endurcie. Il aspirait à devenir le Caton du théâtre; mais en cela il oubliait, sans doute, que le poète tragique peut bien être un stoïcien, mais que la tragédie elle-même ne doit pas être stoïque, si elle est destinée à émouvoir et à toucher. Le style rude et morcelé d'Alfieri est tellement dépourvu d'expressions figurées, qu'on dirait que ses personnages sont tout-à-fait privés d'imagination. Il voulait retremper sa langue maternelle, et il n'a fait que la priver de son charme, en lui donnant de la roideur et de la dureté.

Les tragédies d'Alfieri n'offrent aucun rapport avec les modèles classiques de l'antiquité, que ce poète n'a même connus que vers la fin de sa carrière dramatique; et si on les rapproche des pièces françaises avec lesquelles il semble qu'on doive les classer, elles ne paraîtront pas avec plus d'avantage. Le plan en est peut-être plus simple, et le dialogue plus naturel. On fait encore un grand mérite à Alfieri d'avoir su se passer de confidents; et c'est en cela surtout qu'on trouve qu'il a perfectionné le système français; peut-être ne pouvait-il pas mieux souffrir les chambellans et les dames d'honneur sur la scène que dans la réalité. Mais, quelque importance qu'on attache à une pareille innovation, il faut convenir que les ouvrages d'Alfieri n'ont point cet éclat et cet agrément de style, ces nuances délicates, ces préparations habiles, cette ordonnance savante et cet intérêt gradué qui distinguent les meilleures pièces de la scène française. Que l'on compare, par exemple, *Britannicus* de Racine avec *Octavie* d'Alfieri. L'idée de ces deux pièces est également due à Tacite; mais quel est celui des deux poètes qui a le mieux compris cet historien fameux par sa profonde pénétration? Racine a prouvé qu'il connaissait le mauvais côté des mœurs des cours, et qu'il avait surtout étudié l'esprit de Rome sous les empereurs. Si Alfieri, en revanche, ne disait pas que son *Octavie* est fille de Tacite, on aurait plutôt imaginé qu'elle tirait son origine du prétendu Sénèque. Il y peint le tyran avec les mêmes couleurs qu'emploient les écoliers dans leurs exercices oratoires. Peut-on reconnaître dans ce Néron, toujours menaçant et furieux, le monstre qui semblait, à ce que dit Tacite, avoir été formé par la nature pour cacher sa haine sous le voile des caresses? Peut-on y reconnaître cet efféminé plein de vanité et de caprices, qui fut d'abord cruel parce qu'il était lâche, et ensuite parce que des inclinations sanguinaires se réveillèrent dans son sein? Dans sa *Conjuration des Pazzi*, Alfieri n'a pas saisi l'esprit de Machiavel d'une manière plus habile ou plus poétique. Cette pièce et d'autres encore, telles que *Philippe* et *Don Garcias*, qu'il a tirées de l'histoire moderne, n'ont rien qui caractérise un siècle ou un peuple en particulier, et il n'a pas su peindre même les Italiens. Apparemment, les idées qu'il s'était faites du style tragique s'opposaient à toute détermination précise du costume local. D'un autre côté, les grands sujets de la tragédie grecque, tels que ceux de l'Orestie, perdent entre les mains d'Alfieri toute leur pompe héroïque, et prennent une teinte moderne et presque bourgeoise. Ce qu'il a su le mieux peindre, c'est la vie publique des Romains; et la pièce de *Virginie*, surtout, gagne prodigieusement à ce que l'action se passe dans le Forum, et en grande partie sous les yeux du peuple. D'ailleurs, si ce poète observe l'unité de lieu, c'est qu'il place la scène d'une manière si peu apparente et si indécise, qu'on la croit dans quelque réduit obscur, qui n'est fréquenté que par des conjurés. Il recherche tellement la simplicité qu'il prive les rois et les héros de toute leur suite brillante, et qu'ils paraissent vivre dans un monde dépeuplé. Cette solitude du théâtre est surtout très frappante dans la tragédie de *Saül*, où le roi est censé se trouver entre deux armées au moment d'un combat décisif. Cette pièce se distingue cependant d'une manière très avantageuse par le coloris oriental qui y règne, et par l'essor véritablement lyrique que prend la poésie dans la peinture de l'égarement de Saül. *Myrrha* est un sujet excessivement révoltant, qu'on ne pouvait sans témérité essayer de mettre sur la scène. L'Espagnol Artéaga a critiqué cette pièce

et celle de *Philippe* avec une sévérité très judicieuse.
A. W. Schlegel, *Cours de Littérature dramatique*.

II.

Sa réputation littéraire s'est établie avec peine. On trouvait à son style des défauts, qui ont été regardés depuis comme des qualités. Il n'écrivait pas comme tout le monde, on l'en blâmait; mais tout le monde, ou du moins tous les poètes tragiques ont fini par vouloir écrire comme lui. Le système dramatique qu'il a introduit en Italie est, quoi qu'il en ait dit, celui de France : il n'a fait qu'essayer d'en corriger les longueurs et les langueurs. Il a supprimé les confidents et presque tous les personnages secondaires : il en résulte plus de vigueur sans doute et une action plus serrée, mais aussi moins d'épanchements, de la sécheresse et de la roideur. Notre théâtre est déjà maigre, auprès de celui des Grecs; celui d'Alfieri est, à l'égard du nôtre, presque dans la même proportion. Il parle rarement au cœur; mais il est éloquent et nerveux dans les passions fortes; il a de la grandeur, et, dans ses idées comme dans son style, il aspire toujours au sublime; ses caractères ont de l'énergie, quelquefois aux dépens de la vérité historique et même dramatique; ne donnant rien aux yeux et peu au cœur, il fait peu d'effet au théâtre, mais il en fait beaucoup à la lecture. Son dialogue est souvent un modèle de précision, de justesse et d'argumentation dramatique. La coupe de ses vers est savante et harmonieuse; mais son style, toujours fort, est quelquefois un peu dur. Il en sera de lui comme de la plupart des inventeurs : d'autres Italiens feront mieux que lui, mais en l'imitant; il iront plus loin, mais en suivant la route qu'il leur a tracée.

Ginguené, *Biographie universelle.*

III.

C'est avec un respect profond pour le caractère d'Alfieri que je me permettrai quelques réflexions sur ses pièces. Leur but est si noble, les sentiments que l'auteur exprime sont si bien d'accord avec sa conduite personnelle, que ses tragédies doivent toujours être louées comme des actions, quand même elles seraient critiquées à quelques égards comme des ouvrages littéraires; mais il me semble que quelques-unes de ses tragédies ont autant de monotonie dans la force que Métastase en a dans la douceur. Il y a dans les pièces d'Alfieri une telle profusion d'énergie et de magnanimité, ou bien une telle exagération de violence et de crime, qu'il est impossible d'y reconnaître le véritable caractère des hommes. Ils ne sont jamais ni si méchants, ni si généreux qu'il les peint. La plupart des scènes sont composées pour mettre en contraste le vice et la vertu; mais ces oppositions ne sont pas présentées avec les gradations de la vérité. Si les tyrans supportaient dans la vie ce que les opprimés leur disent en face dans les tragédies d'Alfieri, on serait presque tenté de les plaindre. La pièce d'*Octavie* est une de celles où ce défaut de vraisemblance est le plus frappant. Sénèque y moralise sans cesse Néron, comme s'il était le plus patient des hommes, et lui, Sénèque, le plus courageux de tous. Le maître du monde, dans la tragédie, consent à se laisser insulter et à se mettre en colère, à chaque scène, pour le plaisir des spectateurs, comme s'il ne dépendait pas de lui de tout finir avec un mot. Certainement, ces dialogues continuels donnent lieu à de très belles réponses de Sénèque; et l'on voudrait trouver dans une harangue ou un ouvrage les nobles pensées qu'il exprime; mais est-ce ainsi qu'on peut donner l'idée de la tyrannie? ce n'est pas la peindre sous ses redoutables couleurs, c'est en faire seulement un but pour l'usage de la parole........

Alfieri, par un hasard singulier, était, pour ainsi dire, transplanté de l'antiquité dans les temps modernes; il était né pour agir, et il n'a pu qu'écrire: son style et ses tragédies se ressentent de cette contrainte. Il a voulu marcher par la littérature à un but politique. Ce but était le plus noble de tous, sans doute; mais n'importe: rien ne dénature les ouvrages d'imagination comme d'en avoir un. Alfieri, impatienté de vivre au milieu d'une nation où l'on rencontrait des savants très érudits, et quelques hommes très éclairés, mais dont les littérateurs et les lecteurs ne s'intéressaient pour la plupart à rien de sérieux, et se plaisaient uniquement dans les contes, dans les nouvelles, dans les madrigaux; Alfieri, dis-je, a voulu donner à ses tragédies le caractère le plus austère. Il en a retranché les confidents, les coups de théâtre, tout, hors l'intérêt du dialogue. Il semblait qu'il voulût ainsi faire faire pénitence aux Italiens de leur vivacité et de leur imagination naturelles; il a pourtant été fort admiré, parce qu'il est vraiment grand par son caractère et par son âme, et parce que les habitants de Rome surtout applaudissent aux louanges données aux actions et aux sentiments des anciens Romains, comme si cela les regardait encore. Ils sont amateurs de l'énergie et de l'indépendance, comme des beaux tableaux qu'ils possèdent dans leurs galeries. Mais il n'en est pas moins vrai qu'Alfieri n'a pas créé ce qu'on pourrait appeler un théâtre italien, c'est-à-dire des tragédies dans lesquelles on trouvât un mérite particulier à l'Italie; et même il n'a pas caractérisé les mœurs des pays et des siècles qu'il a peints. Sa *Conjuration des Pazzi*, *Virginie*, *Philippe II*, sont admirables par l'élévation et la force des idées; mais on y voit toujours l'empreinte d'Alfieri, et non celle des nations et des temps qu'il met en scène. Bien que l'esprit français et celui d'Alfieri n'aient pas la moindre analogie, ils se ressemblent en ceci, que tous les deux font porter leurs propres couleurs à tous les sujets qu'ils traitent.

Mad. DE STAEL, *Corinne*, *liv. I.*

IV.

Alfieri, le seul poète italien qui ait fait de bonnes tragédies, le seul dont la réputation se soit soutenue, dont les productions aient été estimées des étrangers, et qui ait eu la gloire de voir un de ses ouvrages imité avec succès sur la scène française, Alfieri sentit quel obstacle lui opposait la langue dans laquelle il voulait écrire. Plein d'idées fortes, éprouvant les passions violentes qu'il voulait peindre, il chercha vainement à les exprimer dans un idiome qui n'offrait plus, depuis long-temps, que des images agréables, et qui ne se prêtait ni aux accents douloureux du malheur, ni au recueillement tendre et profond de la mélancolie, ni à la sublimité de l'héroïsme. Voyant l'impossibilité de réussir en suivant la route commune, il résolut de se faire un langage particulier, de bannir les ornements frivoles dont les modernes avaient chargé la langue italienne, de la dépouiller de cette harmonie recherchée à laquelle on sacrifiait la justesse des pensées, et de se rapprocher des anciens poètes.

Telle fut l'origine de cette passion exclusive pour le Dante, qu'on remarqua en lui dès sa jeunesse; dévorant les écrits de ce poète célèbre, dont le caractère avait plus d'un rapport avec le sien, il chercha à imiter son style, et surtout à renfermer, comme lui, des idées fortes dans un petit nombre de mots. En marchant ainsi sur les traces d'un auteur dont le style avait vieilli, et que les Italiens mêmes avaient peine à bien comprendre, il tomba dans quelques-uns de ses défauts. Ses compatriotes lui reprochèrent d'avoir adopté une langue barbare et sans élégance, et d'être souvent obscur à force de vouloir être concis : ce dernier reproche me semble le seul qui soit fondé, en ce qu'il porte sur un genre qui, plus que tous les autres, exige la plus grande clarté. Le système adopté par Alfieri, en lui faisant éviter les intrigues romanesques, en l'empêchant de commettre des fautes contre les unités, en donnant à ses pièces plus de rapidité, le fait tomber dans quelques défauts que j'indiquerai brièvement. Ses tragédies, privées de développements et d'épisodes, ont quelquefois de la maigreur et de l'aridité ; elles présentent trop souvent la même coupe, les mêmes moyens et les mêmes situations. A la représentation, elles doivent être obscures, parce qu'on ne peut exiger du spectateur, toujours un peu distrait, qu'il *ne perde pas un seul vers des pièces qu'il entend.* Nos poètes français, au contraire, se sont crus obligés de répéter plusieurs fois les mêmes choses, pour les graver dans la mémoire de l'auditeur ; et c'est dans la manière adroite et variée de les reproduire que consiste le mérite de leurs expositions pleines de clarté. Alfieri s'est vu forcé de multiplier les monologues qui doivent être rares, et qui jamais ne peuvent être raisonnés. Dans ses tragédies, où il ne se trouve point de personnages secondaires, souvent les principaux personnages sont les confidents les uns des autres, et l'inconvénient qui en résulte ne balance pas l'avantage que l'auteur s'en était promis.

Malgré tous ces défauts, que l'impartialité la plus rigoureuse a fait remarquer, on doit, par le même motif, reconnaître que les ouvrages d'Alfieri sont remplis de beautés du premier ordre, que la conduite en est toujours sage, qu'aucune conception bizarre n'éveille la critique de l'homme de goût, que les passions sont toujours peintes avec la véhémence qui les caractérise, et que jamais l'auteur n'a employé de fictions romanesques.

M. Petitot, *Discours préliminaire de la Traduction des OEuvres dramatiques d'Alfieri.*

ALFIERI.

V.

Les deux auteurs qui ont le plus illustré le dix-huitième siècle sont Métastase et Alfieri. L'un commença ce siècle, l'autre le finit; l'un est remarquable par la grace, l'autre par la force; l'un est le premier de toutes les nations pour le drame en musique, dans l'autre l'Italie a enfin trouvé son Corneille. Alfieri est l'un des plus grands prodiges que l'histoire littéraire puisse présenter. A vingt-sept ans il ignorait la grammaire et jusqu'à la mesure des vers; à trente-quatre ans il avait donné à sa patrie une langue et un théâtre tragiques, il avait composé quatorze tragédies. Il a sans doute fallu un beau talent, une volonté de fer, une âme ardente, élevée, bravant tous les obstacles, méprisant les critiques du moment, et n'ayant devant les yeux que la postérité; enfin un concours extraordinaire de circonstances pour opérer ce prodige; mais il siérait mal de dissimuler que l'Italie est redevable de ce grand tragique à la France.

BUTTURA.

MORCEAUX CHOISIS.

I. *Discours d'Icilius au peuple romain, contre Marcus, client d'Appius, qui réclame Virginie comme son esclave.*

Icilius et le petit nombre de Romains qui lui ressemblent sont ici les défenseurs redoutables de l'innocence. Peuple romain, entends ma voix; je n'ai jamais été parjure, je n'ai jamais trahi, ni vendu mon honneur; je fais gloire d'un sang plébéien et d'un cœur noble : écoute, c'est à toi que je m'adresse. Cette vierge, libre et innocente, est fille de Virginius. A ce nom, je vois déjà l'indignation enflammer tous les visages. Virginius combat pour toi dans le camp ; ô crime ! ô honte ! c'est ce temps que l'on choisit pour outrager et déshonorer sa fille ! et quel est celui qui ose l'outrager ?...... Avance, Marcus, montre-toi. Et quoi ! tu trembles ! peuple romain, tu le connais maintenant. Tu vois le dernier des esclaves d'Appius, notre tyran; tu vois le ministre de cet Appius, ennemi de toute vertu ; de cet Appius, oppresseur cruel, féroce, altier, qui t'a enlevé la liberté, et qui ne te laisse la vie que pour jouir de ta honte. Virginie m'a été promise pour épouse, et je l'aime. Quant à moi, je ne crois pas avoir besoin de te rappeler qui je suis : moi, qui ai été ton tribun, ton défenseur, hélas ! vainement..... Tu as cru que je parlais plutôt pour te plaire que pour te sauver; nous en portons tous la peine, nous sommes tous dans l'esclavage. Que dirai-je de plus ? mon bras, mon courage, mon audace, te sont connus, aussi bien que mon nom. C'est à toi que je demande mon épouse libre. Cet homme ne te la demande pas; il la dit son esclave, il s'en empare, il la traîne par force.... Prononce, peuple romain ; décide quel est l'imposteur, de Marcus ou d'Icilius.

II.

VIRGINIE (ACT. I, SC. III)*.
NUMITORIA, VIRGINIE, ICILIUS, VIRGINIUS.

NUMITORIA.

O ciel ! en croirai-je mes yeux ?...... Non, je ne m'abuse pas. O bonheur ! Virginius en ces lieux !

* Tout me plaît et tout m'enchante dans *Virginie*. Les discours hardis

VIRGINIE.

Mon père!

VIRGINIUS.

Dieux tout-puissants!... Ma fille!... est-il vrai?... Mon épouse!... Je vous presse sur mon cœur... Ah! mes forces m'abandonnent.

VIRGINIE.

Oui, c'est moi qui vous serre dans mes bras, maintenant que je puis encore vous nommer mon père.

NUMITORIA.

Inquiètes sur ton sort, inquiètes sur ton retour, chaque instant de retard nous donnait la mort. Nous allions au-devant de toi, ne pouvant contenir notre impatience.

VIRGINIE.

Oui, nos craintes et nos inquiétudes étaient au comble. Au moins, en ce jour, je ne mourrai pas loin de vous. Je n'espérais plus vous revoir.

ICILIUS.

Père infortuné! il ne peut parler, il ne respire qu'à peine.

NUMITORIA.

Tu reviens du camp. Que les temps sont changés! jadis tu n'en revenais que couvert de gloire et vainqueur de l'ennemi. Je vois ton front, si souvent ceint de lauriers, aujourd'hui flétri par le malheur et par les pensées les plus funestes. Tu es réduit à un tel excès de maux, que tu désirerais n'avoir ni

---

d'Icilius, les artifices d'Appius, les scènes tendres du père et de la fille, sont de la plus grande vérité. La scène III° du troisième acte, entre la mère, le père, la fille et l'époux, mérite d'être long-temps méditée.

RANIERI DE' CALSABIGI, *Dissertation sur la Tragédie*

épouse, ni enfant, gages précieux qui te faisaient chérir la gloire et la vie.

VIRGINIUS.

Non, je ne me repens point d'être époux et père : ces noms font encore mon bonheur, malgré les chagrins dont je suis accablé. Si dans Rome on fait un crime à un Romain d'avoir donné le jour à une fille, je veux le premier me déclarer coupable; je veux être le premier puni. Rome était libre alors que je devins ton époux; elle était libre quand tu donnas le jour à Virginie, gage si cher de ton chaste amour. Oui, Virginie est ma fille, je ne le sens que trop. Fille chérie, tu étais ma seule espérance quand je t'élevais sous la protection de nos lois sacrées. Alors les magistrats étaient les défenseurs de nos biens, de nos vies et de notre honneur; maintenant, ils ne sont plus que de vils ravisseurs...... Ah! ma fille..., sèche tes pleurs.... ne me force pas, hélas! à en répandre; non que je regarde les larmes comme indignes d'un soldat romain, quand les lois enfreintes, son honneur flétri, sa fille enlevée, déchirent à la fois son cœur; mais il faut agir, et non répandre des larmes.

VIRGINIE.

Et moi, si je n'étais d'un sexe faible, moi, votre fille, pensez-vous que des larmes inutiles eussent été ma réponse à celui qui a osé m'appeler esclave? mais, hélas! je suis femme et sans défense. Je perds tout à la fois mon père, mon époux...

ICILIUS.

Vous n'avez encore rien perdu; tout espoir ne

nous est pas enlevé. Vous aurez pour défenseurs le peuple, le ciel et nous ; si nous ne pouvons vous sauver, vous périrez avec nous... Je vous le dis en tremblant.... le silence de vos parents vous le dit aussi..... vous périrez avec nous.... j'armerai votre bras courageux du poignard encor fumant de mon sang. Vous m'entendrez jusqu'au dernier soupir vous rappeler que vous êtes fille d'un brave, libre, romaine et mon épouse ! pensée qui me déchire le cœur, et que j'ose à peine rappeler dans ce moment affreux.

VIRGINIE.

Et c'est cette idée seule qui m'attache à la vie. Ah ! si vous m'avez vue pleurer, c'était sur votre sort et non sur le mien. Né pour les plus hautes entreprises, vous deviez être la gloire de Rome : puis-je retenir mes larmes, en vous voyant réduit à défendre, et peut-être en vain, mon obscure liberté ? en voyant toute carrière fermée à votre gloire ? en voyant vos sentiments courageux et romains, en ce jour où Rome n'existe plus ?

VIRGINIUS.

Et tu ne serais pas ma fille ! qu'il t'entende, celui qui ose le soutenir.

NUMITORIA.

Hélas ! elle est le seul soutien de nos vieux ans. Ah ! ma fille, plutôt mourir mille fois que de te perdre !

ICILIUS.

O mon épouse chérie ! qu'il est ardent l'amour que l'on exprime avec tant d'énergie. Il est digne de nous, égal au mien. Nos malheurs nous empêchent d'en éprouver les douceurs. Jurons, au nom de l'amour conjugal, de l'amour paternel, de mourir ensemble.

VIRGINIUS.

O mes enfants!... est-il vrai? tant de vertu doit-elle donc éprouver un pareil sort?..... O dieux! ne presserions-nous jamais dans nos bras nos enfants, ni ceux à qui vous devez donner le jour? Quoi! ces enfants dignes de Rome, ces rejetons de courageux Romains, périront avec vous!

ICILIUS.

Nous devrions verser des larmes bien plus amères, si nous avions des enfants. Nous serions dans l'affreuse alternative, ou de les laisser esclaves, ou..... Mes enfants dans l'esclavage!... Ah! qu'ils périssent plutôt... Je ne suis pas père; si je l'étais!...

VIRGINIUS.

Quelle horrible lumière vous avez fait briller à mes yeux! arrêtez...! arrêtez! je vous en conjure.

NUMITORIA.

Je suis mère, et je sens toute la force de vos discours. Mères infortunées, nous ne pouvons que répandre des pleurs. Pourquoi notre courage n'est-il pas égal à nos maux!

ICILIUS.

Les pères, les époux, souffrent autant que vous; mais ils oseront davantage; j'espère encore sauver votre fille.... Virginius et moi sommes seuls dans Rome; mais il suffira de nous pour soulever et enflammer le peuple entier.

VIRGINIUS.

Ah! les discours, quelles que soient leur force et

leur énergie, ne peuvent suffire pour enflammer un peuple courbé sous le joug; ils ne peuvent lui faire sentir ses affronts. L'outrage le plus affreux, le sang, voilà ce qu'il faut pour le tirer de sa léthargie. Il fallut, pour soustraire Rome à la tyrannie des Tarquins, qu'une dame romaine, innocente et indignement outragée, répandit elle-même son sang.

VIRGINIE.

Ah! s'il faut aujourd'hui, pour enflammer le peuple, répandre un sang innocent et pur, mon père, mon époux, frappez, voilà mon sein. Vous suis-je trop chère? redoutez-vous de porter le coup fatal? moi, je ne redoute rien : donnez-moi ce fer, à moi. Que le peuple entier soit témoin de ma mort; que ce spectacle rallume en lui son antique ardeur; je serai le signal de la vengeance. Tous les braves viendront tremper leurs glaives dans mon sang, et ils voleront les plonger dans le sein des tyrans

VIRGINIUS.

Ah! ma fille! de quelle nouvelle terreur tu viens me frapper! hélas!

ICILIUS.

C'est trop déchirer le cœur d'un père, qui désormais n'a plus besoin d'être excité. Pourquoi parler de mort à Virginie? Ne pouvons-nous nous écarter de l'exemple de nos ancêtres? Avant que quelques heures soient écoulées, nous saurons si nous devons mourir. Cependant, Virginius, rentrez dans vos foyers, avec votre épouse et votre fille. Cette nuit est peut-être la dernière où vous pourrez jouir de ce bonheur. O malheureux père! il vous reste peu d'instants pour vous livrer à des sentiments si doux.

VIRGINIUS.

O nuit cruelle!... Allons, Icilius, vous me trouverez ici demain au lever du soleil.

ICILIUS.

Avant ce temps, j'aurai su disposer des amis, en petit nombre, mais intrépides, à nous seconder dans notre sublime entreprise. Allez: demain vous serez convaincu qu'il ne vous reste d'autre parti que celui que j'ai proposé, le sang. O mon épouse! demain nous mourrons ensemble, ou nous serons libres et heureux.

VIRGINIE.

Quel que soit votre sort, je veux le partager; je ne puis être heureuse qu'avec vous.

ALLAINVAL (Léonor-Soulas, abbé d'), né à Chartres, vint à Paris fort jeune, et y travailla pour le théâtre. Sa principale pièce, *l'École des Bourgeois*, fut représentée à la comédie française en 1728, et son début dramatique fut *l'Embarras des Richesses*, au théâtre-italien, en 1725.

On s'est beaucoup déchaîné contre les mœurs et la manière de vivre de d'Allainval. Sans chercher d'ailleurs à l'excuser, peut-être est-il juste de faire remarquer que l'espèce de mépris où il vécut peut ne lui pas être attribué tout entier. Si trop souvent l'inconduite nous réduit à une condition misérable, souvent aussi une condition malheureuse, qu'on cherche à oublier, nous entraîne dans des habitudes qui ne tardent pas à dégénérer en excès. Tel fut sans doute le sort de d'Allainval. Il fut malheureux dans le monde, où les gens riches qui l'accueillaient pour s'amuser de ses saillies, lui faisaient sentir qu'il ne devait l'honneur de les approcher qu'à son rôle de bouffon, et rentraient dans la plus cruelle indifférence aussitôt qu'il ne les amusait plus. Il fut malheureux au théâtre, où sa meilleure pièce, *l'École des Bourgeois*, ne jouit d'une considération réelle et méritée que trop tard pour l'utilité de l'auteur. Si ces considérations ne disculpent pas d'Allainval, au moins elles doivent réclamer pour lui quelque indulgence. Souvent sans asyle, il lui arriva de passer la nuit dans les chaises à porteurs qui garnissaient alors les rues de Paris. Un goût vif pour les plaisirs et une parfaite incurie, le firent rester toute sa vie dans l'indigence. Déjà vieux, il dînait chez un fermier-général, lorsqu'il y fut frappé d'apoplexie. L'homme riche qui venait de l'admettre à sa table le fit transporter aussitôt à l'Hôtel-Dieu, où il mourut le 2 mai 1753.

D'Allainval a travaillé pour différents théâtres. Il a donné à la comédie française, *la Fausse Comtesse*, *l'École des Bourgeois*, *les Réjouissances publiques* et *le Mari Curieux*; au théâtre-italien, *l'Embarras des Richesses*, qui eut un grand succès, *le Tour de Carnaval* et *l'Hiver*; à l'opéra-comique, *la Fée Marotte*.

Il a composé en outre quelques ouvrages, aujourd'hui peu recherchés, quoiqu'on y trouve plusieurs choses dignes d'attention.

ALLÉGORIE.

JUGEMENT.

Si d'Allainval eût prévu sa fin tragique, il eût peint, dans sa comédie de *l'Embarras des Richesses*, l'affreuse propriété qu'elles ont d'endurcir les cœurs, et sa pièce n'en eût été que plus morale. Cette comédie et celle qu'il a intitulée *l'École des Bourgeois*, ne sont pas sans mérite. Celle-ci est restée au théâtre, l'autre a cessé d'être jouée depuis qu'on a fermé le théâtre Italien, et c'est une de celles dont les représentations étaient le plus suivies.

PALISSOT, *Mémoires sur la Littérature.*

ALLÉGORIE. On n'a pas assez distingué l'allégorie d'avec l'apologue ou la fable morale.

Le mérite de l'apologue est de cacher le sens moral, ou la vérité qu'il renferme, jusqu'au moment de la conclusion, qu'on appelle *moralité*.

Le mérite de l'allégorie est de n'avoir pas besoin d'expliquer la vérité qu'elle enveloppe; elle la fait sentir à chaque trait, par la justesse de ses rapports.

L'apologue, par sa naïveté, doit ressembler à un conte puéril, afin d'étonner davantage, lorsqu'il finit par être une grande leçon. Son artifice consiste à déguiser son dessein, et à nous présenter des vérités utiles sous l'appât d'un mensonge frivole et amusant. C'est Socrate qui joue l'homme simple, au lieu de se donner pour sage.

L'allégorie, avec moins de finesse, se propose, non pas de déguiser, mais d'embellir la vérité et de la rendre plus sensible. C'est, comme on l'a très bien dit, une métaphore continuée. Or, une qualité essentielle de la métaphore est d'être transparente: il fallait donc aussi donner pour qualité distinctive à l'allégorie, cette clarté, cette transparence qui laisse voir la vérité, et qui ne l'obscurcit jamais.

Les détours, comme je l'ai dit, sont convenables à l'apologue : sans perdre son objet de vue, il feint de s'amuser et de s'égarer en chemin; il fait même quelquefois semblant de s'occuper sérieusement de détails qui n'ont aucun trait au sens moral qu'il se propose : c'est le grand art de La Fontaine.

Il n'en est pas de même de l'allégorie : on la voit sans cesse occupée à rendre son objet sensible, écartant, comme des nuages, tout ce qui altère la justesse de l'allusion et des rapports.

Quelquefois, dans l'apologue, la justesse des rapports est aussi précise que dans l'allégorie; mais alors, en se rapprochant de celle-ci, l'apologue s'éloigne de son vrai caractère, qui consiste à faire un jeu d'une leçon de sagesse, et à ne laisser apercevoir son but qu'au moment qu'on y est arrivé *.

* La distinction qu'établit ici Marmontel entre l'allégorie et l'apologue me paraît fine et juste tout ensemble. Lessing, dans une dissertation fort curieuse qui précède son recueil de fables, a professé une opinion tout-à-fait opposée. Il paraît ramener l'apologue à l'allégorie, ou plutôt au symbole et à l'emblème. La perfection du genre est à ses yeux dans le rapport exact et toujours visible du récit à la moralité; ce qu'il exige c'est l'unité, la simplicité, mais avant tout la brièveté; il proscrit, comme écartant du but que se propose l'apologue et auquel on ne saurait, dit-il, arriver trop tôt, ces ornements, ces *détours* que lui permet Marmontel, et qui charment dans La Fontaine: il ne fait même pas grâce à l'élégante concision de Phèdre; il lui faut la nudité d'Ésope, qui laisse à découvert la leçon morale; il a composé dans ce genre, qui fut le genre primitif de l'apologue, des fables d'une invention

L'allégorie est quelquefois aussi une façon de présenter avec ménagement une vérité qui offenserait si on l'exposait toute nue ; mais elle la déguise moins; c'est un conseil discrètement donné, mais dont celui qu'il intéresse ne peut manquer de sentir à chaque trait l'application. L'ode d'Horace tant de fois citée (I, 14),

O Navis referent in mare te novi fluctus,

en est l'exemple et le modèle. Entre un vaisseau et la république, entre la guerre civile et une mer orageuse, tous les rapports sont si frappants, que les Romains ne pouvaient s'y méprendre; et la vérité n'eut jamais de voile plus fin ni plus clair.

Quintilien, en nous disant que l'allégorie renferme *un sens caché*, ajoute que ce sens *est quelquefois tout contraire à celui qu'elle présente d'abord;* mais il ne nous donne aucun exemple de cette contrariété, et je ne crois pas qu'il en existe. L'allégorie, par sa ressemblance et par la justesse de ses rapports, doit toujours laisser entrevoir la vérité qu'elle enveloppe. Son objet est manqué si l'esprit s'y trompe, ou si, satisfait d'en apercevoir la surface, il ne désire pas autre chose, et n'en pénètre pas le fond.

C'est ce qui arrive toutes les fois que l'allégorie peut être elle-même une vérité assez intéressante pour laisser croire que le poète n'a voulu dire que

fort ingénieuse, où la pensée brille seule, à travers le voile le plus transparent, et sous l'expression la plus simple et la plus rapide. C'est une grande singularité qu'un pareil recueil de fables, après Phèdre et La Fontaine.

H PATIN.

ce qu'il a dit : car rien n'empêche alors l'esprit de s'y arrêter, sans rien soupçonner au-delà; et c'est pourquoi il est souvent si difficile de décider si la fiction est allégorique, ou si elle ne l'est pas.

Que de l'exemple d'une action épique, il y ait quelque vérité morale à déduire (ce qui arrive naturellement sans que le poète y ait pensé), le père Le Bossu en infère que la fable du poème épique est une allégorie, un apologue. Il va plus loin : il veut que la vérité morale soit d'abord inventée, qu'après cela on imagine un fait qui en soit la preuve et l'exemple, et qu'on ne nomme les personnages qu'après avoir disposé l'action. Assurément ce n'est pas ainsi qu'Homère et Virgile ont conçu l'idée et le plan de leurs poèmes.

Plutarque a raison de comparer les fictions poétiques aux feuilles de vigne sous lesquelles le raisin doit être caché. Mais toutes les fois que le sujet en lui-même a son utilité morale, c'est un raffinement puéril que d'y chercher un sens mystérieux.

Ce n'est pas que, dans les poèmes épiques, et particulièrement dans ceux d'Homère, il n'y ait bien des détails où l'allégorie est sensible; et alors la vérité voilée y perce de façon à frapper tous les yeux : telle est l'image des prières, tel est l'ingénieux épisode de la ceinture de Vénus. Mais regarder l'*Iliade* comme une allégorie continue, c'est attribuer à Homère des rêves qu'il n'a jamais faits.

C'est particulièrement dans les présages, dans les songes, dans le langage prophétique, que les poètes emploient l'allégorie. Dans l'*Iliade*, tandis qu'Hector et Polydamas attaquent le camp des Grecs, un aigle audacieux vole à leur gauche, tenant dans ses serres un énorme dragon, qui, palpitant et ensanglanté, ose combattre, se replie, et blesse son vainqueur. L'oiseau sacré laisse tomber sa proie (XII, 200).

C'est de cette image qu'Horace semble avoir pris la comparaison de l'aiglon avec le jeune Drusus: *Qualem ministrum fulminis alitem*, etc. (*Od.* IV, 4)*.

L'art de l'allégorie consiste à peindre vivement et correctement, d'après l'idée ou le sentiment, la chose qu'on personnifie : comme la Renommée, dans l'*Énéide* de Virgile; l'Envie, dans les *Métamorphoses d'Ovide* et dans la *Henriade*; les prières, dans l'*Iliade*, etc. Observons, en passant, que l'allégorie des prières a été un peu altérée. Voici le sens d'Homère : la déesse du mal, *Até*, l'Injure, parcourt le monde; elle est prompte, légère, audacieuse; les *lites*, les expiations, les prières la suivent d'un pas timide et chancelant, pour guérir les maux qu'elle a faits : voilà qui répond clairement et à l'orgueil d'Agamemnon dans sa querelle avec Achille, et à l'humiliation où il est réduit dans l'ambassade qu'il lui envoie. Mais lorsque les *lites* sont rebutées, elles s'élèvent jusqu'au trône de Jupiter, et le conjurent d'attacher *Até* à l'homme superbe et impitoyable qu'elles ont en vain supplié : voilà qui annonce l'indignation et les vœux des Grecs

---

* Ce même tableau a été depuis retracé par Cicéron, dans son poème de *Marius*; par Virgile, au XI⁰ livre de son *Énéide*, v. 751; par Voltaire enfin, qui a cherché à rassembler les traits divers dont on l'avait peint avant lui. (*Voyez* la Préface de *Catilina*.)　　　　　　　H. PATIN.

contre Achille, s'il ne se laisse pas fléchir. Il n'y a peut-être jamais eu d'allégorie, ni plus belle, ni plus adroite, ni plus éloquemment employée que celle-ci (*Il.* IX, 498).

Des modèles parfaits de l'allégorie en action sont la fable de *L'Amour* et de *la Folie*, dans La Fontaine; l'épisode de la Haine, dans l'opéra d'*Armide*; la Mollesse, dans *le Lutrin*. Mais quelque belle que soit l'allégorie, elle serait froide si elle était longue. Un poème tout allégorique ne serait pas soutenable, eût-il d'ailleurs mille beautés. (*Voyez* MERVEILLEUX.)

Presque toute la mythologie des Grecs, comme celle des Égyptiens, est allégorique; et ces fictions étaient peut-être, dans leur nouveauté, ce que l'esprit humain a jamais inventé de plus ingénieux. Mais à présent qu'elles sont rebattues, la poésie descriptive a bien plus de mérite et de gloire à peindre la nature toute nue, qu'à l'envelopper de ces voiles depuis long-temps usés. Celui qui dirait aujourd'hui que le soleil va se plonger dans l'onde et se reposer dans le sein de Thétis, dirait une chose commune; et celui qui, avec les couleurs de la nature, aurait peint le premier le soleil couchant, à-demi plongé dans des nuages d'or et de pourpre, et laissant voir encore au-dessus de ses vagues enflammées la moitié de son globe éclatant; celui qui aurait exprimé les accidents de sa lumière sur le sommet des montagnes, et le jeu de ses rayons à travers le feuillage des forêts, tantôt imitant les couleurs de l'arc-en-ciel, tantôt les flammes d'un incendie, celui-là serait aussi peintre et poète.

ALLÉGORIE.

Les emblêmes ne sont que des allégories, que peut exprimer le pinceau. C'est ainsi qu'on a représenté le Nil la tête voilée, pour faire entendre que la source de ce fleuve était inconnue ; c'est ainsi que, pour désigner la paix, on a peint les colombes de Vénus faisant leur nid dans le casque de Mars. (*Voyez* EMBLÊME.)

C'est une idée assez heureuse, pour exprimer la crainte des maux d'imagination, que l'allégorie d'un enfant qui souffle en l'air des boules de savon, et qui, s'effrayant de leur chute, inspire la même frayeur à une foule d'autres enfants, sur qui ces boules vont retomber. Ainsi, les peintres, à l'exemple des poètes, font quelquefois usage de ces fictions allégoriques, mais rarement avec succès.

Lucien nous a transmis l'idée d'un tableau allégorique des noces d'Alexandre et de Roxane : le peintre était Aétion. Son tableau, qu'il exposa dans les Jeux Olympiques, fit l'admiration de la Grèce assemblée ; et Raphaël l'a dessiné tel que Lucien l'a décrit.

Le sonnet de Crudeli, pour les noces d'une dame de Milan, serait le sujet d'un joli tableau : c'est la Virginité qui parle à la nouvelle épouse :

> Del letto nuzzial questa è la sponda :
> Più non lice seguirti : Io parto : addio.
> Ti fui compagna dall' età più bionda ;
> E per te gloria crebbe al regno mio.
>   Sposa e madre or sarai, se il ciel seconda
> La nostra speme, ed il comun desio.
> Già vezzegiando ti carpisce, e sfronda

Que' gigli Amor, che di sua mano ordio.
 Disse, e disparve in un balen la dea;
E in van tre volte la chiamò la bella
Vergine, che di lei pur anche ardea.
 Scese frattanto sfolgorando in viso
Fecondità, la man le prese, e diella
Al caro sposo; e il duol cangiossi in riso *.

Les philosophes eux-mêmes emploient souvent le style allégorique. Platon, que la nature avait fait poète, exprime assez souvent ainsi les idées les plus sublimes. C'est lui qui a dit que *la divinité est située loin de Douleur et de Volupté*. On doit à Xénophon la belle allégorie du jeune Hercule entre la Volupté et la Vertu. Mais qui avait imaginé celle des furies, nées du sang d'un père, répandu par son fils, du sang de Célus, mutilé par Saturne? C'est-là le sublime de l'allégorie. Cette façon de s'énoncer fait le charme du style de Montaigne. Dans ses écrits, l'idée abstraite ne se présente jamais nue : il voit tout ce qu'il pense; il peint tout ce qu'il dit.

Plus un peuple a l'imagination vive, plus l'allégorie lui est familière : c'est à cette faculté de saisir les rapports d'une idée abstraite avec un objet sen-

---

* « Te voilà arrivée au bord du lit nuptial. Il ne m'est plus permis de te suivre je me retire : adieu. J'ai été ta compagne dans l'âge le plus tendre; et tu as donné un nouvel éclat à la gloire de mon empire. Tu seras épouse et mère, si le ciel seconde mon espérance et le vœu général. Je vois déjà l'Amour qui moissonne et qui effeuille en folâtrant les lis qu'il a cultivés lui-même. A ces mots, la déesse disparaît comme un éclair; et trois fois la rappelle en vain cette jeune beauté qui brûle encore pour elle. Alors descend la Fécondité avec un visage rayonnant; et, la prenant par la main, elle la présente à son jeune époux. Dès ce moment, les pleurs font place au doux sourire. »

ble, et de concevoir l'une sous la forme de l'autre, que l'on doit toute la beauté de la mythologie des Grecs; et à mesure que ce peuple ingénieux devient plus philosophe, ses allégories présentent un sens plus juste et plus profond. Quoi de plus beau, par exemple, que d'avoir fait Cérès l'inventrice des lois et la fondatrice des villes? Quoi de plus sage, dans les mœurs des Spartiates, que de sacrifier à Vénus armée?

Quoique l'allégorie semble être une façon de s'exprimer artificielle et recherchée, cependant elle est usitée même chez les sauvages. Quand ceux de l'Orénoque veulent témoigner à un étranger que son arrivée leur est agréable, le chef lui dit dans sa harangue, qu'il a vu passer sur sa cabane un oiseau remarquable par la beauté de ses couleurs; ou qu'il a songé la nuit que les fruits de la terre périssaient par la sécheresse, et qu'il est survenu une pluie abondante qui les a ranimés.

Rien de plus naturel, en effet, chez tous les peuples et dans toutes les langues, que d'emprunter ainsi les couleurs des choses sensibles pour exprimer, par analogie, des idées qui, sans cela, seraient vagues, faibles et confuses. Ce qui ne se peint point à l'imagination échappe aisément à l'esprit. (*Voyez* IMAGE.)

MARMONTEL, *Éléments de Littérature.*

ALLÉGORIQUE. Un personnage allégorique est une passion, une qualité de l'âme, un accident de la nature, une idée abstraite personnifiée. Presque toutes les divinités de la fable sont allégoriques dans leur origine, la Beauté, l'Amour, la Sagesse, le Temps, les saisons, les éléments, la Paix, la Guerre, etc. Mais lorsque ces idées abstraites personnifiées ont été réellement l'objet du culte d'une nation, et que, dans sa croyance, elles ont eu une existence idéale, elles sont mises, dans l'ordre du merveilleux, au nombre des réalités; et ce n'est plus ce qu'on appelle des personnages allégoriques.

Il est vraisemblable que, dans le langage des premiers poètes, l'allégorie fut la pépinière des dieux: l'opinion en prit ce qu'elle voulut pour former la mythologie, et laissa le reste au nombre des fictions.

Le même personnage est employé comme réel dans un poème, et comme allégorique dans un autre, selon que le système religieux dans lequel ce personnage est réalisé, convient, ou non, au sujet du poème. Ainsi, par exemple, dans l'*Énéide*, l'Amour est pris pour un être réel; et dans *la Henriade* ce n'est qu'un être allégorique, de la même classe que la Politique et la Discorde.

Nos anciens poètes ont porté à l'excès l'abus des personnages allégoriques. Le roman de *la Rose* les avait mis en vogue. Dans ce roman, l'on voit en scène *Jalousie*, *Bel-accueil*, *Faux-semblant*, etc., et, d'après cet exemple, on mettait sur le théâtre, dans les sotties et les mystères, le *Tien*, le *Mien*, le *Bien*, le *Mal*, l'*Esprit*, la *Chair*, le *Péché*, la *Honte*, *Bonne compagnie*, *Passe-temps*, *Je bois à vous*, etc., et tout cela était charmant; et, dans ce temps-là, on rait juré que de si heureuses fictions réussiraient dans tous les siècles.

Non seulement on faisait des personnages, mais encore des mondes allégoriques; et l'on traçait sur des cartes, de poste en poste, la route du Bonheur, le chemin de l'Amour : par exemple, on partait du port d'Indifférence, on s'embarquait sur le fleuve d'Espérance, on passait le détroit de Rigueur, on s'arrêtait à Persévérance, d'où l'on découvrait l'île de Faveur, où faisait naufrage Innocence. Ces curieuses puérilités ont été à la mode dans le siècle du bel-esprit et du précieux ridicule. Le bon esprit les a réduites à leur juste valeur; et on n'en voit plus que sur des écrans, ou dans quelques livres mystiques. C'est là que peut être placée l'allégorie du Temps et de la Fortune, jouant au ballon avec le globe du monde.

MARMONTEL, *Éléments de Littérature.*

ALLUSION. Application personnelle d'un trait de louange ou de blâme.

Diogène reprochait à Platon de n'avoir jamais offensé personne. Grace aux allusions, il est peu d'écrivains célèbres de nos jours qui aient le même reproche à craindre.

Rien de plus odieux sans doute que la satire personnelle; et quoiqu'on puisse imaginer un degré de dépravation des mœurs publiques, où le vice impuni, toléré, allant partout la tête haute, ferait souhaiter qu'il s'élevât un homme pour l'insulter en face et le flétrir, ce vengeur ne laisserait pas d'être encore un personnage détestable.

Que chacun, dans la société, se fasse raison par le mépris, et par un mépris éclatant, du vice insolent qui le blesse, rien de plus noble et de plus juste. Mais le métier d'exécuteur, quoique très utile, est infâme; et s'il se trouvait un homme doué d'un génie ardent, d'une éloquence impétueuse, du don de peindre avec vigueur, et que cet homme eût commis un crime digne de la rigueur des lois, c'est lui qu'il faudrait condamner à la satire personnelle. (*Voyez* SATIRE.)

Mais autant la satire personnelle est odieuse, autant la satire générale des mauvaises mœurs est honnête. Celle-ci diffère de l'autre à peu près comme le miroir diffère du portrait : dans le miroir, malheur à celui qui se reconnaît : la honte n'en est qu'à lui seul.

La satire, me dira-t-on, porte avec elle une ressemblance. Il est vrai; mais cette ressemblance est celle du vice, à laquelle il dépend de vous qu'on ne vous reconnaisse pas.

C'est là cependant cette espèce de satire innocente et juste, qu'on trouve le moyen de rendre criminelle par la méthode des allusions.

On sait tout le chagrin qu'elles ont fait à Fénelon. Heureusement le vertueux Montausier fut flatté que l'on crût qu'il ressemblait au *Misanthrope*; heureusement il ne dépendit pas de quelques puissants personnages de faire brûler, comme ils l'auraient voulu, le *Tartufe* avec son auteur.

ALLUSION.

C'est une façon de nuire, aussi basse qu'elle est commune, que d'appliquer ainsi des traits, qui par eux-mêmes n'ont rien de personnel, pour faire un crime à l'écrivain de l'intention qu'on lui suppose. L'envie et la malignité y trouvent d'autant mieux leur compte, que c'est un fer à deux tranchants.

Un jour, au spectacle, un de ces misérables qui ont payés pour nuire, faisant remarquer un vers qui attaquait fortement je ne sais quel vice, s'écria que l'allusion était punissable. « Très punissable, « lui dit quelqu'un qui l'avait entendu ; mais c'est « vous qui la faites. »

L'allusion est sur-tout dangereuse lorsqu'elle rend personnelle aux souverains ou aux hommes en place, une peinture générale des faiblesses et des erreurs où peuvent tomber leurs pareils. Malheur au gouvernement sous lequel il ne serait permis ni de blâmer le vice, ni de louer la vertu !

Rien de plus effrayant alors, et de plus nuisible en effet pour les lettres, que cette manie des allusions. De peur d'y donner lieu, on n'ose caractériser avec force ni le vice ni la vertu ; on se répand dans le vague ; on glisse légèrement sur tout ce qui peut ressembler ; on ne peint plus son siècle ; on craint même souvent de peindre à grands traits la nature ; on n'ose dire ni bien ni mal, que de loin, à perte de vue ; et alors on mérite le reproche que Phocion faisait à l'orateur Léosthène, que ses propos ressemblaient aux cyprès, « qui sont, disait-il, « beaux et droits, mais qui ne portent aucun fruit. »

Il serait digne des hommes en place de répondre

aux vils délateurs qui leur dénoncent les traits de blâme qui peuvent les regarder, ce qu'un roi philosophe, Archélaüs, roi de Macédoine, sur qui quelqu'un, de sa fenêtre, avait laissé tomber de l'eau, répondit à ses courtisans, qui l'excitaient à l'en punir : « Ce n'est pas sur moi qu'il a jeté de « l'eau, mais sur celui qui passait. » Cela seul serait noble et juste; et ce serait alors que l'homme de lettres, avec la franchise et la sécurité de l'innocence, pourrait blâmer le vice et louer la vertu, sans que personne prît la satire pour un affront, ni l'éloge pour une insulte. (*Voyez* SATIRE.)

Quant aux allusions qu'on fait soi-même, en parlant ou en écrivant, c'est quelquefois ce qu'il y a de plus fin dans le langage et dans le style. Un soldat salue en espagnol le maréchal de Berwick : « Ca-
« marade, lui dit le maréchal, où as-tu appris l'es-
« pagnol ? — A Almanza, mon général. »

On parlait de généalogie devant M. de Catinat.
« Pour moi, dit-il en souriant, je descends de Ca-
« tilina. De Caton, Monseigneur, » lui répondit quelqu'un. L'heureuse répartie !

A la représentation d'une pièce nouvelle, que protégeait le grand Condé, on faisait du bruit au parterre. Le prince, qui était sur le théâtre, crut distinguer le cabaleur; et, le montrant du doigt, il dit : « Que l'on prenne cet homme-là. » Mais l'homme désigné se sauvant dans la foule : « On ne me prend point, dit-il au prince : je m'appelle Lérida. »

Un de nos ministres des finances ayant fait donner une déclaration qui alarmait le clergé, l'abbé C....

ALLUSION.

était un de ceux qui s'en plaignaient le plus hautement. « Vous sonnez le tocsin, lui dit le ministre. « En êtes vous surpris, répondit l'abbé, quand vous « mettez le feu partout? »

Catulus accusait de péculat, devant le peuple, un Romain appelé Philippe, lequel l'interrompant, lui dit: « Tu aboies, Catulus. J'aboie, répondit « Catulus, parce que je vois un voleur. » (Il faut savoir qu'en latin *catulus* veut dire *un petit chien*)*.

C'est un exemple ingénieux de cette justesse d'allusion, que le petit dialogue fait à l'installation du pape Urbain VIII, Barberin, dont les armoiries étaient des abeilles.

GALLIA.
Gallis mella dabunt, Hispanis spicula figent.
HISPANIA.
Spicula si figant, emorientur apes.
ITALIA.
Mella dabunt cunctis; nulli sua spicula figent:
Spicula nam princeps figere nescit apum.

En voici une qui, dans son espèce, est aussi rare qu'elle est plaisante. Des chasseurs affamés n'avaient à leur dîner que des côtelettes fort dures. « C'est ici, « dit l'un d'eux, le combat des voraces contre les co- « riaces. » Euripide, et, mieux que lui, Racine indique, par allusion, l'objet du délire de Phèdre (Act. I, Sc. 3): c'est un trait de génie.

* « Un des meilleurs à propos dont l'histoire ait fait mention est, dit Voltaire, celui de Pierre Danez, au concile de Trente. Un homme qui n'aurait pas eu l'esprit présent n'aurait rien répondu au froid jeu de mots de l'évêque italien : *Ce coq chante bien* (iste gallus benè cantat). » Danez répondit par cette terrible réplique : « *Plût à Dieu que Pierre se repentît au chant du coq!* Cet à propos est en même temps une excellente allusion. F

Dieux! que ne suis-je assise à l'ombre des forêts!
Quand pourrai-je, au travers d'une noble poussière,
Suivre de l'œil un char fuyant dans la carrière?

C'est par allusion qu'Ulysse, dans le treizième livre des *Métamorphoses*, reproche à Ajax d'avoir eu dans sa famille un banni pour le crime de fratricide.

...... Mihi Laërtes pater est; Arcesius illi,
Jupiter huic; neque in his quisquam damnatus et exul.

L'allusion est propre sur-tout à la comédie et à la satire. L'une des plus comiques est celle que fait le Misanthrope à la querelle qu'il vient d'avoir avec Oronte (*Act. III, sc. 7*):

On n'a point à louer les vers de messieurs tels.

Mais de tous les poètes, La Fontaine est celui qui fait le plus d'allusions. Je ne parle pas de cette allusion générale des animaux à nous, qui est de l'essence de l'apologue; je parle de mille traits répandus dans ses Fables, qui touchent plus expressément à quelque particularité de langage, de caractère, d'usage, de condition, de mœurs locales, d'opinion, d'érudition, etc.

...... *Ratopolis* était bloquée......
  Thémis n'avait point travaillé,
De mémoire de singe, à fait plus embrouillé......
Don Pourceau raisonnait en subtil personnage......
Certain renard *gascon*, d'autres disent *normand*......
Quand il eut *ruminé tout le cas dans sa tête*......
Le loup *en fait sa cour*, daube *au coucher du roi*
Son camarade absent......

ALONZO.

Le renard dit, branlant la tête,
Tels orphelins, Seigneur, ne me font point pitié.....
Faites-en *les feux* dès ce soir;
Et cependant viens recevoir
Le *baiser de paix* fraternelle.....
Chacun fut de l'avis de *monsieur le doyen*.....
Un lièvre, apercevant l'ombre de ses oreilles,
Craignit que quelque *inquisiteur*
N'allât *interpréter à cornes* leur longueur.....
Miraut sur leur odeur *ayant philosophé*.....
Le maître du logis en ordonne autrement.....
J'ai passé les déserts, mais *nous n'y bûmes point*.....
Je sais que *la vengeance*
Est un morceau de roi; car vous vivez en dieux.....
Il leur apprit à leurs dépens
Que l'on ne doit jamais avoir de confiance
En ceux qui sont *mangeurs de gens*.....

Ces traits, dis-je, et une infinité d'autres, aussi fins et aussi rapides, réveillent en passant une multitude d'idées qui rendent le plaisir de cette lecture inépuisable; et c'est, dans les Fables de La Fontaine, un genre d'agrément dont Ésope et Phèdre n'avaient pas soupçonné que l'apologue fût susceptible.

MARMONTEL, *Élements de Littérature*.

ALONZO D'ERCILLA Y CUNIGA, chevalier de SANT YAGO, naquit en 1533, au château de Borméo, en Castille. Son père, qu'on avait surnommé le *subtil Espagnol*, était, selon l'opinion de plusieurs historiens, l'un des plus savants jurisconsultes de son temps. Issu d'une noblesse aussi ancienne que renommée, il obtint aisément pour son fils le titre de gentilhomme de la chambre de Charles-Quint. Deux passions couvaient dans le cœur d'Alonzo, celle des grands voyages et celle des profondes études. Forcé d'opter pour l'une ou pour l'autre, il choisit les voyages; alors son éducation était fort avancée, et il avait ce qui tient lieu de son perfectionnement, un génie véritable et la soif de connaître. C'est dans cette situation d'esprit qu'il assista, sous Philippe II, à la bataille de Saint-Quentin, et qu'ensuite il partit pour visiter l'Angleterre. Les peuples du Chili venaient de se révolter contre leurs vainqueurs, et il n'était bruit en Europe que de leur courage et de leur désespoir. Alonzo, dont l'âme héroïque se sentait exaltée, demanda aussitôt et obtint facilement la permission de marcher contre les insurgés, avec don Aldérète, gouverneur de la province, qui était venu lui-même demander du secours. On lui donna un corps de troupes à la tête duquel il fit toute la campagne : campagne pénible, périlleuse, savante même s'il en fut jamais, puisque les Espagnols avaient à triompher d'innombrables accidents de terrain, de l'inexpérience de la plupart des lieux, et de l'inconcevable acharnement de plusieurs nations à demi-sauvages, qui ne voyaient dans la servitude que des échafauds et des fers. Don Alonzo fut à la fois le chantre et le héros de cette guerre. Son poème, qui a pour titre *Araucana*, du nom de la contrée d'Arauco où commença la révolte, est d'autant plus original, que le pays lui-même, ses habitants, leurs usages et leurs mœurs, sont absolument différents de tout ce qui nous environne.

L'ouvrage d'Alonzo fut terminé à Madrid presque immédiatement après la guerre du Chili ; mais il ne fut livré au public qu'en l'an 1577. Il avait fallu que son auteur, qui manquait de papier lorsqu'il en fit les premiers chants, rassemblât et débrouillât laborieusement d'innombrables petits morceaux de cuir sur lesquels il les avait écrits. Ce poëte, qui eut la gloire de voir plusieurs éditions de son livre, mourut à Madrid vers l'an 1603.

L'*Araucana* vient d'être traduit pour la première fois en français par M. Gilibert de Merlhiac; Paris 1824, in-8°. La traduction, ou plutôt l'analyse que M. de Merlhiac a donnée, ne forme pas même le quart du poème original, composé de plus de trente mille vers.

C. T.

JUGEMENTS.

I.

L'*Araucana* commence par une description géographique du Chili, et par la peinture des mœurs et des coutumes des habitants. Ce commencement, qui serait insupportable dans tout autre poème, est ici nécessaire, et ne déplaît pas dans un sujet où la scène est par-delà l'autre tropique, et où les héros sont des sauvages, qui nous auraient été toujours inconnus, s'il ne les avait pas conquis et célébrés. Le sujet, qui était neuf, a fait naître des pensées neuves. J'en présenterai une au lecteur, pour échantillon, comme une étincelle du beau feu qui animait quelquefois l'auteur.

« Les Araucaniens, dit-il, furent bien étonnés de
« voir des créatures pareilles à des hommes, por-
« tant du feu dans leurs mains, et montées sur des
« monstres qui combattaient sous eux; ils les prirent
« d'abord pour des dieux descendus du ciel, armés
« du tonnerre, et suivis de la destruction; et alors
« ils se soumirent, quoique avec peine. Mais dans
« la suite, s'étant familiarisés avec leurs conqué-
« rants, ils connurent leurs passions et leurs vices,
« et jugèrent que c'étaient des hommes. Alors, hon-
« teux d'avoir succombé sous des mortels sembla-
« bles à eux, ils jurèrent de laver leur erreur dans
« le sang de ceux qui l'avaient produite, et d'exercer
« sur eux une vengeance exemplaire, terrible et
« mémorable. »

Il est à propos de faire connaître ici un endroit du deuxième chant, dont le sujet ressemble beaucoup au commencement de l'Iliade, et qui, ayant été traité d'une manière différente, mérite d'être mis sous les yeux des lecteurs qui jugent sans partialité. La première action de l'*Araucana* est une querelle qui naît entre les chefs des barbares, comme, dans Homère, entre Achille et Agamemnon. La dispute n'arrive pas au sujet d'une captive; il s'agit du commandement de l'armée. Chacun de ces généraux sauvages vante son mérite et ses exploits; enfin la dispute s'échauffe tellement, qu'ils sont prêts d'en venir aux mains. Alors un des caciques, nommé Colocolo, aussi vieux que Nestor, mais moins favorablement prévenu en sa faveur que le héros grec, fait la harangue suivante:

« Caciques, illustres défenseurs de la patrie, le
« désir ambitieux de commander n'est point ce qui
« m'engage à vous parler. Je ne me plains pas que
« vous disputiez avec tant de chaleur un honneur
« qui, peut-être, serait dû à ma vieillesse, et qui
« ornerait mon déclin. C'est ma tendresse pour vous,
« c'est l'amour que je dois à ma patrie, qui me sol-
« licite à vous demander attention pour ma faible
« voix. Hélas! comment pouvons-nous avoir assez
« bonne opinion de nous-mêmes pour prétendre
« à quelque grandeur, et pour ambitionner des titres
« fastueux, nous qui avons été les malheureux su-
« jets et les esclaves des Espagnols? Votre colère,
« caciques, votre fureur ne devraient-elles pas
« s'exercer plutôt contre nos tyrans? Pourquoi tour-
« nez-vous contre vous-mêmes ces armes qui pour-
« raient exterminer vos ennemis et venger notre
« patrie? Ah! si vous voulez périr, cherchez une
« mort qui vous procure de la gloire. D'une main
« brisez un joug honteux, et de l'autre attaquez
« les Espagnols, et ne répandez pas, dans une que-
« relle stérile, les précieux restes d'un sang que les
« dieux vous ont laissé pour vous venger. J'applau-
« dis, je l'avoue, à la fière émulation de vos cou-
« rages : ce même orgueil que je condamne aug-
« mente l'espoir que je conçois. Mais que votre
« valeur aveugle ne combatte pas contre elle-même,
« et ne se serve pas de ses propres forces pour
« détruire le pays qu'elle doit défendre. Si vous
« êtes résolus de ne point cesser vos querelles,
« trempez vos glaives dans mon sang glacé. J'ai

« vécu trop long-temps : heureux qui meurt sans
« voir ses compatriotes malheureux, et malheureux
« par leur faute ! Écoutez-donc ce que j'ose vous
« proposer. Votre valeur, ô caciques, est égale ;
« vous êtes tous également illustres par votre nais-
« sance, par votre pouvoir, par vos richesses, par
« vos exploits : vos âmes sont également dignes de
« commander, également capables de subjuguer
« l'univers. Ce sont ces présents célestes qui cau-
« sent vos querelles. Vous manquez de chefs, et
« chacun de vous mérite de l'être : ainsi, puisqu'il
« n'y a aucune différence entre vos courages, que
« la force du corps décide ce que l'égalité de vos
« vertus n'aurait jamais décidé, etc. » Le vieillard
propose alors un exercice digne d'une nation barbare, de porter une grosse poutre, et de déférer, à
qui en soutiendrait le poids plus long-temps, l'honneur du commandement.

Comme la meilleure manière de perfectionner
notre goût est de comparer ensemble des choses de
même nature, opposez le discours de Nestor à celui
de Colocolo ; et, renonçant à cette adoration que
nos esprits justement préoccupés rendent au grand
nom d'Homère, pesez les deux harangues dans la
balance de l'équité et de la raison.

Après qu'Achille, instruit et inspiré par Minerve,
déesse de la sagesse, a donné à Agamemnon les
noms d'ivrogne et de chien, le sage Nestor se lève
pour adoucir les esprits irrités de ces deux héros,
et parle ainsi [*]. « Quelle satisfaction sera-ce aux

[*] *Iliade*, I, 254

« Troyens lorsqu'ils entendront parler de vos dis-
« cordes? Votre jeunesse doit respecter mes années
« et se soumettre à mes conseils. J'ai vu autrefois
« des héros supérieurs à vous. Non, mes yeux ne
« verront jamais des hommes semblables à l'invinci-
« ble Pirithoüs, au brave Céneus, au divin Thésée,
« etc... J'ai été à la guerre avec eux, et, quoique je
« fusse jeune, mon éloquence persuasive avait du
« pouvoir sur leurs esprits; ils écoutaient Nestor :
« jeunes guerriers, écoutez-donc les avis que vous
« donne ma vieillesse. Atride, vous ne devez pas
« garder l'esclave d'Achille : fils de Thétis, vous ne
« devez pas traiter avec hauteur le chef de l'armée.
« Achille est le plus grand, le plus courageux des
« guerriers; Agamemnon est le plus grand des rois,
« etc. » Sa harangue fut infructueuse; Agamemnon
loua son éloquence, et méprisa son conseil.

Considérez, d'un côté, l'adresse avec laquelle le
barbare Colocolo s'insinue dans l'esprit des caciques,
la douceur respectable avec laquelle il calme leur
animosité, la tendresse majestueuse de ses paroles;
combien l'amour du pays l'anime, combien les sentiments de la vraie gloire pénètrent son cœur; avec
quelle prudence il loue leur courage en réprimant
leur fureur; avec quel art il ne donne la supériorité
à aucun : c'est un censeur, un panégyriste adroit;
aussi tous se soumettent à ses raisons, confessant
la force de son éloquence, non par de vaines louanges, mais par une prompte obéissance. Qu'on juge,
d'un autre côté, si Nestor est si sage de parler tant
de sa sagesse; si c'est un moyen sûr de s'attirer

l'attention des princes grecs, que de les rabaisser et de les mettre au-dessous de leurs aïeux; si toute l'assemblée peut entendre dire avec plaisir à Nestor qu'Achille est le plus courageux des chefs qui sont là présents. Après avoir comparé le babil présomptueux et impoli de Nestor avec le discours modeste et mesuré de Colocolo, l'odieuse différence qu'il met entre le rang d'Agamemnon et le mérite d'Achille, avec cette portion égale de grandeur et de courage attribuée avec art à tous les caciques, que le lecteur prononce; et s'il y a un général dans le monde qui souffre volontiers qu'on lui préfère son inférieur pour le courage; s'il y a une assemblée qui puisse supporter sans s'émouvoir un harangueur qui, leur parlant avec mépris, vante leurs prédécesseurs à leurs dépens, alors Homère pourra être préféré à Alonzo dans ce cas particulier.

Il est vrai que, si Alonzo est dans un seul endroit supérieur à Homère, il est dans tout le reste au-dessous du moindre des poètes : on est étonné de le voir tomber si bas après avoir pris un vol si haut. Il y a sans doute beaucoup de feu dans ses batailles, mais nulle invention, nul plan, point de variété dans les descriptions, point d'unité dans le dessin. Ce poème est plus sauvage que les nations qui en font le sujet. Vers la fin de l'ouvrage, l'auteur, qui est un des premiers héros du poème, fait pendant la nuit une longue et ennuyeuse marche, suivi de quelques soldats; et, pour passer le temps, il fait naître entre eux une dispute au sujet de Virgile, et principalement sur l'épisode de Didon. Alonzo saisit cette occasion pour entretenir ses soldats de la mort de Didon, telle qu'elle est rapportée par les anciens historiens; et, afin de mieux donner le démenti à Virgile, et de restituer à la reine de Carthage sa réputation, il s'amuse à en discourir pendant deux chants entiers.

Ce n'est pas d'ailleurs un défaut médiocre de son poème d'être composé de trente-six chants* très longs. On peut supposer avec raison qu'un auteur qui ne sait ou qui ne peut s'arrêter n'est pas propre à fournir une telle carrière.

Un si grand nombre de défauts n'a pas empêché le célèbre Michel Cervantes de dire que l'*Araucana* peut être comparé avec les meilleurs poèmes d'Italie. L'amour aveugle de la patrie a sans doute dicté ce faux jugement à l'auteur espagnol.

Voltaire, *Essai sur la Poésie épique*.

II Parallele du Camoëns et d'Alonzo d'Ercilla

Le Camoëns, à la faveur de sa brillante imagination et de son style fleuri, peut se lire après le Tasse; l'*Araucana* est un morceau original, que je ne comparerai positivement à aucun poème, mais qui m'intéresse par la nouveauté singulière du spectacle qu'il offre à mon esprit. On ne trouve pas dans *la Lusiade* la peinture des mœurs et des usages extraordinaires d'un peuple tout-à-fait hors de la société commune, mais on y rencontre de la poésie, de belles images et du merveilleux. Ercilla, aussi exact qu'il est impartial, a raconté un épisode qui

---

* L'*Araucana* est composé de trente-sept chants, qui forment plus de trente mille vers.   F.

appartient à l'histoire de l'Amérique, mais qu'on ne trouve nulle part que dans son poëme. Sa manière de peindre est dépouillée d'ornements, et, peut-être, c'est ce qui a sauvé son poëme de l'oubli; il n'avait pas assez de goût et de génie pour ajouter des embellissements convenables à une nature sauvage et toute nouvelle pour nous; il la montre dans sa physionomie originale, qui est assez frappante pour fixer l'attention. Camoëns charme l'esprit et le cœur; Ercilla pique notre curiosité, et nous fait éprouver des sensations fortes. Le poète portugais agrandit le domaine de l'imagination; le narrateur espagnol donne un nouvel essor aux méditations de l'esprit philosophique. Camoëns nous montre souvent jusqu'où peut s'étendre l'empire de la poésie, le coloris magique dont elle embellit la nature, et nous planons avec lui dans les régions du beau idéal; Ercilla nous transporte aussi dans un monde moral et tout nouveau, mais sans le secours des fictions poétiques; c'est sur les traces de l'histoire que son génie observateur nous conduit vers les sources primitives de nos passions, et nous montre l'homme entre les bras de la nature, livré à tous les écarts d'une raison inculte, et n'ayant encore que les perceptions d'un instinct barbare. Camoëns nous procure des sensations presque toujours agréables, et quelquefois sublimes; Ercilla provoque des idées pénibles, mais qui nous attachent, qui nous intéressent. Ces deux poètes sont donc faits pour nous plaire; car il y a plusieurs moyens, également sûrs, de parvenir à notre cœur. Un sentiment indéfinissable nous porte, avec le même empressement, à contempler les scènes les plus terribles et les tableaux les plus riants. La vie ou le mouvement du monde physique et moral ne s'entretiennent que par des contrastes de ce genre. Il n'est pas surprenant que *la Lusiade* et l'*Araucana* aient produit une grande sensation. Ces deux poèmes, consacrés à la gloire de deux peuples rivaux, ont dû flatter leur amour-propre. La *Lusiade* nous est déjà connue par deux traductions dans notre langue; mais nous n'en possédons aucune de l'*Araucana*; l'existence de ce poème nous a été révélée par quelques lignes de Voltaire; j'ai pensé que ce n'était point assez, et que l'on me saurait gré d'en avoir fait connaître l'ensemble et les traits principaux.

GILIBERT DE MERLHIAC, *Discours préliminaire de la Traduction de l'Araucana.*

AMATEUR. Ce serait une classe d'hommes précieuse aux arts et aux lettres, que celle qui, par un goût naturel plus ou moins éclairé, mais sincère et juste, jouirait de leurs productions, s'intéresserait à leur gloire, et, selon ses divers moyens, encouragerait leurs travaux. C'est réellement ainsi qu'un petit nombre d'âmes sensibles aiment les lettres et les arts, sans que la vanité s'en mêle. Heureux l'écrivain qui peut avoir de pareils amateurs pour conseils et pour juges! Non-seulement ils l'éclairent sur les fautes qui lui échappent; mais, comme il les a sans cesse présents devant les yeux en écrivant, il en devient plus difficile et plus sévère envers lui-même; et le pressentiment de leur goût règle et détermine le sien. Despréaux avait pour amis le prince de Conti, le marquis de Tresmes, Bossuet, Bourdaloue, Arnauld, l'abbé de Châteauneuf, le président de Lamoignon, d'Aguesseau, depuis chancelier : ils étaient pour lui, ce qu'étaient pour Térence, Lélius et Scipion. Aussi Térence et Despréaux sont-ils les écrivains les moins négligés de leurs siècles. Le goût de Despréaux, formé à cette école, put former celui de Racine : et en lui apprenant à écrire pour le petit nombre, il lui apprit à écrire pour la postérité.

Mais la foule des amateurs est composée d'une espèce d'hommes qui, n'ayant par eux-mêmes ni qualités ni talents qui les distinguent, et voulant être distingués, s'attachent aux arts et aux lettres, comme le gui au chêne, ou le lierre à l'ormeau.

Cette espèce parasite n'apporte dans ce commerce que de la vanité, de fausses lumières, des prétentions ridicules, et des manœuvres souvent déshonorantes, toujours désolantes pour les lettres et pour les arts. Juges superficiels et tranchants, leur manie est de protéger; et comme les grands talents sont communément accompagnés d'une certaine élévation d'âme, qui répugne aux protections vulgaires, qui les repousse, ou du moins les néglige, ces faux amateurs ne trouvent que dans l'extrême médiocrité, la complaisance, l'adulation, la bassesse qui leur convient : ils protègent donc ce qui se présente, n'ayant pas à choisir; et de là les brigues, les cabales, pour élever leurs esclaves au-dessus des hommes libres, qu'ils détestent, parce qu'ils en sont méprisés. Ils ne peuvent leur ôter la gloire; mais ils n'ont que trop souvent assez de crédit pour leur dérober tous les autres prix du talent.

C'est encore pis lorsqu'ils s'attachent à un homme de génie, pour se donner une existence et un reflet de considération : ils se constituent ses valets les plus bassement dévoués; ils se passionnent pour lui d'un fanatisme de commande et d'un enthousiasme froidement outré; ils couvrent de ce zèle toutes leurs haines pour les autres talents; ils semblent les traîner aux pieds de leur idole; et en feignant d'élever un grand homme, de qui leur culte est méprisé, ils croient mettre au-dessous d'eux tout ce qui est au-dessous de lui. Ils se permettent pour lui, à son insu et à sa honte, des manèges dont il n'a pas besoin, et dont il rougirait; ils croient devoir étouffer des rivaux qu'il n'a pas à craindre; ils lui attribuent la bassesse de leurs pensées et de leurs sentiments; sont pour lui envieux, fourbes, méchants et lâches; le rendent lui-même suspect d'être l'instigateur et le complice de leurs pratiques odieuses; et le déshonorent, s'il est possible, en affectant de le servir.

A l'égard des lettres, l'amateur s'appelle plus communément connaisseur; et malheur au siècle où cette engeance abonde! Ce sont les fléaux des talents et du goût; ils veulent avoir tout prévu, tout dirigé, tout inspiré, tout vu, revu et corrigé. Ennemis irréconciliables de qui néglige leurs avis, et tyrans de qui les consulte, leurs décisions sont des lois, qu'ils font un crime à l'écrivain de n'avoir pas religieusement observées. Tous les succès sont dus à leurs conseils, et tous les revers sont la peine de n'avoir pas voulu les croire. Mais, en les écoutant, on n'en est pas plus sûr de se les rendre favorables; et ce qu'ils ont approuvé la veille avec le plus d'enthousiasme, ils le condamnent le lendemain, si le public ne le goûte pas. « Le public a raison, ils ont « pensé de même, ils ont prédit que cela déplairait, « on n'a pas voulu les entendre. » Les plus adroits, lorsqu'ils sont consultés, gardent sur les endroits critiques un silence mystérieux, ou prononcent comme les oracles, en se ménageant, par l'ambiguité de leurs réponses, les deux envers d'une opinion qu'ils laissent flotter jusqu'à l'évènement, afin de ne jamais se compromettre.

En fait de musique, de peinture, etc., l'amateur ne s'érige qu'en juge du talent, et ce n'est là qu'un demi-mal; mais, en fait de littérature, il croit rivaliser avec le talent même, et en est jaloux en secret. Il n'est pas possible de se croire peintre, musicien, statuaire, si on ne l'est pas : mais pourquoi l'amateur ne serait-il pas bel-esprit, autant et plus que l'écrivain? S'il ne produit rien, ce n'est pas le talent, c'est la volonté qui lui manque; il aurait fait au moins ce qu'il a inspiré, s'il eût voulu s'en donner la peine.

De là ce sentiment d'envie contre les talents qui s'élèvent, et cette haine des vivants, qui lui fait exalter les morts. « Qui plus que moi, vous dira-t-il, « est passionné pour les lettres? Voyez avec quelle

« chaleur je me transporte d'admiration pour ces
« hommes de génie, qui, malheureusement, ne sont
« plus »! Ils ne sont plus; mais s'ils étaient encore,
ils auraient à ses yeux le tort de s'élever sans lui,
de briller devant lui, de l'offusquer, de lui faire
sentir une supériorité humiliante : autant de crimes
pour la vanité.

Ainsi, les prétendus amis des lettres ne sont rien
moins, le plus souvent, que les amis de ceux qui
les cultivent. Les vrais amis des talents sont ceux
qui les jugent par sentiment et sans prétendre les
juger; qui ne demandent qu'à jouir, qu'à être amusés,
éclairés, ou agréablement émus; qui, sans connaître
l'homme, s'en tiennent à l'ouvrage, en profitent
s'il est utile, s'en amusent s'il est amusant, et n'ont
point la cruelle et ridicule vanité d'être jaloux du
bien qu'il leur fait, ou envieux du plaisir qu'il leur
cause.

Plistarque, fils de Léonidas, apprenant qu'un
homme connu pour être envieux et méchant, disait du bien de lui, répondit : « Il me croit donc
« mort? »

Le seul moyen, pour les gens de lettres, de capituler avec l'amour-propre de l'amateur à prétentions, serait donc de s'ensevelir, je veux dire de
vivre obscurs et retirés; en sorte que, dans le
monde, il ne rencontrât que leurs livres, et qu'il
n'eût jamais avec leur personne ni débats d'opinions, ni assaut de raison, de goût et de lumières,
ni aucune espèce de rivalité à soutenir; alors, sa
vanité n'ayant rien à démêler avec eux face à face,

il leur pardonnerait peut-être une existence idéale qui ne lui ferait plus d'ombrage. Mais s'il les trouve dans le monde; s'il les y voit estimés, applaudis; s'ils lui enlèvent l'attention; si leur esprit a quelquefois le malheur d'éclipser le sien; s'ils ont surtout un caractère qui ne se plie pas assez aux complaisances, aux déférences, aux adulations qu'il exige, ils sont perdus dans son opinion; ils peuvent compter sur sa haine; il les dénonce comme des hommes d'une présomption, d'un orgueil, d'une arrogance insupportables, comme des hommes qu'on ne peut trop rabaisser et humilier. Il les a soupçonnés de croire valoir mieux que lui; c'est assez: il affirmera qu'ils n'estiment rien tant qu'eux-mêmes; que, du côté des rangs et des conditions, ils n'admettent à leur égard nulle espèce d'inégalité, et que, du côté des talents, ils pensent avoir surpassé tout ce qu'il y a de plus illustre. Sur ces deux points, il leur attribue toutes les sottises qu'il imagine; et il a bien de quoi en être libéral.

Je ne serais donc pas surpris que, dans un siècle où les gens de lettres se seraient trop répandus, et où cette espèce d'envieux secrets, et honteux de l'être, se seraient trop multipliée, ce fût la principale cause de l'animosité qu'un certain monde aurait conçue contre les talents littéraires, et de la protection clandestine et sourde que l'on accorderait à leurs plus insolents et plus vils détracteurs.

Marmontel, *Éléments de Littérature.*

AMBROISE (saint), docteur de l'Église latine, naquit, vers l'an 340, d'une famille des plus illustres. Son père, qui était préfet du Prétoire, l'une des quatre premières dignités de l'empire, le laissa en mourant aux soins d'une mère qui sut lui choisir les maîtres les plus éclairés, et former son cœur à la vertu par ses leçons et surtout par ses exemples. Lorsque ses études furent achevées, Ambroise quitta Rome, où il avait reçu son éducation, et vint à Milan avec son frère Satyrus, pour suivre l'un et l'autre la carrière du barreau. Ambroise y montra bientôt tant d'habileté, que Pétronius Probus, préfet d'Italie et d'Illyrie, le choisit pour l'un de ses conseillers, et le nomma ensuite gouverneur des provinces consulaires de la Ligurie et de l'Émilie, en lui recommandant d'agir, dans son gouvernement, non en juge, mais en évêque. Cette leçon s'accordait trop avec le caractère d'Ambroise pour qu'il ne la retînt pas; sa douceur et sa sagesse lui gagnèrent le respect et l'affection des peuples, dans un temps où l'Italie et le pays de Milan étaient déchirés par les fureurs de l'arianisme.

Après la mort d'Auxence, évêque de Milan, Ambroise fut, d'une voix unanime, proclamé par le peuple pour le remplacer. On dit que, redoutant le fardeau qu'on voulait lui imposer, il prit tous les moyens possibles pour y échapper, et qu'il alla même jusqu'à vouloir faire douter de ses vertus; mais que n'ayant pu parvenir à faire croire au peuple qu'il fût indigne de son choix, l'empereur Valentinien, qui approuvait le vœu général, le força d'y obéir. Ambroise n'était que catéchumène; on le baptisa, on l'ordonna prêtre, et il reçut la consécration des évêques, le 7 décembre 374, huit jours après son baptême.

Quoiqu'Ambroise eût été élevé à l'épiscopat contre sa volonté, ce n'en fut pas moins alors que ses sublimes vertus parurent dans tout leur éclat : doux, compatissant, affable, n'usant de son crédit que pour l'avantage des autres, ennemi du faste et de la grandeur, il devint l'objet de la profonde vénération des peuples; les deux jeunes empereurs, Gratien et Valentinien, qui avaient succédé à Valentinien Ier, le regardèrent comme leur père, et Justine leur mère, malgré son attachement à l'arianisme, ne put se défendre d'admirer sa sagesse.

Le zèle du saint évêque ne se bornait point à remplir dignement ses fonctions au milieu de son troupeau; on le vit protéger et secourir les peuples qui fuyaient les contrées ravagées par les Goths; il se dépouilla de tout, et vendit jusqu'aux vases sacrés pour racheter les captifs. Les ariens lui ayant reproché cette action, il leur répondit « qu'il va-
« lait mieux conserver à Dieu des âmes que de l'or. »

Lorsque Maxime, après avoir fait massacrer à Lyon le jeune Gratien, l'espoir de l'empire et de l'Église, menaçait à la fois l'Italie, Valentinien et sa mère, Ambroise, dont Justine avait imploré le secours, se rendit auprès du tyran, et obtint, au bout d'une année, un traité qui assurait la paix à l'Italie. L'impératrice, en recouvrant sa tranquillité, oublia ce qu'elle devait à Ambroise, et profita de cette paix qu'il venait de lui procurer pour exiger de lui qu'il donnât la cathédrale de Milan aux ariens; mais Ambroise, intrépide défenseur de la foi, résista avec fermeté à ses ordres; et, bravant ses menaces et les persécutions qu'elle lui fit souffrir, il parvint à renverser ses projets et ceux des sectaires. On dit que ce fut à cette occasion qu'il composa ce beau cantique d'actions de graces, le *Te Deum*, appelé communément l'*Hymne de saint Ambroise*. Ce fut alors aussi que, profitant du repos dont il jouissait, le saint évêque se mit à travailler à plusieurs ouvrages utiles, et qu'il eut la satisfaction de donner le baptême à Augustin, son disciple et sa plus belle conquête. (*Voyez* AUGUSTIN.)

Cependant la tranquillité d'Ambroise dura peu; il vit une seconde fois l'Italie menacée; et lorsque Théodose en fut devenu le libérateur, son cœur fut déchiré de nouveau par le massacre de Thessalonique. Cette malheureuse ville s'étant révoltée contre son gouverneur, qui fut tué dans la sédition, l'empereur Théodose, pour venger sa mort, avait ordonné de faire périr sept mille habitants. L'évêque de Milan, n'ayant pu empêcher l'exécution de cet ordre barbare, s'abandonna d'abord au plus profond chagrin, et écrivit ensuite à Théodose pour lui représenter l'énormité de son crime, et le prévenir qu'il lui refuserait l'entrée de l'église. Quelque temps après, l'empereur veut s'y présenter, le saint pontife en est averti, et sortant du chœur de l'église pour venir l'attendre jusqu'au-delà du vestibule, il s'avance vers lui dès qu'il le voit paraître, et lui dit : « Il est à

« croire, ô empereur, que vous ne comprenez pas
« encore l'énormité de votre crime, puisque vous
« osez vous présenter ici. Peut-être que, prévenu
« de la grandeur de votre dignité, vous vous cachez
« à vous-même vos faiblesses, et que votre orgueil
« aveugle votre raison. Songez que vous êtes d'une
« nature fragile, que vous avez été tiré d'un peu
« de poussière comme les autres hommes, et que
« vous retournerez en poussière comme eux. Ne
« vous laissez pas éblouir à l'éclat de cette pourpre,
« qui couvre un corps infirme et mortel. Ceux à qui
« vous commandez sont de la même nature que
« vous, et vous servez avec eux le même Dieu qui
« est le maître des sujets et des souverains. Com-
« ment donc entreprenez-vous d'entrer dans son
« temple? Oseriez-vous étendre vos mains, encore
« teintes du sang innocent que vous avez répandu,
« pour prendre le corps sacré de Jésus-Christ? Ose-
« riez-vous recevoir son sang adorable en cette
« bouche, qui, dans l'excès de votre colère, a com-
« mandé tant de meurtres? Retirez-vous donc, et
« n'ajoutez pas un nouveau crime à celui que vous
« avez déjà commis : recevez plutôt avec soumission
« la sentence que je prononce sur la terre, et que
« Jésus-Christ approuve dans le ciel contre votre
« péché, puisque c'est pour votre salut. » Sensiblement touché de ce discours, Théodose cherche cependant à excuser son crime; il rappelle le pardon
accordé autrefois au roi David. « Vous l'avez imité
« en son péché, lui répond Ambroise, imitez-le donc
« en sa pénitence. » Le prince alors, loin de s'offen-

ser de la résistance qui lui est offerte, se retire à l'instant même, et pendant huit mois qu'il s'abstint d'aller à l'église, il fit une pénitence rigoureuse. Ambroise, pour prévenir dans la suite les funestes effets de la colère des princes, ne voulut absoudre Théodose que lorsqu'il en eut obtenu une loi qui ordonnait de suspendre, pendant un mois après la sentence, les exécutions des coupables condamnés à la peine capitale. L'empereur, réconcilié avec l'Église, fut toujours soumis aux sages avis du prélat. Se sentant attaqué de la maladie dont il mourut, il se fit transporter dans le temple, où il voulut recevoir ses deux enfants, Honorius et Placidie, qu'il avait fait venir de Constantinople; et, les présentant à saint Ambroise, il le conjura, devant les autels, d'entretenir dans leur esprit les principes de la religion et de leur servir de père. Saint Ambroise prononça l'oraison funèbre de ce grand prince, pour lequel il avait eu autant d'attachement que d'admiration.

Le saint pontife recueillait en paix le prix de ses sublimes vertus, lorsqu'il fut saisi lui-même d'une maladie qui le conduisit au tombeau. A la première nouvelle de son danger, on vit le peuple accourir de toutes parts dans le temple, pour demander à Dieu la conservation d'un évêque qui était le plus ferme appui de la religion et de son troupeau; mais le mal fit chaque jour de nouveaux progrès, et saint Ambroise mourut le vendredi-saint, le troisième jour d'avril de l'an 397, à l'âge de cinquante-sept ans, ayant occupé pendant vingt-trois ans le siége épiscopal de

Milan. Son corps fut porté dans la grande église de cette ville, nommée depuis *la Basilique ambroisienne*.

La meilleure édition des *OEuvres de saint Ambroise* est celle des *Bénédictins de Saint - Maur*; 1686—90, 2 vol. in-fol.

Les ouvrages de ce Père, traduits en français, sont ses *Lettres*, le *Traité de la Virginité*, les trois discours intitulés *Des Vierges*, le *Traité des Offices*, et trois *Harangues*, dont une de Symmaque, et deux de saint Ambroise, *sur le sujet de la Démolition de l'autel de la Victoire*. (*Voyez* SYMMAQUE.) Godefroy Hermant a publié, en 1678, une *Vie de saint Ambroise*, d'après celle qui avait été composée par Paulin, prêtre de Milan, contemporain de saint Ambroise, et qu'il ne faut pas confondre avec saint Paulin. W.

JUGEMENTS.

I.

Entre les anciens docteurs de l'Eglise latine, je ne crois pas qu'il y en ait dont les ouvrages doivent être plus recherchés que ceux de saint Ambroise. Saint Jérôme est plus habile dans les langues et dans l'intelligence de l'Écriture Sainte, saint Hilaire plus poli, saint Augustin plus subtil dans l'explication des questions épineuses; mais où trouve-t-on un Père qui ait expliqué l'Écriture Sainte avec tant de droiture, et qui ait évité plus soigneusement les dogmes suspects? On sent partout qu'il est touché de ce qu'il dit. Son discours a un agrément modeste et pieux. Il faut avouer que saint Ambroise a tiré des ouvrages des Grecs presque tout ce qu'il a écrit:

mais en retranchant ce qui était éloigné de la doctrine catholique..... Son style n'est ni faible ni bas : il a ses pointes * quand le sujet le demande, et approche plus d'une gaieté pleine d'esprit que de ces mouvements violents dont saint Jérôme et saint Hilaire sont animés. Souvent tout son discours n'est composé que de sentences, et il est plein de variétés agréables. Il répète la même chose de différentes manières : il a su joindre la clarté avec la brièveté.

Érasme, Lettres, XXVIII, 3.

II.

Saint Ambroise suit aussi quelquefois la mode de son temps : il donne à son discours les ornements qu'on estimait alors. Peut-être même que ces grands hommes (les Pères de l'Église), qui avaient des vues plus hautes que les règles communes de l'éloquence, se conformaient au goût du temps pour faire écouter avec plaisir la parole de Dieu, et pour insinuer les vérités de la religion. Mais, après tout, ne voyons-nous pas saint Ambroise, nonobstant quelques jeux de mots, écrire à Théodose avec une force et une persuasion inimitables ? Quelle tendresse n'exprime-t-il pas quand il parle de la mort de son frère Satyre ! Nous avons même, dans le *Bréviaire romain*, un discours de lui sur la tête de saint Jean, qu'Hérode respecte et craint encore après sa mort : prenez-y garde, vous en trouverez la fin sublime.

Fénelon, Dialogue IIIe sur l'Éloquence.

---

* Ailleurs Érasme dit : « Nous trouvons dans saint Ambroise *de doux aiguillons* ». F.

III.

Saint Ambroise a composé trois *Traités sur la Virginité* * ; il y a mis les charmes de son éloquence, et il s'en excuse en disant qu'il l'a fait ainsi pour garder l'esprit des vierges par la douceur de ses paroles. Il appelle la virginité *une exemption de toute souillure;* il fait voir combien sa tranquillité est préférable aux soucis du mariage; il dit aux vierges: « La pudeur, en colorant vos joues, vous rend ex-
« cellemment belles. Retirées loin de la vue des
« hommes, comme des roses solitaires, vos graces
« ne sont point soumises à leurs faux jugements ;
« toutefois vous descendez aussi dans la lice pour
« disputer le prix de la beauté, non de celle du
« corps, mais de celle de la vertu : beauté qu'au-
« cune maladie n'altère, qu'aucun âge ne fane, et
« que la mort même ne peut ravir. Dieu seul s'éta-
« blit juge de cette lutte des vierges, car il aime les
« belles âmes, même dans les corps hideux.....

« Une vierge ne connaît ni les inconvénients de
« la grossesse, ni les douleurs de l'enfantement. Elle
« est le don du ciel et la joie de ses proches. Elle
« exerce dans la maison paternelle le sacerdoce de
« la chasteté : c'est une victime qui s'immole cha-
« que jour pour sa mère. »

Saint Ambroise est le Fénelon des Pères de l'Église latine. Il est fleuri, doux, abondant, et, à quelques défauts près, qui tiennent à son siècle, ses ouvrages offrent une lecture aussi agréable qu'ins-

---

* On a de saint Ambroise, comme nous l'avons dit plus haut, un *Traité de la Virginité*, et trois *Discours sur les Vierges*.   F.

tructive. Pour s'en convaincre, il suffit de parcourir le *Traité de la Virginité*, et *l'Éloge des Patriarches*.
CHATEAUBRIAND, *Génie du Christianisme.*

IV.

Saint Ambroise, qui s'est immortalisé en osant punir Théodose coupable, mérita dans son siècle la réputation de grand orateur. Aujourd'hui la gloire de sa vertu est mieux établie que celle de son éloquence. Cependant, malgré l'affectation trop fréquente dans ses écrits, il n'est pas indigne d'être étudié. Il a de l'imagination et du feu; son âme exhale des sentiments vifs et naturels, qu'il ne peut étouffer entièrement sous les pensées fausses et les phrases recherchées. Fénelon était frappé de son génie. Il admire surtout l'expression de sa tendresse, dans l'éloge funèbre de son frère Satyrus. Ce discours est le meilleur que saint Ambroise ait prononcé. Le début a beaucoup de grandeur et de majesté.

« Chrétiens, nous avons conduit la victime de
« ma foi, la victime pure et sans tache, la victime
« agréable à Dieu, Satyrus, mon guide et mon
« frère. Je savais qu'il était mortel; mes craintes ne
« m'ont point trompé; mais l'abondance de la grace
« a surpassé mon espoir. Ainsi je n'ai point de
« plainte à faire; je dois même remercier le Seigneur,
« qui satisfait le vœu que j'avais formé. Si quelque
« grand désastre devait frapper ou l'Église ou ma
« tête, je souhaitais qu'il tombât de préférence sur
« ma famille et sur moi. Si donc au milieu des dan-
« gers de tous, lorsque les mouvements des bar-

« bares inquiètent de tous côtés la patrie, j'ai prévenu
« les douleurs publiques par ma douleur particu-
« lière, et vu tourner contre moi les malheurs que
« je redoutais pour l'état, fasse le ciel que tout soit
« accompli, et que mon deuil rachète aujourd'hui
« le deuil de la patrie! »

Ce discours n'est point susceptible d'analyse. Ce sont des plaintes, des regrets, des souvenirs exprimés avec la diffusion et le désordre de la douleur. Souvent l'orateur s'adresse à l'ombre de son frère; et presque toutes ses apostrophes sont éloquentes.

« Il ne m'a servi de rien, s'écrie-t-il, d'avoir re-
« cueilli ton haleine mourante, d'avoir collé ma
« bouche sur tes lèvres à demi éteintes. J'espérais
« faire passer ta mort dans mon sein, ou te com-
« muniquer ma vie. Gages cruels et doux, embras-
« sements infortunés, au milieu desquels j'ai senti
« son corps glacé se roidir, et son dernier souffle
« s'exhaler! Je serrais mes bras entrelacés; mais
« j'avais déjà perdu celui que je tenais encore. Ce
« souffle de mort dont je me suis pénétré, est de-
« venu pour moi un souffle de vie. Fasse le ciel au
« moins qu'il purifie mon cœur, et qu'il mette dans
« mon âme l'innocence et la douceur de la tienne! »

Après cet élan pathétique, l'orateur prend un ton plus paisible. Il s'arrête, et peint d'une manière intéressante l'intimité de son union avec ce frère tant regretté. Ces détails ont le charme d'un sentiment vrai, et les défauts d'un style recherché.

Les idées de l'immortalité de l'âme, et les espérances de l'autre vie sont heureusement ramenées

dans ce discours : « Nos larmes cesseront, dit l'ora-
« teur; il faut une différence entre les chrétiens et
« les infidèles. Qu'ils pleurent, ceux qui n'ont pas
« l'espérance d'une vie nouvelle, etc. Nous, pour
« qui la mort n'est pas l'anéantissement de la na-
« ture, mais le terme de la vie, nous devons sécher
« nos larmes. Les gentils trouvent leur consolation
« dans la pensée que la mort est le repos de toutes
« les souffrances; nous, qui nous proposons un plus
« noble espoir, nous devons aussi avoir plus de
« force et de patience. Nos amis ne nous quittent
« pas; ils nous devancent : ils ne sont pas saisis
« par la mort; ils entrent dans l'éternité. »

Quoique ce discours soit en général écrit d'un
style incorrect et bizarre, on y remarque une imitation fréquente des classiques de l'ancienne Rome.
L'orateur reproduit souvent les mouvements, les
tours, les expressions de Cicéron, de Tite-Live,
de Salluste, et de Tacite; quelquefois même il les
copie trop exactement. Pourquoi donc a-t-il une manière d'écrire si opposée à celle de ces maîtres de
la parole, qu'il connaissait si bien? C'est, dans la
littérature, une preuve nouvelle de l'influence fatale du mauvais goût. L'homme de talent ne peut
remonter en dépit de son siècle qui l'entraîne. Vainement il résiste en s'attachant aux grands génies
des siècles passés; il est emporté par les exemples
contemporains; et sa force même l'égare et le précipite,

Atque illum præceps prono rapit alveus amni.

Saint Ambroise ne fut pas seulement un grand évêque; c'était un homme d'état habile et vertueux. Par devoir, et sans empressement, il se mêla dans les affaires politiques; mais fidèle aux bienséances de son caractère, il y parut toujours à des occasions honorables, et comme ministre de douceur et de paix. Lorsque le jeune Valentinien osa disgracier Arbogaste, sans être assez fort pour le perdre, saint Ambroise, averti de cette imprudence, se hâta de passer dans les Gaules, espérant servir de médiateur entre le prince courageux, mais sans pouvoir, et le général plus fier depuis qu'il était outragé. Valentinien fut assassiné. Saint Ambroise, dans la douleur de cette perte, revint à Milan. Quelques mois après son retour, il prononça l'éloge funèbre du jeune prince qu'il regrettait, et qu'il avait voulu sauver.

Il semble que ces circonstances personnelles à l'orateur auraient dû enflammer son talent, et donner à ce discours un haut degré d'intérêt et de pathétique; cependant l'ouvrage est faible. Les jeux d'esprit, les vaines subtilités, les pensées fausses ont détruit toute éloquence. Comme l'expression n'est jamais franche et vraie, on n'est point ému, on n'est point entraîné. On regarde de sang-froid les petits artifices de l'écrivain; son mauvais goût fatigue et décourage.

Ce discours est intitulé *Consolation sur la Mort de Valentinien*. En effet, l'orateur adresse souvent aux deux sœurs du prince des consolations chrétiennes. Valentinien méritait le regret des peuples.

La pureté de ses mœurs, sa piété, sa douceur, son amour pour la justice, promettaient un grand prince. Avec moins de génie pour la guerre et pour le gouvernement, il rappelait toutes les vertus de son frère Gratien, comme lui, mort assassiné à la fleur de l'âge.

Cette conformité de vertus et de malheurs fournit à l'orateur une péroraison touchante :

« Gratien, Valentinien, heureux frères! si mes
« paroles ont quelque pouvoir, aucun jour ne lais-
« sera votre nom dans l'oubli. Je m'oublierai moi-
« même avant de perdre votre souvenir ; et si ma
« voix s'éteint, la reconnaissance qui vit dans mon
« cœur ne s'éteindra pas. Comment ont-ils péri tous
« deux ? comment sont morts les puissants? com-
« ment le cours de leur vie s'est-il précipité plus vite
« que les flots du Rhône? O Gratien, ô Valentinien!
« noms chers et respectés, dans quelles bornes
« étroites votre vie s'est-elle renfermée ! Que vos
« morts se touchent de près ! que vos tombeaux
« sont voisins l'un de l'autre ! Gratien, Valentinien,
« j'aime à m'arrêter sur vos noms, à me reposer
« sur votre souvenir. »

L'éloge de Théodose offrait une riche matière à l'éloquence. Théodose, qui s'est rendu coupable du plus grand crime que puisse commettre un roi, avait cependant des vertus et des talents. Sous lui l'empire, depuis long-temps affaibli et dégradé, reprit quelque grandeur. Ses victoires, ses lois, son administration, cette vie agitée et laborieuse d'un grand prince qui soutient un état en décadence, et lutte contre ses ennemis et contre ses sujets, pour retarder une ruine inévitable; enfin, le tableau entier de son règne et de son caractère devait présenter un récit plein de mouvement et d'intérêt.

Mais le génie du panégyriste est accablé, et ne suffit point à son sujet. Quoiqu'il exagère, il loue faiblement. Il ne sait pas mettre en usage ces louanges fortes et solides, qui s'appuient sur des faits sagement appréciés et développés avec éloquence. Il cite beaucoup l'Écriture; mais il en altère la divine simplicité par des commentaires mêlés de recherche et d'affectation. On peut distinguer cependant quelques traits qui ne manquent ni de force ni de justesse. L'orateur pensait quelquefois avec son talent, malheureusement il écrivait presque toujours avec le goût de son siècle.

Villemain, *Essai sur l'oraison funèbre*.

AMELOT DE LA HOUSSAYE (Nicolas) naquit à Orléans au mois de février 1634.

On a peu de détails sur la vie de cet écrivain. On sait seulement qu'en 1669, il était attaché en qualité de secrétaire au président de Saint-André, alors ambassadeur de France à Venise, et qu'il demeura quelques années dans cette ville.

L'emploi qu'il occupait tourna son goût vers la politique, et, pendant quelque temps, il en fit son unique étude. Mais, versé dans la littérature ancienne, dans les langues italienne et espagnole, il profita de ses connaissances pour donner au public plusieurs traductions, et passa le reste de sa vie à composer différents ouvrages.

Il paraît que ses travaux furent peu avantageux à sa fortune. Sans les secours d'un abbé distingué par sa naissance et son mérite, et qu'on ne désigne pas autrement, Amelot de la Houssaye serait tombé dans la plus grande misère. Il mourut à Paris, le 8 décembre 1706, dans sa soixante-treizième année. « Son style est un peu dur, dit Niceron, mais sa fi-
« délité, son exactitude, et la solidité de son juge-
« ment, dédommagent de ce défaut, et font lire avec
« plaisir ses ouvrages par ceux qui aiment à raison-
« ner solidement. »

On trouve le catalogue complet des ouvrages d'Amelot dans le tome XXXV° de Niceron, *Mémoires pour servir à l'Histoire des Hommes illustres de la république des lettres.*

Les principaux sont : *Tibère* ; *Discours politique sur Tacite*, publié sous le nom de Lamothe-Josseval; *Histoire du concile de Trente de Fra-Paolo*, traduite par Lamothe-Josseval : cette traduction, faite sur la traduction latine, est considérée comme infidèle ; nous en parlons pour faire remarquer que la table des matières de la seconde édition porte les mêmes chiffres qui étaient dans la première, et qu'elle ne se rapporte point aux pages de la seconde; *L'homme de cour* traduit de Balthazar Gracian ; *La Morale de Tacite ;* on trouve en tête de cet ouvrage un discours critique des éditeurs et commentateurs de Tacite. Perrot d'Ablancourt s'y trouve maltraité. Fremont d'Ablancourt, neveu de Perrot, défia Amelot de faire une traduction meilleure que celle de son oncle. Ce défi donna naissance à la traduction de Tacite à laquelle Amelot travailla aussitôt, mais qu'il ne fit pas complètement. L'ouvrage fut continué, mais cette continuation est inférieure au commencement. Amelot a aussi traduit et commenté *Le Prince* de Machiavel. « Ses traductions, avec des « notes politiques, dit Voltaire, et ses histoires sont « fort recherchées. Ses *Mémoires*, par ordre alphabé- « tique, sont très fautifs. Il est le premier qui ait fait « connaître le gouvernement de Venise. » (*Siècle de Louis XIV.*)

AMÉNITÉ. C'est, dans le caractère, dans les mœurs, ou dans le langage, une douceur accompagnée de politesse et de grace. L'aménité prévient, elle attire, elle engage, elle fait souhaiter de vivre avec celui qui en est doué.

Un peuple sauvage peut avoir de la douceur; mais l'aménité n'appartient qu'à un peuple civilisé.

La société des hommes entre eux, et sans les femmes, aurait trop de rudesse : ce sont elles qui, par l'émulation d'agréments qu'elles leur inspirent, leur donnent de l'aménité.

Aménité se dit aussi, et dans le même sens, du style d'un écrivain; et cette qualité convient particulièrement au familier noble et aux ouvrages de sentiment. Le style d'Ovide, celui d'Anacréon, celui de Fontenelle est plein d'aménité. On peut aussi le dire du style héroique;. et c'est une des qualités de la prose de *Télémaque.*

Un modèle d'aménité chez les anciens, ce sont les *Dialogues* de Cicéron *sur l'Orateur*. Il n'y eut jamais d'entretien littéraire plus animé; il n'y en eut jamais de plus doux : c'est à la fois un monument d'éloquence et d'urbanité. Qui peut, en lisant ces *Dialogues*, ne pas sentir un désir très vif d'être sous ce platane, sous ce portique de Tusculum, où les plus éloquents des Romains s'expliquent sur leur art, chacun avec une modestie aimable en parlant d'eux-mêmes, et avec une estime sentie et motivée, quelquefois avec un enthousiasme sincère, quand ils parlent de leurs rivaux? Partout de la chaleur, partout de la lumière. C'est enfin, ce qui est si rare, de la contrariété sans aigreur et sans amertume, de la politesse sans fard, de la louange sans fadeur. Que n'avons-nous sur l'art du théâtre un pareil entretien entre Corneille, Molière et Racine, composé par Voltaire! Cet ouvrage apprendrait aux jeunes gens à travailler et à disputer.

Marmontel, *Élements de Littérature.*

AMMIEN-MARCELLIN, historien latin, naquit à Antioche, ainsi que l'atteste une lettre que lui adressa le sophiste Libanius. Lui-même, à la fin du dernier livre de son *Histoire*, a pris soin de nous instruire qu'il était Grec de naissance. Il embrassa la carrière des armes, et servit en Orient, en Gaule, en Perse sous l'empereur Julien. Retiré du service militaire, il résida à Antioche, et fut témoin des persécutions que ses compatriotes eurent à essuyer;

il déplore cette persécution dans son *Histoire*. La perte des treize premiers livres en est à bon droit regrettée; ils auraient jeté un grand jour sur les incertitudes historiques de cette époque.

L'*Histoire* d'Ammien-Marcellin, qui était destinée à faire suite à celle de Tacite, était composée, dans l'origine, de trente-un, et, suivant d'autres, de trente-deux livres; elle commence au règne de Nerva et se termine à celui de l'empereur Valens, embrassant une période d'un peu moins de trois cents ans. Les treize premiers livres manquent, ainsi que nous l'avons dit; les onze suivants parurent pour la première fois à Rome en 1474. En 1533, Accurse en publia une nouvelle édition avec les cinq derniers livres. La meilleure de toutes et la plus estimée est celle de Leyde, 1693, in-4°, avec des notes de Lindenbrog et des deux Valois, revue et enrichie de notes nouvelles par Gronovius. On s'accorde à trouver dans cet ouvrage de l'impartialité et une multitude de faits intéressants qui ne se rencontrent que là. L'auteur eut en outre l'avantage d'être témoin de la plupart des évènements qu'il raconte. Quant à son style, il eut les défauts de son siècle; on lui reproche de l'enflure, de la dureté; il le sentait peut-être lui-même, à en juger par ces mots qui terminent son ouvrage : « Si de plus habiles, par « leur expérience, et leurs lumières continuent cet « ouvrage, ils me permettront de leur conseiller d'éle- « ver leur style. » Cependant il s'y trouve des morceaux remarquables, et que l'on a comparés à Tacite notamment le tableau de Rome au milieu du IVe

siècle. On ignore l'époque précise de la mort de cet historien; on est instruit seulement par quelques endroits de son ouvrage qu'il vivait encore en 390. L'infatigable abbé de Marolles a donné de cet auteur une traduction française qui n'est point estimée. Il en a paru, à Lyon, une nouvelle traduction par Moulines; 1778, 3 vol. in-12; celle-ci est bien préférée, sans être pourtant exempte de reproches; et Ammien, comme beaucoup d'écrivains anciens, peut être considéré comme étant encore à traduire.

Chifflet, professeur de droit à Dôle, a donné en latin une vie d'Ammien-Marcellin.

JUGEMENTS.

I.

Son histoire, qu'il divisa en trente et un livres (en trente-deux, selon d'autres), s'étendait depuis Nerva, où finit Suétone, jusqu'à la mort de Valens. Nous n'en avons aujourd'hui que les derniers livres, qui commencent à la fin de l'année 353, immédiatement après la mort de Magnence. Quoiqu'il fût Grec, il l'écrivit en latin, mais en un latin qui sent beaucoup son Grec et son soldat. Ce défaut est récompensé, dit Vossius, par les autres qualités de l'auteur, qui est grave, sérieux, prudent, très sincère et très amateur de la vérité. On voit bien qu'il est zélé pour les idoles, et pour ceux qui les adoraient, particulièrement pour Julien l'apostat, dont il fait son héros; et, au contraire, il paraît fort ennemi de Constance : cependant il ne laisse pas de montrer de l'équité à l'égard de l'un et de l'autre.

ROLLIN, *Histoire ancienne.*

II.

Parmi la foule des historiens du Bas-Empire, on a distingué Ammien-Marcellin, estimable par son impartialité, et assez instructif dans le récit des faits pour faire pardonner la dureté rebutante de son style à peine latin.

La Harpe, *Cours de Littérature*.

MORCEAU CHOISI.
Corruption de la noblesse.

Lorsque Rome, dont la durée égalera celle du genre humain, s'éleva au point de splendeur où on l'a vue, la fortune et la vertu, qui d'ordinaire sont divisées, s'unirent par les nœuds d'une paix éternelle, pour lui donner les plus sublimes accroissements; aussi, sans cette union, n'eût-elle jamais atteint ce comble de grandeur. Son peuple fut occupé depuis son berceau jusqu'au dernier terme de son enfance, ce qui renferme environ l'espace de trois cents ans, à combattre autour de ses murailles. Dans son adolescence, après plusieurs guerres pénibles, il traversa les Alpes et la mer. La fleur de sa jeunesse, et la vigueur de son âge, furent employées à cueillir des lauriers dans toutes les contrées de l'immense univers [*].

Parvenu à la vieillesse, et triomphant quelquefois encore par la seule terreur de son nom, il passa à un état plus tranquille. C'est pourquoi cette ville respectable, après avoir subjugué des nations féroces, après avoir donné des lois qui devinrent les fondements et les boulevards éternels de la liberté, telle

---

[*] Ammien-Marcellin a incontestablement emprunté de Florus, liv I, ce qu'il dit ici des différents âges et des accroissements de Rome.

qu'un père économe, prudent et riche, remit aux Césars, comme à ses enfants, le soin d'administrer ce patrimoine; et bien qu'à présent les tribus soient tranquilles, les centuries en paix *, et qu'il n'y ait plus de disputes pour les suffrages, mais qu'au contraire on voie revivre la sécurité du siècle de Pompilius, elle passe cependant encore, dans toutes les parties du monde, pour la reine et la maîtresse de l'univers, et partout on respecte la majesté des sénateurs, et l'on vénère le nom du peuple romain. Mais l'éclat de cette illustre assemblée est terni par l'indécente légèreté de quelques-uns de ses membres, qui, oubliant leur origine, se laissent entraîner, par l'impunité dont jouit le vice, au désordre et à la licence; car, comme le dit le poète Simonide, « il faut, « pour être raisonnablement heureux, que la patrie « soit couverte de gloire. »

Parmi ces hommes, il en est qui, croyant s'éterniser par des statues, en briguent l'honneur avec passion : comme s'ils pouvaient retirer plus de gloire de figures d'airain privées de connaissance, que du sentiment d'actions honnêtes et droites. Ils les font couvrir d'une feuille d'or, distinction qu'Acilius Glabrion obtint le premier, lorsqu'il eut vaincu Antiochus par ses armes et par sa prudence **.

Qu'il soit infiniment beau de mépriser ces vains

* On aurait tort de conclure de ceci que les tribus et les centuries existassent encore du temps de l'auteur. Il ne veut simplement qu'indiquer le calme et le repos dont Rome jouissait alors.

** Tite-Live, (XL, 34,) et Valère Maxime, (II, 5,) disent que ce fut à Rome, dans le temple de la Piété, qu'Acilius plaça une statue en l'honneur de son père.

et futiles avantages pour s'élever, par des routes longues et pénibles, selon l'expression d'Hésiode[*], à la véritable gloire, c'est ce qu'a démontré Caton le censeur, qui, interrogé pourquoi sa statue ne paraissait pas parmi celles de plusieurs illustres personnages, répondit : « J'aime mieux que les gens de « bien demandent pourquoi je n'en ai point obte- « nu, que de les entendre murmurer tout bas, et « se dire : Par où l'a-t-il méritée. »

Ceux-ci font consister le suprême éclat dans des voitures plus hautes que de coutume et dans le luxe des vêtements : ils suent sous le poids de leurs manteaux qu'ils lient avec des agrafes autour du cou, et que leur tissu extrêmement délié fait voltiger au gré du vent; ils les secouent fréquemment, surtout du côté gauche, afin de faire briller leurs longues franges, aussi bien que leurs tuniques travaillées avec tant d'art, qu'elles offrent une riche variété d'animaux; d'autres, sans qu'on le leur demande, et d'un air grave, élèvent jusqu'aux nues leur patrimoine, et ne parlent du matin au soir que de l'augmentation des revenus de leurs fécondes terres; ils ignorent que leurs ancêtres, qui ont si puissamment contribué à la grandeur de Rome, se sont distingués, non par leurs richesses, mais par des guerres très pénibles, eux qui triomphèrent de tout par leur valeur, et que la médiocrité de leur fortune, ainsi que la

[*] Voici ce que dit Hésiode, *Travaux et Jours*, v. 263 et suiv : « Sans « doute, il en coûte peu pour commettre le mal; la pente en est facile; il « est sous notre main. Devant la vertu, au contraire, les dieux ont placé la « sueur, une route longue, difficile, d'un accès pénible et rebutant; mais, à « mesure qu'on s'élève, elle s'aplanit sous nos pas. »   H. PATIN

simplicité de leurs vêtements et de leur nourriture, confondaient avec les moindres soldats. De là la collecte qu'on fit pour inhumer Valerius Publicola; de là ce que fournirent des amis qui se cotisèrent pour l'entretien de la femme de Regulus et de ses enfants; de là la dot tirée du trésor public pour la fille de Scipion; la noblesse rougissant et de laisser flétrir sa jeunesse et de la trop longue absence de son père indigent. A présent, si, honnête étranger, vous entrez chez quelqu'un de nos riches orgueilleux pour le saluer, vous serez d'abord accueilli au mieux, et accablé de questions au point d'être réduit à mentir pour satisfaire sa curiosité; les égards que vous témoigne, malgré votre médiocrité, cet homme puissant, qui ne vous a jamais connu, vous feront regretter de n'avoir point vu Rome il y a dix ans. Encouragé par cet accueil, retournez-y le lendemain, et vous serez traité comme un nouveau venu; votre homme, si affable la veille, occupé à compter ses espèces, hésitera long-temps pour se rappeler qui vous êtes et d'où vous venez; enfin il vous reconnaît, et vous admet dans sa familiarité. Mais continuez-lui régulièrement vos attentions pendant trois ans, et absentez-vous ensuite seulement trois jours, vous essuierez les mêmes procédés à votre premier retour; et, sans qu'il s'informe aussi peu où vous avez passé le temps que si vous fussiez mort, votre vie entière s'écoulera à faire inutilement la cour à ce sot. (*Liv. XIV, ch.* 6.)

Traduction de Moulines.

AMPLIFICATION. Manière de s'exprimer qui agrandit les objets ou qui les diminue. Cette définition d'Isocrate a été contestée*, et on la croit désavouée par Cicéron; mais on se trompe : c'est dans ce même sens que Cicéron nous dit que l'amplification est le triomphe de l'éloquence. « Summa autem laus « eloquentiæ amplificare rem ornando : quod valet « non solùm ad augendum aliquid et tollendum « altiùs dicendo, sed etiam ad extenuandum atque « abjiciendum. » (*De Orat.* III, 27 **.)

Et quoique Aristote distingue ces deux effets de l'éloquence, il les met de pair à côté l'un de l'autre, comme un seul et même secret de l'art. Mais cet art-là serait, dit-on, celui d'un sophiste ou d'un déclamateur. Colonia, dans sa *Rhétorique*, a fait cette observation, et on l'a répétée.

Pour y répondre, observons d'abord qu'agrandir n'est pas tout-à-fait synonyme d'exagérer. Le développement d'une idée, ou son accroissement, par une agrégation d'idées incidentes, une comparaison qui la fortifie, un contraste qui la rend plus saillante, une gradation qui l'élève; tout cela, dis-je l'agrandit sans en exagérer l'objet. Alors amplifier n'est pas donner aux choses une grandeur fictive mais toute leur grandeur réelle. On peut de même par la diminution, ne les réduire qu'à leur valeur L'un et l'autre sera sensible dans une fable de La Fontaine. (*Liv. VII, f.* 1.)

* *V.* Longin, *Sublim. XXXI;* Fenelon, *Lett. sur l'Éloquence, IV.* H.]
** « Le grand mérite de l'éloquence est d'amplifier les choses en les ornant et cet art d'agrandir un objet et de l'élever au-dessus de lui-même, sert aussi à le diminuer et à le rabaisser. »

AMPLIFICATION.

> Un mal qui répand la terreur,
> Mal que le ciel, en sa fureur,
> Inventa pour punir les crimes de la terre,
> La peste, etc.

C'est là ce qu'on appelle amplifier pour agrandir.

> L'âne vint à son tour, et dit: J'ai souvenance
> Qu'en un pré de moines passant,
> La faim, l'occasion, l'herbe tendre, et, je pense,
> Quelque diable aussi me poussant,
> Je tondis de ce pré la largeur de ma langue.

C'est là ce qu'on appelle diminuer en amplifiant; et, par ces deux exemples, on voit que l'amplification est si bien compatible avec la vérité, avec la sincérité même, qu'elle se trouve dans le récit le plus simple et le plus naïf.

Observons de plus que, lorsque c'est l'enthousiasme ou la passion qui exagère, comme fait l'indignation, l'admiration, la douleur, l'amplification est encore sincère, quoiqu'elle excède la vérité; car l'orateur s'exprime comme il sent; et, si le sentiment qui l'anime est louable, son éloquence est sans reproche. Il n'est pas obligé d'être calme, impassible et modéré comme le juge : c'est à celui-ci à réduire l'amplification aux termes de la vérité.

Observons enfin que, lors même que de propos délibéré l'orateur grossit ou atténue, relève ou rabaisse l'objet de l'amplification, comme fait Cicéron pour aggraver le crime de Verrès : « Facinus est vin« ciri civem romanum; propè parricidium necari;

« quid dicam in crucem tollere*? » ou pour laver Milon et ses esclaves du meurtre de Clodius : « Fe-
« cerunt id servi Milonis, neque imperante, neque
« sciente, neque præsente domino, quod suos quis-
« que servos in tali re voluisset **, » observons, dis-je, qu'alors même, si l'on garde la vraisemblance, on manquera aux règles de la bonne foi, mais non à celles de l'éloquence ; et sans parler des avocats modernes, il faut avouer que c'était là toute la religion des anciens : le succès, le gain de leur cause, et le salut de leur client. (*Voyez* ORATEUR et BARREAU.)

Le grand vice de l'amplification, du côté de l'art, c'est d'en dire plus que l'orateur n'en peut lui-même penser et croire. En perdant jusqu'à l'apparence de la sincérité, il perd l'estime de ses juges; souvent même, comme Longin l'observe, il les blesse et les indispose : car ils prennent son impudence pour une marque de mépris.

Réduisons-nous donc à distinguer deux sortes d'amplification : l'une déclamatoire et mauvaise, qui outrepasse visiblement les bornes de la vérité; l'autre qui se renferme dans celles de la vraisemblance, et qui est la seule oratoire. (*Voyez* VÉRITÉ RELATIVE, HYPERBOLE.)

Ainsi, pour l'orateur, amplifier ce n'est qu'exposer amplement la vérité, ou ce qui lui ressemble,

---

* « C'est un crime que de charger de fers un citoyen romain; c'est presque un parricide que de le mettre à mort : qu'est-ce donc que de le mettre en croix ? » (*II Act. in Verr. V.* 66.)

** « Les esclaves de Milon firent, sans l'ordre de leur maître, à son insu, en son absence, ce que chacun aurait voulu qu'en pareille rencontre eussent fait ses esclaves » (*Pro Milone,* \ )

AMPLIFICATION.

soit pour frapper plus vivement l'esprit ou l'âme de l'auditeur d'une impression qui nous est favorable, soit pour y affaiblir, ou pour en effacer une impression qui nous est contraire.

« En divisant une chose, dit Aristote, on l'agran-
« dit par le seul développement de ses parties (et il
« le dit encore des circonstances qui la distinguent).
« Plus une action est difficile et rare, plus elle est
« grande : comme si quelqu'un a exécuté une entre-
« prise au-dessus de ses forces, au-dessus de son âge,
« au-dessus de ses pareils, seul, ou le premier, ou
« avec peu de secours, et surtout s'il a fait ce qu'il y
« avait de plus important, et s'il l'a fait souvent de
« même. » Voilà des formules d'amplification que la vérité même avoue.

C'était là le grand art des anciens orateurs; et ils en convenaient eux-mêmes : « Summa laus eloquen-
« tiæ amplificare rem ornando. » (*De Orat.* III, 27.) C'était là qu'ils se permettaient les expressions les plus hardies, et presque celles des poètes : « Verba
« propè poetarum. » (*Ibid.* I, 28.) C'était à ce grand caractère que l'homme éloquent se distinguait de l'homme simplement disert *.

---

* Disertum, qui posset satis acutè ac dilucidè, apud mediocres homines, ex communi quâdam hominum opinione dicere; eloquentem verò, qui mirabiliùs et magnificentiùs augere posset atque ornare quæ vellet, omnesque omnium rerum quæ ad dicendum pertinerent fontes animo ac memoriâ contineret. (*De Orat.* I, 21.)

M. Th. Gaillard rend ainsi ce passage dans son élégante et fidèle traduction: « Je donnais le nom de disert à celui qui s'exprime avec assez d'art et de clarté pour satisfaire le commun des hommes, et mériter les suffrages des esprits vulgaires; j'appelais éloquent celui qui sait orner et embellir toutes sortes de sujets par la magnificence et la hauteur des pensées, et qui

C'était par cette plénitude, par cette abondance de pensées et d'expressions, que le style de l'orateur s'élevait au-dessus du style subtil, aigu, mais effilé, mince, concis, aride, exténué, des philosophes. C'était enfin par-là que l'éloquence différait de cette plaidoirie aigre et litigieuse, dont le langage était trivial, sec et pauvre, tandis que celui de l'éloquence était enrichi d'une foule de connaissances et d'une affluence de choses, pareille à l'abondance qu'on faisait arriver des extrémités de l'empire, pour nourrir le peuple romain*.

Telles étaient, pour l'éloquence grecque et romaine, les sources de l'amplification. C'était à des hommes à qui les monuments de l'antiquité, ses exemples, ses mœurs, ses lois, ses usages étaient connus; à qui l'histoire de leurs ancêtres était présente à la pensée; qui sortaient des écoles de la philosophie pleins des idées les plus profondes de la morale et de la politique, analysées, discutées, agitées dans tous les sens; qui s'étaient nourris de la lecture, non seulement des orateurs célèbres, mais des poètes éloquents; qui avaient traduit, commenté de mémoire ou par écrit, dans leur jeunesse, les plus beaux modèles de l'élocution ou oratoire ou poétique; c'était à de tels hommes, dis-je, que l'art d'étendre, d'agrandir, d'élever les idées, devenait

trouve dans son génie et dans sa mémoire, comme dans une source inépuisable, tout ce qui peut donner de la vie au discours. (*Cic.* de M. Le Clerc

* Instrumentum hoc forense litigiosum, acre, tractum ex vulgi opinionibus, exiguum sanè atque mendicum est... Apparatu nobis opus est, et rebus exquisitis undique et collectis, accersitis, comportatis, ut tibi, Cæsar, faciendum est ad annum. (*De Orat.* III, 24)

comme naturel. Ils l'employaient dans l'exorde, pour se concilier les esprits; dans l'exposition et la preuve, pour fortifier leurs moyens et affaiblir ceux de l'adversaire; dans la narration, pour la rendre intéressante et persuasive à leur avantage; dans la définition, pour la graver plus avant dans l'esprit des juges, et la soustraire à la discussion d'une logique rigoureuse : « Etenim definitio, primùm re-
« prehenso verbo uno, aut addito, aut dempto sæpè
« extorquetur è manibus*. » (*De Orat.* II, 25.) Ils l'employaient surtout quand il s'agissait d'émouvoir.
« Eæque causæ sunt ad augendum et ad ornandum
« gravissimæ atque plenissimæ, quæ plurimos exitus
« dant.... ut... animorum impetus... aut impellantur
« aut reflectantur**. » (*Ib.* II, 77.) Et pour la louange et le blâme, ils la regardaient comme le don suprême, le talent propre de l'orateur : « Nihil est
« enim ad exagerandam et amplificandam oratio-
« nem accommodatius, quàm utrumque horum
« (laudandi et vituperandi) cumulatissimè facere
« posse***. » (*Ib.* III, 27.)

Or, qu'on me dise comment cet art, le triomphe de l'éloquence, « una laus et propria oratoris ma-
« xima, » peut être à la portée des écoliers de nos

* « Car il ne faut souvent que reprendre un mot dans la définition, ou en ajouter, ou en retrancher un, pour nous arracher cette arme de la main. »

** « Les causes dans lesquelles l'art d'agrandir et d'orner trouve le plus de gravité et de plénitude, sont celles qui présentent le plus d'évènements propres à exciter les passions ou à les réprimer. »

*** « Rien n'est si favorable à l'amplification que ces deux genres d'éloquence, la louange et le blâme, lorsqu'on est en état d'en accumuler les moyens. »

collèges; qu'on me dise quels sont les faits, quelle est l'espèce de questions politiques ou morales dont un rhétoricien soit assez pleinement instruit pour l'amplifier de lui-même, par l'accumulation des circonstances, des accidents, des conséquences, des exemples, des causes, des effets, des ressemblances, des contrastes; par les comparaisons et les gradations du plus au moins, du moins au plus; par l'énumération des parties, et par ces développements de qualités et de rapports, que les rhéteurs ont appelés un amas de définitions.

La bonne manière, je crois, d'exercer a l'amplification les disciples de l'éloquence, c'est d'abord de leur en faire lire les modèles à haute voix, et de les laisser, après la lecture, se retracer de souvenir, par écrit, dans une autre langue, ce qu'ils en auront retenu. Que si l'on veut, sur un sujet donné, qu'ils composent d'après eux-mêmes, au moins faut-il les y avoir préparés par des études préliminaires et relatives au sujet.

Mais avant que d'en venir là, et tandis qu'ils seront encore attachés au modèle, qu'on prenne soin de le choisir; qu'on se souvienne qu'il s'agit de la partie la plus développée, la plus majestueuse de l'éloquence, et qu'on n'en donne pas pour exemple un mot de Sénèque, ou une épigramme de Martial.

Est-ce une amplification que ce vers de Virgile, où il peint en deux mots les chevaux de Turnus?

Qui candore nives anteirent, cursibus auras *.

(*Æneid.* XII, 84.)

* « Qui surpassaient la neige en blancheur, et les vents en vitesse »

En est-ce une que cette métaphore, prise des flots, pour exprimer le trouble du cœur de Didon?

.... Magnoque irarum fluctuat æstu *.
(*Æneid.* IV, 532.)

Quoi qu'en dise Quintilien, ce n'est point, dans Homère, amplifier l'idée de la force de ses héros, que d'exagérer le poids de leurs armes ; ce n'est point amplifier l'idée de la beauté d'Hélène, que de faire changer, à sa vue, l'indignation des vieillards troyens en une tendre admiration. Cette manière d'agrandir est une hyperbole passagère; l'amplification demande un développement orné.

Une amplification poétique est cette peinture sublime de l'état de Didon, lorsqu'elle a résolu sa mort :

At trepida, et cœptis immanibus effera Dido,
Sanguineam volvens aciem, maculisque trementes
Interfusa genas, et pallida morte futurâ,
Interiora domûs irrumpit limina, et altos
Conscendit furibunda rogos, ensemque recludit
Dardanium, non hos quæsitum munus in usus **.
(*Æneid.* IV, 642.)

Une amplification poétique, dans Homère, est cette circonstance ajoutée à l'ébranlement de la terre sous le trident de Neptune (*Il.* XX, 61) :

L'enfer s'émeut au bruit de Neptune en furie :

---

* « Son cœur est agité du grand orage de sa colère. »

** « Didon tremblante, et l'esprit troublé de son effroyable dessein, roulant des yeux rougis de sang, tout le visage frémissant et semé de taches livides, et portant sur le front la pâleur de sa mort prochaine, sort égarée de son palais, monte sur le bûcher, tire l'épée du Troyen, cette épée dont elle-même lui avait fait don pour un tout autre usage. »

Pluton sort de son trône; il pâlit; il s'écrie;
Il a peur que ce dieu, dans cet affreux séjour,
D'un coup de son trident ne fasse entrer le jour.
(Boileau, *Trad. de Longin*, ch. *VII*.)

Une amplification oratoire, c'est l'éloge de César, dans la harangue pour Marcellus; et dans cet éloge, la comparaison de la gloire de vaincre avec celle de pardonner.

Une amplification bien plus sublime encore, dans l'oraison pour Ligarius, c'est l'éloge de la clémence.

Mais en nous occupant de l'amplification qui agrandit, n'oublions pas celle qui diminue. Écoutons Phèdre, excusant le crime de son amour pour Hippolyte:

Toi-même, en ton esprit rappelle le passé.
C'est peu de t'avoir fui, cruel, je t'ai chassé:
J'ai voulu te paraître odieuse, inhumaine;
Pour mieux te résister, j'ai recherché ta haine.
De quoi m'ont profité mes inutiles soins?
Tu me haïssais plus, je ne t'aimais pas moins.
Tes malheurs te prêtaient encor de nouveaux charmes.
J'ai langui, j'ai séché dans les feux, dans les larmes.
Il suffit de tes yeux pour t'en persuader,
Si tes yeux un moment pouvaient me regarder.
(*Act. II*, sc. 5.)

Écoutons Cicéron diminuant le tort du jeune Cœlius, d'avoir fréquenté une femme perdue; non pas en alléguant, comme le dit Quintilien, qu'il n'a fait que la saluer un peu trop familièrement; car ce n'est point là sa défense, et Quintilien s'est trompé: mais en avouant sans détour la liaison la plus in-

time de Cœlius avec Clodia, et en attribuant aux mœurs du temps ce dérèglement d'un jeune homme : « Romains, dit-il, la sévérité des mœurs de nos an-
« cêtres n'existe plus que dans les livres : les livres
« mêmes où elle est décrite ont vieilli et sont ou-
« bliés. Tous les sages n'ont pas regardé comme
« incompatibles la dignité et la volupté. La nature
« a des attraits auxquels la vertu même résiste dif-
« ficilement. Elle présente à la jeunesse des sentiers
« si glissants, qu'il est bien difficile de n'y pas faire
« quelque chute. Ne regardons plus cette ancienne
« route de la sagesse, si peu fréquentée aujourd'hui,
« qu'elle est remplie de buissons. Accordons quel-
« chose à l'âge. Que la jeunesse ait quelque licence.
« Ne refusons pas tout à ses plaisirs. Que cette
« exacte et droite raison ne domine pas toujours ;
« que l'ardeur du désir, que la volupté quelquefois
« en triomphe. Qu'un jeune homme se dispense d'a-
« voir de la pudeur, pourvu qu'il revienne de temps
« en temps à ses affaires domestiques, à celles du
« public, à celles de l'état. Après tout, il s'est vu de
« notre temps, et du temps de nos pères, et du
« temps même de nos aïeux, nombre de très grands
« hommes, de très illustres citoyens, qui, après
« avoir passé la jeunesse la plus brûlante du feu
« des passions, ont montré, dans un âge plus mûr
« et plus solide, les plus éclatantes vertus. » (*Discours pour Cœlius*, XVII et XVIII.)

C'est une chose assez étrange que d'entendre Cicéron faire l'apologie du libertinage : mais au barreau tout moyen était bon, pourvu qu'il fût bon à la cause.

AMPLIFICATION.

L'amplification est l'âme de l'éloquence de Cicéron, moins serrée, moins énergique, mais plus somptueusement ornée que celle de Démosthène. Cependant, après les exemples de l'orateur romain dans l'art d'amplifier; après ses péroraisons pour Muréna, pour Ligarius, pour Milon, et toutes celles où il déploie une éloquence pathétique; après celle pour Sextius, où, de la condition d'un homme de bien dans les grandes places, il fait une amplification si affligeante et malheureusement si ressemblante à la vérité; après ces accusations contre Verrès où l'on voit le crime renchérir sur le crime :
« Non enim furem, sed raptorem; non adulterum,
« sed expugnatorem pudicitiæ; non sacrilegum,
« sed hostem sacrorum religionumque; non si-
« carium, sed crudelissimum carnificem civium
« sociorumque in vestrum judicium adducimus »
(*II act. in Verr. I*, 3)*; après ces invectives amplifiées contre Catilina, contre Pison, contre Antoine; après tous ces modèles d'amplification, et tant d'autres dont l'orateur romain abonde, on en peut voir encore dans Démosthène de belles et grandes leçons.

L'éloquence de celui-ci, presque tout adonnée aux affaires publiques, est plus austère et moins variée; mais il ne laisse pas d'y employer à propos cet art d'orner et d'agrandir. On peut le voir

---

* « Ce n'est pas un voleur, c'est un déprédateur; ce n'est pas un adultère, c'est le persécuteur de la pudicité ; ce n'est pas un sacrilège, c'est l'ennemi déclaré de la religion et des autels; ce n'est pas un assassin, c'est le bourreau le plus cruel de nos citoyens et de nos alliés, que nous amenons devant vous »

AMPLIFICATION.

dans ce plaidoyer, où, se disculpant du malheur de la bataille de Chéronée et du conseil qu'il avait donné de faire la guerre à Philippe, il jure (non pour engager les Athéniens à la renouveler encore, comme l'a cru Longin : car Philippe était mort, et Alexandre avait soumis l'Asie; mais, comme je l'ai dit, pour se justifier d'avoir conseillé cette guerre); il jure par les mânes des grands hommes qui, pour la défense de la liberté, sont morts dans les batailles de Marathon, de Platée, de Salamine et d'Artémise, et qui reposent dans les tombeaux publics; il jure, dis-je, qu'en se dévouant pour le salut du reste de la Grèce, les Athéniens n'ont point failli, et n'ont fait que suivre en cela les exemples de leurs ancêtres.

C'est là qu'après avoir justifié, et ses conseils dans la tribune, et sa conduite dans les affaires, Démosthène termine ainsi son éloquente apologie : « Après cela, vous me demandez, Eschine, pour « quelles vertus je prétends qu'on me décerne des cou- « ronnes. Moi, sans hésiter, je réponds : Parce qu'au « milieu de nos magistrats et de nos orateurs, que « Philippe et Alexandre ont universellement corrom- « pus, à commencer par vous, je suis le seul que ni « conjonctures délicates, ni paroles engageantes, ni « promesses magnifiques, ni espérance, ni crainte, « ni faveur, ni rien au monde, n'a jamais pu pousser « ni induire à rien relâcher de ce que je croyais fa- « vorable aux droits et aux intérêts de la patrie; « parce qu'autant de fois que j'exposai mon avis, ce « ne fut jamais comme vous, en mercenaire, qui, sem- « blable à une balance, penche du côté qui reçoit le

« plus; mais qu'éternellement un esprit droit, juste
« et incorruptible, dirigea toutes mes démarches;
« parce qu'enfin, appelé plus qu'aucun homme de
« mon temps aux premiers emplois, je les exerçai
« tous avec une religion scrupuleuse et une parfaite
« intégrité : c'est pour cela que je demande qu'on
« me décerne des couronnes. »

La manière dont Démosthène agrandit les objets ne tient jamais à l'imagination; elle consiste à donner à ses raisonnements de l'ampleur, de la force et de la dignité. Il étend moins qu'il n'approfondit; il grave au lieu de peindre; et, pour changer d'image, il déploie ses bras avec moins de grace, mais il les serre avec une vigueur plus nerveuse que Cicéron.

Parmi les orateurs modernes (j'entends parmi les orateurs chrétiens), les amplifications ne sont que trop fréquentes. Mais, dans le nombre, il en est d'admirables; il s'agit de faire un bon choix. Celles de Bourdaloue, comme celles de Démosthène, sont des raisonnements appuyés et fortifiés; celles de Massillon, des développements de pensées, des effusions de sentiment : l'un et l'autre sont des modèles.

C'est dans les oraisons funèbres que l'amplification a le plus de luxe et de pompe. Dans Fléchier, l'exorde de Turenne; dans Bossuet, les révolutions de la fortune d'Henriette, l'éloge de Condé, et cent autres morceaux sont des chefs-d'œuvre de ce genre. De tous nos orateurs, Bossuet est celui qui a le mieux connu l'art d'agrandir : c'était le sceau de son génie.

Mais dans cet art, les poètes, surtout, sont de grands maîtres d'éloquence : et qui enseignera mieux à donner de la grandeur et de la majesté à un sujet, que l'exposition de Brutus?

> Destructeurs des tyrans, vous qui n'avez pour rois
> Que les dieux de Numa, vos vertus et nos lois,
> Enfin notre ennemi commence à nous connaître.
> Ce superbe Toscan qui ne parlait qu'en maître,
> Porsenna, de Tarquin ce formidable appui,
> Ce tyran, protecteur d'un tyran comme lui,
> Qui couvre de son camp les rivages du Tibre,
> Respecte le sénat et craint un peuple libre, etc.
> (*Act. I, sc. 1.*)

Qui enseignera mieux à amplifier une action que la harangue de Cinna à ses conjurés?

> Je leur fais des tableaux de ces tristes batailles
> Où Rome par ses mains déchirait ses entrailles,
> Où l'aigle abattait l'aigle, etc.
> (*Act. I, sc. 3.*)

Qui enseignera mieux à aggraver le malheur par l'accumulation des circonstances, que le monologue de Camille, terminé par ce mouvement d'indignation si sublime et si déchirant?

> Mais ce n'est rien encore auprès de ce qui reste :
> On demande ma joie en un jour si funeste;
> Il me faut applaudir aux exploits du vainqueur,
> Et baiser une main qui me perce le cœur!
> En un sujet de pleurs si grand, si légitime,
> Se plaindre est une honte, et soupirer un crime!
> Leur brutale vertu veut qu'on s'estime heureux;
> Et si l'on n'est barbare, on n'est point généreux!
> (Corn. *Hor.* act. IV, sc. 4.)

Qui enseignera mieux enfin que Phèdre, dans sa jalousie, à tirer des contrastes tout ce qui peut contribuer à rendre une situation plus cruelle et plus accablante?

OEnone, qui l'eût cru? j'avais une rivale!
.....Hippolyte aime, et je n'en puis douter.
Ce farouche ennemi qu'on ne pouvait dompter,
Qu'offensait le respect, qu'importunait la plainte,
Ce tigre, que jamais je n'abordai sans crainte,
Soumis, apprivoisé, reconnaît un vainqueur :
Aricie a trouvé le chemin de son cœur....
Hélas! ils se voyaient avec pleine licence;
Le ciel de leurs soupirs approuvait l'innocence;
Ils suivaient, sans remords, leur penchant amoureux;
Tous les jours se levaient clairs et sereins pour eux!
Et moi, triste rebut de la nature entière,
Je me cachais au jour, je fuyais la lumière;
La mort est le seul dieu que j'osais implorer.
J'attendais le moment où j'allais expirer;
Me nourrissant de fiel, de larmes abreuvée,
Encor, dans mon malheur de trop près observée,
Je n'osais dans mes pleurs me noyer à loisir :
Je goûtois, en tremblant, ce funeste plaisir;
Et, sous un front serein déguisant mes alarmes,
Il fallait bien souvent me priver de mes larmes.
(Act. IV, sc. 6.)

Celui de tous les poètes qui a le plus agrandi les objets, Homère abuse quelquefois de cette liberté accordée au génie; mais dans le neuvième livre de l'*Iliade*, on trouvera deux des plus beaux modèles de l'amplification oratoire que nous offre l'antiquité; je parle du discours d'Ulysse, et de la réponse d'Achille.

Virgile, plus sage qu'Homère, plus continuellement, plus vraiment éloquent, est parmi les anciens, pour l'amplification, ce que Racine est parmi nous : ce sont là les livres classiques d'un jeune homme qui aspire à la haute éloquence. J'y joins le théâtre de Voltaire, jusqu'à *Tancrède* inclusivement; et dans le cabinet du jeune élève, je les place tous trois auprès de Démosthène, de Cicéron, de Massillon et de Bossuet.

C'est là, bien mieux que dans les formules des rhéteurs, qu'il verra de combien de manières l'amplification se varie; ou plutôt que, dans la nature, les formes et les sources en sont inépuisables, et, comme dit Longin, divisibles à l'infini.

Mais parmi ces espèces, il n'y en a aucune qui soit amplification de mots.

Colonia donne pour telle cette apostrophe, la plus vive, la plus éloquente peut-être qui soit dans Cicéron : « Et toi, Tubéron, que faisais-tu de cette épée nue à la bataille de Pharsale? Quel était le flanc que cherchait la pointe de ce fer? à quel dessein avais-tu pris les armes? où tendaient ta pensée, tes yeux, ta main, l'ardeur qui t'animait? quel était l'objet et le but de tes désirs et de tes vœux? » (*Disc. pour Ligarius*, III.)

Cicéron parlait devant César; il lui peignait l'accusateur de Ligarius; il le lui faisait voir tout occupé lui-même à le chercher dans la mêlée, à lui plonger l'épée dans le sein; et le rhéteur appelle cela une amplification de mots! Sans doute, *gladius, mucro, arma; sensus, mens, animus; cupiebas, optabas,* sont des mots synonymes. Mais comment ce rhéteur n'a-t-il pas vu que des synonymes gradués par leur emploi dans l'expression, redoublent la force de la pensée, et que cette gradation ne fait qu'exprimer celle de l'idée et du sentiment?

Lorsque Longin a défini l'amplification un accroissement de paroles, il y a donc compris la pensée : l'amplification, sans cela, ne serait rien que de l'enflure. Mais quoi qu'il en soit de la définition de Longin, celle de Cicéron est expresse et non équivoque : « Vehementius quoddam dicendi « genus, quo rei vel dignitatem et amplitudinem, « vel indignitatem et atrocitatem, pondere verbo- « rum et enumeratione circumstantiarum demons- « tramus*. » Il ajoute, qu'en amplifiant, il faut éviter les petits détails : « Nihil tenuiter enucleandum; » et sur-tout les paroles vides : « vitandas vacuas vo- « ces, et inanem verborum sonitum. »

La première règle de l'amplification sera donc que le sujet en soit digne. « Il n'y a point de figure « plus excellente, nous dit Longin, que celle qui « est tout-à-fait cachée, et lorsqu'on ne reconnaît « point que c'est une figure. » Tel est le naturel de l'amplification, lorsque le sujet la soutient. Si elle est déplacée, elle est froide; si elle est démesurée, elle est ridicule ou choquante. C'est, comme disait

---

* « C'est un genre de discours plus véhément, dans lequel, par la force des paroles et l'énumération des circonstances, nous démontrons ou la dignité et la grandeur d'une action, ou son indignité et son atrocité. »

Cette citation, que je n'ai pu vérifier, paraît inexacte. *Circumstantiarum* n'appartient pas à la latinité de Cicéron.   H. P.

Sophocle, « ouvrir une grande bouche pour souf-
« fler dans un chalumeau. »

La seconde règle, c'est que le fait ou le fond de
l'idée soit solidement établi; car l'amplification qui
porte à faux n'est qu'une déclamation vaine : il y
en a beaucoup de ce nombre.

La troisième règle est que l'amplification se lie
à la preuve, et y ajoute. L'art d'embellir un discours
sérieux est le même que l'art d'orner un édifice :
c'est de rendre l'utile et le nécessaire agréables, et
de faire servir la décoration à la solidité. « Colum-
« næ, et templa et porticus sustinent, tamen ha-
« bent non plus utilitatis quàm dignitatis. Capitolii
« fastigium istud, et cæterarum ædium, non venus-
« tas sed necessitas ipsa fabricata est*. » (*De Orat.*
III, 46.) Tout le reste est déclamation.

« Quand on dit tout ce qu'on doit dire, on n'am-
« plifie pas, » dit Voltaire; et après avoir cité ces
beaux vers de Virgile (*Énéid.*, IV, 522):
Nox erat, et placidum carpebant fessa soporem
Corpora, etc.

Il ajoute : « Si la longue description du règne du
« sommeil dans toute la nature ne faisait pas un
« contraste admirable avec la cruelle inquiétude de
« Didon, ce morceau ne serait qu'une amplification
« puérile : c'est le mot *at non infelix animi Phœ-
« nissa*, qui en fait le charme. » (*V. p.* 316 *et* 317.)

Rien n'est plus vrai; mais cela prouve que l'am-

---

* « Les colonnes soutiennent les temples et les portiques, et cependant
elles n'ont pas moins de dignité que d'utilité. Ce beau faîte du Capitole,
ainsi que de tant d'autres édifices, ce n'est pas la magnificence qui l'a cons-
truit, c'est la nécessité. »

plification est un défaut lorsqu'elle est sans objet, et une beauté lorsqu'elle est bien placée. Quand on dit tout ce qu'on doit dire, on dit plus que l'idée vague ou précise ne dirait elle-même ; et la présenter aux esprits avec tout les traits qui peuvent l'agrandir, l'élever, la rendre plus sensible et plus intéressante, c'est ce qu'on appelle amplifier. Ce beau rôle de Phèdre, que Voltaire donne pour exemple, n'est lui-même qu'une éloquente amplification de ces mots : « J'aime, je suis coupable, je « le suis malgré moi : j'aime, et ma rivale est aimée. »

Quant aux défauts qu'on observera dans ce genre de composition, de la part des jeunes élèves, les principaux seront la stérilité, la futilité, la timidité, la surabondance et l'audace.

La stérilité est affligeante ; mais il n'en faut pas désespérer. La culture et l'étude peuvent en être le remède. On prend trop souvent pour un manque d'esprit ce qui n'est qu'un manque d'idées.

La futilité est bien pire ; car celui qui attache de l'importance à des minuties, qui amplifie des bagatelles, qui veut faire valoir des riens, a rarement le sens droit, l'esprit juste, et le talent de la vraie éloquence.

La timidité n'est souvent, dans un jeune homme heureusement doué, que le sentiment trop vif de sa faiblesse ou des difficultés de l'art : il faut estimer en lui cette défiance modeste, l'en louer, et l'en corriger.

La surabondance est un excès qu'Antoine aimait dans ses disciples. « Volo se efferat in adolescente

« fœcunditas. » (*De Orat.* II, 21.) Mais il voulait aussi qu'on modérât cette première végétation, comme celles des blés naissants, lorsque l'herbe en est trop épaisse. « In summâ ubertate inest luxuries quæ-« dam, quæ stylo depascenda est. » (*De Orat.* II, 96.)

Il faut aussi, dans un jeune homme, réprimer l'emportement de l'expression comme celui de la pensée; et, soit avec une imagination trop fougueuse, soit avec un esprit trop craintif et trop lent, imiter Isocrate, qui employait, disait-il, selon le génie de ses élèves, ou la bride ou les éperons : « Alterum « enim exultantem verborum audaciâ reprimebat; « alterum cunctantem et quasi verecundantem ex-« citabat*. » (*De Orat.* III, 9.)

« Le genre d'éloquence auquel l'amplification « convient le mieux, dit Aristote, c'est le genre « démonstratif; mais elle doit porter sur des faits « reconnus, de façon qu'il ne reste plus qu'à les « orner et à les agrandir. »

MARMONTEL., *Éléments de Littérature.*

MÊME SUJET.

On prétend que l'amplification est une belle figure de rhétorique; peut-être aurait-on plus raison si on l'appelait un défaut. Quand on dit tout ce qu'on doit dire, on n'amplifie pas; et quand on l'a dit, si on amplifie, on dit trop. Présenter aux juges une bonne ou mauvaise action sous toutes ses faces, ce n'est point amplifier, mais ajouter; c'est exagérer et ennuyer.

J'ai vu autrefois dans les collèges donner des prix

---

* « Dans l'un, il réprimait l'audace des paroles ; dans l'autre, il excitait l'irrésolution et la timidité. »

d'amplification. C'était réellement enseigner l'art d'être diffus. Il eût mieux valu peut-être donner des prix à celui qui aurait resserré ses pensées, et qui par là aurait appris à parler avec plus d'énergie et de force : mais, en évitant l'amplification, craignez la sécheresse.

J'ai entendu des professeurs enseigner que certains vers de Virgile sont une amplification, par exemple ceux-ci (*Énéid.*, *IV*, 522) :

Nox erat, et placidum carpebant fessa soporem
Corpora per terras, silvæque et sæva quierant
Æquora; cùm medio volvuntur sidera lapsu;
Cùm tacet omnis ager, pecudes, pictæque volucres,
Quæque lacus latè liquidos, quæque aspera dumis
Rura tenent, somno positæ sub nocte silenti
Lenibant curas, et corda oblita laborum :
At non infelix animi Phœnissa.....

Voici une traduction libre de ces vers de Virgile, qui ont tous été si difficiles à traduire par les poètes français, excepté par M. Delille :

Les astres de la nuit roulaient dans le silence;
Éole a suspendu les haleines des vents;
Tout se tait sur les eaux, dans les bois, dans les champs,
Fatigué des travaux qui vont bientôt renaître,
Le tranquille taureau s'endort avec son maître;
Les malheureux humains ont oublié leurs maux;
Tout dort, tout s'abandonne aux charmes du repos;
Phénisse* veille et pleure.....

Si la longue description du règne du sommeil dans toute la nature ne faisait pas un contraste ad-

* On a relevé cette inadvertance de Voltaire, qui prend pour un nom propre l'adjectif qu'emploie Virgile pour désigner la patrie de Didon

mirable avec la cruelle inquiétude de Didon, ce morceau ne serait qu'une amplification puérile; c'est le mot *at non infelix animi Phœnissa*, qui en fait le charme.

La belle ode de Sapho, qui peint tous les symptômes de l'amour, et qui a été traduite heureusement dans toutes les langues cultivées, ne serait pas sans doute si touchante, si Sapho avait parlé d'une autre que d'elle-même; cette ode pourrait être alors regardée comme une amplification.

La description de la tempête au premier livre de l'Énéide n'est point une amplification; c'est une image vraie de tout ce qui arrive dans une tempête; il n'y a aucune idée répétée, et la répétition est le vice de tout ce qui n'est qu'amplification.

Le plus beau rôle qu'on ait jamais mis sur le théâtre, dans aucune langue, est celui de Phèdre : presque tout ce qu'elle dit serait une amplification fatigante, si c'était une autre qui parlât de la passion de Phèdre. (*Acte 1, Sc. 3.*)

Athènes me montra mon superbe ennemi :
Je le vis, je rougis, je pâlis à sa vue.
Un trouble s'éleva dans mon âme éperdue.
Mes yeux ne voyaient plus, je ne pouvais parler;
Je sentis tout mon corps et transir et brûler;
Je reconnus Vénus et ses feux redoutables,
D'un sang qu'elle poursuit tourments inévitables.

Il est bien clair que puisqu'Athènes lui montra son superbe ennemi Hippolyte, elle vit Hippolyte. Si elle rougit et pâlit à sa vue, elle fut sans doute troublée. Ce serait un pléonasme, une redondance oiseuse dans une étrangère qui raconterait les amours de Phèdre; mais c'est Phèdre amoureuse, et honteuse de sa passion; son cœur est plein; tout lui échappe.

Ut vidi, ut perii, ut me malus abstulit error.
Je le vis, je rougis, je pâlis à sa vue.

Peut-on mieux imiter Virgile? (*Buc.* VIII, 41.)

Mes yeux ne voyaient plus, je ne pouvais parler.
Je sentis tout mon corps et transir et brûler;

Peut-on mieux imiter Sapho? Ces vers, quoique imités, coulent de source; chaque mot trouble les âmes sensibles et les pénètre; ce n'est point une amplification, c'est le chef-d'œuvre de la nature et de l'art.

Voici, à mon avis, un exemple d'une amplification dans une tragédie moderne, qui d'ailleurs a de grandes beautés.

Tydée est à la cour d'Argos; il est amoureux d'une sœur d'Électre*; il regrette son ami Oreste et son père; il est partagé entre sa passion pour Électre** et le dessein de punir le tyran. Au milieu de tant de soins et d'inquiétudes, il fait à son confident une longue description d'une tempête qu'il a essuyée il y a long-temps. (Crébillon, *Électr.*, act. II, sc. 1.)

Tu sais ce qu'en ces lieux nous venions entreprendre;
Tu sais que Palamède, avant que de s'y rendre,
Ne voulut point tenter son retour dans Argos
Qu'il n'eût interrogé l'oracle de Délos.
A de si justes soins on souscrivit sans peine:
Nous partîmes comblés des bienfaits de Thyrrène;
Tout nous favorisait; nous voguâmes long-temps

* Lisez *d'Itys*. ** Lisez *Iphianasse*.

AMPLIFICATION.

Au gré de nos désirs bien plus qu'au gré des vents :
Mais, signalant bientôt toute son inconstance,
La mer, en un moment, se mutine et s'élance ;
L'air mugit, le jour fuit ; une épaisse vapeur
Couvre d'un voile affreux les vagues en fureur ;
La foudre, éclairant seule une nuit si profonde,
A sillons redoublés ouvre le ciel et l'onde ;
Et, comme un tourbillon embrassant nos vaisseaux,
Semble en sources de feu bouillonner sur les eaux.
Les vagues, quelquefois, nous portant sur leurs cîmes,
Nous font rouler après sur de vastes abîmes,
Où les éclairs pressés, pénétrant avec nous,
Dans des gouffres de feu semblaient nous plonger tous.
Le pilote effrayé, que la flamme environne,
Aux rochers qu'il fuyait lui-même s'abandonne.
A travers les écueils notre vaisseau poussé
Se brise, et nage enfin sur les eaux dispersé.

On voit peut-être dans cette description le poète qui veut surprendre les auditeurs par le récit d'un naufrage, et non le personnage qui veut venger son père et son ami, tuer le tyran d'Argos, et qui est partagé entre l'amour et la vengeance.

Lorsqu'un personnage s'oublie, et qu'il veut absolument être poète, il doit alors embellir ce défaut par les vers les plus corrects et les plus élégants.

Ne voulut point tenter son retour dans Argos
Qu'il n'eût interrogé l'oracle de Délos.

Ce tour familier semble ne devoir entrer que rarement dans la poésie noble : « Je ne voulus point « aller à Orléans que je n'eusse vu Paris. » Cette phrase n'est admise, ce me semble, que dans la liberté de la conversation.

A de si justes soins on souscrivit sans peine.

On souscrit à des volontés, à des ordres, à des désirs; je ne crois point qu'on souscrive à des soins.

Nous voguâmes long-temps
Au gré de nos désirs bien plus qu'au gré des vents.

Outre l'affectation et une sorte de jeu de mots du gré des désirs et du gré des vents, il y a là une contradiction évidente. Tout l'équipage souscrivit sans peine aux justes soins d'interroger l'oracle de Délos. Les désirs des navigateurs étaient donc d'aller à Délos; ils ne voguaient donc pas au gré de leurs désirs, puisque le gré des vents les écartait de Délos, à ce que dit Tydée.

Si l'auteur a voulu dire, au contraire, que Tydée voguait au gré de ses désirs aussi bien, et encore plus qu'au gré des vents, il s'est mal exprimé. « Bien « plus qu'au gré des vents, » signifie que les vents ne secondaient pas ses désirs et l'écartaient de sa route. «J'ai été favorisé dans cette affaire par la moitié « du conseil bien plus que par l'autre, » signifie, par tout pays, la moitié du conseil a été pour moi et l'autre contre. Mais si je dis : « la moitié du conseil « a opiné au gré de mes désirs, et l'autre encore « davantage, » cela veut dire que j'ai été secondé par tout le conseil, et qu'une partie m'a encore plus favorisé que l'autre.

« J'ai réussi auprès du parterre bien plus qu'au- « près des connaisseurs, » veut dire, les connaisseurs m'ont condamné.

Il faut que la diction soit pure et sans équivoque

AMPLIFICATION.

Le confident de Tydée pouvait lui dire: « Je ne vous
« entends pas: si le vent vous a mené à Délos et à
« Épidaure, qui est dans l'Argolide, c'était précisé-
« ment votre route, et vous n'avez pas dû voguer
« long-temps; on va de Samos à Épidaure en moins
« de trois jours, avec un bon vent d'est. Si vous
« avez essuyé une tempête, vous n'avez pas vogué
« au gré de vos désirs; d'ailleurs vous deviez ins-
« truire plus tôt le public que vous veniez de Samos:
« les spectateurs veulent savoir d'où vous venez et
« ce que vous voulez. La longue description recher-
« chée d'une tempête me détourne de ces objets.
« C'est une amplification qui me paraît oiseuse, quoi-
« qu'elle présente de grandes images. »

« La mer signalant bientôt toute son inconstance. »
Toute l'inconstance que la mer signale ne semble
pas une expression convenable à un héros, qui doit
peu s'amuser à ces recherches. Cette mer, qui « se
« mutine et qui s'élance en un moment » après avoir
signalé « toute son inconstance, » intéresse-t-elle assez
à la situation présente de Tydée occupé de la guerre?
Est-ce à lui de s'amuser à dire que la mer est in-
constante, à débiter des lieux communs?

L'air mugit, le jour fuit; une épaisse vapeur
Couvre d'un voile affreux les vagues en fureur.

Les vents dissipent les vapeurs et ne les épaissis-
sent pas; mais quand même il serait vrai qu'une
épaisse vapeur eût couvert les vagues en fureur
d'un « voile affreux, » ce héros, plein de ses malheurs
présents, ne doit pas s'appesantir sur ce prélude de

tempête, sur les circonstances qui n'appartiennent qu'au poète.

Non erat his locus.

La foudre, éclairant seule une nuit si profonde,
A sillons redoublés ouvre le ciel et l'onde;
Et, comme un tourbillon embrassant nos vaisseaux,
Semble en sources de feu bouillonner sur les eaux.

N'est-ce pas là une véritable amplification un peu trop ampoulée? Un tonnerre qui ouvre l'eau et le ciel par des sillons; qui, en même temps, est un tourbillon de feu, lequel embrasse un vaisseau, et qui bouillonne, n'a-t-il pas quelque chose de trop peu naturel, de trop peu vrai, surtout dans la bouche d'un homme qui doit s'exprimer avec une simplicité noble et touchante, surtout après plusieurs mois que le péril est passé?

« Des cimes de vagues, qui font rouler sous des « abîmes des éclairs pressés et des gouffres de feu, » semblent des expressions un peu boursoufflées, qui seraient souffertes dans une ode, et qu'Horace réprouvait avec tant de raison dans la tragédie :

Projicit ampullas et sesquipedalia verba.
(*Ars Poet. v.* 97.)

Le pilote effrayé, que la flamme environne,
Aux rochers qu'il fuyait lui-même s'abandonne.

On peut s'abandonner aux vents; mais il me semble qu'on ne s'abandonne pas aux rochers.

« Notre vaisseau poussé, nage dispersé. » Un vaisseau ne nage point dispersé; Virgile a dit, non en parlant d'un vaisseau, mais des hommes qui ont fait naufrage (*Énéid.* I, 118):

AMPLIFICATION.   323
Apparent rari nantes in gurgite vasto.

Voilà où le mot nager est à sa place : les débris d'un vaisseau flottent et ne nagent pas. Desfontaines a traduit ainsi ce vers de l'*Énéide*: « A peine un petit « nombre de ceux qui montaient le vaisseau purent « se sauver à la nage. »

C'est traduire Virgile en style de gazette. Où est ce vaste gouffre que peint le poète, *gurgite vasto?* Où est l'*apparent rari nantes ?* Ce n'est pas avec cette sécheresse qu'on doit traduire l'*Énéide;* il faut rendre image pour image, beauté pour beauté. Nous faisons cette remarque en faveur des commençants. On doit les avertir que Desfontaines n'a fait que le squelette informe de Virgile, comme il faut leur dire que la description de la tempête par Tydée est fautive et déplacée. Tydée devait s'étendre avec attendrissement sur la mort de son ami, et non sur la vaine description d'une tempête.

On ne présente ces réflexions que pour l'intérêt de l'art, et non pour attaquer l'artiste.

Ubi plura nitent in carmine, non ego paucis
Offendar maculis.
(Hor. *Ars Poet. v.* 351.)

En faveur des beautés on pardonne aux défauts.

Quand j'ai fait ces critiques, j'ai tâché de rendre raison de chaque mot que je critiquais. Les satiriques se contentent d'une plaisanterie, d'un bon mot, d'un trait piquant; mais celui qui veut s'instruire et éclairer les autres, est obligé de tout discuter avec le plus grand scrupule.

Plusieurs hommes de goût, et entre autres l'auteur du *Télémaque*, ont regardé comme une amplification le récit de la mort d'Hippolyte dans Racine. Les longs récits étaient à la mode alors. La vanité d'un acteur veut se faire écouter : on avait pour eux cette complaisance ; elle a été fort blâmée. L'archevêque de Cambrai prétend que Théramène ne devait pas, après la catastrophe d'Hippolyte, avoir la force de parler si long-temps ; qu'il se plaît trop à décrire « les cornes menaçantes du monstre, et « ses écailles jaunissantes, et sa croupe qui se re-« courbe ; » qu'il devait dire d'une voix entrecoupée : « Hippolyte est mort ; un monstre l'a fait périr ; je « l'ai vu. »

Je ne prétends point défendre les *écailles jaunissantes* et *la croupe qui se recourbe* ; mais en général cette critique souvent répétée me paraît injuste. On veut que Théramène dise seulement : « Hippolyte « est mort ; je l'ai vu, c'en est fait ».

C'est précisément ce qu'il dit, et en moins de mots encore... « Hippolyte n'est plus. » Le père s'écrie ; Théramène ne reprend ses sens que pour dire :

.... J'ai vu des mortels périr le plus aimable ;

et il ajoute ce vers si nécessaire, si touchant, si désespérant pour Thésée :

Et j'ose dire encor, Seigneur, le moins coupable.

La gradation est pleinement observée, les nuances se font sentir l'une après l'autre.

Le père, attendri, demande « quel Dieu lui a ravi « son fils, quelle foudre soudaine ?... » et il n'a pas le courage d'achever ; il reste muet dans sa douleur ;

il attend ce récit fatal; le public l'attend de même. Théramène doit répondre; on lui demande des détails, il doit en donner.

Était-ce à celui qui fait discourir Mentor et tous ses personnages si long-temps, et quelquefois jusqu'à la satiété, de fermer la bouche à Théramène? Quel est le spectateur qui voudrait ne le pas entendre, ne pas jouir du plaisir douloureux d'écouter les circonstances de la mort d'Hippolyte? Qui voudrait même qu'on en retranchât quatre vers? Ce n'est pas là une vaine description d'une tempête inutile à la pièce; ce n'est pas là une amplification mal écrite; c'est la diction la plus pure et la plus touchante; enfin, c'est Racine.

On lui reproche le « héros expiré. » Quelle misérable vétille de grammaire? Pourquoi ne pas dire, « ce héros expiré, » comme on dit, « il est expiré, il « a expiré? » Il faut remercier Racine d'avoir enrichi la langue, à laquelle il a donné tant de charmes, en ne disant jamais que ce qu'il doit, lorsque les autres disent tout ce qu'ils peuvent.

Boileau fut le premier qui fit remarquer l'amplification vicieuse de la première scène de *Pompée*.

Quand les dieux étonnés semblaient se partager,
Pharsale a décidé ce qu'ils n'osaient juger.
Ces fleuves teints de sang, et rendus plus rapides
Par le débordement de tant de parricides, etc.

L'amplification, la déclamation, l'exagération, furent de tout temps les défauts des Grecs, excepté de Démosthène et d'Aristote.

Voltaire, *Dict. Phil.*

AMPOULÉ. Le *projicit ampullas* d'Horace semble avoir donné lieu à cette expression figurée. On appelle un style, un vers, un discours ampoulé, celui où l'on emploie de grands mots à exprimer de petites choses; où la force de l'expression se déploie mal à propos; où la parole excède la pensée, exagère le sentiment.

Il n'est point d'expressions dont l'énergie ou l'élévation ne trouve sa place dans le style; mais il faut que la grandeur de l'objet y réponde; et de la justesse de ce rapport, dépend la justesse de l'expression. Qu'un autre que Phèdre pensât que son amour pût faire rougir le soleil, ce serait du style ampoulé; mais après ces vers :

Noble et brillant auteur d'une triste famille,
Toi, dont ma mère osait se vanter d'être fille;

il est tout simple et tout naturel que la fille de Pasiphaé ajoute,

Qui peut-être rougis du trouble où tu me vois.
(*Act. I*, sc. 3.)

Il n'est pas moins naturel que la fille de Minos, juge des morts, se représente son père épouvanté du crime de sa fille incestueuse, et laissant tomber, en la voyant, l'urne terrible de ses mains :

Misérable! et je vis! et je soutiens la vue
De ce sacré soleil dont je suis descendue!
J'ai pour aïeul le père et le maître des dieux;
Le ciel, tout l'univers est plein de mes aïeux.
Où me cacher? Fuyons dans la nuit infernale.
Mais, que dis-je! mon père y tient l'urne fatale;
Le sort, dit-on, l'a mise en ses sévères mains :

Minos juge aux enfers tous les pâles humains.
Ah! combien frémira son ombre épouvantée,
Lorsqu'il verra sa fille, à ses yeux présentée,
Contrainte d'avouer tant de forfaits divers,
Et des crimes peut-être inconnus aux enfers!
Que diras-tu, mon père, à ce spectacle horrible?
Je crois voir de ta main tomber l'urne terrible.
(*Act. IV*, sc. 6.)

De même, après le festin d'Atrée, père d'Agamemnon, qui fit reculer le Soleil, il n'y a aucune exagération à supposer que Clytemnestre, pour un crime qui lui paraît semblable, dise au Soleil:

Recule: ils t'ont appris ce funeste chemin.
(*Iphig.* act. *IV*, sc. 4.)

L'art d'élever naturellement le style à ce degré de force, consiste à y disposer les esprits par des idées qui autorisent la hauteur de l'expression.

Le *moi* de la *Médée* de Corneille est sublime, parce qu'il est dans la bouche d'une magicienne fameuse; sans cela il serait extravagant et ridicule.

De même, il n'appartient qu'à la Gorgone de dire:

Les traits que Jupiter lance du haut des cieux
     N'ont rien de plus terrible
     Qu'un regard de mes yeux.
(Quinault, *op. de Méduse.*)

De même, ce vers, dans la bouche d'Octave:

Je suis maître de moi comme de l'univers.
(Corn. *Cinn.* act. *V*, sc. 3.)

n'est qu'une expression noble et simple.

De même, après ces vers:

Je n'appelle plus Rome un enclos de murailles,

Que ses proscriptions comblent de funérailles ;
> (CORN. *Sertorius*, act. III, sc. 2.)

Sertorius peut ajouter :

Et comme autour de moi j'ai tous ses vrais appuis,
Rome n'est plus dans Rome, elle est toute où je suis.
> (*Ibid.*)

Dans une tragédie de *Warwick*, l'auteur crut imiter Corneille en disant :

Transportons l'Angleterre au milieu de la France* :

mais le parterre s'écria, en faisant un vide : « Place « à l'Angleterre ! »

Le style ampoulé n'est jamais qu'un style élevé outre mesure.

On a dit : « Des plaines de sang, des montagnes « de morts ; » et lorsque ces expressions ont été placées, elles ont été justes. Qui jamais a reproché de l'enflure à ces deux vers de *la Henriade ?*

Et des fleuves français les eaux ensanglantées
Ne portaient que des morts aux mers épouvantées.
> (*Ch. II.*)

Longin, dans son *Traité du Sublime* (ch. 2), cite comme une expression ampoulée : « Vomir contre « le ciel ; » mais si l'on dit de Typhoé qu'il a vomi contre le ciel

Les restes enflammés de sa rage mourante,

l'expression est naturelle.

Dans la tragédie de *Théophile*, Pyrame, croyant qu'un lion a dévoré Thisbé, s'adresse à ce lion, et lui dit :

---

* Ce vers ne se trouve plus dans le *Warwick* de La Harpe. H. P.

AMPOULÉ.

Toi, son vivant cercueil, reviens me dévorer.
Cruel lion, reviens, je te veux adorer.
S'il faut que ma déesse en ton sang se confonde,
Je te tiens pour l'autel le plus sacré du monde.

Voilà ce qui s'appelle de l'ampoulé : l'exagération en est risible, à force d'être extravagante. En général, le ridicule touche au sublime; et pour marcher sur la limite qui les sépare, sans la passer jamais, il faut bien prendre garde à soi. « Dans le haut style, « nous dit Longin, rien de si difficile à éviter que « l'enflure. » (*Chap. II.*)

Mais c'est une erreur de penser que les degrés d'élévation du style soient marqués pour les divers genres. Dans le poème didactique, le plus tempéré de tous, Lucrèce et Virgile se sont élevés aussi haut qu'aucun poète dans l'épopée.

Lucrèce à dit d'Épicure : « Ni ces dieux, ni leurs « foudres, ni le bruit menaçant du ciel en courroux « ne purent l'étonner. Son courage s'irrita contre « les obstacles. Impatient de briser l'étroite enceinte « de la nature, son génie vainqueur s'élança au delà « des bornes enflammées du monde, et parcourut « à pas de géant les plaines de l'immensité. » (*De Rer. Nat.* I, 69.)

On sait de quel pinceau Virgile, dans les *Géorgiques*, a peint le meurtre de César. (I, 467.)

La Fontaine lui-même, dans l'apologue, a pris quelquefois le plus haut ton; il a osé dire du chêne :

Celui de qui la tête au ciel était voisine,
Et dont les pieds touchaient à l'empire des morts.

(I, 22.)

Il a osé dire, en parlant de l'astrologie :

Quant aux volontés souveraines
De celui qui fait tout, et rien qu'avec dessein,
Qui les sait que lui seul ? Comment lire en son sein ?
Aurait-il imprimé sur le front des étoiles
Ce que la nuit des temps enferme dans ses voiles ?
(II, 13.)

et de ce ton sublime, il se rabaisse au ton familier :

Quand l'Enfer eut produit la Goutte et l'Araignée,
Mes filles, leur dit-il, etc.
(III, 8.)

Le naturel et la vérité sont de l'essence de tous les genres; il n'en est aucun qui n'admette le plus haut style, quand le sujet l'élève et le soutient; il n'en est aucun où de grands mots vides de sens, des figures exagérées, des images qui donnent un corps gigantesque à de petites pensées, ne fassent de l'enflure, et ne forment ce qu'on appelle un style ampoulé.

L'épopée, la tragédie, l'ode elle même, ne demandent plus de force et plus de hauteur dans les idées, les sentiments et les images, qu'autant que les sujets qu'elles traitent en sont plus susceptibles, et que les personnages qu'elles emploient sont supposés avoir plus de grandeur dans l'âme et d'élévation dans l'esprit.

Il en est de même de la haute éloquence : tout doit y être vrai, ou ressemblant au vrai; et non-seulement les figures, mais les mouvements oratoires sont tous soumis à cette règle. Métaphore, exclamation, imprécation, apostrophe, prosopopée, hypotypose; tout ce qu'il y a de plus noble et de plus sérieux devient grotesque et ridicule dès que le faux, l'outré, l'enflure enfin s'y fait apercevoir. Or, la vérité relative dont il s'agit est dans le rapport de proportion, non-seulement du style avec la chose, mais du style avec la personne dont on parle, ou qui parle elle-même. Rien n'est si accablant dans la réplique que le ridicule jeté sur une emphase déplacée. C'est à cette disconvenance du langage avec l'orateur, que Démosthène s'est attaché dans sa harangue pour la Couronne, en réfutant la péroraison d'Eschine, son accusateur.

« O terre! ô soleil! ô vertu! avait dit Eschine;
« et vous, sources du juste discernement, lumières
« naturelles, lumières acquises par où nous démê-
« lons le bien d'avec le mal, je vous en atteste;
« j'ai de mon mieux secouru l'état, et de mon mieux
« plaidé sa cause. »

Ce n'était là qu'un lieu commun, qu'une déclamation ampoulée, que la conduite et les mœurs d'Eschine ne rendaient pas fort imposante. Aussi de quel ton Démosthène y répondit!

« Que pensez-vous, dit-il aux juges, de cet his-
« trion travesti, qui, comme dans une pièce tragique,
« s'écrie : *O terre! ô soleil! ô vertu!* qui invoque
« *les lumières naturelles et les lumières acquises*,
« qui nous éclairent sur le *discernement du bien et*
« *du mal?* car je ne surfais point : vous l'avez entendu
« tendu proférer de telles paroles. Vous, Eschine, le
« réceptacle de tous les vices, par où, vous et les
« vôtres, avez-vous quelque commerce avec la vertu?

« par où discernez-vous le bien d'avec le mal? dans
« quelle source avez-vous puisé ce talent lumineux?
« par quel endroit l'avez-vous mérité? et de quel droit
« prononcez-vous le nom de lumières acquises? »
(*Discours pour la Couronne.*)

On voit, par cet exemple, qu'une raison solide vaut mieux que cent exclamations vagues, flèches bruyantes, mais émoussées, qu'on se renvoie tour à tour, et qui ne portent aucune atteinte. Qu'il me soit permis d'achever en deux mots cette métaphore, et de conclure qu'il ne suffit pas qu'un trait d'éloquence ait des plumes, qu'il faut encore qu'il soit armé d'un fer bien aiguisé, qu'il ait un vol mesuré à son but, qu'une main sûre le décoche, et qu'un œil juste le conduise; mais cette justesse est l'accord le plus rare du génie et de la raison.

MARMONTEL, *Éléments de Littérature.*

AMYOT (JACQUES) naquit à Melun, le 30 octobre 1513, d'une famille obscure. Étant venu à Paris pour y continuer ses études, commencées à Melun, et n'ayant d'autres secours de ses parents qu'un pain que sa mère lui envoyait chaque semaine, Amyot fut obligé, pour y suppléer, de servir de domestique à quelques écoliers de son collège; et on prétend que la nuit, à défaut d'huile ou de chandelle, il étudiait à la lueur de quelques charbons embrasés. Quoi qu'il en soit, son extrême amour pour la science lui fit vaincre les nombreuses difficultés que lui offrait sa situation. Après avoir terminé ses études sous les plus célèbres professeurs du Collège de France, nouvellement fondé, il se fit recevoir maître ès arts, et se rendit ensuite à Bourges, pour y étudier le droit civil. Là, Jacques Collin, lecteur du roi, et abbé de Saint-Ambroise, lui confia l'éducation de ses neveux, et lui fit obtenir, par le crédit de Marguerite, sœur du roi, une chaire de grec et de latin dans l'université de Bourges. Pendant dix ou douze ans qu'il occupa cette chaire, il traduisit le roman grec de *Théagène et Chariclée*, et quelques vies des *Hommes illustres* de Plutarque. François Ier, à qui il dédia cet essai, lui ordonna de continuer l'ouvrage, et lui fit présent de l'abbaye de Bellozane, vacante par la mort du savant Vatable.

Désirant, pour le perfectionnement de sa traduction de Plutarque, conférer les manuscrits de cet auteur, qui existaient alors en Italie, Amyot s'y rendit à la suite de l'ambassadeur de France à Venise. Odet de Selve, successeur de cet ambassadeur, et le cardinal de Tournon, résidant à Rome, le chargèrent de porter au concile, assemblé de nouveau à Trente, une lettre du roi Henri II, contenant une protestation contre quelques décisions de ce concile. Amyot s'étant acquitté de cette mission avec autant de fermeté que d'adresse, le cardinal de Tournon, charmé de son savoir et de son habileté en affaires, le ramena à Paris, et apprenant que le roi cherchait un précepteur pour ses deux fils, lui proposa Amyot, qui fut agréé. Pendant le cours de cette éducation, il termina sa Traduction des Vies de Plutarque, qu'il dédia à Henri II, et commença celle des Œuvres morales de cet écrivain, qu'il n'acheva que sous le règne de Charles IX, son élève, à qui il en fit pareillement hommage. Le lendemain même de son avènement, ce prince le nomma son grand aumônier; mais à la nouvelle de cette nomination, la reine-mère, Catherine de Médicis, qui destinait la place à un autre, entra dans une grande colère, fit appeler Amyot, et lui dit : « J'ai « fait bouquer les Guise et les Châtillon, les conné- « tables et les chanceliers, les rois de Navarre et les « princes de Condé, et je vous ai en tête, petit pres- « tolet! » Elle lui déclara ensuite qu'il n'avait pas vingt-quatre heures à vivre, s'il ne renonçait à la charge qu'on venait de lui accorder. Effrayé d'une telle menace, Amyot se cacha, et fut plusieurs jours sans oser paraître à la table du roi. Ce prince alors soupçonnant sa mère d'avoir fait plus que des menaces à Amyot, entra en fureur à son tour, et s'écria: « Quoi ! parce que je l'ai fait grand aumônier on l'a « fait disparaître! » La reine, pour apaiser son fils, fut obligée de faire chercher Amyot, et de lui donner toutes les sûretés qu'il put désirer. On est forcé de convenir que le récit de cette querelle entre la mère et le fils n'a d'autre garant que Saint-Réal, historien peu scrupuleux.

Cependant la faveur dont jouissait Amyot auprès du roi, qui le nommait toujours son maître, le fit bientôt parvenir à l'épiscopat; il fut mis en possession de l'évêché d'Auxerre, où il se fit rendre tous les honneurs ecclésiastiques et seigneuriaux qui étaient attachés à ce siège, et contribua d'assez bonne grace, malgré sa parcimonie, à restaurer l'église cathédrale que les huguenots avaient pillée. N'ayant encore étudié que les auteurs profanes, il avoua qu'il n'était ni théologien ni prédicateur; il se mit avec zèle à lire l'Écriture et les Pères, eut de fréquentes conférences avec des docteurs, et se hasarda enfin à prêcher devant son troupeau. Son autre élève, Henri III, étant parvenu au trône, lui conserva la grande aumônerie, et y ajouta le titre de commandeur de l'ordre du Saint-Esprit, qu'il venait de créer.

Amyot s'étant trouvé à Blois lorsque le duc de Guise y fut assassiné, un gardien des cordeliers d'Auxerre souleva contre lui toute cette ville, qui était du parti de la Ligue, en l'accusant d'avoir eu connaissance du meurtre et de l'avoir même conseillé. Redoutant les suites que pouvait avoir une telle accusation, il ne retourna à Auxerre que lorsqu'il crut les esprits un peu plus calmes; mais toute sa prudence ne put le garantir du danger qui l'attendait sur la route, où les ligueurs l'attaquèrent, le pillèrent et lui mirent le pistolet sur la poitrine. Il fut obligé de se faire donner une absolution en forme par le légat, et tout rentra dans l'ordre. C'est à ce sujet que le président de Thou l'accuse d'ingratitude et d'infidélité envers Henri III; mais il paraît justifié de ce reproche par tout ce qu'il eut à souffrir de la part des ligueurs, comme trop attaché à la cause du roi; et ce ne fut véritablement qu'après la mort de Henri III, qu'il se montra, en quelques occasions, favorable aux projets de la Ligue.

Amyot passa les dernières années de sa vie dans son diocèse, uniquement occupé de l'étude et de ses devoirs. Il mourut à Auxerre, le 6 février 1593, dans sa quatre-vingtième année. Quoiqu'il se fût plaint d'avoir été ruiné par les troubles civils, il laissa dit-on, en mourant 200,000 écus. Il fut tout à la fois avide et parcimonieux. On rapporte que, demandant une nouvelle abbaye à Charles IX, qui lui en avait déjà donné plusieurs, ce prince lui dit : « Ne « m'avez-vous pas assuré autrefois que vous borne- « riez votre ambition à 1,000 écus de rentes? —Oui, « Sire, répondit Amyot; mais l'appétit vient en man- « geant. »

Personne n'a rendu plus de services qu'Amyot à la langue française. Quoique sa Traduction des OEuvres complètes de Plutarque manque en beaucoup d'endroits de fidélité, elle n'a pu cependant être effacée par aucune de celles qui ont paru depuis. «Cet ouvrage, « dit Racine, a, dans le vieux style du traducteur, une « grace que je ne crois pas pouvoir être égalée dans « notre langue moderne. »

Amyot a publié : l'*Histoire Éthiopique d'Heliodorus*, contenant dix livres, traitant des pudiques amours de *Théagène et Chariclée*, traduite du grec en français, 1547 et 1559, in-fol. : cette dernière édition, soigneusement revue par Amyot, a servi de modèle à diverses réimpressions faites depuis; sept livres des *Histoires de Diodore, Sicilien*, traduits du grec; Paris, Vascosan, 1554, in-fol., réimprimés en 1587; *Amours pastorales de Daphnis et Chloé*, traduites du grec de Longus, 1559, in-8°., réimprimés plusieurs fois; les *Vies des Hommes illustres grecs et romains*, traduites du grec en français,

1559, 2 vol. in-fol°. On recherche l'édition donnée par Vascosan, 1567, 6 vol. in-8°; *OEuvres morales de Plutarque*, traduites en français, 1574, 6 vol. in-8°; les *OEuvres complètes de Plutarque*, traduites par Amyot, ont été réimprimées un grand nombre de fois. Les meilleures éditions sont celles de Cussac; Paris, 1783-87, 22 vol. in-8° avec des notes de Brotier et de Vauvilliers; la réimpression par le même, en 25 vol. in-8° avec de nouvelles notes par Clavier, 1801-06; et celle de Janet et Cotelle, 1818-20, 25 vol. in-8°, imprimés par P. Didot.

AUGER.

JUGEMENTS.

I.

Quelle obligation ne lui a pas notre langue, n'y ayant jamais eu personne qui en ait mieux su le génie et le caractère que lui, ni qui ait usé de mots et de phrases si naturellement françaises, sans aucun mélange des façons de parler des provinces, qui corrompent tous les jours la pureté du vrai langage français! Tous ses magasins et tous ses trésors sont dans les œuvres de ce grand homme.

VAUGELAS.

II.

Il y a plus de deux cents ans qu'il a écrit, et cependant on préfère encore avec justice sa Traduction de Plutarque à toutes celles qui ont paru jusqu'à nos jours. Cet ouvrage fut une époque pour notre langue. A l'ancienne rudesse, Amyot substitua des formes plus pures; et son style, quoique très simple, n'est dépourvu ni d'élégance ni de grace. La

langue a acquis depuis plus de force, plus de no
blesse, plus d'harmonie; mais tant que la naïveté
aura de quoi plaire, cette Traduction de Plutarque
et celle de la pastorale connue sous le titre de *Daphnis et Chloé*, rendront la mémoire d'Amyot précieuse
à toutes les personnes d'un goût délicat.

PALISSOT, *Mémoires sur la Littérature*

III.

Si quelqu'un avait pu se flatter de l'honneur d'avoir
fixé sa langue, c'eût été sans doute Amyot; mais il
était bien éloigné de cette vanité. Voyez avec quelle
modestie il parle de son travail, en offrant à son roi les
Œuvres de Plutarque, qu'il avait traduites du grec :

« Il y a tant de plaisir, d'instruction et de profit
« en la substance du livre, qu'en quelque style qu'il
« soit mis, pourvu qu'il s'entende, il ne peut faillir à
« être bien reçu de toute personne de bon jugement.
« parce que c'est en somme un recueil abrégé de tout
« ce qui a été de plus mémorable et de plus digne
« fait ou dit par les plus grands rois, plus grands ca-
« pitaines et plus sages hommes des deux plus nobles,
« plus vertueuses et plus puissantes nations qui fu-
« rent jamais au monde. »

C'est le jugement qu'Amyot porte lui-même de
Plutarque dans l'épître dédicatoire de sa Traduction,
datée de Fontainebleau, au mois de février 1559.

Dans sa préface, Amyot compte d'autant plus
sur l'indulgence des lecteurs, qu'il est le premier qui
ait entièrement achevé de traduire *Plutarque*, en
quelque langue que ce soit.

Il semble qu'Amyot se soit mis tout-à-fait à la

place de son auteur, tant il se plaît à rendre et son esprit et sa pensée. Voyez encore, pour exemple, cet admirable préambule des *Vies de Paul Émile et de Timoléon* :

« Quand je me mis à écrire ces Vies, ce fut au com-
« mencement pour profiter aux autres; mais depuis
« j'y ai persévéré et continué pour profiter à moi-
« même, regardant en cette histoire comme dans un
« miroir, et tâchant à raccoûtrer aucunement ma
« vie et la former au moule des vertus de ces grands
« personnages. Car cette façon de rechercher leurs
« mœurs et écrire leurs vies, me semble proprement
« un hanter familièrement et pratiquer avec eux; et
« m'est avis que je les loge tous chez moi les uns après
« les autres, quand je viens à contempler en leurs
« histoires, et à considérer quelles qualités ils avaient
« et ce qui était de grand en chacun d'eux, en élisant
« et prenant ce qui fait principalement à noter et qui
« est plus digne d'être su et connu en leurs dits et
« faits.

« O dieux! plus grand plaisir pourrait-il être au
« monde, ne qui eût plus de force à faire que
« l'homme veuille corriger et émender les vices
« de ses mœurs! »

Comme cela est bien senti! comme rien ne respire l'asservissement et la gêne de la traduction! Amyot semble tout-à-fait transformé en Plutarque lui-même.

Qu'on nous permette encore quelques citations choisies, pour donner au moins une idée du charme naturel du style d'Amyot, à ceux de nos lecteurs qui pourraient ne pas le connaître, ou n'y avoir pas fait assez d'attention. La fin de la *Vie de Numa* nous paraît surtout admirable.

« Janus avait à Rome un temple, ayant deux portes,
« lesquelles on appelle les portes de la guerre, pour-
« ceque la coutume est de l'ouvrir quand les Ro-
« mains ont guerre en quelque part, et de le clorre
« quand il y a paix universelle, ce qui est bien mal
« aisé à voir, et advient bien peu souvent. Mais, du-
« rant le règne de Numa, il ne fut jamais ouvert une
« seule journée : ains demeura fermé l'espace de qua-
« rante et trois ans entiers, tant étaient toutes occa-
« sions de guerre et partout éteintes et amorties ; à
« cause que non seulement à Rome le peuple se
« trouva amolli et adouci par l'exemple de la justice,
« clémence et bonté de Numa, mais aussi ès villes
« d'alenviron commença une merveilleuse mutation
« de mœurs, ne plus ne moins que si c'eût été quelque
« douce haleine d'un vent salubre et gratieux qui
« leur eût soufflé du côté de Rome pour les rafraîchir;
« et se coula tout doucement ès cœurs des hommes
« un désir de vivre en paix, de labourer la terre,
« d'élever des enfants en repos et tranquillité, et de
« servir et honorer les dieux; de manière que par
« toute l'Italie n'y avait que fêtes, jeux, sacrifices et
« banquets. Les peuples hantaient et trafiquaient les
« uns avec les autres sans crainte ne danger, et s'en-
« tre-visitaient en toute cordiale hospitalité, comme
« si la sapience de Numa eût été une vive source de
« toutes bonnes et honnêtes choses, de laquelle plu-
« sieurs ruisseaux se fussent dérivés pour arroser
« toute l'Italie, et que la tranquillité de sa prudence

« se fût de main en main communiquée à tout le
« monde; tellement que les excessives figures de par-
« ler, dont les poëtes ont accoutumé d'user, ne se-
« raient pas encore assez amples pour suffisamment
« exprimer le repos de ce règne-là. »

Ce tableau est délicieux, et l'on ne peut le contempler sans en être attendri; mais on a d'autant plus de peine à en considérer la suite dans le parallèle de *Lycurgue* et de *Numa*.

Plutarque blâme Numa de n'avoir point ordonné de la nourriture (c'est-à-dire de l'éducation) des enfants.

« Il laissa, dit-il, à la discrétion des pères, selon
« leur avarice ou leur besoin, la liberté de faire nour-
« rir et élever leurs enfants ainsi que bon leur sem-
« blait, comme si l'on ne devait pas former les mœurs
« des enfants et les duire et adresser dès et depuis leur
« naissance à une même fin, et que si c'étaient ne
« plus ne moins que des passagers en un même navire,
« lesquels y étant l'un pour une affaire, l'autre pour
« une autre, et tous à diverses intentions, ne commu-
« niquent jamais ensemble, sinon en tourmente, pour
« la crainte qu'ils ont de leur propre et particulier
« péril; car autrement chacun d'eux ne pense que
« pour soi-même.

« Et encore est-il pardonnable aux autres établis-
« seurs des lois, s'ils ont omis quelque chose, ou par
« ignorance, ou quelquefois pour n'avoir pas assez
« d'autorité et de puissance; mais un sage philosophe
« ayant reçu le royaume d'un peuple nouvellement
« amassé, qui ne lui contredisait en rien, à quoi de-
« vait-il plutôt employer son étude qu'à faire bien

« nourrir les enfants, et à faire exerciter les jeunes
« gens, afin qu'ils ne fussent différents de mœurs,
« ains fussent tous accordants ensemble, pour avoir
« été dès leur enfance acheminés à une même trace et
« moulés à une même vertu? Cela, outre les autres
« utilités, servit encore à maintenir les lois de Lycur-
« gus; par l'institution et la nourriture, il avait teint
« les mœurs des enfants, et leur avait, avec le lait de
« leurs nourrices, presque fait sucer l'amour de ses
« lois et de sa police; ce qui a tant eu de force, que,
« l'espace de plus de cinq cents ans durant, ses prin-
« pales institutions et ordonnances sont demeurées
« en leur entier, comme une bonne et forte teinture
« qui aurait atteint jusqu'au fond et tranché tout
« outre. Et au contraire, ce qui était le but et la fin
« principale où tendait Numa, de maintenir la ville de
« Rome en paix et amitié, faillit incontinent avec lui;
« car il ne fut pas plutôt mort, qu'ils ouvrirent toutes
« les deux portes du temple de Janus, qu'il avait de son
« temps si soigneusement tenues fermées, comme si,
« à la vérité, il y eût tenu la guerre enserrée, et em-
« plirent toute l'Italie de meurtre et de sang; et ne
« dura rien ce tant beau, tant saint et tant juste gou-
« vernement, auquel son royaume avait été de son
« temps, pour autant qu'il n'avait pas le lien de la
« nourriture et de la discipline des enfants, qui le
« maintînt. »

Nous pardonnera-t-on de joindre encore à ces extraits une charmante image de la bonté, qui est une des premières vertus, et dont Plutarque-Amyot parle avec un sentiment profond?

« Nous voyons que bonté s'étend bien plus loin
« que ne fait justice, parceque nature nous enseigne
« à user d'équité et de justice envers les hommes seu-
« lement, et de grace et de bénignité quelquefois jus-
« qu'aux bêtes brutes ; ce qui procède de la fontaine
« de douceur et d'humanité, laquelle ne doit jamais
« tarir en l'homme.

« Du temps qu'on bâtissait le temple appelé *Héca-*
« *tompédon*, le peuple d'Athènes voulut et ordonna
« qu'on laissât aller francs et libres les mules et mu-
« lets qui avaient longuement travaillé à l'achèvement
« de cette fabrique, et qu'on les souffrît paître, sans
« leur faire empêchement, là où ils pourraient : et
« dit-on qu'il y eut une mule de celles qui avaient été
« ainsi délivrées, qui d'elle-même se vint présenter
« au travail, en se mettant au-devant des autres bêtes
« de voiture qui traînaient les charriots chargés vers
« le château, en marchant quand et elles, comme si
« elle les eût voulu inciter et encourager à tirer ; ce
« que le peuple prit tant à gré, qu'il ordonna qu'elle
« serait nourrie aux dépens de la chose publique,
« tant qu'elle vivrait. Et voit-on encore les sépultures
« des juments de Cimon, avec lesquelles il gagna par
« trois fois le prix de la course ès jeux olympiques ;
« et sont les dites sépultures tout joignant celle de
« Cimon. L'ancien Xantippus enterra son chien sur
« un chef (un cap) en la côte de la mer, qu'on ap-
« pelle encore aujourd'hui le Chef de la Sépulture du
« Chien, pourceque quand le peuple d'Athènes à la
« venue des Perses abandonna la ville, ce chien suivit
« toujours son maître, nageant en mer côte à côte

« de sa galère, depuis la côte de Terre-Ferme jusqu'à
« l'île de Salamine. »

« Il n'est pas raisonnable d'user des choses qui
« ont vie et sentiment, tout ainsi que nous ferions
« d'un soulier, ou de quelque autre ustensile, en
« les jetant après qu'elles sont toutes usées et rom-
« pues de nous avoir servi : ains quand ce ne serait
« pour autre cause que pour nous duire et exer-
« citer toujours à l'humanité, il nous faut accoutu-
« mer à être doux et charitables, jusques à tels petits
« et menus offices de bonté; et, quant à moi, je n'au-
« rais jamais le cœur de vendre le bœuf qui aurait
« longuement labouré ma terre parcequ'il ne pour-
« rait plus travailler à cause de sa vieillesse, etc. »

Plutarque fait ces réflexions sur ce que « Marcus
« Caton voulait que l'on vendît les serfs quand ils
« devenaient vieux, afin qu'on ne les nourrît point
« inutiles. » (*Vie de M. Caton.*)

Indépendamment du plaisir que l'on est sûr de trouver dans la lecture d'Amyot, il peut offrir encore aux amateurs de notre langue deux utilités principales, dont nous croyons devoir leur présenter l'idée :

1º La première est fondée sur des exemples qui peut-être ne sont pas assez connus.

Senault, fameux prédicateur et général de l'Oratoire, relisait sans cesse Amyot, pour former d'après lui ses phrases et ses périodes.

Quand notre illustre d'Aguesseau, étant très jeune encore, voulut s'exercer à écrire et se former un style, il prit le *Plutarque* d'Amyot, surtout le volume de ses *OEuvres morales*, et se proposa d'abréger les différents traités dont ce volume se compose. Il avait soin de conserver dans son analyse les traits saillants, les mots heureux, les tournures même du style d'Amyot; mais il faisait en sorte que plusieurs pages in-folio de l'édition de Vascosan se trouvassent réduites, de manière à tenir dans le moindre espace possible. Nous avons une copie de cette espèce de sommaire de *Plutarque*, et nous nous proposons de le publier avec des remarques.

Bernardin de Saint-Pierre nous apprend que Jean-Jacques Rousseau avait puisé son éloquence dans la lecture d'Amyot. Jean-Jacques dit lui-même que lorsqu'il était jeune, il ne pouvait se rassasier de *Plutarque*.

2° Un travail très utile pour la connaissance de la langue française serait d'extraire d'Amyot les passages les plus frappants où se trouvent des mots qui ne sont pas dans le *Dictionnaire de l'Académie*, soit parce qu'on les a omis, soit parce qu'on n'avait jamais fait le dépouillement de ce trésor fondamental de nos expressions françaises.

Donnons quelques exemples de ces citations, qu'Amyot pourrait nous fournir dans une très grande abondance.

Affranchisseur. « Lorsque Titus Quintius, con-
« sul romain, fit proclamer par le héraut, dans la
« fête des Jeux isthmiques, que le sénat de Rome
« permettait désormais aux Grecs de vivre, suivant
« les lois anciennes, en pleine liberté, incontinent
« tout le monde se leva en pied, sans plus se sou-

« cier des jeux, et s'en allèrent tous à grande joie
« saluer, embrasser et remercier leur bienfaiteur,
« et le protecteur et *affranchisseur* de la Grèce. »
(*Vie de T. Q. Flaminius.*)

EMMURÉ. « L'entrée de l'Épire est une longue
« vallée, *emmurée*, de côté et d'autre, de grandes
« et hautes montagnes. » (*Ibid.*)

ENTREJETER. « Titus *entrejetant* opportunément
« la paix entre les deux guerres des Romains contre
« Philippe et Antiochus, etc. » (*Ibid.*)

MALAISANCE. « Crassus marchant contre les Par-
« thes dans un pays de sable, la soif et la *malai-*
« *sance* des chemins travaillaient les Romains. » (*Vie
de M. Crassus.*)

MÉPRISEUR. « Pyrrhus était un grand *mépriseur*
« de ceux qui étaient au-dessous de lui. » (*Vie de
Pyrrhus.*)

PLI de, « etc. Les Romains marient les filles à
« douze ans et encore plus jeunes, disant que par
« ce moyen les corps et les mœurs sont entièrement
« à ceux qui les épousent, et que cela leur donne
« le *pli* des conditions qu'on veut qu'elles retien-
« nent tout le temps de leur vie. » (*Parallèle de
Lycurgue et de Numa.*)

« Cassandre de Mantinée dressa et institua Phi-
« lopœmen, demeuré orphelin, de la manière qu'Ho-
« mère dit qu'Achille fut institué et nourri par le
« vieillard Phénix. Si prit incontinent le naturel de
« l'enfant un *pli* de nourriture véritablement gé-
« néreuse et royale, en croissant toujours de bien
« en mieux. » (*Vie de Philopœmen.*)

Prouesse. « Homère parle sagement et en homme
« bien expérimenté, quand il dit que la *prouesse*
« seule, entre toutes les vertus morales, est celle
« qui aucunes fois a des saillies de mouvement, ins-
« pirées divinement, et de certaines fureurs qui
« transportent l'homme hors de soi-même. » (*Vie
de Pyrrhus.*)

« Agesilaüs avait accoutumé de dire que la jus-
« tice est la première de toutes les vertus, pour
« autant que la *prouesse* ne vaut rien, si elle n'est
« conjointe avec la justice, et que si tous les hom-
« mes étaient justes, alors on n'aurait que faire de
« la *prouesse*. » (*Vie d'Agesilaüs.*)

On n'a point encore proposé l'éloge public d'A-
myot pour sujet d'un concours académique. En at-
tendant, il a trouvé, de son temps même, un panégyriste digne de lui : c'est Montaigne qui lui a
consacré ces lignes remarquables : « Je donne avec
« raison, ce me semble, la palme à Jacques Amyot
« sur tous nos écrivains français, non-seulement
« pour la naïveté et pureté du langage, en quoi il
« surpasse tous les autres, ni pour la constance
« d'un si long travail, ni pour la profondeur de son
« savoir, ayant pu développer si heureusement un
« auteur si épineux et ferré ; mais surtout je lui
« sais bon gré d'avoir su trier et choisir un livre si
« digne et si à propos, pour en faire présent à son
« pays. Nous autres ignorants étions perdus, si ce
« livre ne nous eût retirés du bourbier. Sa merci
« (grace à lui) nous osons à cette heure et parler
« et écrire ; les dames en régentent les maîtres

« d'école; c'est notre bréviaire. » (*Essais*, II, 4.)

FRANÇOIS DE NEUFCHATEAU, *Essai sur les meilleurs ouvrages écrits en prose dans la langue française.*

ANACRÉON de Téos, ville maritime de l'Ionie, a laissé son nom et des modèles au genre *anacréontique*. Ce poète aimable, qui s'est fait, sans y songer, une si brillante réputation, florissait vers la LXIIe olympiade, c'est-à-dire, d'après le calcul d'Eusèbe, 532 ans avant Jésus-Christ. Il charma quelque temps la cour de Polycrate, ce tyran de Samos, que sa longue prospérité et sa fin tragique ont rendu également célèbre. Anacréon, qui partageait ses plaisirs, et était de tous ses conseils, aurait bien dû lui donner celui de ne pas se rendre à l'invitation du gouverneur de Sardes, qui le fit mettre en croix pour s'emparer ensuite de Samos. Après la mort de Polycrate, Anacréon fut appelé à Athènes par Hipparque, l'un des fils de Pisistrate; il y arriva sur un vaisseau de cinquante rames, envoyé par honneur à sa rencontre. Le séjour de la turbulente Athènes ne pouvait guère être celui du poète des Graces, du chantre des Amours; et les accords voluptueux de sa lyre se perdaient, étouffés par les clameurs des factions. La chute d'Hipparque, tombé sous le poignard républicain d'Harmodius et d'Aristogiton, força Anacréon à s'éloigner d'Athènes; il se retira vraisemblablement alors à Téos, sa patrie, puisqu'il s'y trouvait encore à l'époque où l'Ionie se révolta contre Darius. Obligé de fuir de nouveau, il alla se réfugier à Abdère, qui avait accueilli et protégé son enfance, et où il termina sa carrière, à l'âge de quatre-vingt-cinq ans, étranglé, dit-on, par un pepin de raisin.

Anacréon ne s'était point borné aux compositions érotiques : l'hymne, l'élégie, l'épigramme, les iambes avaient tour-à-tour exercé sa muse ; mais ses poésies légères ont seules échappé au naufrage des temps ; encore s'en faut-il de beaucoup que nous possédions complet le recueil de ses chansons : toutes mêmes ne sont pas de lui, dans le petit nombre qui nous en reste. La diversité de leur mérite et la différence des dialectes prouvent suffisamment celle des époques : mais c'en est assez pour regretter vivement celles que nous avons perdues.

Henri Étienne fit, le premier, connaître Anacréon, en 1554 ; et son édition est restée pendant plus d'un siècle le type de toutes celles qui l'ont suivie, jusqu'en 1695, où Guill. Baxter jugea à propos de corriger et de changer arbitrairement le texte, d'après de simples conjectures ; mais Josué Barnès le rétablit heureusement quelques années après ; et son édition, publiée à Cambridge en 1705, fait époque dans l'histoire bibliographique de notre poète. Elle fut néanmoins surpassée de beaucoup par le célèbre Brunck, dans les éditions qu'il donna successivement de 1776 à 1786. Son texte a servi de base à celle que vient de faire paraître M. Boissonade, Paris 1823, et qui fait partie de la jolie collection in-32 des principaux poètes grecs, publiée par le même savant, chez M. Lefèvre.

Peu de poètes ont été aussi souvent traduits qu'Anacréon. Nous nous bornerons à indiquer les traductions de madame Dacier et de M. Gail, en prose; et à mettre, sans balancer, M. de Saint-Victor à la tête de tous ceux qui ont essayé de reproduire jusqu'ici, en vers français, la grace, le naturel et l'exquise naïveté du vieillard de Téos.

Amar.

JUGEMENTS.

I.

On dit que la joie et le plaisir faisaient son unique étude, et ce qui nous reste de ses pièces en fait foi. On voit partout dans ses vers que sa main écrit ce que son cœur sent. Leur délicatesse se fait mieux sentir qu'on ne peut l'exprimer. Rien ne serait plus estimable que ses poésies, si elles avaient un meilleur objet.

Rollin, *Histoire ancienne*.

II

Anacréon était savant dans l'art de plaire... Il n'ignorait pas combien il est important de mêler l'utile à l'agréable. Les autres poètes jettent des roses sur leurs préceptes, pour en cacher la dureté; lui, par un raffinement de délicatesse, mettait des leçons au milieu de ses roses. Il savait que les plus belles images, quand elles ne nous apprennent rien, ont une certaine fadeur qui laisse après elles le dégoût; et que si la sagesse a besoin d'être égayée par un peu de folie, la folie, à son tour, doit être assaisonnée d'un peu de sagesse.

Batteux.

III

* Quelquefois réduite à un seul mouvement de l'âme,

l'ode n'exprime qu'un tableau. Telles sont les odes voluptueuses dont Anacréon et Sapho nous ont laissé des modèles parfaits.

Un naturel aimable fait l'essence de ce genre; et celui qui a dit d'Anacréon que la persuasion l'accompagne « Suada Anacreontem sequitur, » a peint le caractère du poète et du poème en même temps.

Après La Fontaine, celui de tous les poètes qui est le mieux dans sa situation, et qui communique le plus l'illusion qu'il se fait à lui-même, c'est, à mon gré, Anacréon. Tout ce qu'il peint, il le voit ; il le voit, dis-je, des yeux de l'âme; et l'image qu'il fait éclore est plus vive que son objet.

MARMONTEL, *Éléments de Littérature.*

IV.

Arrêtons-nous un moment sur Anacréon, qui s'est immortalisé par ses plaisirs, lorsque tant d'autres n'ont pu l'être par leurs travaux : ce chansonnier voluptueux, qui ne connut d'autre ambition que celle d'aimer et de jouir, ni d'autre gloire que celle de chanter ses amours et ses jouissances, ou plutôt qui, dans ces mêmes chansons qui ont fait sa gloire, ne vit jamais qu'un amusement de plus. Ses poésies, dont heureusement le temps a épargné une partie, respirent la mollesse et l'enjouement, la délicatesse et la grâce. Il n'est point auteur : il n'écrit point. Il est à table avec de belles filles grecques, la tête couronnée de roses, buvant d'excellents vins de Scio ou de Lesbos; et tandis que Mnaès et Aglaé entrelacent des fleurs dans ses cheveux, il prend sa petite lyre d'ivoire à sept cordes, et chante un hymne à la rose sur le mode lydien. S'il parle de la vieillesse et de la mort, ce n'est pas pour les braver avec la morgue stoïque, c'est pour s'exhorter lui-même à ne rien perdre de tout ce qu'il peut leur dérober. Remarquons, en passant, que les auteurs anciens les plus voluptueux, Anacréon, Horace, Tibulle, Catulle, mêlaient assez volontiers l'image de la mort à celle des plaisirs. Ils l'appelaient à leurs fêtes, et la plaçaient pour ainsi dire à table, comme un convive qui, loin de les attrister, les avertissait de jouir. Horace surtout, dans vingt endroits de ses odes, se plaît à rappeler la nécessité de mourir ; et ces passages, toujours rapides, qui fixent un moment l'imagination sur des idées sombres, exprimées par des figures frappantes et des métaphores justes et heureuses, font sur l'âme une impression qui l'émeut doucement et ne l'effraie pas, y répandent pour un moment une sorte de tristesse réfléchissante, qui s'accorderait mal, il est vrai, avec la joie bruyante et tumultueuse, mais qui se concilie très bien avec le calme d'une âme satisfaite, et même avec les épanchements d'un amour heureux. En général, les impressions qui font le plus sentir le prix de la vie sont celles qui nous rappellent le plus facilement qu'elle doit finir. J'ajouterai que c'est encore une preuve du goût naturel des anciens, de n'avoir jamais parlé qu'en passant de ces éternels sujets de lieux communs chez les modernes, le temps et la mort, sur lesquels notre imagination permet qu'on l'avertisse, mais qui peuvent la rebuter bientôt ; on s'y appesantit trop, à moins que ce ne soit proprement le fond du sujet, comme dans l'éloquence de la chaire.

On ne sera pas fâché d'apprendre qu'Anacréon joignait à une médiocre fortune beaucoup de désintéressement, deux grandes raisons pour être heureux. Il vécut assez long-temps à Samos, à la cour de ce Polycrate qui n'eut d'un tyran que le nom. Ce prince lui fit présent de cinq talents (trente mille francs de notre monnaie). Mais Anacréon, qui n'avait pas coutume de posséder tant d'argent, en perdit presque le sommeil pendant deux jours; il apporta bien vite au généreux Polycrate ses cinq talents; et ce trait historique, raconté par les écrivains grecs, et cité par Giraldi dans son *Histoire des Poètes*, est l'original de la fable du *Savetier et le Financier* dans La Fontaine.

Il est impossible de donner la moindre esquisse de la manière d'Anacréon. Il y a dans sa composition originale une mollesse de ton, une douceur de nuance, une simplicité facile et gracieuse, qui ne peuvent se retrouver dans le travail d'une version. Ce sont des caractères dont l'empreinte n'est pas assez forte pour ne pas s'effacer beaucoup dans une copie. Il composait d'inspiration, et l'on traduit d'effort. Ne traduisons point Anacréon.

La Harpe, *Cours de Littérature*.

V.

Agréable sans art, savant sans affectation, poète sans prétention, partout il flatte, il enchante, il intéresse. On peut le comparer aux Graces quand elles consentent à être nues. Il n'a point d'ornements ambitieux, de ces pointes épigrammatiques, de ces traits saillants dont nos modernes ont rempli leurs pièces érotiques. Son mérite consiste dans cette simplicité qui caractérise l'antique. Du myrte, du lierre des roses, voilà sa parure; la joie, voilà son Apollon Jamais il ne fait de vers, ils naissent de sa plume heureux d'arriver à la gloire en chantant les plaisirs

Gail, Dissert. qui précède sa Trad. d'Anacréon

VI.

Nous avons d'Anacréon des odes bachiques et érotiques: ce sont presque autant de modèles achevés dans un genre qui a gardé le nom du vieillard de Téos. Mais, tout en rendant justice à ses talents, il serait à désirer que la postérité n'eût aucun reproche à faire aux mœurs d'Anacréon. Malheureusement les noms de Bathylle, de Smerdias et de Cléobule, devenus désormais inséparables de celui d'Anacréon, n'attestent que trop la dépravation de ses mœurs et la licence de ses chants. Indépendamment de ses odes, Anacréon avait composé un assez grand nombre d'ouvrages, dont quelques-uns sont nommés par Suidas, et d'autres cités avec éloge par Athénée. Mais il ne nous reste de tout cela que quelques fragments, qui prouvent que ce poète ingénieux et facile ne s'était guère exercé que sur des matières érotiques. Dans ce qui nous est parvenu de lui, tout respire l'enjouement et la mollesse; ce n'est point un auteur qui écrit, c'est un convive aimable qui s'abandonne à la gaieté de sa verve.

Amar, Biographie universelle.

VII.

La légèreté, la simplicité, l'abandon qui caractérisent la manière de ce poète, ont été étrangers à tous les poètes qui l'ont précédé et à la plupart de ceux qui ont cherché à l'imiter. Anacréon est inspiré par une gaieté franche et par le sentiment d'un contentement intérieur qui s'épanche toujours avec douceur. Le plaisir que lui font éprouver le vin et l'amour est si pur, qu'on voit bien qu'il ne peut qu'embellir la vie. Les impressions qu'il reçoit des objets qui l'entourent ne troublent jamais le calme de son âme; il rit et badine avec la naïveté d'un enfant dont l'innocence nous charme. Quand il accompagne de ses chants les accords de sa lyre, ce n'est pas parce qu'il veut plaire ou célébrer quelque objet : il chante, parce qu'il y trouve du plaisir, et qu'il sent le besoin d'exprimer ce sentiment. Ses poésies ne brillent pas par l'invention ; on n'y trouve pas d'allégories artificielles, point de tours recherchés ni d'allusions cachées, ou ce n'est en quelque sorte qu'à son insu. Rien de superflu dans ses vers; ils sont faciles, délicats et doux, sans art et sans apprêt. L'ode d'Horace la plus gaie donne plus à penser, et procure une jouissance plus exquise au lecteur, que la chanson la plus sérieuse d'Anacréon. La lecture de ce poète laisse dans l'esprit la même impression que celle qu'on emporte en quittant une société où règnent la gaieté et la grace modeste : on n'y a pas entendu de ces mots profonds qui restent dans l'âme, mais on conserve des souvenirs agréables et un certain sentiment de bien-être. (Manso. Voyez l'*Histoire de la Littérature grecque*, par Schœll.)

MORCEAUX CHOISIS.

I. L'Amour mouillé.

Vers le milieu d'une nuit orageuse,
Lorsque déjà s'incline lentement
De Calisto l'étoile pluvieuse;
Vers l'heure enfin où plus profondément
Dort des humains la race industrieuse,
L'enfant malin, dont la mère est Cypris,
Avec grand bruit vint frapper à ma porte :
Que me veut-on? qui frappe de la sorte?
Qui, m'écriai-je, ébranlant mon logis,
Ose troubler mes songes pleins de charmes?
Ouvre-moi vite, ouvre, et sois sans alarmes,
Me dit l'Amour; je suis un pauvre enfant,
Seul, égaré, surpris, en voyageant,
Par la nuit sombre, et mouillé par l'orage.
Moi, sur ces mots, charitable et peu sage,
Je prends d'abord pitié du suppliant.
Ranimant donc mon feu prêt à s'éteindre,
Ma lampe en main, j'ouvre : en effet, je vois
Un jeune enfant, beau, charmant, fait à peindre,
Portant un arc, des ailes, un carquois.
Près du foyer aussitôt je le place;
Et, remarquant qu'un froid mortel le glace,
Dans une main je prends ses petits doigts,
Puis doucement, avec l'autre j'essuie
Ses blonds cheveux inondés par la pluie.
Il se ranime, et d'un air dégagé :
Voyons, dit-il, cet arc; par aventure,
Il se pourrait qu'il fût endommagé.
Il le saisit, le tend d'une main sûre,
Et je me sens frappé d'un trait vainqueur :
Du taon cruel moins vive est la blessure.

Le méchant rit, saute, et, d'un ton moqueur,
Me dit alors : Mon cher hôte, courage !
Car tout va bien : mes armes de l'orage
N'ont point souffert.... mais je crains pour ton cœur.
(*Od. III.*)

Cette ode, qui jouit justement d'une très grande célébrité, est devenue plus célèbre encore parmi nous par l'imitation qu'en a faite l'inimitable La Fontaine. Quoique cette imitation soit connue à peu près de tout le monde, je ne puis résister au plaisir de la rapporter ici ; et il n'est sans doute aucun de mes lecteurs qui ne me sache gré de lui procurer l'occasion de la relire.

J'étais couché mollement ;
Et, contre mon ordinaire,
Je dormais tranquillement,
Quand un enfant s'en vint faire
A ma porte quelque bruit.
Il pleuvait fort cette nuit :
Le vent, le froid et l'orage,
Contre l'enfant faisaient rage.
Ouvrez, dit-il, je suis nu.
Moi, charitable et bon homme,
J'ouvre au pauvre morfondu,
Et m'enquiers comme il se nomme.
Je te le dirai tantôt,
Répartit-il ; car il faut
Qu'auparavant je m'essuie.
J'allume aussitôt du feu.
Il regarde si la pluie
N'a point gâté quelque peu
Un arc dont je me méfie.
Je m'approche toutefois,

Et de l'enfant prends les doigts,
Les réchauffe; et dans moi-même
Je dis: Pourquoi craindre tant?
Que peut-il? c'est un enfant;
Ma couardise est extrême
D'avoir eu le moindre effroi.
Que serait-ce, si chez moi
J'avais reçu Polyphême?
L'enfant, d'un air enjoué,
Ayant un peu secoué
Les pièces de son armure
Et sa blonde chevelure,
Prend un trait, un trait vainqueur,
Qu'il me lance au fond du cœur.
Voilà, dit-il, pour ta peine.
Souviens-toi bien de Climène,
Et de l'Amour: c'est mon nom.
Ah! je vous connais, lui dis-je,
Ingrat et cruel garçon.
Faut-il que qui vous oblige
Soit traité de la façon?
Amour fit une gambade;
Et le petit scélérat
Me dit: Pauvre camarade,
Mon arc est en bon état,
Mais ton cœur est bien malade.

Cette imitation est si charmante, qu'elle a ôté à Poinsinet de Sivry le courage de traduire la pièce d'Anacréon; et j'avoue que l'ayant relue au moment où j'allais commencer ce travail, peu s'en est fallu que la plume ne me soit aussi tombée des mains. Cependant j'ai réfléchi qu'il ne s'agissait point ici de lutter follement contre La Fontaine, mais de donner une traduction, la plus exacte possible, d'un poète dont il n'a pris les inventions que pour se les approprier, en y ajoutant des graces nouvelles, et en leur donnant un caractère tout différent, dans lequel il y a sans doute plus de finesse, mais peut-être aussi moins de naïveté. Quelque médiocre que soit ma traduction, je m'estimerai heureux si elle peut donner quelque idée de cette simplicité antique dont le poète français s'est écarté à dessein, et dont un traducteur d'Anacréon doit chercher sans cesse à se rapprocher.

II. La Colombe et le Passant.

LE PASSANT.

D'où viens-tu, Colombe charmante?
Où vas-tu, traversant les cieux?
D'où naît la rosée odorante
Dont ton aile embaume ces lieux?
Dans ces parfums qui t'a baignée?

LA COLOMBE.

Je suis du tendre Anacréon
La messagère fortunée;
Par Vénus je lui fus donnée
Pour le payer d'une chanson.
A l'enfant que son cœur préfère,
A Bathylle qui sous ses lois
Pourrait ranger toute la terre,
Je porte, docile et légère,
Le joli billet que tu vois,
Et c'est là ma tâche ordinaire.
Mon maître (admire sa bonté),
Si je remplis bien mon message,
Veut me donner ma liberté;
Mais j'aime mieux mon doux servage.

Où serait pour moi l'avantage
De m'égarer dans les forêts,
De m'abattre sous le feuillage,
Trouvant à peine pour tout mets
Quelque graine amère et sauvage?
Tous les jours, dans d'aimables jeux,
Des mains d'Anacréon qui m'aime,
J'enlève un pain délicieux ;
Puis, dans sa coupe, avec lui-même,
Je bois d'un vin digne des Dieux.
Plus vive alors dans ma tendresse,
Je fais éclater mes transports,
De mes ailes je le caresse.
S'il me plaît de dormir, je dors
Sur sa lyre mélodieuse.....
Tu sais tout, adieu, laisse-moi ;
Passant, je m'oublie avec toi,
Et la corneille est moins jaseuse.

Cette ode, mille fois traduite et mille fois gâtée par les traducteurs, a conservé quelques-unes de ses graces dans la vieille traduction de Remy Belleau. On a plusieurs fois cité le passage suivant :

Que me vaudrait désormais
De voler par les montagnes,
Par les bois, par les campagnes ;
Et sans cesse me brancher
Sur les arbres, pour chercher
Je ne sais quoi de champêtre
Pour sauvagement me paître?
Vu que je mange du pain
Becqueté dedans la main
D'Anacréon, qui me donne
Du même vin qu'il ordonne

Pour sa bouche : et quand j'ai bu,
Et mignonnement repu,
Sur sa tête je sautelle,
Puis de l'une et de l'autre aile
Je le couvre, et sur les bords
De sa lyre je m'endors.

III. L'Amour piqué par une abeille.

Dans une rose une abeille dormait :
Dans le rosier l'Amour qui butinait
Ne la voit point, par malheur la réveille,
Et tout-à-coup est piqué par l'abeille.
Il fait un cri, tord sa petite main,
Frappe du pied ; puis d'une aile légère,
Vers Cythérée il s'envole soudain :
Je suis perdu, s'écriait-il, ma mère !
Je suis perdu, c'est fait de moi, je meurs.....
Vois d'un serpent les atteintes mortelles :
Il est petit, au dos il a des ailes ;
C'est une abeille, au dire des pasteurs.
Vénus répond : Si la faible piqûre
Que fait l'abeille est un si grand malheur,
Juge, mon fils, des supplices qu'endure
L'infortuné que ton trait frappe au cœur.

Cette pièce, l'une des plus délicates et des plus ingénieuses qui nous soient parvenues de l'antiquité, a été jugée si parfaite par les anciens eux-mêmes, qu'un de leurs plus grands poètes, Théocrite, n'a point dédaigné de l'imiter. Son imitation me semble inférieure à l'original en grace et en naïveté : cependant elle offre un trait qui est échappé à Anacréon, et dont j'ai cru pouvoir m'emparer, καὶ τὰν γᾶν ἐπάταξε, *il frappe du pied la terre.*

DE SAINT-VICTOR.

ANACRÉONTIQUE. Genre de poésie lyrique, dont la grace est le caractère, et qui respire la volupté.

Qu'Horace ait imité Anacréon dans quelques-unes de ses odes ; que, dans un siècle non moins poli que celui d'Auguste, quelques-uns de nos poètes français, parmi les délices des festins et les plaisirs de la galanterie, aient eu, dans leurs chansons, cet enjouement, ce tour élégant et facile, ce naturel, cet abandon aimable de la poésie anacréontique, on n'en est point surpris; mais que, long-temps avant que la politesse eût formé le goût, l'on trouve dans nos anciens poètes des morceaux dignes d'Anacréon, c'est là ce qui étonne agréablement, comme lorsque dans un hameau on rencontre la grace, fille de la nature, unie à la rusticité. Quoi de plus anacréontique, par exemple, que ce songe de Marot?

La nuit passée, en mon lit je songeais
Qu'entre mes bras vous tenais *nu à nu ;*
Mais au réveil, se rabaissa la joie
De mon désir, en dormant avenu.
Adonc je suis vers Apollon venu,
Lui demander qu'aviendrait de mon songe.
Lors lui jaloux de toi, longuement songe,
Puis me répond : *Tel bien ne peux avoir.*
Hélas! m'amour, fais-lui dire mensonge ;
Si confondras d'Apollon le savoir.

Quoi de plus digne encore d'Anacréon, que ces vers du même poète, parlant à deux de ses rivaux?

Demandez-vous qui me fait glorieux?
Hélène a dit, et j'en ai bien mémoire,
Que de nous trois elle m'aimait le mieux ;
Voilà pourquoi j'ai tant d'aise et de gloire.

ANACRÉONTIQUE.

Vous me direz qu'il est assez notoire
Qu'elle se moque, et que je suis déçu.
Je le sais bien, mais point ne le veux croire;
Car je perdrais l'aise que j'ai reçu.

Enfin n'est-ce pas Anacréon lui-même qu'on croit entendre dans ce madrigal, le chef-d'œuvre de la naïveté ingénieuse ?

Amour trouva celle qui m'est amère,
(Et j'y étais, j'en sais bien mieux le conte):
Bon jour, dit-il, bon jour, Vénus ma mère.
Puis tout-à-coup il voit qu'il se mécompte,
Dont la couleur au visage lui monte,
D'avoir failli honteux, Dieu sait combien.
Non, non, Amour, ce dis-je, n'ayez honte:
Plus clairvoyant que vous s'y trompe bien.

C'est de Catulle que Marot avait appris à imiter Anacréon; et son génie était plus analogue à celui de ces deux poètes qu'au tour d'esprit de Martial, qu'il a souvent traduit, mais non pas aussi bien qu'il a imité Catulle.

Las ! il est mort (pleurez-le, damoiselles),
Le passereau de la jeune Maupas.
Un autre oiseau, qui n'a plume qu'aux ailes,
L'a dévoré. Le connaissez-vous pas ?
C'est ce fâcheux Amour, qui, *sans compas*,
Avecque lui se jetait au giron
De la pucelle, et volait environ
Pour l'enflamber et tenir en détresse.
Mais par dépit tua le passeron,
Quand il ne sut rien faire à la maîtresse.

Marot n'est pas le seul de nos anciens poètes qui ait pris le style anacréontique, quoiqu'à dire vrai, aucun ne l'ait eu comme lui. Écoutez cette ode à Vénus; elle est de Du Bellay, chanoine de l'église de Paris :

> Ayant, après long désir,
> Pris de ma douce ennemie
> Quelques arrhes du plaisir
> Que sa rigueur me dénie,
> Je t'offre ces beaux œillets,
> Vénus, je t'offre ces roses,
> Dont les boutons vermeillets
> Imitent les lèvres closes
> Que j'ai baisé par trois fois,
> Marchant tout beau dessous l'ombre
> De ces buissons que tu vois;
> Et n'ai su passer ce nombre,
> Pour ce que la mère était
> Auprès de là, ce me semble,
> Laquelle nous aguettait.
> De peur encore j'en tremble.
> Or je te donne ces fleurs;
> Mais si tu fais ma rebelle
> Aussi piteuse à mes pleurs
> Comme à mes yeux elle est belle,
> Un myrte je dédîrai
> Dessus les rives de Loire,
> Et sur l'écorce écrirai
> Ces quatre vers à ta gloire:
> « Un amant, sur ce bord-ci,
> « A Vénus consacre et donne
> « Ce myrte, et lui donne aussi
> « Ses troupeaux et sa personne. »

Au nom de Ronsard, on croit voir fuir les Graces, et surtout les graces anacréontiques. On va lire pourtant de ce Ronsard deux morceaux, dont l'un me semble digne de Catulle, et l'autre d'Anacréon.

> Voici les bois que ma jeune Angelette
> Sur le printemps réjouit de son chant;
> Voici les fleurs où son pied va marchant,
> Quand à soi-même elle pense seulette.....
> Ici, chanter; là, pleurer je la vi;
> Ici, sourire; et là, je fus ravi
> De ses discours par lesquels je dévie;
> Ici, s'asseoir; là, je la vis danser.
> Sur le métier d'un si vague penser,
> Amour ourdit la trame de ma vie.

Cette simplicité naïve ne vaut-elle pas ces tournures métaphysiques que le sentiment ne connut jamais? Ne vaut-elle pas le reproche qu'un amant adresse à son cœur, dans ce madrigal de Boileau?

> Voici les lieux charmants où mon âme ravie
>   Passait, à contempler Silvie,
> Ces tranquilles moments, si doucement perdus.
> Que je l'aimais alors! que je la trouvais belle!
> Mon cœur, vous soupirez au nom de l'infidelle:
> Avez-vous oublié que vous ne l'aimez plus?

C'est bien ici que le Misanthrope dirait:

> Ce n'est que jeux de mots, qu'affectation pure;
> Et ce n'est point ainsi que parle la nature.
>   (*Act. I, sc.* 2.)

J'entends les zélateurs de Boileau s'écrier que je lui préfère Ronsard. Non, messieurs; Ronsard n'a fait ni *le Lutrin*, ni *l'Art poétique;* mais il a fait un sonnet où il y a du naturel et de la sensibilité; et Boileau a fait un madrigal où il n'y a que de l'esprit.

Ce même Ronsard a fait aussi une jolie ode anacréontique; et comme elle n'est pas longue, je la transcris encore:

> Mignonne, allons voir si la rose,
> Qui ce matin avait déclose
> Sa robe de pourpre au soleil,
> N'a point perdu cette vêprée,
> Les plis de sa robe pourprée,
> Et son teint au vôtre pareil.
> Las! voyez comme en peu d'espace,
> Mignonne, elle a dessus la place
> Toutes ses beautés laissé choir!
> O vraiment marâtre nature,
> Puisqu'une telle fleur ne dure
> Que du matin jusques au soir!
> Donc, si vous me croyez, mignonne,
> Tandis que votre âge fleuronne
> En sa plus verte nouveauté,
> Cueillez, cueillez votre jeunesse:
> Comme à cette fleur, la vieillesse
> Fera ternir votre beauté.

Quelle différence y avait-il donc entre les poètes de ce temps-là, et ceux d'un siècle où le goût fut plus épuré? la justesse et la sûreté du discernement et du choix. L'homme de talent, que le goût n'éclaire pas, fait bien de temps en temps, lorsque l'idée ou le sentiment lui commande, lorsqu'un petit tableau, que lui présente sa pensée, porte avec lui son caractère et sa couleur; et plus ce poète a de naturel, plus souvent il écrit comme ferait l'homme de goût. Mais à côté d'un morceau exquis, on en trouve chez lui vingt de mauvais, qu'il croyait bons, et que l'homme de goût rejette. Marot conte souvent comme a fait depuis La Fontaine; mais La Fontaine est toujours, pour le moins, aussi bon que Marot quand il est excellent.

Au reste, partout où une certaine philosophie naturelle sera assaisonnée d'enjouement, la seule verve de la gaieté, la seule grace de l'indolence, feront produire des chansons anacréontiques. En voici une qui, quoique chinoise, ne laisse pas de ressembler assez aux poésies d'Anacréon.

« Que m'importe que les diamants brillent d'un
« éclat plus vif que le cristal et le verre? Ce qui
« me frappe, c'est qu'ils ne perdent rien de leur prix,
« pour être dans l'argile. Il en est de même du vin.
« Il est aussi bon dans une tasse de terre que dans
« la plus belle coupe de jaspe. Le vin est l'appui de
« la vieillesse, la consolation de ses maux : plus j'en
« bois, plus je ris des vains soucis qui tourmentent
« des dormeurs éveillés. L'empereur, sur son trône,
« trouve-t-il le vin meilleur que moi? Si son cœur
« est empoisonné de vices, cent rasades ne lui ôtent
« pas un remords; et une seule me donne cent plai-
« sirs. Les riches boivent pour boire; et moi, pour
« apaiser ma soif. Buvons, amis, à tasse pleine; la
« joie de nos repas n'a jamais coûté un soupir à la
« vertu. L'amitié et la sagesse sont assises à nos cô-
« tés. La bouteille à la main, écoutons leurs leçons.
« C'est à table que Chuss (sage empereur chinois)
« reçut leurs couronnes immortelles. Buvons comme
« lui, et leur main couronnera notre front. »

Si telle est la philosophie à la Chine, les sages y sont assez heureux.

MARMONTEL, *Éléments de Littérature.*

ANALOGIE DU STYLE. Sans compter l'accord de la parole et de la pensée, qui est la première règle de l'art de parler et d'écrire, nous avons encore dans le style plusieurs rapports à observer, lesquels peuvent être compris sous le terme d'*analogie.*

Par l'analogie du style en lui-même, on entend l'unité de ton et de couleur. Le langage a différents tons, celui du bas peuple, celui du peuple cultivé, celui du monde et de la cour, qu'on appelle *familier noble,* celui de la haute éloquence, celui de la poésie héroïque; et dans tout cela une infinité de gradations et de nuances qui varient encore selon les âges, les conditions et les mœurs.

Par l'unité de ton et de couleur, on ne doit pas entendre la monotonie : le style peut être homogène sans uniformité. C'est dans la variété des mouvements et des images que consiste la variété du style. Les tons différents dont je parle sont à la langue ce que les divers modes sont à la musique : chaque mode a son système de sons analogues entre eux ; chaque style a, de même, un cercle de mots, de tours et de figures qui lui conviennent, et dont plusieurs ne conviennent qu'à lui. C'est dans ce cercle que la plume de l'écrivain doit s'exercer; et plus elle y conserve de liberté, de vivacité et d'aisance, plus, dans ces limites étroites, le style a de variété.

Le ton le plus aisé à prendre et à soutenir, après celui du bas peuple, c'est le ton de la haute éloquence et de la haute poésie, parce qu'il est donné par les bons écrivains, et qu'il ne dépend presque plus des caprices de l'usage. Un homme au fond de sa province peut, en étudiant Racine, Fénelon et Voltaire, se former au style héroïque.

Le ton le plus difficile à saisir et à observer avec justesse, est celui du familier noble, parce qu'il est le plus sujet de tous aux variations de la mode, que les couleurs en sont aussi délicates que changeantes, et que, pour les apercevoir, il faut un sentiment très fin et habituellement exercé. C'est sur quoi les gens du monde sont le plus éclairés et le moins indulgents : toute la sagacité de leur esprit semble appliquée à remarquer les expressions qui s'éloignent de leur usage, ou plutôt, sans étude et sans intention, ils en sont frappés comme par instinct; et les bienséances de style ont en eux des juges aussi sévères que les bienséances de mœurs. Voilà pourquoi un ouvrage dans le genre familier noble ne peut guère être bien écrit, dans notre langue, qu'à Paris, et par un homme qui vive habituellement dans cette société choisie qu'on appelle le monde.

C'est encore moins par la diversité des tons, que par l'incertitude et la variation continuelle de leurs limites, qu'il est difficile d'observer, en écrivant, une parfaite analogie de style. Parler la langue simple de l'honnête bourgeois, sans tomber jamais dans celui du bas peuple; parler le langage noble et familier de la cour et du monde, sans s'élever jusqu'au ton de la poésie et de l'éloquence, sans s'abaisser jusqu'au ton bourgeois; donner à chacun la couleur et la nuance qui lui est propre, et conserver sans monotonie cette analogie constante, dans le degré de noblesse ou de simplicité qui lui convient : voilà l'extrême difficulté.

A mesure qu'une langue se polit, et que le goût s'épure, les divers styles se divisent et leur cercle se rétrécit. Le goût leur faisant le partage des termes et des tours propres à chacun d'eux, une partie de la langue est réservée à chacune des classes dont nous avons parlé, une partie aux arts et aux sciences, une partie au barreau, une partie à la chaire et aux ouvrages mystiques; la prose même est obligée de céder aux vers une foule d'expressions hardies et fortes, qui l'auraient animée, ennoblie, élevée, si l'usage les y eût admises.

Bien des gens regrettent la langue d'Amyot et de Montaigne, comme plus riche et plus féconde * : c'est qu'elle admettait tous les tons; mais elle les confondait tous. Le goût, qui les a démêlés, a rendu l'art d'écrire plus difficile, mais plus savant, plus habile à tout exprimer. Il était impossible que, sans distribuer ses tons, ses couleurs, ses nuances,

---

* Fénelon a dit: « Le vieux langage se fait regretter, quand nous le retrouvons dans Marot, dans Amyot, dans le cardinal d'Ossat, dans les ouvrages les plus enjoués et dans les plus sérieux. Il avait je ne sais quoi de court, de naïf, de hardi, de vif, de passionné. » (*Lettre à l'Académie française, III.*)   H. PATIN.

cette langue pût se donner un Molière et un Bossuet, un Racine et un La Fontaine.

On a prétendu que la diversité des tons, dans une langue, tenait à la distinction des rangs. Mais la nature a ses distinctions, ainsi que l'usage et la mode. L'égalité civile n'exclut pas la noblesse des idées et des images. Cratinus et Sophocle, Plaute et Pacuvius étaient républicains, et n'avaient pas le même ton. En comparant Lucrèce avec Térence, les *Satires* d'Horace avec ses *Odes*, ou avec l'*Énéide*, on sent que leur langue avait, comme la nôtre, ses tons gradués et distincts. Les nuances nous en échappent; mais elles n'échappaient ni à Lœlius ni à Mécène. Soit république ou monarchie, il y aura donc pour tous les peuples cultivés des différences dans le langage populaire, noble, héroïque; et cette analogie du style avec le genre en fait la convenance et la propriété. Mais cette analogie n'est pas la seule à observer en écrivant; en voici encore trois espèces:

Quand la parole exprime un objet qui, comme elle, affecte l'oreille, elle peut imiter les sons par les sons, la vitesse par la vitesse, et la lenteur par la lenteur, avec des nombres analogues. Des articulations molles, faciles et liantes, ou rudes, fermes et heurtées, des voyelles sonores, des voyelles muettes, des sons graves, des sons aigus, et un mélange de ces sons, plus lents ou plus rapides, sur telle ou sur telle cadence, forment des mots qui, en exprimant leur objet à l'oreille, en imitent le bruit, ou le mouvement, ou l'un et l'autre à la fois: comme en latin, *boatus*, *ululatus*, *fragor*, *frendere*, *fremitus*; en italien, *rimbombare*, *tremare*; en français, *hurlement*, *gazouiller*, *mugir*.

C'est avec ces termes imitatifs, que l'écrivain forme une succession de sons qui, par une ressemblance physique, imitent l'objet qu'ils expriment :

Illi inter sese magnâ vi brachia tollunt
In numerum, versant que tenaci forcipe ferrum.
(Virg. *Georg.* IV, 174.)

..... Vidi, atro cùm membra fluentia tabo
Manderet, et tepidi tremerent sub dentibus artus.
(Virg. *Æneid.* III, 626.)

Les exemples de cette expression imitative sont rares, même dans les langues les plus poétiques. On a mille fois cité une centaine de vers latins ou grecs, qui, par le son et le mouvement, ressemblent à ce qu'ils expriment. Mais plût au ciel que notre langue n'eût que cet avantage à envier à celles d'Homère et de Virgile!

Une analogie plus fréquente dans les poètes anciens et dans nos bons poètes modernes, est celle du style qui peint, non pas le bruit ou le mouvement, mais le caractère idéal ou sensible de son objet. Cette analogie consiste non seulement dans l'harmonie, mais surtout dans le coloris. Alors le style n'est pas l'écho, mais l'image de la nature : impétueux dans la colère, rompu dans la fureur, il peint le trouble des esprits comme celui des éléments : mais il s'amollit dans la plainte :

Qualis populeâ mœrens Philomela sub umbrâ
Amissos queritur fœtus, quos durus arator

Observans nido implumes detraxit; at illa
Flet noctem, ramoque sedens miserabile carmen
Integrat, et mœstis latè loca questibus implet.
(Virg. *Georg.* IV, 511.)

Cette sorte d'analogie suppose un rapport naturel et une étroite correspondance du sens de la vue avec celui de l'ouie, et de l'un et de l'autre avec le sens intime, qui est l'organe des passions. Ce qui est doux à la vue nous est rappelé par des sons doux à l'oreille, et ce qui est riant pour l'âme nous est peint par des couleurs douces aux yeux. Il en est de même de tous les caractères des objets sensibles : le tour, le nombre, l'harmonie, le coloris du style peut en approcher plus ou moins; mais cette ressemblance est vague, et par là, peut-être, plus au gré de l'âme qu'une imitation fidèle; car elle lui laisse plus de liberté de se peindre à elle-même ce que l'expression lui rappelle : exercice doux et facile qu'elle se plaît à se donner.

Une autre espèce d'analogie est celle que des impressions répétées ont établie entre les signes de nos idées, et nos idées elles-mêmes.

C'est, comme nous l'avons dit, la première règle de l'art de parler et d'écrire, que l'expression réponde à la pensée. Mais observons que cette liaison, qui, le plus souvent, est commune à toute une filiation d'idées et de mots, est quelquefois aussi particulière et sans suite, surtout dans le langage métaphorique. On dit la *vertu* des plantes; on ne dit pas des plantes *vertueuses*. On dit que le travail est rude, et on ne dit point la *rudesse* du travail. On dit *voler à fleur d'eau*, et on ne dit pas que l'eau est *fleurie*. On dit le *mystère* pour le *secret*, et on ne dira point (comme a fait le traducteur d'un poète allemand) *les myrtes mystérieux*, pour dire, *qui sont l'asyle du mystère*; mais en prenant une idée plus vague, on dira *un ombrage mystérieux*. Quelquefois même un simple déplacement des mots change le sens : *achever de se peindre*, et *s'achever de peindre*, ne signifient point la même chose. L'analogie des mots entre eux n'est donc pas une raison de les appliquer à des idées analogues entre elles : l'usage n'est pas conséquent.

Observons aussi que la liaison établie entre les mots et les idées est plus ou moins étroite, selon le degré d'habitude, et que de là dépend surtout la vivacité, la force, l'énergie de l'expression.

Toutes les fois qu'on veut dépouiller une idée d'un certain alliage qu'elle a contracté dans son expression commune, en s'associant avec des idées basses, ridicules ou choquantes, on est obligé d'éviter le mot propre, c'est-à-dire le mot d'habitude. De même, lorsque par des idées accessoires on veut relever, ennoblir une idée commune, au lieu de son expression simple et habituelle, on a raison d'y employer l'artifice de la périphrase ou de la métaphore.

Lorsque Égisthe, parlant à Mérope, veut lui donner de sa naissance l'idée noble qu'il en a lui-même, il ne lui dit pas, « Mon père est un honnête villageois; » il lui dit :

Sous ses rustiques toits, mon père vertueux
Fait le bien, suit les lois, et ne craint que les dieux.
(*Act. II, sc. 2.*)

Lorsque Don Sanche d'Arragon, avec plus de hauteur et plus de fierté, veut reconnaître sans détour l'obscurité de son origine, il dit avec franchise :

> Je suis fils d'un pêcheur.
> (Corn. *Don Sanche*, act. *V*, sc. 5.)

Ces deux exemples font assez sentir dans quelle circonstance il est avantageux d'employer le mot propre, et dans quelle autre il faut user de métaphore ou de périphrase.

Mais où le mot propre a l'avantage et ne peut être suppléé, c'est dans les choses de sentiment, à cause de son énergie, c'est-à-dire à cause de la promptitude et de la force avec laquelle il réveille l'impression de son objet. Voyez cette exclamation de Bossuet, qui fit une si forte impression sur son auditoire, dans l'oraison funèbre d'Henriette : « Madame se meurt, Madame est morte! » C'est le mot simple et commun qui en fait toute la force. S'il eût dit : « Madame est expirante, Madame expire, » il n'eût produit aucun effet.

Comme les lieux qui nous ont vu naître, et que nous avons habités dans l'âge de l'innocence et de la sensibilité, nous rappellent de vives émotions, et occasionent des retours intéressants sur nous-mêmes ; ainsi, et par la même raison, notre première langue réveille en nous, à tous moments, des affections personnelles dont l'intérêt se réfléchit. Ce qu'on nous a dit dès nos plus jeunes ans, ce que nous avons dit nous-mêmes d'affectueux et de sensible, nous touche bien plus vivement lorsque nous l'entendons redire dans les mêmes termes, et dans des circonstances à peu près semblables. *Ah mon père! Ah mon fils!* sont mille fois plus pathétiques pour moi qui suis Français, que *Heu pater! heu fili!* et l'expression s'affaiblit encore, si l'on traduit les noms de fils et de père par ceux de *nate* et de *genitor*, dont le son n'est plus ressemblant.

L'abbé Dubos explique l'affaiblissement de la pensée ou du sentiment exprimé dans une langue étrangère, par une espèce de traduction qui se fait, dit-il, dans l'esprit : comme lorsqu'un Français entend le mot anglais *God*, il commence par le traduire, et se dit à lui-même *Dieu;* ensuite il pense à l'idée que ce mot exprime, ce qui ralentit l'effet de l'expression, et par conséquent l'affaiblit.

Mais la véritable cause de cet affaiblissement, c'est que le mot étranger, quoique je l'entende à merveille sans réflexion ni délai, n'est pas lié dans ma pensée avec les mêmes impressions habituelles et primitives que le mot de ma propre langue; et que les émotions qui se renouvellent au son du mot qui les a produites, ne se réveillent pas de même au son d'un mot étranger, et, si j'osais le dire, insolite à mon oreille et à mon âme. Ainsi, quoiqu'il y ait beaucoup à gagner, du côté de l'abondance et de la noblesse, à écrire dans une langue morte, parce qu'elle n'a rien de trivial pour nous, il y a encore plus à perdre du côté de l'analogie et de la sensibilité.

Pour ce qui regarde le style métaphorique et l'analogie des images, soit avec la pensée, soit avec elles-mêmes, *Voyez* IMAGES.

MARMONTEL, *Éléments de Littérature.*

ANAPESTE.

ANAPESTE. L'un des nombres ou pieds des vers grecs et latins, composé de deux brèves et d'une longue.

Les Grecs, dont l'oreille avait une sensibilité si délicate pour le nombre, avaient réservé l'anapeste aux poésies légères, comme le dactyle aux poèmes héroïques : et en effet, quoique ces deux mesures soient égales le dactyle -◡◡, frappé sur la première syllabe, a plus de gravité dans sa marche que l'anapeste, ◡◡- frappé sur la dernière.

On a remarqué que la langue française a peu de dactyles et beaucoup d'anapestes. Lully semble être un des premiers qui s'en soit aperçu, et son récitatif a le plus souvent la marche du dactyle renversé.

On n'en doit pas conclure que nos vers héroïques, où l'anapeste domine, ne soient pas susceptibles d'un caractère grave et majestueux; il suffit, pour le ralentir, d'y entremêler le spondée; et l'anapeste, alors assujetti par la gravité du spondée, n'est plus que coulant et rapide, et cesse d'être sautillant.

J'observerai même, à ce propos, que, dans notre déclamation ainsi que dans notre musique, rien n'est moins invariable que le caractère que les anciens attribuaient aux différents pieds; que l'iambe par exemple, ◡-, le pied tragique *, est, dans nos

---

* Marmontel semble croire que les anciens attribuaient à l'iambe de la gravité, et qu'ils l'avaient par cette raison adopté pour la tragédie. Mais ils en faisaient également usage dans la comédie; c'était le mètre dramatique par excellence, et Horace nous en dit la raison :

    Hunc socci cepere pedem, grandes que cothurni,
    Alternis aptum sermonibus, et populares

vaudevilles et dans nos airs de danse, aussi sautillant que le chorée - ◡; le dactyle, le pied favori de l'épopée, imite, quand on veut, tout aussi bien que l'anapeste, un galop rapide, et d'autant plus léger que les derniers temps sont en l'air; et au contraire l'anapeste exprime, quand on veut, la langueur et l'abattement, en glissant mollement sur les deux premières syllabes, et en appuyant sur la dernière, comme dans ces vers :

N'allons point plus avant : demeurons, chère OEnone.
(Rac. *Phèdre*, act. *I*, sc. 3.)

Le rhythme est donc un moyen d'expression, changeant selon le mouvement et l'inflexion de la voix; et lorsqu'on lui attribue un caractère inaltérable, on est préoccupé de quelque exemple particulier, que mille autres exemples démentent.

Marmontel, *Éléments de Littérature*.

ANAXAGORE. (*Voyez* philosophie ancienne.)

ANCELOT (François-Arsène), né au Havre-de-Grace, le 9 janvier 1794, a commencé ses études au collège de sa ville natale, et les a terminées à Rouen. Il a donné au Théâtre français *Louis IX* et

Vincentem strepitus, et natum rebus agendis.
(*De Art. Poet.* v. 80.)

« Le majestueux cothurne et le brodequin s'en emparèrent, parce qu'il convient au dialogue, parce qu'il se fait entendre dans le bruit confus des spectateurs, et qu'il est propre à l'action théâtrale.» (*Trad. de M. Campenon*)
H Patin.

le *Maire du Palais*, tragédies en cinq actes, qui ont obtenu un succès mérité. On a encore de lui *Corisandre*, opéra comique en trois actes, de société avec M. de Saintine, et la *Grille du Parc*, opéra comique en un acte. Sa tragédie inédite, intitulée *Fiesque*, est depuis long-temps reçue aux deux Théâtres français. M. Ancelot se propose de publier incessamment un volume de poésies, contenant des *Épitres*, et *Marie de Brabant*, poème en quatre chants. Le principal mérite de cet auteur est de revêtir ses pensées d'une poésie facile, brillante et harmonieuse.

MORCEAUX CHOISIS.

I. Louis IX explique à Joinville les causes et les effets de son expédition de Terre-Sainte.

Qu'entends-je? il est donc vrai, Joinville aussi me blâme!
Mais sais-tu quels desseins je renferme en mon âme?
Sais-tu si les combats où je vous ai guidés
Par de grands intérêts n'étaient pas commandés?
Tu ne vois que tes maux, ton désespoir m'accuse,
Eh bien! lis dans mon cœur, et connais mon excuse:
Vainement, tu le sais, au sein de nos remparts,
Je voulus appeler le commerce et les arts.
Ces comtes qui du haut de leurs châteaux antiques
Font gémir mes sujets sous leurs lois despotiques,
Tyrans dans mon royaume, et vassaux turbulents,
Sans relâche occupés de leurs débats sanglants,
Détruisaient mes travaux, déchiraient la patrie,
Dans son premier essor arrêtaient l'industrie.
Divisés d'intérêts, unis contre leur roi,
Je les trouvais sans cesse entre mon peuple et moi.

Signalant tour à tour leurs fureurs inhumaines,
Ils promenaient la mort dans leurs vastes domaines,
Et des soldats français, l'un par l'autre immolés,
Le sang coulait sans gloire en nos champs désolés.
Je voulus, des combats leur ouvrant la carrière,
Offrir un but plus noble à cette ardeur guerrière :
Tu te souviens qu'alors de pieux voyageurs,
Pour nos frères captifs implorant des vengeurs,
D'un zèle saint en nous ranimèrent la flamme ;
Aux regards des Français déployant l'oriflamme,
Je leur montre la gloire aux rives du Jourdain ;
Ils entendent ma voix, s'arrêtent, et soudain
Oubliant leurs discords, et déposant leurs haines,
Ils marchent réunis vers ces plages lointaines.
Quels plus nobles dangers leur pouvaient être offerts?
Délivrer les chrétiens gémissant dans les fers,
Rendre Jérusalem à sa splendeur première,
En chasser l'infidèle, et rompre la barrière
Qui du tombeau sacré nous défendait l'accès,
Tel devait être, ami, le fruit de nos succès.
Là s'arrêtaient vos vœux, et non mon espérance.
Jette avec moi, Joinville, un regard sur la France ;
Avant de condamner les serments que j'ai faits,
De ces combats lointains contemple les effets :
Libre de ses tyrans, mon peuple enfin respire ;
La paix renaît en France, et la discorde expire ;
Le commerce, avec nous transporté sur ces bords,
Aux peuples rapprochés prodigue ses trésors ;
L'aspect de ces climats, depuis long-temps célèbres,
Déjà de l'ignorance éclaircit les ténèbres,
Et sur nos pas les arts, allumant leur flambeau
Vont remplir l'occident de leur éclat nouveau.
Déjà des grands vassaux l'autorité chancelle :
Je sais ce qu'entreprend leur audace rebelle,

Joinville ; et, m'instruisant aux leçons du passé,
Je suivrai le chemin que Philippe a tracé.
Aux tyrans de mon peuple arrachant leur puissance,
Éveillant la justice, enchaînant la licence,
Au secours de mes lois j'appellerai les mœurs,
Je contiendrai les grands ; et, malgré leurs clameurs,
Père de mes sujets, détruisant l'anarchie,
Je veux sur ses débris asseoir la monarchie.
Si Dieu, marquant ici le terme de mes jours,
Veut de tous mes travaux interrompre le cours,
Aux rois qui me suivront j'aurai frayé la route :
Vers ce but glorieux ils marcheront sans doute ;
Et quelque jour, mon peuple, éclairé sur ses droits,
Chérira ma mémoire, et bénira mes lois.
Louis IX, act. I, sc. 3.

II. Instructions de saint Louis à Philippe, son fils

Lorsqu'un arrêt sanglant aura frappé ton père,
O mon fils ! c'est à toi de consoler ta mère :
Tu vois où la conduit sa tendresse pour nous ;
Tu connais tes devoirs, tu les rempliras tous.
De respect et d'amour environne sa vie ;
Je vais m'en séparer, et je te la confie.
Révère ton aïeule : à ses conseils soumis,
Suis ses sages leçons ; n'en rougis pas, mon fils.
Redoutée au dehors, de mon peuple bénie,
L'Europe avec respect contemple son génie ;
Et les Français en elle admirent, avec moi,
Les vertus de son sexe, et les talents d'un roi.
Loin de ta cour l'impie, et ses conseils sinistres ;
Affermis les autels, honore leurs ministres ;
Fils aîné de l'église, obéis à sa voix ;
Du pontife romain fais respecter les droits ;
Rends hommage au pouvoir qu'il reçut du ciel même ;

Mais, soutenant, mon fils, l'honneur du diadème,
Si d'une guerre injuste il t'imposait la loi,
Résiste, et sois chrétien sans cesser d'être roi.
Accueille ces vieillards dont l'austère sagesse
A travers les périls guidera ta jeunesse ;
De leur expérience emprunte les secours.
Fais régner la justice ; abolis pour toujours
Ces combats où, des lois usurpant la puissance,
La force absout le crime, et tient lieu d'innocence.
A la voix des flatteurs que ton cœur soit fermé.
Consolateur du pauvre, appui de l'opprimé,
Permets que tes sujets t'approchent sans alarmes,
Qu'ils te montrent leur joie, ou t'apportent leurs larmes :
Compatis à leurs maux, sois fier de leur amour ;
Règne enfin pour ton peuple, et non pas pour ta cour.
Je le connais ce peuple ; il mérite qu'on l'aime ;
En le rendant heureux tu le seras toi-même.
Louis IX, act. IV, sc. 6.

III. Clovis III développe devant Ébroin les projets qu'il a formés pour le bonheur de la France.

Approchez, Ébroin. Votre orgueil m'a blessé,
Mais j'oublie aisément que je fus offensé.
Votre espoir m'est connu ; je prétends le détruire,
Et de tous mes projets j'ai voulu vous instruire.
Écoutez-moi : je règne, et vos vaillantes mains
Du trône paternel m'ont ouvert les chemins,
Je sais tous les devoirs que ce bienfait m'impose;
Mais sur moi des Français l'espérance repose ;
Dût le ciel à mes vœux n'accorder qu'un moment,
J'ai juré d'être roi, je tiendrai mon serment.
Mes aïeux d'un ministre ont subi la tutelle ;
Leur faiblesse enfanta la puissance rebelle
Sous qui tremblait le peuple et s'inclinaient les rois :

Le trône pouvait-il reconquérir ses droits?
De vos princes, l'amour, l'espoir de la patrie,
Livrant aux voluptés la jeunesse flétrie,
Votre audace étouffait leurs naissantes vertus:
Hélas! que de grands rois, par la France attendus,
Votre jaloux orgueil a ravis à l'histoire!
Si quelquefois l'un d'eux, osant rêver la gloire,
Brûlait de s'arracher à vos soins corrupteurs,
S'il voulait voir son peuple, il trouvait des flatteurs.
Mais du moins l'infortune, accueillant ma naissance,
A vos séductions enleva mon enfance.
Mes aïeux sous vos lois apprenaient à fléchir,
Du joug qu'ils ont porté leur fils veut s'affranchir.
Armant de leurs vassaux le courage servile,
Je vois partout les grands, de la guerre civile
Dans nos champs, dans nos murs secouant les flambeaux,
De l'État déchiré s'arracher les lambeaux:
Qui réveille en secret leurs sanglantes querelles?
Pourquoi ces longs discords, ces luttes éternelles?
Craignant que l'un d'entre eux, indigné de vos lois,
Vous arrache un pouvoir usurpé sur vos rois,
Vous seul livrez la France aux fureurs intestines;
Et, paisible oppresseur, entouré de ruines,
En attisant leur haine, utile à votre orgueil,
Vous régnez sans rivaux sur un vaste cercueil.
Mais aujourd'hui j'espère, après tant de naufrages,
Du vaisseau de l'État écarter les orages;
Et de nos maux passés chassant le souvenir,
Je veux à vos fureurs disputer l'avenir.
D'autres bienfaits encor marqueront ma carrière:
D'innombrables forêts couvrent la France entière;
Nos villes sont en deuil; les fleuves débordés
Promènent la famine en nos champs inondés:
Quelques mortels épars dans ces déserts sauvages

Peuvent-ils réparer ces immenses ravages?
J'appelle à leurs secours les soins industrieux
De ces hommes unis par un zèle pieux:
Ils rendront leur richesse à nos terres stériles,
Feront de nos marais sortir des champs fertiles,
Et, s'animant sans cesse à des succès nouveaux,
Lègueront à nos fils les fruits de leurs travaux.
C'est peu : dans le passé leurs studieuses veilles
Des siècles écoulés poursuivront les merveilles;
Ils guideront l'enfance au sentier du devoir;
Et, conservé par eux, le flambeau du savoir,
De l'ignorance un jour perçant la nuit profonde,
D'une clarté nouvelle éblouira le monde.

Le Maire du Palais, act. II, sc. 3.

IV. Thierry Iⁿ raconte ses malheurs à Bathilde sa fille

THIERRY.

On me trompe, dis-tu?
De mes vils ennemis compte donc les victimes!
Retracer mes malheurs, c'est raconter leurs crimes.
On me trompe! En ton cœur rappelle le passé:
De mon trône, dis-moi, quel bras m'a repoussé?
D'un opprobre éternel qui chargea ma famille?
Qui m'a ravi le sceptre et l'amour de ma fille?
On me trompe! Sais-tu quels étaient mes tourments,
Lorsqu'aux pieds d'un soldat déposant leurs serments,
Mes sujets, qu'égarait un faux éclat de gloire,
Saluaient en tremblant sa honteuse victoire?
Au fond d'un cloître alors à vivre condamné,
Ton père languissait, du monde abandonné;
C'était peu! Tout-à-coup un récit infidèle,
De ma mort en tous lieux va porter la nouvelle:
Je l'implorais en vain. O rage! ô trahison!
A travers les vitraux de ma sombre prison

Je vois briller au loin des torches funéraires :
Baignant un vain cercueil de larmes mensongères,
Mes geoliers le suivaient; tout un peuple abusé
Déplorait un trépas qui m'était refusé ;
Et moi, séparé d'eux par d'épaisses murailles,
Je contemplais vivant mes propres funérailles!

BATHILDE.

Mon père!

THIERRY.

Écoute, et vois quels furent mes malheurs :
Pour mieux cacher encor ma vie et mes douleurs,
Les vastes souterrains du pieux monastère
De mes jours conservés couvrirent le mystère.
J'y descendis.... Privé de la clarté des cieux,
Entouré des cercueils où dorment mes aïeux,
Sans repos, sans secours, j'ai, durant une année,
Traîné parmi les morts ma vie infortunée.
Souvent de ma raison s'éteignit le flambeau;
Souvent de tous ces rois, couchés dans le tombeau,
Dont les restes sacrés peuplent ces voûtes sombres,
Mes lamentables cris ont réveillé les ombres :
Sur leurs froids monuments je les vis se dresser;
Muets, l'un contre l'autre ils semblaient se presser;
Pour leur fils, auprès d'eux, ils mesuraient l'espace,
Et de leur main glacée ils me montraient ma place;
J'y courais!... Mais l'espoir de punir mes bourreaux,
Au moment d'expirer, m'enchaînait à mes maux;
Et ton père, embrassant cette vaine espérance,
Reculait vers la vie, au seul mot de vengeance.

BATHILDE.

Ciel!

THIERRY.

Lorsqu'enfin, touché des maux que j'ai soufferts,
Un ami généreux eut fait tomber mes fers,

Sais-tu quels maux encor m'attendaient dans ma fuite?
Seul au monde, oublié de la France séduite,
Au sein de mes états, couvert d'affreux lambeaux,
J'errais, spectre vivant, échappé des tombeaux.
N'ayant pas un abri pour disputer ma tête
Aux monstres des forêts, aux coups de la tempête,
J'arrachais à la terre un sauvage aliment;
Et si parfois, caché sous ce vil vêtement,
Devant quelque mortel il me fallait paraître,
Craignant que son regard ne devinât son maître,
De fatigue accablé, déchiré par la faim,
Je n'allais qu'en tremblant lui demander du pain.
Ibid, act. *IV*, sc. 4.

ANCIENS et MODERNES. La lettre que vous m'avez fait la grace de m'écrire, Monsieur, est très obligeante; mais elle flatte trop mon amour-propre, et je vous conjure de m'épargner. De mon côté, je vais vous répondre sur l'affaire du temps présent, d'une manière qui vous montrera, si je ne me trompe, ma sincérité.

Je n'admire point aveuglément tout ce qui vient des anciens; je les trouve fort inégaux entre eux. Il y en a peu d'excellents : ceux-mêmes qui le sont ont la marque de l'humanité, qui est de n'être pas sans quelque reste d'imperfection. Je m'imagine même que si nous avions été de leur temps, la connaissance exacte des mœurs, des idées des divers siècles, et des dernières finesses de leurs langues, nous aurait fait sentir des fautes que nous ne pouvons plus discerner avec certitude. La Grèce, parmi tant d'auteurs qui ont leurs beautés, ne nous montre au-dessus des autres qu'un Homère, qu'un Pindare, qu'un Théocrite, qu'un Sophocle, qu'un Démosthène. Rome, qui a eu tant d'écrivains très estimables, ne nous présente qu'un Virgile, qu'un Horace, qu'un Térence, qu'un Catulle, qu'un Cicéron. Nous pouvons croire Horace sur sa parole, quand il avoue qu'Homère même se néglige un peu en quelques endroits.

Je ne saurais douter que la religion et les mœurs des héros d'Homère n'eussent de grands défauts ; il est naturel que ces défauts nous choquent dans les peintures de ce poète. Mais j'en excepte l'aimable simplicité du monde naissant : cette simplicité de mœurs, si éloignée de notre luxe, n'est point un défaut, et c'est notre luxe qui en est un très grand. D'ailleurs, un poète est un peintre qui doit peindre d'après nature, et observer tous les caractères.

Je crois que tous les hommes de tous les siècles ont eu à peu près le même fond d'esprit et les mêmes talents, comme les plantes ont eu le même suc et la même vertu; mais je crois que les Siciliens, par exemple, sont plus propres à être poètes que les Lapons. De plus, il y a eu des pays où les mœurs, la forme du gouvernement et les études, ont été plus convenables que celles des autres pays pour faciliter les progrès de la poésie. Par exemple, les mœurs des Grecs formaient bien mieux des poètes que celles des Cimbres et des Teutons. Nous sortons à peine d'une étonnante barbarie ; au contraire, les Grecs avaient une très longue tradition de politesse et d'étude des règles, tant sur les ouvrages d'esprit que sur tous les beaux arts.

Les anciens ont évité l'écueil du bel-esprit, où les Italiens modernes sont tombés, et dont la contagion s'est fait un peu sentir à plusieurs de nos écrivains, d'ailleurs très distingués. Ceux d'entre les anciens qui ont excellé, ont peint avec force et grace la simple nature; ils ont gardé les caractères; ils ont attrapé l'harmonie; ils ont su employer à propos, le sentiment et la passion. C'est un mérite bien original.

Je suis charmé des progrès qu'un petit nombre d'auteurs a donnés à notre poésie; mais je n'ose entrer dans le détail, de peur de vous louer en face: je croirais, Monsieur, blesser votre délicatesse. Je suis d'autant plus touché de ce que nous avons d'exquis dans notre langue, qu'elle n'est ni harmonieuse, ni variée, ni libre, ni hardie, ni propre à donner de l'essor, et que notre scrupuleuse versification rend les beaux vers presque impossibles dans un long ouvrage.

En vous exposant mes pensées avec tant de liberté, je ne prétends ni reprendre, ni contredire personne; je dis historiquement quel est mon goût, comme un homme dans un repas dit naïvement qu'il aime mieux un ragoût que l'autre. Je ne blâme le goût d'aucun homme, et je consens qu'on blâme le mien. Si la politesse et la discrétion nécessaires pour le repos de la société demandent que les hommes se tolèrent mutuellement dans la variété d'opinions où ils se trouvent, pour les choses les plus importantes à la vie humaine, à plus forte raison doivent-ils se tolérer sans peine dans la variété d'opinions sur ce qui importe très peu à la sûreté du genre humain. Je vois bien qu'en rendant compte de mon goût, je cours risque de déplaire aux admirateurs passionnés et des anciens et des modernes ; mais, sans vouloir fâcher ni les uns ni les autres, je me livre à la critique des deux côtés.

Ma conclusion est qu'on ne peut trop louer les modernes qui font de grands efforts pour surpasser les anciens. Une si noble émulation promet beaucoup. Elle me paraîtrait dangereuse, si elle allait jusqu'à mépriser et à cesser d'étudier ces grands originaux ; mais rien n'est plus utile que de tâcher d'atteindre à ce qu'ils ont de plus sublime et de plus touchant, sans tomber dans une imitation servile, pour les endroits qui peuvent être moins parfaits ou trop éloignés de nos mœurs. C'est avec cette liberté si judicieuse et si délicate que Virgile a suivi Homère.

FÉNELON, *Lettre sur les Anciens et les Modernes.*

MÊME SUJET.

ANCIENS se dit particulièrement des écrivains et des artistes de l'ancienne Grèce et de l'ancienne Rome.

Dans les Dialogues de Perrault, intitulés : *Parallèle des Anciens et des Modernes,* l'un des interlocuteurs prétend que c'est nous qui sommes les anciens. « N'est-il pas vrai, dit-il, que la durée du monde « est communément regardée comme celle de la « vie d'un homme ; qu'il a eu son enfance, sa jeu- « nesse et son âge parfait ; et qu'il est présentement

« dans la vieillesse? Figurons-nous de même que
« la nature humaine n'est qu'un seul homme. Il
« est certain que cet homme aurait été enfant dans
« l'enfance du monde, adolescent dans son adoles-
« cence, homme parfait dans la force de son âge,
« et que présentement le monde et lui seraient dans
« leur vieillesse. Cela supposé, nos premiers pères
« ne doivent-ils pas être regardés comme les enfants,
« et nous, comme les vieillards et les véritables
« anciens du monde? »

Ce sophisme ingénieux, d'après lequel on a dit plaisamment : « Le monde est si vieux qu'il radote, » a été pris un peu trop à la lettre par l'auteur du *Parallèle*. Il peut s'appliquer avec quelque justesse aux connaissances humaines, aux progrès des sciences et des arts, à tout ce qui ne reçoit son accroissement et sa maturité que du temps; mais qu'il en soit de même du goût et du génie, c'est ce que Perrault n'a pu sérieusement penser et dire. Ici, les caprices de la nature, les circonstances combinées des lieux, des hommes et des choses, ont tout fait, sans aucune règle de succession et de progrès. Où les causes ne sont pas constantes, les effets doivent être bizarrement divers.

L'avantage que Fontenelle attribue aux modernes « d'être montés sur les épaules des anciens » est donc bien réel du côté des connaissances progressives, comme la physique, l'astronomie, les mécaniques. La mémoire et l'expérience du passé, les vérités qu'on aura saisies, les erreurs où l'on sera tombé, les faits qu'on aura recueillis, les secrets qu'on aura surpris et dérobés à la nature, les soupçons même qu'aura fait naître l'induction ou l'analogie, seront des richesses acquises; et quoique, pour passer d'un siècle à l'autre, il leur ait fallu franchir d'immenses déserts d'ignorance, il s'est encore échappé, à travers la nuit des temps, assez de rayons de lumière, pour que les observations, les découvertes, les travaux des anciens aient aidé les modernes à pénétrer plus avant qu'eux dans l'étude de la nature et dans l'invention des arts.

Mais en fait de talents, de génie et de goût, la succession n'est pas la même. La raison et la vérité se transmettent, l'industrie peut s'imiter; mais le génie ne s'imite point, l'imagination et le sentiment ne passent point en héritage. Quand même les facultés naturelles seraient égales dans tous les siècles, les circonstances qui développent ou qui étouffent les germes de ces facultés, se varient à l'infini; un seul homme changé, tout change. Qu'importe que, sous Attila et sous Mahomet, la nature eût produit les mêmes talents que sous Alexandre et sous Auguste?

Il y a plus: après deux mille ans, la vérité ensevelie se retrouve dans sa pureté comme l'or; et pour la découvrir il ne faut qu'un seul homme. Copernic a vu le système du monde, comme s'il fût sorti tout récemment de l'école de Pythagore. Combien d'arts et combien de sciences, après dix siècles de barbarie, ont repris leurs recherches au même point où l'antiquité les avait laissées?

Mais quand le flambeau du génie est éteint;

quand le goût, ce sentiment si délicat, s'est dépravé ; quand l'idée essentielle du beau, dans la nature et dans les arts, a fait place à des conceptions puériles et fantasques, ou absurdes et monstrueuses; quand toute la masse des esprits est corrompue dans un siècle et depuis des siècles; quels lents efforts ne faut-il pas à la raison et au génie même, pour se dégager de la rouille de l'ignorance et de l'habitude; pour discerner, parmi les exemples de l'antiquité, ceux qu'il est bon de suivre et ceux que l'on doit éviter?

Perrault, ses partisans et ses adversaires ont tous eu tort dans cette dispute : aux uns c'est le bon goût qui manque, et aux autres la bonne foi.

Quelle pitié de voir, dans les *Dialogues sur les Anciens et les Modernes*, opposer sérieusement Mézeray à Tite-Live et à Thucydide, sans daigner parler de Xénophon, de Salluste ni de Tacite; de voir opposer l'avocat Le Maître à Cicéron et à Démosthène ; Chapelain, Desmarets, Le Moine, Scudery, à Homère et à Virgile; de voir déprimer l'*Iliade* et l'*Énéide*, pour exalter le *Clovis*, le *Saint-Louis*, l'*Alaric*, la *Pucelle;* de voir donner aux romans de l'*Astrée*, de *Cléopâtre*, de *Cyrus*, de *Clélie*, le double avantage de n'avoir *aucun des défauts que l'on remarque dans les anciens poètes*, et d'offrir *une infinité de beautés nouvelles*, notamment *plus d'invention et plus d'esprit que les poèmes d'Homère ;* de voir préférer les poésies de Voiture, de Sarrazin, de Benserade, *pour leur galanterie, fine, délicate, spirituelle*, à celles de Tibulle, de Properce et d'Ovide! etc.

Il n'est pas étonnant, je l'avoue, qu'un parallèle si étrange ait ému la bile aux zélateurs de l'antiquité. Mais aussi dans quel autre excès ne sont-ils pas tombés eux-mêmes? Une si bonne cause avait-elle besoin d'être soutenue par des injures? Était-ce à la grossièreté pédantesque à venger le goût? Leur mauvaise foi rappelle ce que l'on raconte d'un homme qui, par système, ne convenait jamais des torts de ses amis. On lui en demanda la raison. « Si j'avouais, dit-« il, que mon ami est borgne, on le croirait aveu-« gle. » Mais les amis des Anciens n'avaient pas cette injustice à craindre ; et d'ailleurs ne voyaient-ils pas que ne rien céder, c'était donner prise sur eux et présenter un côté faible? Avait-on besoin de leur aveu, pour savoir que les grands hommes qu'ils défendaient étaient des hommes? On sait bien que l'inégalité est le partage du génie. Avaient-ils peur que les beautés d'Homère ne fissent pas oublier ses défauts? Pourquoi ne pas reconnaître que de longues harangues étaient déplacées au milieu d'un combat; que des comparaisons prolongées au-delà de la similitude, choquaient le bon sens et le goût; qu'une foule de détails pris dans les mœurs antiques, mais sans noblesse et sans intérêt, n'étaient pas dignes de l'épopée; que le langage des héros d'Homère était souvent d'un naturel qui ne peut plaire dans tous les temps ; que si Homère avait voulu se jouer de ses dieux, en les représentant railleurs, colères, emportés, capricieux, il avait tort, que s'il les avait peints de bonne foi, d'après la croyance publique, il avait tort encore de n'avoir pas été plus philosophe que son siècle*; et que, s'il les avait imaginés tels lui-même, il avait dormi et fait de ridicules songes? Après avoir reconnu ces défauts, n'avait-on pas à louer en lui la poésie au plus haut degré; le coloris et l'harmonie; la hardiesse du dessin et la beauté de l'ordonnance; la plus étonnante fécondité, soit dans l'invention de ses caractères, soit dans la composition de ses groupes; la véhémence de ses récits et la chaleur de ses peintures; la grandeur même de son génie dans l'usage du merveilleux; le premier don du poète enfin, l'art de tout animer et de tout agrandir; cet art créateur et fécond, qui a frappé, rempli, échauffé tant de têtes dans tous les siècles, et tant donné à peindre, après lui, et à la plume et au pinceau?

Après avoir avoué que dans l'*Énéide*, l'action manquait de rapidité, de chaleur et de véhémence; que les passions s'y mêlaient trop rarement, et laissaient de trop grands intervalles vides; que tous les caractères, excepté Didon, étaient faiblement dessinés; que celui d'Énée, sur-tout, n'avait ni force ni grandeur; que les six derniers livres étaient une très faible imitation de l'*Iliade*, etc.; n'avait-on pas à dire que les six premiers étaient une imitation merveilleusement embellie et ennoblie de l'*Odyssée?* que jamais la mélodie des vers, l'élégance du style, la

---

* Le poète ne crée pas son merveilleux; il le trouve tout fait : il doit l'employer comme le lui donne la croyance populaire. Je crains bien qu'Homère n'eût beaucoup perdu en s'élevant à cette philosophie que lui souhaite Marmontel. H PATIN.

poésie des détails, l'éloquence du sentiment, le
goût exquis dans le choix des peintures, n'avaient
été à un si haut point dans aucun poète du monde?

Après avoir avoué que Sophocle et Euripide
étaient inférieurs à Corneille et à Racine, pour la
belle ordonnance de l'action théâtrale, l'économie
du plan, l'opposition des caractères, la peinture
des passions, l'art d'approfondir le cœur humain,
d'en développer les replis; n'avait-on pas à faire
valoir le naturel, la simplicité, le pathétique des
poètes grecs, et sur-tout leur force tragique?

Après avoir mis fort au-dessous de Molière, Aristophane, Plaute et Térence, ne leur eût-on pas
laissé la gloire d'avoir formé eux-mêmes dans leur
art celui qui les a surpassés? Et si La Fontaine a
porté dans la fable le génie de la poésie; si, par le
charme du pinceau et par cette illusion si douce
que nous fait sa naïveté, il a passé de très loin Ésope
et Phèdre ses modèles, n'ont-ils pas, comme lui, le
mérite essentiel de l'apologue, le naturel, la grace
et la simplicité?

Quel avantage du côté d'Ovide, de Tibulle et de
Properce, sur la froide galanterie du bel-esprit de
Rambouillet, sur les Voiture, les Benserade, les
Sarrazin, etc! Quel avantage que celui d'Horace sur
Boileau, son faible et froid copiste[*]! Quelle philo-
sophie dans l'un, quelle abondance de pensées! Et

---

[*] On sent tout ce qu'il y a d'injuste et de téméraire dans le dédain que témoigne ici Marmontel pour l'un de nos plus grands poètes. Ce sentiment était habituel chez lui, et lui a porté malheur, comme l'a dit spirituellement Voltaire.   H. Patin.

dans l'autre, quelle stérilité dans les sujets les plus riches! combien peu de profondeur dans ses vues et d'imagination dans ses plans!

En général, rien de plus imprudemment engagé que cette fameuse dispute. On ne conçoit pas même aujourd'hui comment elle put s'élever. N'avait-on pas vu, du premier coup d'œil, l'avantage prodigieux que l'un des deux partis devait avoir sur l'autre? qu'en opposant toute l'antiquité depuis Homère jusqu'à Tacite, au nouveau règne des lettres, depuis le Dante jusqu'à Despréaux, on embrassait mille ans d'un côté, et tout au plus quatre cents ans de l'autre? Et que pouvait-on comparer?

Les orateurs? Mais Rome et Athènes avaient des tribunes : les droits des nations, leur salut, les intérêts de la patrie et de la liberté, la grande cause du bien public, et quelquefois du salut commun, étaient confiés à un homme; et le sort d'un état, celui des nations, dépendait de son éloquence. Qu'a de commun cet emploi sublime avec celui de nos avocats? Où était, dans l'Europe moderne, la place d'un homme éloquent? Était-ce dans notre barreau que devaient naître des Démosthène? Y a-t-il d'éloquence sans passions? et ne sait-on pas que le langage des passions est presque toujours déplacé partout où la loi seule est juge? (*Voyez* BARREAU, ORATEUR.)

Rien de plus important, sans doute, que l'objet de l'éloquence de la chaire. Mais la seule passion qu'on y excite est la crainte, quelquefois la pitié. La haine, l'orgueil, la vengeance, l'ambition, l'envie, la rivalité des partis, les discordes publiques, les mouvements du sang et de la nature, le fanatisme de la patrie et de la liberté, tous les grands mobiles du cœur humain, tous ces grands ressorts de l'éloquence républicaine, n'ont point passé de la tribune dans la chaire*. (*Voyez* CHAIRE.)

Les historiens? Mais, de bonne foi, quelque talent que la nature eût accordé à ceux de nos temps de ténèbres, de barbarie et de servitude, auraient-ils pu donner au fer le prix de l'or? D'un côté, le tableau des républiques les plus florissantes, des plus superbes monarchies, des plus merveilleuses conquêtes, des plus grands hommes de l'univers, étaient sous les yeux de l'histoire. De l'autre, qu'avait-elle à peindre? des incursions, des brigandages, des esclaves et des tyrans. Exceptez-en quelques règnes; et dites-moi ce qu'auraient fait de nos misérables annales les Tite-Live, les Tacite, les Thucydide, les Xénophon? Quand le génie n'aurait pas manqué à l'histoire moderne, l'histoire elle-même, cet amas de crimes sans noblesse, de nations sans mœurs, d'événements sans gloire, de personnages sans caractère, sans vertu ni talents que la férocité, n'aurait-elle pas rebuté le génie? Des hommes éclairés, sensibles, éloquents, se seraient-ils donné la peine d'écrire des faits indignes d'être lus**?

* Que conclure de là ? que l'éloquence de la chaire est moins passionnée que l'éloquence de la tribune ; mais aussi elle est incomparablement plus élevée. On peut donc, sous ce rapport, établir un parallèle entre les anciens et les modernes, et opposer, par exemple, Bossuet à Démosthène, quoiqu'ils ne se ressemblent guère. H. PATIN.

** N'est-ce pas exagérer beaucoup que de prétendre qu'il n'y a rien dans

Les poètes? Mais a-t-on pu prétendre que deux règnes, celui de Léon X et celui de Louis XIV, pussent entrer dans la balance avec toute l'antiquité? Ce sont les siècles de Périclès, d'Alexandre et d'Auguste, et tous les règnes des empereurs, que l'on réunit contre le premier âge de la renaissance des lettres. Mais pour juger combien le temps fait à la chose, on n'a qu'à joindre cinquante ans au siècle de Louis XIV, et l'on a de plus du côté des modernes, qui? Pope, Addison, Métastase, nombre de poètes français estimés et dignes de l'être, et cet homme prodigieux, qui pèserait lui seul dans la balance dix anciens des plus admirés.

Cette réflexion nous ramène aux moyens qu'on aurait encore de réclamer en faveur des modernes, contre l'injuste parallèle qu'on a fait d'eux et des anciens. Ce serait d'abord, comme nous l'avons dit, de comparer les espaces des temps, de faire voir d'un côté mille ans écoulés, seulement depuis Homère jusqu'à Tacite, et de l'autre côté, tout au plus un ou deux siècles de culture; d'observer ensuite ce qu'un demi-siècle a mis depuis dans la balance. On pourrait dire alors : Voilà ce qu'a donné l'espace de soixante années. Qu'on attende encore quelques siècles; et quand les temps seront égaux, on aura droit de comparer les hommes.

On rapprocherait ensuite les circonstances locales, celles des hommes et des temps. Et combien, du côté de la poésie, comme de l'éloquence et de l'histoire,

l'histoire moderne qui soit digne d'exercer le génie de l'historien. Combien de belles époques et de grands peintres on pourrait opposer à cette décision tranchante de Marmontel ! H. Patin.

les modernes n'auraient-ils pas de gloire d'avoir surmonté tant d'obstacles pour approcher des anciens? (*Voyez* POÉSIE.)

C'était ainsi, ce me semble, que cette cause devait être plaidée. Si on ne se passionnait que pour la vérité, on serait juste, impartial comme elle : mais on se passionne pour son opinion; et la vanité veut avoir raison à quelque prix que ce soit.

Le *Parallèle* de Perrault dans la partie des arts est d'un homme plus éclairé, mais présumant trop de ses forces, ou plutôt donnant trop à l'adulation. Quand il serait vrai que les modernes auraient égalé les anciens en sculpture, en architecture, la gloire de ces deux arts n'en serait pas moins tout entière, ou presque tout entière à ceux qui, les ayant créés, les ont portés à un point d'élégance, de correction, de noblesse, digne de servir de modèle. On a beau dire qu'on peut ajouter aux beautés de l'architecture ancienne : cela n'est pas arrivé encore. On a donné plus de hardiesse et de commodité aux édifices, c'est le fruit de l'expérience; mais plus d'élégance et de majesté, non : or, c'est là le fruit du génie.

Quant à la peinture et à la musique, il faut savoir douter des prodiges que l'on nous vante, mais ne pas assurer, sur des preuves légères, que ces arts n'étaient qu'au berceau; que les anciens, qui chantaient sur la lyre, ne se doutaient pas des accords; que dans la peinture ils n'avaient ni la magie du clair-obscur, ni l'une et l'autre perspective; ne pas juger d'Athènes d'après Pompéïa; et présumer qu'un peuple dont les organes étaient si délicats et le goût si fin et si juste, ne se serait point passionné pour ces deux arts, s'ils n'avaient pas été à peu près de niveau avec ceux où il excellait. Apelle, Timante, Aétion, en auraient-ils imposé aux juges de Praxitèle et de Phidias? Une musique faible aurait-elle produit des effets qu'on oserait à peine attribuer à l'éloquence, et fait craindre, même aux plus sages, son influence sur les mœurs et son ascendant sur les lois? Ce préjugé, favorable aux anciens, méritait qu'on ne négligeât aucun des avantages du côté des modernes; et l'Italie eût été d'un grand poids dans la balance des beaux arts. D'où vient donc que Perrault a eu la vanité de n'y faire entrer que l'école française? Il avait fait un mauvais petit poème, dans lequel, pour flatter Louis XIV, il avait opposé son règne à toute l'antiquité. On trouva la louange outrée; il voulut la justifier, et fit un livre où, avec de l'esprit, il s'efforçait d'avoir raison : moyen presque assuré de faire un mauvais livre.

Ainsi, lui-même il avait affaibli une cause déjà trop faible, en détachant du parti des modernes tout ce qui n'appartenait pas au règne de Louis-le-Grand; et s'il appelle à son secours Malherbe, Pascal et Corneille, surtout l'Arioste et le Tasse, c'est qu'il s'oublie et perd de vue l'objet qu'il s'était proposé.

Mais ce qui l'avait mis encore plus à l'étroit, c'est l'alternative comique à laquelle il était réduit, ou de louer ses adversaires et les amis de ses ennemis, ou de renoncer à tout l'avantage que leurs talents donneraient à sa cause. Racine, Despréaux, Molière, La Fontaine, étaient bien d'autres hommes à opposer aux anciens, que Chapelain et Scudery. Il eût fallu avoir le courage et la franchise de les louer autant qu'ils méritaient de l'être; et cette vengeance était en même temps la plus noble et la plus adroite qu'il pût tirer d'un injuste mépris.

Marmontel, Élém. de Litt.

MÊME SUJET.

Le grand procès des anciens et des modernes n'est pas encore vidé; il est sur le bureau depuis l'âge d'argent qui succéda à l'âge d'or. Les hommes ont toujours prétendu que le bon vieux temps valait beaucoup mieux que le temps présent. Nestor, dans l'*Iliade*, en voulant s'insinuer comme un sage conciliateur dans l'esprit d'Achille et d'Agamemnon, débute par leur dire : « J'ai vécu « autrefois avec des hommes qui valaient mieux que « vous; non je n'ai jamais vu et je ne verrai jamais « de si grands personnages que Dryas, Cénée, Exa- « dius, Polyphême égal aux dieux, etc. » La postérité a bien vengé Achille du mauvais compliment de Nestor, vainement loué par ceux qui ne louent que l'antique. Personne ne connaît plus Dryas, on n'a guère entendu parler d'Exadius ni de Cénée, et pour Polyphême, égal aux dieux, il n'a pas une trop bonne réputation, à moins que ce ne soit tenir de la divinité que d'avoir un grand œil au front, et de manger des homme tout crus.

Lucrèce ne balance pas à dire que la nature a dégénéré (II, 1159.) :

Ipsa dedit dulces fœtus et pabula læta
Quæ nunc vix nostro grandescunt aucta labore
Conterimusque boves, et vires agricolarum, etc.

La nature languit; la terre est épuisée;
L'homme dégénéré, dont la force est usée,
Fatigue un sol ingrat par ses bœufs affaiblis.

L'antiquité est pleine des éloges d'une autre antiquité plus reculée.

Les hommes, en tout temps, ont pensé qu'autrefois
De longs ruisseaux de lait serpentaient dans nos bois;
La lune était plus grande, et la nuit moins obscure;
L'hiver se couronnait de fleurs et de verdure;
L'homme, ce roi du monde, et roi très fainéant,
Se contemplait à l'aise, admirait son néant,
Et, formé pour agir, se plaisait à rien faire, etc.

Horace combat ce préjugé avec autant de finesse que de force, dans sa belle épître à Auguste (*Epist.* II, 1). « Faut-il donc, dit-il, que nos poèmes soient comme nos vins, dont les plus vieux sont toujours préférés ? » Il dit ensuite :

Indignor quidquam reprehendi, non quia crassè
Compositum illepidève putetur, sed quia nuper;
Nec veniam antiquis, sed honorem et præmia posci.
. . . .
Ingeniis non ille favet, plauditque sepultis;
Nostra sed impugnat; nos nostraque lividus odit, etc.

J'ai vu ce passage imité ainsi en vers familiers :

> Rendons toujours justice au beau.
> Est-il laid pour être nouveau ?
> Pourquoi donner la préférence
> Aux méchants vers du temps jadis ?
> C'est en vain qu'ils sont applaudis:
> Ils n'ont droit qu'à notre indulgence.
> Les vieux livres sont des trésors,
> Dit la sotte et maligne envie.

ANCIENS.

Ce n'est pas qu'elle aime les morts ;
Elle hait ceux qui sont en vie.

Le savant et ingénieux Fontenelle s'exprime ainsi sur ce sujet :

« Toute la question de la prééminence entre les
« anciens et les modernes étant une fois bien en-
« tendue, se réduit à savoir si les arbres qui étaient
« autrefois dans nos campagnes étaient plus grands
« que ceux d'aujourd'hui. En cas qu'ils l'aient été,
« Homère, Platon, Démosthène, ne peuvent être
« égalés dans ces derniers siècles; mais si nos arbres
« sont aussi grands que ceux d'autrefois, nous pou-
« vons égaler Homère, Platon et Démosthène.

« Eclaircissons ce paradoxe : si les anciens avaient
« plus d'esprit que nous, c'est donc que les cerveaux
« de ce temps-là étaient mieux disposés, formés de
« fibres plus fermes ou plus délicates, remplis de
« plus d'esprits animaux ; mais en vertu de quoi les
« cerveaux de ce temps-là auraient-ils été mieux dis-
« posés ? Les arbres auraient donc été aussi plus
« grands et plus beaux ; car, si la nature était alors
« plus jeune et plus vigoureuse, les arbres, aussi
« bien que les cerveaux des hommes, auraient dû
« se sentir de cette vigueur et de cette jeunesse. »
(*Digression sur les Anciens et les Modernes*, tome IV, édition de 1742.)

Avec la permission de cet illustre académicien, ce n'est point là du tout l'état de la question. Il ne s'agit pas de savoir si la nature a pu produire de nos jours d'aussi grands génies et d'aussi bons ouvrages que ceux de l'antiquité grecque et latine;

mais de savoir si nous en avons en effet. Il n'est pas impossible sans doute qu'il y ait d'aussi grands chênes dans la forêt de Chantilly que dans celle de Dodone; mais, supposé que les chênes de Dodone eussent parlé, il serait très clair qu'ils auraient un grand avantage sur les nôtres, qui probablement ne parleront jamais.

La Motte, homme d'esprit et de talent, qui a mérité des applaudissements dans plus d'un genre, a soutenu dans une ode remplie de vers heureux, le parti des modernes. Voici une de ses stances :

> Et pourquoi veut-on que j'encense
> Ces prétendus dieux dont je sors?
> En moi la même intelligence
> Fait mouvoir les mêmes ressorts.
> Croit-on la nature bizarre,
> Pour nous aujourd'hui plus avare,
> Que pour les Grecs et les Romains?
> De nos aînés mère idolâtre,
> N'est-elle plus que la marâtre
> Du reste grossier des humains?

On pouvait lui répondre : Estimez vos aînés sans les adorer. Vous avez une intelligence et des ressorts comme Virgile et Horace en avaient, mais ce n'est pas peut-être absolument la même intelligence. Peut-être avaient-ils un talent supérieur au vôtre, et ils l'exerçaient dans une langue plus riche et plus harmonieuse que les langues modernes, qui sont un mélange de l'horrible jargon des Celtes et d'un latin corrompu.

La nature n'est point bizarre; mais il se pourrait

qu'elle eût donné aux Athéniens un terrain et un ciel plus propre que la Westphalie et que le Limousin à former certains génies. Il se pourrait bien encore que le gouvernement d'Athènes, en secondant le climat, eût mis dans la tête de Démosthène quelque chose que l'air de Clamart et de la Grenouillère, et le gouvernement du cardinal de Richelieu, ne mirent point dans la tête d'Omer Talon et de Jérôme Bignon.

Quelqu'un répondit alors à La Motte par le petit couplet suivant :

> Cher La Motte, imite et révère
> Ces dieux dont tu ne descends pas.
> Si tu crois qu'Horace est ton père,
> Il a fait des enfants ingrats*.
> La nature n'est point bizarre;
> Pour Danchet elle est fort avare;
> Mais Racine en fut bien traité;
> Tibulle était guidé par elle;
> Mais pour notre ami La Chapelle **
> Hélas! qu'elle a peu de bonté!

Cette dispute est donc une question de fait. L'antiquité a-t-elle été plus féconde en grands monuments de tous genres, jusqu'au temps de Plutarque, que les siècles modernes ne l'ont été depuis le siècle des Médicis jusqu'à Louis XIV inclusivement ?

---

* L'ingénieux La Motte avait le véritable langage et, pour ainsi dire, les graces de la critique. Sa censure est aussi polie que sa diction est élégante; il ne lui manquait que d'avoir raison, mais il se tromp d'abord en attaquant les anciens, et plus encore en défendant ses vers.

VILLEMAIN, *Discours sur la Critique.*

** Ce La Chapelle était un receveur général des finances, qui traduisit très platement Tibulle ; mais ceux qui dînaient chez lui trouvaient ses vers fort bons.

Les Chinois, plus de deux cents ans avant notre ère vulgaire, construisirent cette grande muraille qui n'a pu les sauver de l'invasion des Tartares. Les Égyptiens, trois mille ans auparavant, avaient surchargé la terre de leurs étonnantes pyramides, qui avaient environ quatre-vingt-dix mille pieds carrés de base. Personne ne doute que si on voulait entreprendre aujourd'hui ces inutiles ouvrages, on n'en vînt aisément à bout en prodiguant beaucoup d'argent. La grande muraille de la Chine est un monument de la crainte; les pyramides sont des monuments de la vanité et de la superstition. Les uns et les autres attestent une grande patience dans les peuples, mais aucun génie supérieur. Ni les Chinois, ni les Égyptiens n'auraient pu faire seulement une statue telle que nos sculpteurs en forment aujourd'hui.

DU CHEVALIER TEMPLE.

Le chevalier Temple, qui a pris à tâche de rabaisser tous les modernes, prétend qu'ils n'ont rien en architecture de comparable aux temples de la Grèce et de Rome: mais, tout Anglais qu'il était, il devait convenir que l'église de Saint-Pierre est incomparablement plus belle que n'était le Capitole.

C'est une chose curieuse que l'assurance avec laquelle il prétend qu'il n'y a rien de neuf dans notre astronomie, rien dans la connaissance du corps humain, si ce n'est peut-être, dit-il, la circulation du sang. L'amour de son opinion, fondé sur son extrême amour-propre, lui fait oublier la découverte des satellites de Jupiter, des cinq lunes et de l'anneau de Saturne, de la rotation du soleil sur son axe, de la position calculée de trois mille étoiles, des lois données par Kepler et par Newton aux orbes célestes, des causes de la précession des équinoxes, et de cent autres connaissances dont les anciens ne soupçonnaient pas même la possibilité.

Les découvertes dans l'anatomie sont en aussi grand nombre. Un nouvel univers en petit, découvert avec le microscope, était compté pour rien par le chevalier Temple; il fermait les yeux aux merveilles de ses contemporains, et ne les ouvrait que pour admirer l'ancienne ignorance.

Cet ennemi de son siècle croit bonnement à la fable d'Orphée, et n'avait apparemment entendu ni la belle musique d'Italie, ni même celle de France, qui, à la vérité, ne charment pas les serpents, mais qui charment les oreilles des connaisseurs.

Ce qui est encore plus étrange, c'est qu'ayant toute sa vie cultivé les belles lettres, il ne raisonne pas mieux sur nos bons auteurs que sur nos philosophes. Il regarde Rabelais comme un grand homme; il cite les *Amours des Gaules* comme un de nos meilleurs ouvrages. C'était pourtant un homme savant, un homme de cour, un homme de beaucoup d'esprit, un ambassadeur qui avait fait de profondes réflexions sur tout ce qu'il avait vu. Il possédait de grandes connaissances : un préjugé suffit pour gâter tout ce mérite.

DE BOILEAU ET DE RACINE.

Boileau et Racine, en écrivant en faveur des anciens contre Perrault, furent plus adroits que le chevalier Temple. Ils se gardèrent bien de parler d'astronomie et de physique. Boileau s'en tient à justifier Homère contre Perrault, mais en glissant adroitement sur les défauts du poète grec, et sur le sommeil que lui reproche Horace. Il ne s'étudie qu'à tourner Perrault, l'ennemi d'Homère, en ridicule. Perrault entend-il mal un passage, ou traduit-il mal un passage qu'il entend, voilà Boileau qui saisit ce petit avantage, qui tombe sur lui en ennemi redoutable, qui le traite d'ignorant, de plat écrivain; mais il se pouvait très bien faire que Perrault se fût souvent trompé, et que pourtant il eût souvent raison sur les contradictions, les répétitions, l'uniformité des combats, les longues harangues dans la mêlée, les indécences, les inconséquences de la conduite des dieux dans le poème, enfin, sur toutes les fautes où il prétendait que ce grand poète était tombé. En un mot, Boileau se moqua de Perrault beaucoup plus qu'il ne justifia Homère.

DE L'INJUSTICE ET DE LA MAUVAISE FOI DE RACINE DANS LA DISPUTE CONTRE PERRAULT, AU SUJET D'EURIPIDE ET DES INFIDÉLITÉS DE BRUMOY.

Racine usa du même artifice; car il était tout aussi malin que Boileau pour le moins. Quoiqu'il n'eût pas fait comme lui son capital de la satire, il jouit du plaisir de confondre ses ennemis sur une petite méprise très pardonnable où ils étaient tombés au sujet d'Euripide, et en même temps de se sentir très supérieur à Euripide même. Il raille, autant qu'il le peut, ce même Perrault et ses partisans sur leur critique de l'*Alceste* d'Euripide, parce que ces messieurs malheureusement avaient été trompés par une édition fautive d'Euripide, et qu'ils avaient pris quelques répliques d'Admète pour celles d'Alceste ; mais cela n'empêche pas qu'Euripide n'eût grand tort en tout pays, dans la manière dont il fait parler Admète à son père. Il lui reproche violemment de n'être pas mort pour lui.

« Quoi donc, lui répond le roi son père, à qui
« adressez-vous, s'il vous plaît, un discours si hau-
« tain ? Est-ce à quelque esclave de Lydie ou de Phry-
« gie ? ignorez-vous que je suis né libre et Thessalien ?
« (Beau discours pour un roi et pour un père!) Vous
« m'outragez comme le dernier des hommes. Où est
« la loi qui dit que les pères doivent mourir pour
« leurs enfants ? chacun est ici-bas pour soi. J'ai rem-
« pli mes obligations envers vous ; quel tort vous
« fais-je ? demandé-je que vous mouriez pour
« moi ? la lumière vous est précieuse ; me l'est-elle
« moins ?... Vous m'accusez de lâcheté.... Lâche vous-
« même ; vous n'avez pas rougi de presser votre
« femme de vous faire vivre en mourant pour vous....
« Ne vous sied-il pas bien, après cela, de traiter de
« lâches ceux qui refusent de faire pour vous ce que
« vous n'avez pas le courage de faire vous-même !...
« Croyez-moi, taisez-vous.... Vous aimez la vie ; les
« autres ne l'aiment pas moins.... Soyez sûr que si
« vous m'injuriez encore, vous entendrez de moi
« des duretés qui ne seront pas des mensonges. »

Le chœur prend alors la parole : « C'est assez,

« et déjà trop des deux côtés : cessez, vieillard, ces-
« sez de maltraiter de paroles votre fils. »

Le chœur aurait dû plutôt, ce me semble, faire une forte réprimande au fils, d'avoir très brutalement parlé à son propre père, et de lui avoir reproché si aigrement de n'être pas mort.

Tout le reste de la scène est dans ce goût :

PHERÈS *à son fils.*

Tu parles contre ton père, sans en avoir reçu d'outrage.

ADMÈTE.

Oh! j'ai bien vu que vous aimiez à vivre long-temps.

PHERÈS.

Et toi, ne portes-tu pas au tombeau celle qui est morte pour toi?

ADMÈTE.

Ah! le plus infâme des hommes, c'est la preuve de ta lâcheté.

PHERÈS.

Tu ne pourras pas au moins dire qu'elle est morte pour moi.

ADMÈTE.

Plût au ciel que tu fusses dans un état où tu eusses besoin de moi!

LE PÈRE.

Fais mieux, épouse plusieurs femmes, afin qu'elles meurent pour te faire vivre plus long-temps.

Après cette scène, un domestique vient parler tout seul de l'arrivée d'Hercule : « C'est un étranger,
« dit-il, qui a ouvert la porte lui-même, s'est d'abord
« mis à table : il se fâche de ce qu'on ne lui sert pas

« assez vite à manger, il remplit de vin, à tout mo-
« ment, sa coupe, boit à longs traits du rouge et du
« paillet, et ne cesse de boire et de chanter de mau-
« vaises chansons qui ressemblent à des hurlements,
« sans se mettre en peine du roi, et de sa femme
« que nous pleurons. C'est sans doute quelque fri-
« pon adroit, un vagabond, un assassin. »

Il peut être assez étrange qu'on prenne Hercule pour un fripon adroit; il ne l'est pas moins qu'Hercule, ami d'Admète, soit inconnu dans la maison. Il l'est encore plus qu'Hercule ignore la mort d'Alceste, dans le temps même qu'on la porte au tombeau.

Il ne faut pas disputer des goûts; mais il est sûr que de telles scènes ne seraient pas souffertes chez nous à la foire.

Brumoy, qui nous a donné le *Théâtre des Grecs*, et qui n'a pas traduit Euripide avec une fidélité scrupuleuse, fait ce qu'il peut pour justifier la scène d'Admète et de son père; on ne devinerait pas le tour qu'il prend. Il dit d'abord que « les Grecs n'ont
« pas trouvé à redire à ces mêmes choses, qui sont
« à notre égard des indécences, des horreurs; qu'ainsi
« il faut convenir qu'elles ne sont pas tout-à-fait
« telles que nous les imaginons; en un mot, que les
« idées ont changé. »

On peut répondre que les idées des nations policées n'ont jamais changé sur le respect que les enfants doivent à leurs pères.

« Qui peut douter, ajoute-il, que les idées n'aient
« changé en différents siècles sur des points de morale
« plus importants ? »

On répond qu'il n'y en a guère de plus importants.

Je ne donnerai que cet exemple de l'aveuglement des traducteurs et des commentateurs ; puisque Brumoy, le plus impartial de tous, s'est égaré à ce point, que ne doit-on pas attendre des autres ? Mais si les Brumoy et les Dacier étaient là, je leur demanderais volontiers s'ils trouvent beaucoup de sel dans le discours que Polyphême tient dans Euripide : « Je ne crains point le foudre de Jupiter. « Je ne sais si ce Jupiter est un dieu plus fier et « plus fort que moi. Je me soucie très peu de lui. « S'il fait tomber de la pluie, je me renferme dans « ma caverne ; j'y mange un veau rôti, ou quelque « bête sauvage ; après quoi je m'étends tout de mon « long ; j'avale un grand pot de lait ; je défais mon « sayon ; et je fais entendre un certain bruit qui « vaut bien celui du tonnerre. »

Il faut que les scoliastes n'aient pas le nez bien fin, s'ils ne sont pas dégoûtés de ce bruit que fait Polyphême quand il a bien mangé.

Ils disent que le parterre d'Athènes riait de cette plaisanterie, et que « jamais les Athéniens n'ont ri d'une sottise. » Quoi ! toute la populace d'Athènes avait plus d'esprit que la cour de Louis XIV ? Et la populace n'est pas la même partout !

Ce n'est pas qu'Euripide n'ait des beautés, et Sophocle encore davantage ; mais ils ont de bien plus grands défauts. On ose dire que les belles scènes de Corneille et les touchantes tragédies de Racine l'emportent autant sur les tragédies de Sophocle et d'Euripide, que ces deux Grecs l'emportent sur

Thespis. Racine sentait bien son extrême supériorité sur Euripide ; mais il louait ce poète grec pour humilier Perrault.

Molière, dans ses bonnes pièces, est aussi supérieur au pur mais froid Térence, et au farceur Aristophane, qu'au baladin Dancourt.

Il y a donc des genres dans lesquels les modernes sont de beaucoup supérieurs aux anciens, et d'autres, en très petit nombre, dans lesquels nous leur sommes inférieurs. C'est à quoi se réduit toute la dispute.

Voltaire, *Dict. Phil.*

ANDRÉ (Yves-Marie) naquit à Châteaulin, en basse Bretagne, le 22 mai 1675. En 1693, il entra chez les jésuites. Savant modeste et professeur distingué, il parcourut avec le plus grand succès la carrière de l'enseignement. En 1726, il prit la place de professeur royal de mathématiques à Caen, et la remplit pendant trente-neuf ans. L'ouvrage qui a fait le plus d'honneur au père André et qui est aujourd'hui le fondement de sa réputation, est l'*Essai sur le Beau*. L'esprit d'analyse ne nuit point à la pureté de la diction dans ce traité, qu'on peut lire avec autant de fruit que d'agrément, et qui a mérité de devenir classique. On voit dans l'*Encyclopédie* cette opinion que le temps a confirmée. « Le père André est celui
« qui, jusqu'à présent, a le mieux approfondi cette
« matière (le Beau), en a le mieux connu l'étendue,
« en a posé les principes les plus vrais, et mérite
« le plus d'être lu. »

Le père André avait des sentiments peu analogues à ceux de sa société, sur les discussions qui partageaient alors le clergé. Il fut menacé de l'exil, et éloigné des charges; mais la paix finit par se rétablir, à condition qu'il ne serait plus question entre ses confrères et lui des matières qui les avaient divisés. Il ne sera peut-être pas hors de propos de rappeler que le père André, admirateur de Malebranche, entretint avec ce philosophe une correspondance qui dura jusqu'à la mort de ce dernier. A la destruction des jésuites, le père André se retira chez les chanoines réguliers de Caen, et le parlement de Rouen pourvut à ses besoins. Il mourut dans cette retraite le 26 février 1764. Je ne sais sur quel fondement l'auteur des *Siècles littéraires* le fait mourir à l'hôpital; on voit par ce qui vient d'être dit que le père André ne pouvait se trouver en pareille situation.

L'abbé Guyot a recueilli les œuvres de cet écrivain en 5 vol. in-12; Paris, 1766. Le morceau le plus remarquable de cette collection est sans contredit l'*Essai sur le Beau*; cependant on retrouve la touche de l'auteur dans le *Traité de l'Homme*.

ANDRÉ (LE PETIT-PÈRE), augustin réformé dont le nom de famille était Boullanger ou Boullenger, naquit à Paris, en 1582, d'un père président au parlement, et mourut en 1657. Il acquit une certaine célébrité dans la chaire par la bizarrerie de ses sermons, dans lesquels il unissait la plaisanterie à la morale. On n'imprima de cet orateur que l'oraison funèbre de Marie-Henriette de Bourbon, abbesse de Chelles : cette pièce est très médiocre. On cite de lui le madrigal suivant, qui fait maintenant à peu près son seul titre littéraire :

>   Églé, je te fais souveraine :
>   Au sort je dois ma royauté ;
>   Tu dois la tienne à ta beauté.
> Le destin m'a fait roi, l'amour seul te fait reine ;
>   Demain je ne serai plus roi,
>   Demain tu seras toujours belle.
> Amour, fais que demain elle fasse pour moi
>   Ce qu'aujourd'hui je fais pour elle !

ANDRIEUX (François-Guillaume-Jean-Stanislas), de l'Académie française, professeur de littérature au collège royal de France, est né le 6 mai 1759, à Strasbourg, et non pas à Melun en 1755, comme l'ont avancé quelques biographes. Sa famille désirant qu'il suivît la carrière du barreau, il s'adonna à l'étude du droit, travailla même chez un procureur, et prêta le serment d'avocat en 1781. C'est vers cette époque qu'il se forma entre lui, Collin-d'Harleville, Gaillard, et d'autres hommes devenus célèbres, cette liaison intéressante, bien digne d'être proposée aux gens de lettres comme un exemple à suivre. Si l'on donnait la liste de tous les poètes qui, dominés par l'*influence secrète*, ont délaissé Thémis pour les Muses, le dénombrement ne causerait pas peu de surprise. Quoi qu'il en soit, plusieurs des amis de M. Andrieux devinrent de la sorte transfuges du palais; il les suivit dans leur désertion, et un bon poète de plus nous laisse à peine regretter un bon avocat de moins. M. Andrieux cependant, avait, de son propre aveu, pris goût à la jurisprudence; mais il convient, en même temps, qu'il composa sa comédie d'*Anaximandre* dans l'étude du procureur : nous pouvons donc nous le figurer, dans sa jeunesse, placé entre deux penchants; l'un, plus solide, qui pouvait le conduire à la fortune; l'autre, plus attrayant, qui lui ouvrait le chemin de la gloire.

M. Andrieux débuta en 1782 dans la carrière dramatique par *Anaximandre*, pièce en un acte et en vers de dix syllabes, dont le style fut fort applaudi. En 1787, il donna *les Étourdis*, comédie remarquable que l'on revoit toujours avec le même plaisir, et qui restera au répertoire tant qu'on aimera en France une versification élégante, un comique de bon goût. Ces deux comédies furent précédées, et suivies d'une foule de productions légères, pétillantes d'esprit, que la circonstance inspira, et qui sont, pour la plupart, de nature à lui survivre, bien que l'on ait critiqué dans plusieurs d'entre elles une malice un peu trop libre, et une gaieté qui abuse par fois des privilèges de la poésie.

Réfugié depuis long-temps au sein des muses, M. Andrieux a continué d'enrichir notre scène de comédies où l'on a retrouvé un enjouement vrai, un esprit de bon ton, un style toujours aisé, souvent brillant. Membre de l'Académie et de la Légion-d'Honneur, il occupe de la manière la plus distinguée la chaire de littérature française au Collège royal de France. Il était depuis douze ans professeur de belles-lettres à l'École-Polytechnique, lorsque cette place lui fut ôtée en 1815. On nous fait espérer que son *Cours de Littérature* sera bientôt publié. Il avait, dit-on, entrepris de traduire en vers le poème de Casti, *gli Animali parlanti* (les Animaux parlants); ce dessein n'est peut-être pas abandonné. On prétend qu'il s'occupe aussi d'un travail important sur Plaute.

Les comédies de M. Andrieux, notamment les *Étourdis*, *Molière avec ses Amis*, *le Trésor*, *la Comédienne*, et plusieurs de ses poésies, sont des titres plus que suffisants pour lui assurer des droits à la postérité. « Cher Andrieux, disait l'aimable Collin-
« d'Harleville, dans la préface de ses *Artistes*, puis-
« sent nos deux noms n'être jamais séparés!.... »
Ce vœu sera réalisé. M. Andrieux a toute la grace de son ami d'Harleville, avec une versification généralement plus soignée ; leurs deux noms vivront inséparables dans la mémoire des amis des lettres.

Les comédies de M. Andrieux sont : *Anaximandre*; *les Étourdis* ou *le Mort Supposé*; *les Deux Sentinelles*, vaudeville; *Helvétius* ou *la Vengeance d'un Sage*; *la Suite du Menteur*, comédie de P. Corneille, avec des changements et additions considérables; *le Trésor*; *Molière avec ses Amis* ou *la Soirée d'Auteuil*; *le Vieux Fat* ou *les Deux Vieillards*;

la *Comédienne*; *Quelques Scènes impromptu* ou *la Matinée du Jour de l'An*, prologue d'ouverture du théâtre de l'Odéon en 1816; *le Manteau*; *la Jeune Créole*, imitée de l'anglais de Richard Cumberland, non représentée; *Lénore*, imitation de la *Jane-Shore* de Rowe, non représentée; M. Andrieux a publié ses OEuvres en 4 vol. in-8°, 1818—23, et 6 vol. in-18, 1822.

JUGEMENTS.

I.

Au milieu de toutes ces pauvretés, que par malheur on appelle de la littérature, un ouvrage d'un mérite réel, est une bonne fortune assez rare. Vous en aurez pourtant un de cette espèce, et ce qu'il y a de plus étonnant, c'est au théâtre Italien. M. Andrieux y a donné les *Étourdis*, comédie en trois actes et en vers, qui a beaucoup de succès, et qui est faite pour en avoir toujours. Le fond de l'intrigue est assez peu de chose: c'est un jeune homme qui se fait passer pour mort, afin de faire payer ses dettes par son oncle. Ce n'est pas du comique de caractère, mais c'est du comique de détail, qui est de fort bon goût. L'auteur a tiré de ce fond si mince une foule de scènes dont l'intention et l'effet sont comiques. Un dialogue facile et vrai, d'une gaieté soutenue, sans jargon, sans quolibet, sans faux esprit; un style ingénieux et naturel, plein de jolis vers et de saillies fort plaisantes; un développement aisé et clair dans la marche de la pièce; des personnages qui ont tous la physionomie et le

langage qui leur est propre ; assez d'intérêt pour
un ouvrage de ce genre, et fondé principalement
sur le rôle d'une jeune personne qui a la sensibilité douce et naïve de son âge : voilà ce qui doit
distinguer cette comédie de la foule de ces bagatelles
éphémères. C'est, sans contredit, la plus jolie que
nous ayons vue depuis *les Fausses Infidélités*, et la
seule qui soit écrite de manière à être lue avec
plaisir.

La Harpe, *Correspondance littéraire.*

II

Une petite comédie dans le genre érotique, intitulée *Anaximandre*, et représentée avec succès au
théâtre Italien, avait fait remarquer ses heureuses
dispositions ; le progrès en parut sensible dans une
pièce d'intrigue qu'il donna peu de temps après au
même théâtre, et dans laquelle on retrouve et le
style et l'ancienne gaieté de la bonne comédie. Cette
pièce, accueillie comme elle devait l'être, l'invitait
à de nouveaux efforts ; et le succès de plusieurs
jolis contes, qu'il a publiés depuis, ne compense
pas la gloire qu'il pouvait acquérir dans une carrière plus digne de son émulation. Le talent paraît
descendre toutes les fois qu'il cesse de s'élever ; et
c'est peut-être ce qui lui a fait reprocher, avec plus
de sévérité que de justice, d'avoir mis trop peu de
poésie dans ses contes. Nous croyons qu'ils n'en com-
portaient pas davantage, et que c'est, au contraire,
la preuve d'un bon esprit que de traiter chaque
genre dans le style qui lui est propre.

Parmi ces contes on doit distinguer surtout le *Meunier* (le Moulin) *de Sans-Souci*.

(*Voyez*, comme un supplément qui eût été déplacé ici, ce que nous disons du même écrivain à l'article COLLIN-D'HARLEVILLE.)

PALISSOT, *Mémoires sur la Littérature*.

III.

L'esprit et l'enjouement de M. Andrieux ont animé des narrations charmantes, parmi lesquelles le conte excellent du *Meunier Sans-Souci* nous semble mériter la première place.

Si quelque poète comique devait se croire un rival à craindre pour Collin-d'Harleville, c'est assurément M. Andrieux; mais il a préféré d'être ou plutôt de rester son ami : car il l'était presque dès l'enfance. Il l'a presque constamment aidé de ses conseils, de ses talents même, au point d'écrire une scène entière de l'*Optimiste*, et ce n'est pas la moins bien écrite. M. Andrieux, dans son coup d'essai, la petite pièce d'*Anaximandre*, s'était distingué de très bonne heure par cette diction pure, élégante et facile qu'il a toujours conservée. *Les Étourdis* firent sa réputation; ce fut bien à juste titre; et, depuis *les Folies Amoureuses*, il serait peut-être impossible de citer une seule comédie en trois actes qui réunisse au même degré que *les Étourdis*, le charme d'une versification brillante, la gaieté du dialogue, l'originalité des caractères et la piquante variété des situations. Plus récemment, dans une petite pièce agréable et morale, *Helvétius* ou *la Vengeance d'un Sage*, M. Andrieux s'est honoré lui-même, en sachant honorer la mémoire du philosophe Helvétius. Dans *le Souper d'Auteuil*, c'est à Molière qu'il rend hommage ; une intrigue légère, mais intéressante, anime la pièce, égayée souvent par les distractions du bon La Fontaine et par les saillies plaisantes de Lulli. Dans la comédie en cinq actes, intitulée *le Trésor*, M. Andrieux n'a point dégénéré. Une scène de vente à Paris est surtout fortement comique ; elle ne surpasse pas néanmoins la première scène, écrite en vers excellents, et l'une des plus belles expositions que puisse offrir notre théâtre. Les qualités distinctives du talent de M. Andrieux sont la finesse et le badinage élégant. Chez les Grecs, Thalie était à la fois muse et grace ; c'est un avis donné aux poètes comiques, et personne ne l'a mieux entendu que M. Andrieux. Il ne court point après les détails agréables, mais il les trouve à volonté, toujours plaisant, jamais bouffon ; toujours ingénieux, jamais bel-esprit. Il faut des productions telles que les siennes pour maintenir au théâtre la pureté de la langue et du goût.

M. J. Chénier, *Tableau de la Littérature française.*

MORCEAUX CHOISIS.

I. Le Moulin de Sans-Souci.

L'homme est bien variable ; et ces malheureux rois,
Dont on dit tant de mal, ont du bon quelquefois.
J'en conviendrai sans peine, et ferai mieux encore,
J'en citerai, pour preuve, un trait qui les honore.
Il est de ce héros, de Frédéric second,
Qui, tout roi qu'il était, fut un penseur profond :
Redouté de l'Autriche, envié dans Versailles,

Cultivant les beaux-arts au sortir des batailles ;
D'un royaume nouveau la gloire et le soutien,
Grand roi, bon philosophe, et fort mauvais chrétien.
  Il voulait se construire un agréable asyle,
Où, loin d'une étiquette arrogante et futile,
Il pût, non végéter, boire et courir des cerfs,
Mais des faibles humains méditer les travers ;
Et, mêlant la sagesse à la plaisanterie,
Souper avec d'Argens, Voltaire et La Métrie.
  Sur le riant coteau par le prince choisi,
S'élevait le moulin du meunier *Sans-Souci*.
Le vendeur de farine avait pour habitude
D'y vivre au jour le jour, exempt d'inquiétude ;
Et, de quelque côté que vînt souffler le vent,
Il y tournait son aile, et s'endormait content.
  Fort bien achalandé, grace à son caractère,
Le moulin prit le nom de son propriétaire ;
Et des hameaux voisins, les filles, les garçons,
Allaient à *Sans-Souci* pour danser aux chansons.
Sans-Souci !... ce doux nom d'un favorable augure
Devait plaire aux amis des dogmes d'Épicure.
Frédéric le trouva conforme à ses projets,
Et du nom d'un moulin honora son palais.
  Hélas ! est-ce une loi sur notre pauvre terre
Que toujours deux voisins auront entre eux la guerre ;
Que la soif d'envahir et d'étendre ses droits
Tourmentera toujours les meuniers et les rois ?
En cette occasion le roi fut le moins sage ;
Il lorgna du voisin le modeste héritage.
  On avait fait des plans, fort beaux sur le papier,
Où le chétif enclos se perdait tout entier.
Il fallait, sans cela, renoncer à la vue,
Rétrécir les jardins, et masquer l'avenue.
  Des bâtiments royaux l'ordinaire intendant

ANDRIEUX.

Fit venir le meunier; et, d'un ton important :
« Il nous faut ton moulin; que veux-tu qu'on t'en donne?
« —Rien du tout ; car j'entends ne le vendre à personne.
« *Il vous faut*, est fort bon.... mon moulin est à moi...
« Tout aussi-bien, au moins, que la Prusse est au roi.
« —Allons, ton dernier mot, bon homme, et prends-y garde.
« —Faut-il vous parler clair?—Oui.—C'est que je le garde :
« Voilà mon dernier mot. » Ce refus effronté
Avec un grand scandale au prince est raconté.
Il mande auprès de lui le meunier indocile ;
Presse, flatte, promet : ce fut peine inutile,
Sans-Souci s'obstinait : « Entendez la raison,
« Sire; je ne peux pas vous vendre ma maison :
« Mon vieux père y mourut, mon fils y vient de naître ;
« C'est mon Postdam, à moi. Je suis tranchant peut-être :
« Ne l'êtes-vous jamais? Tenez, mille ducats,
« Au bout de vos discours, ne me tenteraient pas.
« Il faut vous en passer, je l'ai dit, j'y persiste. »
   Les rois malaisément souffrent qu'on leur résiste.
Frédéric, un moment par l'humeur emporté :
« Parbleu! de ton moulin c'est bien être entêté ;
« Je suis bon de vouloir t'engager à le vendre :
« Sais-tu que sans payer je pourrais bien le prendre ?
« Je suis le maître. —Vous!.... de prendre mon moulin !
« Oui, si nous n'avions pas des juges à Berlin. »
   Le monarque, à ce mot, revient de son caprice.
Charmé que sous son règne on crût à la justice,
Il rit, et se tournant vers quelques courtisans :
« Ma foi, messieurs, je crois qu'il faut changer nos plans.
« Voisin, garde ton bien; j'aime fort ta réplique. »
   Qu'aurait-on fait de mieux dans une république?
Le plus sûr est pourtant de ne pas s'y fier :
Ce même Frédéric, juste envers un meunier,
Se permit maintefois telle autre fantaisie :

Témoin ce certain jour qu'il prit la Silésie;
Qu'à peine sur le trône, avide de lauriers,
Épris du vain renom qui séduit les guerriers,
Il mit l'Europe en feu. Ce sont là jeux de prince :
On respecte un moulin, on vole un province.

II. Procès du Sénat de Capoue, ou les Jugements de la Multitude.

Dans Capoue autrefois, chez ce peuple si doux,
S'élevaient des partis l'un de l'autre jaloux :
L'ambition, l'orgueil, l'envie à l'œil oblique,
Tourmentaient, déchiraient, perdaient la république.
D'impertinents bavards, soi-disant orateurs,
Des meilleurs citoyens ardents persécuteurs,
Excitent à dessein les haines les plus fortes;
Et, pour comble de maux, Annibal est aux portes.
Que faire et que résoudre en ce pressant danger?
Tu vas tomber, Capoue, aux mains de l'étranger!
Le sénat effrayé délibère en tumulte;
Le peuple soulevé lui prodigue l'insulte;
On s'arme, on est déjà près d'en venir aux mains.
Les meneurs triomphaient : pour rompre leurs desseins,
Certain Pacuvius, vieux routier, forte tête,
Trouva dans son esprit cette ressource honnête :
    Avec vous, sénateurs, je fus long-temps brouillé;
« De mon bien, sans raison, vous m'avez dépouillé;
« Leur dit-il; mais je vois, dans la crise où nous sommes,
« Les périls de l'état, non les fautes des hommes.
« On égare le peuple, il le faut ramener.
« Il est une leçon que je veux lui donner :
« J'ai du cœur des humains un peu d'expérience;
« Laissez-moi faire enfin; soyez sans défiance :
« La patrie aujourd'hui me devra son salut. »
La peur en fit passer par tout ce qu'il voulut.

Il prend cet ascendant et ce pouvoir suprême.....
Quand chacun, consterné, tremble et craint pour soi-même,
S'il se présente un homme au langage assuré,
On l'écoute, on lui cède, il ordonne à son gré ;
Ainsi Pacuvius, du droit d'une âme forte,
Sort du sénat, le ferme, en fait garder la porte,
S'avance sur la place, et son autorité
Calme un instant les flots de ce peuple irrité :
« Citoyens, leur dit-il, la divine justice
« A vos vœux redoublés se montre enfin propice ;
« Elle livre en vos mains tous ces hommes pervers,
« Ces sénateurs, noircis de cent forfaits divers,
« Dont chacun d'entre vous a reçu quelque offense :
« Je les tiens renfermés, seuls, tremblants, sans défense,
« Vous pouvez les punir, vous pouvez vous venger,
« Sans livrer de combat, sans courir de danger.
« Contre eux tout est permis, tout devient légitime :
« Pardonner est honteux, et proscrire est sublime.
« Je suis l'ami du peuple, ainsi vous m'en croirez ;
« Et surtout gardez-vous des avis modérés. »
　　L'assemblée applaudit à ce début si sage,
Et par un bruit flatteur lui donne son suffrage.
Le harangueur reprend : « Punissez leurs forfaits ;
« Mais ne trahissez pas vos propres intérêts :
« A qui veut se venger trop souvent il en coûte.
« Votre juste courroux, je n'en fais aucun doute,
« Proscrit les sénateurs, et non pas le sénat.
« Ce conseil nécessaire est l'âme de l'état,
« Le gardien de vos lois, l'appui d'un peuple libre :
« Aux rives du Vulturne, ainsi qu'aux bords du Tibre,
« On hait la servitude, on abhorre les rois. »
Tout le peuple applaudit une seconde fois.
« Voici donc, citoyens, le parti qu'il faut suivre :
« Parmi ces sénateurs que le destin vous livre,

« Que chacun à son tour, sur la place cité,
« Vienne entendre l'arrêt qu'il aura mérité.
« Mais, avant qu'à nos lois sa peine satisfasse,
« Il faudra qu'au sénat un autre le remplace;
« Que vous preniez le soin d'élire parmi vous
« Un nouveau sénateur, de ses devoirs jaloux,
« Exempt d'ambition, de faste, d'avarice;
« Ayant mille vertus, sans avoir aucun vice;
« Et que tout le sénat soit ainsi composé:
« Vous voyez, citoyens, que rien n'est plus aisé. »
 La motion aux voix est d'abord adoptée,
Et sans autre examen soudain exécutée.
Les noms des sénateurs qu'on doit tirer au sort
Sont jetés dans une urne; et le premier qui sort
Est au regard du peuple amené sur la place.
A son nom, à sa vue, on crie, on le menace;
Aucun tourment pour lui ne semble trop cruel,
Et peut-être de tous c'est le plus criminel.
« Bien, dit Pacuvius: le cri public m'atteste
« Que tout le monde ici l'accuse et le déteste;
« Il faut donc de son rang l'exclure, et décider
« Quel homme vertueux devra lui succéder.
« Pesez les candidats, tenez bien la balance:
« Allons, qui nommez-vous? » — Il se fit un silence.
On avait beau chercher, chacun, excepté soi,
Ne connaissait personne à mettre en cet emploi.
Cependant, à la fin, quelqu'un de l'assistance
Voyant qu'on ne dit mot, prend un peu d'assurance,
Hasarde un nom, encor le risqua-t-il si bas,
Qu'à moins d'être tout près, on ne l'entendit pas.
Ses voisins, plus hardis, tout haut le répétèrent;
Mille cris à la fois contre lui s'élevèrent:
Pouvait-on présenter un pareil sénateur!
Celui qu'on rejetait était cent fois meilleur.

Le second proposé fut accueilli de même,
Et ce fut encor pis quand on vint au troisième.
Quelques autres encor ne semblèrent nommés
Que pour être hués, conspués, diffamés.....
   Le peuple ouvre les yeux, se ravise ; et la foule
Sans avoir fait de choix, tout doucement s'écoule.
De beaucoup d'intrigants ce jour devint l'écueil.
   Le bon Pacuvius qui suivait tout de l'œil :
« Pardonnez-moi, dit-il, l'innocent artifice
« Qui vous fait rendre à tous une exacte justice.
« Et vous, jaloux esprits, dont les cris détracteurs
« D'un blâme intéressé chargeaient nos sénateurs,
« Pourquoi vomir contre eux les plaintes, les menaces?
« Eh! que ne disiez-vous que vous vouliez leurs places?
« Ajournons, citoyens, ce dangereux procès ;
« D'Annibal qui s'avance arrêtons les progrès ;
« Éteignons nos débats ; que le passé s'oublie,
« Et réunissons-nous pour sauver l'Italie. »
   On crut Pacuvius, mais non pas pour long-temps.
Les esprits à Capoue étaient fort inconstants.
Bientôt se ranima la discorde civile ;
Et bientôt l'étranger, s'emparant de la ville,
Mit sous un même joug et peuple et sénateurs :
Français, ce trait s'appelle un avis au lecteurs.

III. La Parabole du Samaritain[*].

À L'AUTEUR ANONYME D'UN PAMPHLET DIRIGÉ CONTRE MOI.

Toi, qui par un libelle a cru me diffamer,
Délateur courageux qui n'oses te nommer,

---

[*] Ecce quidam legis peritus surrexit tentans illum, et dicens : « Magister
« quid faciendo vitam æternam possidebo? » At ille dixit ad eum : « In lege
« quid scriptum est? quomodo legis? » Ille respondens dixit : « Diliges Do-
« minum Deum tuum ex toto corde tuo, et ex totâ animâ tuâ, et ex omnibus
« viribus tuis, et ex omni mente tuâ, et proximum tuum sicut te ipsum. »
Dixitque illi : « Recte respondisti hoc fac et vives. » Ille autem volens

Tu nuis dévotement; et ta haine, mon frère,
Emprunte un beau dehors de piété sincère;
De zèle et de ferveur colorant ton venin,
Tu vas calomniant, dénonçant ton prochain:
Ce sont de gros péchés; que Dieu te les pardonne!
Il est une leçon qu'il faut que je te donne;
Ou plutôt, que Jésus, que mon maître et le tien,
T'enseigne dans mes vers comment on est chrétien.
Un docteur de la loi, cherchant à le surprendre,
Lui dit : « Maître, parlez; ne pourriez-vous m'apprendre
« Quel chemin le plus court doit nous conduire au ciel,
« Et comment on est pur aux yeux de l'Éternel? »
Jésus lui répondit : « Vous avez le saint livre;
« Qu'y lisez-vous? comment vous prescrit-il de vivre?
« — On y lit : Vous devez, en tout temps, en tout lieu,
« Aimer par-dessus tout le seigneur votre Dieu;
« D'esprit, de cœur et d'âme il commande qu'on l'aime;
« Aimez votre prochain à l'égal de vous-même :
« Ainsi le veut la loi; son texte m'est connu. »
Jésus dit : « Vous avez sagement répondu.
« Allez, accomplissez cette loi salutaire. »

---

justificare se ipsum, dixit ad Jesum : « Et quis est meus proximus ? » Suspiciens autem Jesus, dixit : « Homo quidam descendebat ab Jerusalem in Jericho, et incidit in latrones, qui etiam despoliaverunt eum, et plagis impositis abierunt semivivo relicto. Accidit autem ut sacerdos quidam descenderet eâdem viâ ; et viso illo præterivit. Similiter et levita, cùm esset secùs locum, et videret eum, pertransiit. Samaritanus autem quidam iter faciens, venit secùs eum: et videns eum, misericordiâ motus est; et appropians alligavit vulnera ejus, infundens oleum et vinum : et imponens illum in jumentum suum, duxit in stabulum, et curam ejus egit ; et alterâ die protulit duos denarios, et dedit stabulario, et ait : curam illius habe : et quodcumque superogaveris, ego cùm rediero reddam tibi. Quis horum trium videtur tibi proximus fuisse illi, qui incidit in latrones ? » At ille dixit : « Qui fecit misericordiam in illum. » Et ait illi Jesus : « Vade, et tu fac similiter. »

(*Luc. X.*)

Un docteur a toujours de la peine à se taire.
Le nôtre donc insiste : « Et quel est mon prochain ? »
Jésus lui répondit par ce récit divin :
« Un homme descendait de la montagne sainte;
« Des murs de Jéricho ses pas gagnaient l'enceinte,
« Lorsque par des voleurs il se vit dépouillé.
« Ces brigands, dont le bras d'horreurs était souillé,
« L'ayant meurtri, navré des coups qu'ils lui donnèrent,
« Sur le bord du chemin mourant l'abandonnèrent.
« Un prêtre vers ce lieu tourna d'abord ses pas :
« Il vit ce malheureux..... et ne s'arrêta pas.
« Un lévite à son tour vient sur la même place;
« Il voit ce malheureux, l'entend gémir... et passe....
« Vint un Samaritain : que croyez-vous qu'il fit?
« Il entend des sanglots; la pitié le saisit,
« Il s'arrête, il s'émeut; et, mettant pied à terre,
« Court à ce malheureux, entre ses bras le serre,
« Le soulève, lui fait reprendre ses esprits,
« Se dépouille, et partage avec lui ses habits;
« De flots d'huile et de vin baigne ses meurtrissures;
« D'une main secourable il panse ses blessures,
« Et, dans ses soins pieux ne pouvant se lasser,
« Sur sa monture enfin parvient à le placer.
« Il le conduit lui-même en une hôtellerie,
« Veille auprès de son lit, charme son insomnie.
« Le lendemain matin, obligé de partir :
« Aux maux qu'il souffre encor vous saurez compatir,
« Dit-il à l'hôtelier; soutenez sa faiblesse,
« Usez de cet argent que pour lui je vous laisse.
« S'il ne suffisait pas, ajoutez ce qu'il faut;
« N'épargnez rien enfin; je reviendrai bientôt,
« Et je vous rendrai tout. Il eut sa récompense :
« Le malade guérit. Or, que faut-il qu'on pense
« Des trois qui tour à tour sur la route ont passé?

« Lequel fut le prochain du malheureux blessé?
« — Sur la réponse est-il quelqu'un qui ne s'accorde?
« Celui qui sur cet homme a fait miséricorde.
« — Il est vrai, dit Jésus; allez, et montrez-vous,
« Comme lui, bon, humain, charitable envers tous. »
O le bel apologue! ô la douce parole!
Docteurs haineux et durs, allez à cette école.
Faut-il vous expliquer l'ingénieux dessein
Qui pour modèle aux juifs montre un Samaritain?
Savez-vous qu'autrefois l'enfant de Samarie
Fut aux yeux des Hébreux un païen, un impie,
Qu'ils avaient en horreur cet ennemi du ciel,
Et du mont Garizim le sacrilège autel?
C'est ce païen pourtant, dont la noble conduite
Condamne ici le prêtre, et fait honte au lévite!
Que ce précepte saint, désormais mieux compris,
Pénètre en tous les cœurs, règne en tous les esprits:
Et toi, mon bon prochain, qui m'as calomnié,
Mon cœur ne nourrit point pour toi d'inimitié.
Viens m'offrir, s'il se peut, l'occasion propice
D'exercer ma vengeance.... en te rendant service;
Viens, dis-je: souviens-toi que le Samaritain,
Malgré ta haine injuste, est encor ton prochain.

ANGE POLITIEN. (*Voyez* POLITIEN.)

ANQUETIL (Louis-Pierre), historien, né à Paris en 1723, entra fort jeune dans la congrégation de Sainte-Geneviève; et, de son propre aveu, fut porté à cette démarche, moins par vocation, que par le désir de mettre à profit la riche bibliothèque de cette abbaye. Dès l'âge de vingt ans, Anquetil fut jugé digne de professer les belles-lettres et la philosophie au collège de Saint-Jean de Beauvais; appelé ensuite à diriger le séminaire de Reims, il y composa l'histoire de cette ville, conjointement avec Félix de la Salle. Une discussion s'étant élevée entre les deux collaborateurs, sur la question de savoir lequel mettrait son nom en tête du livre, il fut convenu que l'on tirerait au sort : Anquetil l'emporta; et c'est ainsi que l'*Histoire de Reims* a paru sous son nom. En 1759, Anquetil obtint le prieuré de la Rue, en Anjou; peu de tems après il fut nommé directeur du collège de Senlis, où il rétablit les études, qui y étaient fort relâchées; en 1766, il fut fait prieur de Château-Renard, près de Montargis; mais, à l'époque de la révolution, il échangea ce prieuré contre la cure de la Villette, aux portes de Paris. Cependant il avait conservé une grande affection pour ses paroissiens de Château-Renard, et il ne manquait guère à les visiter tous les ans. L'aménité de son caractère, ses habitudes paisibles semblaient devoir le mettre à l'abri des persécutions de 1793 ; il en fut une des victimes : enfermé à Saint-Lazare, il adoucit les ennuis de sa captivité en préparant son *Histoire universelle*. Sa liberté recouvrée, il fut employé au ministère des relations extérieures ; cette place le mit à portée de composer ses *Motifs des traités de paix*.

 Anquetil était singulièrement laborieux. Une santé robuste, acquise par la tempérance, lui permettait encore, à quatre-vingts ans passés, de consacrer dix heures par jour au travail. La veille de sa mort, le 5 septembre 1808, il disait à ses amis : « Venez voir « un homme qui meurt plein de vie ! » L'Institut avait admis Anquetil dans son sein, et il était en outre membre de la Légion-d'Honneur.

Ouvrages d'Anquetil : — *Almanach de Reims*, in-24, 1754; *Histoire civile et politique de la ville de Reims*, 3 volumes in-12, 1756 — 57; cette histoire devait avoir un quatrième volume qui n'a point paru; l'*Esprit de la Ligue*, 3 volumes in-12, 1767; id. 1771; id. 1783; id. 1797; *Intrigue du cabinet, sous Henri IV et sous Louis XIII, terminée par la Fronde*, 4 volumes in-12, 1780; *Vie du Maréchal de Villars*, 4 volumes in-12, 1787; réimprimé en 1792; *Louis XIV, sa Cour et le Régent*, 4 volumes in-12, 1789 : seconde édition, 5 volumes in-12, 1794; *Précis de l'Histoire universelle*, 9 volumes in-12, 1797; id. 12 volumes in-12, 1801; id. 12 volumes in-12, 1807, cette troisième édition a été revue et corrigée par Jondot; *Motifs des guerres et des traités de paix de la France, depuis 1648*, in-8°, 1798 (ouvrage de commande); *Histoire de France, depuis les Gaules, jusqu'à la fin de la monarchie*, 14 volumes in-12, 1805 et suiv. De tous ces ouvrages, le plus recommandable est, sans contredit, l'*Esprit de la Ligue*; ce morceau d'histoire est devenu classique : l'*Intrigue du Cabinet* et *Louis XIV et le Régent*, qui en sont la continuation, n'ont pas obtenu le même succès. On en peut dire autant des autres, où l'on ne retrouve plus ce caractère d'exactitude et d'impartialité, qui est l'attribut distinctif du véritable historien.

Anquetil eut un frère, Anquetil-Duperron (Abraham-Hyacinthe), qui s'adonna à des travaux non moins sérieux. Ce dernier, antiquaire d'une érudition immense, membre de l'Académie des inscriptions et belles-lettres, interprète des langues orientales, avait beaucoup voyagé. Il a laissé de savants écrits, résultat précieux de ses longues investigations dans les pays orientaux. A beaucoup de nobles qualités, Anquetil-Duperron joignait un désintéressement bien remarquable. Il se refusa de livrer sa traduction du *Zend-Avesta* aux Anglais, qui lui en offraient 30,000 francs. L'état de sa fortune le réduisant au plus strict nécessaire, il s'était assujetti à un genre de vie d'une extrême austérité. Né à Paris le 7 décembre 1731, il y est mort le 17 janvier 1805.

JUGEMENTS.

I.

M. Anquetil, génovéfain, frère de l'académicien des inscriptions, qui a rapporté de l'Inde un ouvrage très instructif sur la religion et sur la langue des brames, vient de publier un ouvrage en quatre volumes, qui a pour titre, l'*Intrigue du Cabinet, sous les règnes de Henri IV et de Louis XIII*. L'ouvrage se termine par un précis des troubles de la Fronde, sous la minorité de Louis XIV. Il est écrit médiocrement, et quelquefois même peu correct. L'auteur n'est pas tout-à-fait exempt de partialité : peut être on peut lui reprocher de louer trop fortement Richelieu, et de blâmer trop faiblement les cruautés odieuses qu'on a toujours reprochées à l'administration et au caractère d'un homme qui, d'ailleurs, avait un grand génie, et a rendu de grands services, mais qu'un Tacite aurait peint de ces couleurs énergiques qui flétrissent l'abus de l'autorité et les vengeances illégitimes, et inspirent de l'horreur pour la tyrannie. M. Anquetil est également éloigné et de cette force de style et de ce sentiment profond de la justice et de la vérité; mais il écrit en homme instruit. Sa narration est claire et rapide; ses vues sont en générale saines et judicieuses, et, au total, son travail est très estimable, et utile à ceux qui ne veulent pas se donner la peine d'étudier les Mémoires originaux, et c'est le plus grand nombre.

Le même auteur avait donné, il y a quelques années, un autre morceau d'histoire beaucoup mieux fait, et qui passe pour un de nos bons livres en ce genre, l'*Esprit de la Ligue*, qui eut beaucoup de succès. Le style en est plus égal, sans être plus fort ni plus élevé; les recherches sont plus curieuses, et les résultats beaucoup mieux saisis.

La Harpe, *Correspondance littéraire*.

II.

Anquetil, en débutant dans la carrière historique, avait attiré l'attention des lecteurs par deux ouvrages intéressants, et même assez bien écrits, l'*Esprit de la Ligue*, et l'*Intrigue du Cabinet*; nous n'en pourrons dire autant des productions de sa vieillesse.

M. J. Chénier, *Tableau de la Littérature française*.

ANSEAUME.

ANSEAUME, né à Paris, mourut dans la même ville, en juillet 1784; il fut un des créateurs de l'opéra comique. Il composa seul, ou en société avec d'autres auteurs, un très grand nombre de pièces qui sont aujourd'hui à peu près oubliées. Il fut long-temps souffleur du théâtre Italien, auquel il se rendit très utile en faisant les compliments de clôture pendant plusieurs années. Anseaume avait commencé par être sous-directeur, et ensuite souffleur de l'Opéra-Comique de la Foire; il travailla pour ce théâtre, et y fit représenter, en 1757, *le Peintre amoureux*, qui eut un grand nombre de représentations. Les pièces d'Anseaume ont été recueillies en trois volumes in-8°; elles ne forment cependant pas tout son théâtre; car ce recueil est daté de 1766, et plusieurs pièces de cet auteur ont paru depuis. On voit encore avec plaisir *le Tableau parlant*, excellente farce qui fut représentée en 1769; mais il faut avouer que la musique de Grétry a beaucoup contribué au succès de la pièce.

JUGEMENT.

C'est un chef-d'œuvre, au moins de musique, que *le Tableau parlant*, farce divertissante, la meilleure de ce genre, celui du bas-comique, qui ne laisse pas de plaire aussi sur la scène, quand il a quelque naturel et point de grossièreté. Ce fut le mérite d'Anseaume, homme modeste et laborieux, qui rendit beaucoup de services au théâtre Italien, dont il était souffleur. Il avait contribué à la renaissance de l'Opéra-Comique de la Foire par le succès de son *Peintre amoureux*, joli petit acte qui est resté. Ces deux pièces d'Anseaume valent mieux que toutes celles de Poinsinet, qu'a fait vivre la musique de Philidor.

La Harpe, *Cours de Littérature*.

ANTITHÈSE. Le Père Bouhours la compare au mélange des ombres et des jours dans la peinture, et à celui des voix hautes et basses dans la musique. Nulle justesse dans cette comparaison.

Il y a dans le style des oppositions de couleurs, de lumière et d'ombres, et des diversités de tons, sans aucune antithèse; et souvent il y a antithèse, sans ce mélange de couleurs et de tons.

L'antithèse exprime un rapport d'opposition entre des objets différents; ou, dans un même objet, entre ses qualités ou ses façons d'être ou d'agir : ainsi, tantôt elle réunit les contraires sous un rapport commun; tantôt elle présente la même chose sous deux rapports contraires. Cette sentence d'Aristote : « Pour se passer de société, il faut être un dieu ou « une bête brute; » ce mot de Phocion à Antipater . « Tu ne saurais avoir Phocion pour ami et pour « flatteur en même temps ; » et celui-ci : « Pendant la « paix les enfants ensevelissent leurs pères; et pen- « dant la guerre les pères ensevelissent leurs en- « fants, » sont des modèles de l'antithèse.

L'on a dit que « peut-être les sujets extrêmement « sérieux ne la comportent pas. » On a voulu parler, sans doute, de l'antithèse trop soutenue, trop étudiée, trop artistement arrangée; mais l'antithèse passagère et sans affectation est un tour d'esprit et d'expression aussi naturel, aussi noble, aussi sérieux qu'un autre, et convient à tous les sujets.

Quoi de plus noble et de plus naturel que cet éloge de Roscius dans la bouche de Cicéron ? « Il « est si excellent acteur, que vous diriez qu'il est « le seul qui ait dû monter sur le théâtre ; il est si « honnête homme, que vous diriez qu'il n'y aurait « jamais dû monter. » (*Lettre à Quintus*, XXV.)

La plupart des grandes pensées prennent le tour de l'antithèse, soit pour marquer plus vivement les rapports de différence et d'opposition, soit pour rapprocher les extrêmes.

Caton disait : « J'aime mieux ceux qui rougissent « que ceux qui pâlissent : » cette sentence profonde serait certainement placée dans le discours le plus éloquent. « Écoutez, vous autres jeunes gens, disait « Auguste, un vieillard que les vieillards ont bien « voulu écouter quand il était jeune : » cette antithèse manquerait-t-elle de gravité dans la bouche même de Nestor ? Et cette pensée si juste et si morale : « La jeunesse vit d'espérance, la vieillesse vit « de souvenir ; » et ce mot d'Agésilas, tant de fois répété : « Ce ne sont pas les places qui honorent les « hommes, mais les hommes qui honorent les pla- « ces ; » et celui de Dion à Denys, qui parlait mal de Gélon : « Respectez la mémoire de ce grand « prince : nous nous sommes fiés à vous à cause « de lui ; mais à cause de vous, nous ne nous fie- « rons à personne ; » et ce mot d'Agis, en parlant de ses envieux : « Ils auront à souffrir des maux « qui leur arrivent, et des biens qui m'arriveront ; »

et celui d'Henri IV à un ambassadeur d'Espagne :
« Monsieur l'ambassadeur, voilà Biron : je le pré-
« sente volontiers à mes amis et à mes ennemis; »
et celui de Voiture : « C'est le destin de la France
« de gagner des batailles et de perdre des armées, »
seraient-ils indignes de la majesté de la tribune
ou du théâtre?

Le moins maniéré, le plus simple des écrivains
de l'antiquité, Plutarque, dans ses parallèles, emploie fréquemment l'antithèse. « Thémistocle, dit-il,
« fut banni après avoir sauvé sa patrie; Camille
« sauva sa patrie après avoir été banni. Camille est
« le plus grand des Romains avant son exil; et
« après son exil, il est supérieur à lui-même. » Y
a-t-il rien de moins recherché et de plus naturel
que cette opposition?

L'abbé Mallet renvoie l'antithèse aux harangues,
aux oraisons funèbres, aux discours académiques;
comme si l'antithèse n'était jamais qu'un ornement
frivole, et comme si, dans une oraison funèbre,
dans une harangue, dans un discours académique,
le faux bel-esprit n'était pas aussi déplacé que partout ailleurs. L'affectation n'est bonne que dans la
bouche d'un pédant, d'une précieuse, ou d'un fat.

L'antithèse est souvent un trait de délicatesse ou
de finesse épigrammatique. Cette réponse d'un
homme à sa maîtresse, qui faisait semblant d'être
jalouse d'une honnête femme : « Aimable vice, res-
« pectez la vertu; » et celle de Phocion à Démade,
qui lui disait : « Les Athéniens te tueront s'ils entrent
« en fureur. — Et toi, s'ils rentrent dans leur bon

ANTITHÈSE. 439

« sens ; » et ce mot d'Hamilton : « Dans ce temps-
« là, de grands hommes commandaient de petites
« armées, et ces armées faisaient de grandes choses, »
sont des exemples de ce genre.

Mais souvent aussi l'antithèse prend le ton le
plus haut; et l'éloquence, la poésie héroïque, la
tragédie elle-même, peuvent l'admettre sans s'avilir.

Ce vers de Racine, imité de Sapho,

Je sentis tout mon corps et transir et brûler;
(*Phèdre*, act. *I*, sc. 3.)

ce vers de Corneille,

Et monté sur le faîte, il aspire à descendre;
(*Cinna*, act. *II*, sc. 1.)

ce vers de *la Henriade*,

Triste amante des morts, elle hait les vivants;
(*Ch. VII.*)

ce vers de Crébillon,

La crainte fit les dieux, l'audace a fait les rois;

ces paroles de Junon dans l'*Énéide*,

Flectere si nequeo superos, Acheronta movebo *;
(VII, 311.)

et ce présage du destin de Rome,

Imperium terris, animos æquabit Olympo **;
(VI, 782.)

et cette réponse de Médée,

Servare potui, perdere an possim rogas *** ?
(Ovid. *ap. Quintil*, VIII, 5.)

---

* « Si je ne puis fléchir les dieux du ciel, je soulèverai ceux des enfers. »
** « Son empire embrassera la terre, son génie atteindra les cieux. »
*** « J'ai pu le sauver, et tu demandes si je puis le perdre! »

et ces mots de Sénèque, en parlant de l'Être-Suprême et de ses immuables lois : « Semper paret, « semel jussit (*De Provid.* V*), » ne sont-ils pas du style le plus grave? Ces mots d'Alexandre : « Malo « me fortunæ pœniteat quàm victoriæ pudeat (Q. Curt. IV, 49**); » et ce trait du caractère de César : « Meruitque timeri nil metuens *** (Luc. *Phars.*, V, 317****); » et cette conclusion de l'apologie de Socrate, en parlant à ses juges : « Il est temps de « nous en aller, moi pour mourir, et vous pour « vivre, » n'est-ce que du faux bel-esprit?

Il en est de l'antithèse comme de toutes les figures de rhétorique : lorsque la circonstance les amène et que le sentiment les place, elles donnent au style plus de grace et plus de beauté. Il faut prendre garde seulement que l'esprit ne se fasse pas une habitude de certains tours de pensées et d'expressions, qui, trop fréquents, cesseraient d'être naturels. C'est ainsi que l'antithèse, trop familière à Pline-le-jeune et à Fléchier, paraît, dans leur éloquence, une figure étudiée, quoique peut-être elle leur soit venue sans étude et sans réflexion.

MARMONTEL, *Éléments de Littérature.*

ANTOINE (MARCUS ANTONIUS) l'orateur, père d'Antoine le critique, et grand-père du triumvir,

---

* « Il a commandé une fois, il ne fait plus qu'obéir. »

** « J'aime mieux avoir à me plaindre de ma fortune, que d'avoir à rougir de ma victoire. »

*** « Inaccessible à la crainte, il mérita de l'inspirer. »

**** Le texte de Lucain porte *non metuens.* H. P

occupa à Rome les premiers emplois de la république, et se fit remarquer par sa fermeté. Pendant sa questure en Asie, il fut accusé par ses ennemis d'un crime infamant, et cité au tribunal du préteur Cassius, appelé l'écueil des accusés. Une loi dispensait les officiers absents de répondre aux accusations intentées contre eux. Loin de jouir de ce privilège, Marc-Antoine se rendit à Rome et se justifia. L'intégrité de son administration le fit successivement nommer préteur en Sicile et proconsul en Cilicie. Ses victoires lui méritèrent les honneurs du triomphe, et lui frayèrent le chemin à la suprême magistrature. Consul l'an 653 de Rome, 99 ans avant J.C., il s'opposa aux entreprises séditieuses de Sextus-Titus, tribun factieux, toujours prêt à fomenter les querelles du sénat et du peuple; enfin, il exerça une censure pendant laquelle il déposa un sénateur, qui chercha vainement à s'en venger en l'accusant de brigue; Marc-Antoine fut absous. Cette vie glorieuse fut terminée par une mort funeste; il fut proscrit et tué pendant les désordres civils excités par Sylla et Marius; et sur ces mêmes *rostres* d'où, pendant son consulat, il avait défendu la république avec tant de courage, fut placée cette tête à qui tant de citoyens étaient redevables de leur conservation. Telles sont les expressions de Cicéron, qui faisait alors, sans le savoir, sa propre histoire.

Antoine n'écrivit jamais ses plaidoyers, dans la crainte qu'on pût lui reprocher dans la suite quelques contradictions; aussi ne nous est-il rien resté de lui, et n'est-il connu que par l'éloge qu'en fait

Cicéron, éloge fondé en partie sur une tradition facilement conservée parmi tant de juges et d'auditeurs. Il faisait profession de n'avoir jamais étudié la jurisprudence, et affectait une certaine négligence de style, pour ôter tout soupçon qu'il eût appris les préceptes grecs, persuadé qu'il ferait plus d'impression sur son auditoire, s'il passait dans tous les esprits pour venir plaider ses causes sans préparation. Ce fut là sa principale étude ; et, au moment où l'on croyait que la nature seule lui prêtait ses secours, il mettait en usage toutes les finesses et toutes les subtilités de l'art, pour séduire les plus attentifs et les plus éclairés. Une mémoire prodigieuse lui rappelait ce qu'il avait à dire; une déclamation brillante embellissait ses discours; il maniait avec une adresse extrême les armes de la dialectique, et excellait dans la réfutation. C'est surtout dans la cause de Caius Norbanus et dans celle de Manius Aquilius que son art et son talent se sont le plus développés. Le plan de ces deux discours a été retracé par Cicéron. (De Orat. II, 47, 48.) L'éloquence d'Antoine rendit l'Italie rivale de la Grèce; mais Crassus, Sulpicius et Cotta, ses rivaux et ses amis, partagèrent avec lui cet honneur.

APOLLONIUS, de Rhodes, naquit à Alexandrie, sous le règne de Ptoléméc Évergètes, vers la 146°. olympiade (194 ans avant J. C.); il fut ainsi surnommé parce qu'il se retira à Rhodes, où il acquit, par ses ouvrages et en professant la rhétorique, une si grande célébrité que les Rhodiens lui donnèrent le titre de citoyen. Les raisons qui l'avaient forcé à fuir sa patrie cessèrent sans doute d'exister; car il finit par remplacer Érathostènes dans la direction de la bibliothèque d'Alexandrie. Callimaque, dans un poème intitulé *Ibis*, se vengea d'Apollonius, dont il avait été le maître, et avec lequel il s'était brouillé depuis. Il paraîtrait que le caractère ombrageux du maître avait été excité par l'ingratitude du disciple. Apollonius avait composé un grand nombre d'ouvrages; on peut voir les titres de ceux qui ne nous sont point parvenus dans la *Bibliothèque grecque* de Fabricius. Le seul que nous ayons est le poème intitulé *Argonautique*, qui contient le récit de l'expédition des Argonautes, sujet déjà traité par d'autres poètes, auxquels Apollonius eut de nombreuses obligations, au rapport d'Asclépiade, son élève. Malgré les jugements peu favorables de Longin et de Quintilien, les anciens devaient cependant avoir une assez grande estime pour ce poète, puisque Varron l'avait traduit en vers latins. Apollonius montre en général peu d'élévation; l'érudition chez lui refroidit la poésie. Toutefois il est juste de remarquer que les amours de Médée, le plus beau morceau de son poème, ont servi de modèle à Virgile, qui lui a emprunté plus d'un trait dont il a embelli sa Didon. Parmi les éditions remarquables de ce poète, on distingue celle de Genève, 1574, in-4°, à laquelle l'éditeur, Henri Étienne, a joint les *Scolies*, et qu'il a fait précéder d'une préface où il éclaire le texte et le commente. La meilleure est celle de Brunck,

Leipzig, 1810-13; le second volume contient des scolies grecques, publiées pour la première fois d'après un manuscrit de la Bibliothèque-Royale, avec les notes et une préface de Henri Schœfer. Nous avons une traduction française d'Apollonius, par M. Caussin, 1797, in-8°.

JUGEMENTS.

I.

Le poëme de l'*Expédition des Argonautes* ne mérite pas d'être oublié. Ce n'est pas que la conception en soit bonne et vraiment épique : il y a peu d'art dans le plan, qui est à la fois historique dans l'ordre des faits, et trop chargé d'épisodes sans effet et sans choix ; mais l'exécution n'est pas sans mérite en quelques parties*. L'amour de Médée pour Jason est peint avec une vérité qui laisse souvent désirer plus de force, mais qui ne paraît pas avoir été inutile à Virgile. On voit que le chantre de Didon n'a pas dédaigné d'emprunter quelques idées d'Apollonius ; mais il faut avouer aussi qu'il leur prête une force d'expression passionnée dont le poète grec est bien loin : les emprunts sont peu de chose, et la supériorité est immense.

Apollonius vivait sous Ptolémée Philadelphe**. Valérius Flaccus, poète romain du temps de Vespasien, traita le même sujet de la *Conquête de la Toison d'or*, en huit livres, qui ne sont pas les chants d'un poëme ; car il n'y a de poésie d'aucune espèce :

---

* « C'est un ouvrage estimable, dit Quintilien, mais généralement médiocre. » Longin trouve qu'il manque constamment d'élévation. F.

** Lisez *sous Ptolémée Évergètes*. F.

il est aussi loin d'Apollonius que celui-ci de Virgile*.

La Harpe, *Cours de Littérature.*

II.

Le plan d'Apollonius est circonscrit et timide; on voit qu'il se défie de ses propres forces, et qu'il est incapable de faire mouvoir les ressorts d'une grande machine. Il se traîne trop servilement sur les traditions connues avant lui, et ne choisit pas toujours ce qu'elles offrent de plus original et de plus intéressant.

Tout est presque merveilleux dans son poème; mais ce n'est pas ce merveilleux qui plaît à l'âme et à la pensée, en même temps qu'il amuse l'imagination. Il n'y a point semé, comme le grand peintre Homère, quelques-unes de ces fictions qui sont des emblèmes vivants de la nature ou des passions humaines, et qui ont un intérêt durable et universel...

Apollonius a trop rarement connu cet accord du vraisemblable et du merveilleux qu'on admire dans les compositions des grands poètes; il raconte souvent de vieilles fables qui ne sont que des chimères, et n'invente pas assez de ces fictions heureuses qui sont des vérités. Mais si la première conception de son ouvrage manque de force et d'élévation, il renferme au moins des beautés de détail d'un ordre très distingué.

de Fontanes, *Mercure de France* (1802).

---

* Burmann Harles et plusieurs autres critiques célèbres pensent au contraire que Valerius Flaccus a surpassé de beaucoup son modèle par la richesse et la variété du plan, et qu'il l'emporte même quelquefois sur lui par la beauté des détails ; ils le prouvent en rapprochant des morceaux de l'un et de l'autre poète. (*Voyez* Valerius Flaccus.) F.

APOLOGUE. I. Définition de l'apologue. L'apologue, qu'on appelle autrement fable, est le récit d'une action allégorique, attribuée ordinairement aux animaux *.

L'apologue est un récit. Il y a deux manières de faire connaître une chose. On peut la montrer elle-même, et alors c'est un spectacle ; ou dire seulement ce qu'elle est, sans la montrer, et c'est ce qu'on nomme récit. L'apologue est donc un récit, parce qu'il ne fait point voir le loup emportant l'agneau, mais qu'on y dit seulement qu'il l'a emporté.

Un récit a trois qualités essentielles : il doit être court, clair, vraisemblable.

Il sera court, si on ne reprend pas les choses de trop loin : « Je me suis habillé ce matin ; je suis « sorti du logis ; je me suis rendu chez mon ami. » C'est commencer le récit de la guerre de Troie par les deux œufs de Léda; il suffisait de dire : « Je me « suis rendu chez mon ami ce matin. »

Cependant il y a des occasions où les menus détails font un bon effet : par exemple, lorsque Térence peint ce qui est arrivé aux funérailles de la tante de Glicérion : « On l'emporte, nous marchons, « nous arrivons au lieu du tombeau ; on la met sur « le bûcher, on pleure. » Et La Fontaine, quand il peint les tentatives des rats, qui, après plusieurs alarmes, commencent à ressortir (III, 18) :

---

* La meilleure définition qu'on ait donnée de l'apologue est peut-être celle-ci : « L'apologue est un récit allégorique destiné à prouver une vérité « morale » (Voyez la *thèse* de M. Fribault *sur l'Apologue.*)

Mettent le nez à l'air, montrent un peu la tête;
>   Puis rentrent dans leurs nids à rats;
>   Puis, ressortant, font quatre pas;
>   Puis enfin se mettent en quête:
>   Mais voici bien une autre fête,
> Le pendu ressuscite. . . . .

Tous ces petits détails sont placés; parce qu'ils semblent amuser, et presque endormir le lecteur, en lui faisant observer les mouvements de *la gent trotte menu,* pour le réveiller ensuite tout-à-coup par la chute du pendu qui ressuscite.

La brièveté du récit demande encore qu'il finisse où il doit finir; qu'on n'y ajoute rien d'inutile; qu'on n'y mêle rien d'étranger; qu'on y sous-entende ce qui peut être entendu sans être dit; enfin qu'on ne dise chaque chose qu'une fois. Souvent on croit être court, tandis qu'on est fort long. Il ne suffit pas de dire peu de mots, il ne faut dire que ce qui est nécessaire.

Le récit sera clair, quand chaque chose y sera mise en sa place, en son temps, et que les termes et les tours seront propres, justes, naïfs, sans équivoque, sans désordre.

Il sera vraisemblable, quand il aura tous les traits qui se trouvent ordinairement dans la vérité; quand le temps, l'occasion, la facilité, le lieu, la disposition des acteurs, leurs caractères, sembleront conduire à l'action; quand tout sera peint selon la nature, et selon les idées de ceux à qui on raconte.

Ces trois qualités sont essentielles à tout récit, de quelque genre qu'il soit. Mais quand on a principalement en vue de plaire, il doit y en avoir encore une quatrième : c'est qu'il soit revêtu des ornements qui lui conviennent.

Ces ornements consistent, 1° Dans les images, les descriptions, les portraits des lieux, des personnes, des attitudes.

Les images se trouvent quelquefois dans un seul mot :

> Un mort s'en allait tristement........
> La dame au nez pointu.....
> (LA FONTAINE, *Fables*, VII, 11 et 16.)

Quand elles sont plus étendues on les nomme descriptions. On décrit les mœurs :

> Un vieux renard, mais des plus fins,
> Grand croqueur de poulets, grand preneur de lapins,
> Sentant son renard d'une lieue.
> (*Ibid.* V, 5.)

On décrit le corps :

> Un jour, sur ses longs pieds, allait je ne sais où,
> Le héron au long bec emmanché d'un long cou.
> (*Ibid.* II, 4.)

> Son front, nouveau tondu, symbole de candeur,
> Rougit en approchant d'une honnête pudeur.
> (BOILEAU, *le Lutin*, I.)

On décrit les lieux : *Le lapin à l'aurore allait faire*

> sa cour
> Parmi le thym et la rosée.
> (LA FONTAINE, *Fables*, VII, 16.)

2° Dans les pensées. On appelle ici pensées, celles qui ont quelque chose de remarquable, et qui les tire du rang ordinaire. Tantôt c'est la solidité :

> Dieu prodigue ses biens
> A ceux qui font vœu d'être siens.
>> (La Fontaine, *Fables*, VII, 3.)

Et ailleurs, en parlant d'un philosophe :

> Il connaît l'univers, et ne se connaît pas.
> Le sage est ménager du temps et des paroles.
>> (*Ibid.* VIII, 26.)

Tantôt la singularité :

> Un lièvre en son gîte songeait;
> Car que faire en un gîte, à moins que l'on ne songe?
>> (*Ibid.* II, 14.)

Tantôt la finesse :

> Au fond du temple eût été son image,
> Avec ses traits, son souris, ses appas,
> Son art de plaire et de n'y penser pas.
>> (*Ibid.* XII, 15.)

3° Dans les allusions ; lorsqu'on rapporte quelques traits qui figurent sérieusement, ou en grotesque, avec ce qu'on raconte. Ainsi, les canards, en parlant à la tortue, lui disent :

> Voyez-vous ce large chemin?
> Nous vous voiturerons, par l'air, en Amérique ;
> Vous verrez mainte république,
> Maint royaume, maint peuple ; et vous profiterez
> Des différentes mœurs que vous remarquerez :
> Ulysse en fit autant. On ne s'attendait guère
> A voir Ulysse en cette affaire.
>> (*Ibid.* X, 3.)

4° Dans les tours, qui doivent être vifs, piquants :

> Un bloc de marbre était si beau,
> Qu'un statuaire en fit l'emplette.
> Qu'en fera, dit-il, mon ciseau?

Sera-t-il dieu, table ou cuvette ?
Il sera dieu; même je veux
Qu'il ait en sa main un tonnerre :
Tremblez, humains, faites des vœux,
Voilà le maître de la terre !
(La Fontaine, *Fables*, IX, 6.)

5° Dans les expressions, qui sont tantôt hardies :
« Ne coupez point ces arbres, disait le philosophe scythe,

Ils iront assez tôt border le noir rivage.
(*Ibid.* XII, 20.)

Tantôt riches :

Le moindre vent qui, d'aventure,
Fait rider la face de l'eau.
(*Ibid.* I, 22.)

Tantôt brillantes, comme quand La Fontaine appelle l'arc-en-ciel l'écharpe d'Iris; tantôt fortes :

Un renard qui cajole un corbeau sur sa voix.

Telles sont à peu près les qualités des récits faits principalement pour plaire, du nombre desquels sont tous les récits poétiques, et par conséquent les fables.

L'apologue est le récit d'une action. Une action est une entreprise faite avec dessein et choix. Un édifice tombe tout-à-coup, c'est un évènement, un fait. Un homme se laisse tomber par inadvertance, c'est un acte; il fait effort pour se relever, c'est une action. Ce qu'on appelle un fait ne suppose point de vie, de puissance active dans le sujet. L'acte suppose une puissance active qui s'exerce, mais sans choix et sans liberté. L'action suppose, outre le mouvement et la vie, du choix et une fin : et elle ne convient qu'à l'homme usant de sa raison.

L'action de la fable doit être une, juste, naturelle, et avoir une certaine étendue.

Une, c'est-à-dire que toutes ses parties aboutissent à un même point : dans l'apologue, c'est la morale. Juste, c'est-à-dire signifier directement et avec précision ce qu'on se propose d'enseigner. Naturelle, c'est-à-dire fondée sur la nature, ou du moins sur l'opinion reçue. La raison est que notre esprit ne veut être ni embarrassé, ni égaré, ni trompé. La fable des *Deux Pigeons* pèche contre l'unité ; celle de *la Génisse en société avec le Lion*, contre la nature ; celle des *Moineaux* de M. La Motte, contre la justesse. Enfin elle doit avoir une certaine étendue, c'est-à-dire qu'on doit y distinguer aisément un commencement, un milieu et une fin. Le commencement présente une entreprise ; le milieu contient l'effort pour achever cette entreprise, c'est le nœud ; enfin elle se termine, c'est le dénouement.

L'action de l'apologue est allégorique, c'est-à-dire qu'elle couvre une maxime, ou une vérité. Tous les apologues sont des miroirs, où nous voyons la justice ou l'injustice de notre conduite dans celle des animaux. Le loup et l'agneau sont deux personnages dont l'un représente l'homme puissant et injuste, l'autre l'homme innocent et faible. Celui-ci, après d'injustes traitements, est enfin la victime du premier. On reconnaît les hommes dans l'action des animaux.

La vérité qui résulte du récit allégorique de l'apologue se nomme moralité. Elle doit être claire, courte et intéressante ; il n'y faut point de métaphysique, point de périodes, point de vérités trop triviales, comme serait celle-ci : « Qu'il faut ménager sa santé. »

Phèdre et La Fontaine placent indifféremment la moralité, tantôt avant, tantôt après le récit, selon que le goût l'exige ou le permet. L'avantage est à peu près égal pour l'esprit du lecteur, qui n'est pas moins exercé, soit qu'on la place auparavant ou après ; dans le premier cas, on a le plaisir de combiner chaque trait du récit avec la vérité. Dans le second cas, on a le plaisir de la suspension ; on devine ce qu'on veut nous apprendre, et on a la satisfaction de se rencontrer avec l'auteur, ou le mérite de lui céder, si on n'a point réussi.

On distingue trois sortes de fables ; les raisonnables, dont les personnages ont l'usage de la raison, comme *la Vieille et les deux Servantes*; les morales, dont les personnages ont par emprunt les mœurs des hommes, sans en avoir l'âme, qui en est le principe, comme *le Loup et l'Agneau* ; les mixtes, où un personnage raisonnable agit avec un autre qui ne l'est point, comme *l'Homme et la Belette.*

II. STYLE DE L'APOLOGUE. Le style de la fable doit être simple, familier, riant, gracieux, naturel, et même naïf.

La simplicité consiste à dire en peu de mots, et avec les termes ordinaires, ce qu'on veut dire. Rien ne nuit tant à la fable que l'appareil et l'air composé, qui met le lecteur en garde contre l'insinuation. Il y a cependant des fables où La Fontaine prend l'essor : mais cela n'arrive que quand les personnages ont de la grandeur et de la noblesse. D'ailleurs cette élévation ne détruit point la simplicité, qui s'accorde, on ne saurait mieux, avec la dignité.

Le familier de la fable doit être un choix de ce qu'il y a de plus fin et de plus délicat dans le langage des conversations. Il n'est pas permis de tout ramasser. La Fontaine peut servir de modèle en ce genre.

Le riant est caractérisé par son opposition au triste, au sérieux; et le gracieux par son opposition au désagréable.

Les sources du riant, dans la fable, sont de transporter aux animaux des dénominations et des qualités qui ne se donnent qu'aux hommes : *Certain renard gascon; une Hélène au beau plumage* (c'est une belle poule); *Sa Majesté fourrée; un citoyen du Mans, chapon de son métier.* C'est encore de comparer de petites choses à ce qu'il y a de plus grand, et de mesurer les grands intérêts par les petits; ce qui fait une sorte de grotesque :

Deux coqs vivaient en paix : une poule survint,
  Et voilà la guerre allumée.
Amour, tu perdis Troie.... !
    (LA FONTAINE, *Fables*, VII, 13.)

Quelquefois il est dans une circonlocution qui fait image. Ainsi, en parlant d'un sanglier dur à tuer :

. . . . La Parque et ses ciseaux
  Avec peine y mordaient. . . . . .
    (*Ibid.* VIII, 27.)

Le gracieux se place ordinairement dans les descriptions qu'on jette de temps en temps dans les récits. Il consiste à montrer les choses agréables avec tout l'agrément qu'elles peuvent recevoir :

Ce breuvage vanté par le peuple rimeur,
Ce nectar que l'on sert au maître du tonnerre,
Et dont nous enivrons tous les dieux de la terre,
C'est la louange.
(La Fontaine, *Fables*, X, 1.)

Et ailleurs (*ibid.* X, 15) : *Les lapins*
S'égayaient, et de thym parfumaient leurs banquets.

Le naturel est opposé en général au recherché, au forcé. Le naïf l'est au réfléchi, et semble n'appartenir qu'au sentiment ; comme dans la fable de *la Laitière* (VII, 10) :

Il m'est, disait-elle, facile
D'élever des poulets autour de ma maison ;
Le renard sera bien habile,
S'il ne m'en laisse assez pour avoir un cochon.
Le porc à s'engraisser coûtera peu de son ;
Il était, quand je l'eus, de grosseur raisonnable ;
J'aurai, le revendant, de l'argent bel et bon ;
Et qui m'empêchera de mettre en notre étable,
Vu le prix dont il est, une vache et son veau,
Que je verrai sauter au milieu du troupeau ?
Perrette, là-dessus, saute aussi transportée,
Le lait tombe : adieu veau, vache, cochon, couvée.

La naïveté du style consiste dans le choix de certaines expressions simples, pleines d'une molle douceur, qui paraissent nées d'elles-mêmes, plutôt que choisies ; dans ces constructions faites comme par hasard ; dans certains tours rajeunis, et qui conservent cependant encore un air de vieille mode.

Personne ne dispute à La Fontaine le prix dans cette partie de la fable. Il était né avec ce goût, et il l'avait perfectionné par la lecture de nos vieux auteurs français, dont la naïveté est admirable.

Nous parlons ici de la naïveté du style et non de celle du caractère et des pensées. Celle-ci consiste dans un degré exquis de vérité; et le poète, pour l'atteindre, n'a besoin dans l'apologue, non plus que dans les autres genres, que de la magie de l'enthousiasme, qui lui peint vivement les objets, et lui fournit les couleurs pour les rendre. La Fontaine avait l'un et l'autre : il savait voir, il savait peindre. Il savait plus : prêter à ses acteurs toutes les graces dont ils avaient besoin, sans qu'il y parût, mais aussi sans en être la dupe. Il n'a pas plus l'air de croire à ses animaux que Corneille à ses Romains.

III. Origine de l'apologue. Il n'est pas possible de marquer le temps où l'on commença à faire usage de l'apologue. Un politique, un philosophe, un prophète, s'en servaient presque dans le même temps à Rome, pour ramener le peuple séditieux; en Asie, pour instruire les villes et les rois; à Jérusalem, pour annoncer à David son crime. Et puisque, sans être d'intelligence, les hommes l'employaient également dans les différents lieux du monde; il y a grande apparence qu'ils s'en étaient avisés dès long-temps auparavant, et que la nature même leur en avait donné l'idée.

Dans les commencements, les hommes n'ayant encore qu'un langage ébauché et trop pauvre pour leur fournir toutes les expressions dont ils sentaient le besoin, avaient recours, autant qu'ils le pouvaient, à quelque image ou à quelque comparaison qui parlait pour eux, et les débarrassait tout d'un coup du travail de l'élocution. Or la comparaison tient à l'allégorie, et l'allégorie est la même chose que l'apologue.

Ce fut donc d'abord la nécessité et le besoin qui firent employer l'allégorie. Un peu de réflexion fit bientôt sentir aux esprits intelligents qu'on pouvait tirer un nouvel avantage de ce que l'indigence avait fait inventer. On sentit que cette manière de peindre pouvait servir à deux fins, toutes différentes l'une de l'autre : à développer une idée, et à la rendre plus sensible, quand elle ne le serait pas assez d'elle-même; ou à l'envelopper, quand elle aurait trop de pointe ou trop d'éclat.

Il y a eu un temps où les idées du vice et de la vertu n'étaient pas si nettes qu'elles le sont aujourd'hui. L'envie d'avoir, qui paraît si naturelle aux hommes, avait encore épaissi le voile. Il y avait à combattre à la fois l'ignorance et l'intérêt. Pour le faire avec succès, il était nécessaire d'employer des traits assez gros pour frapper les yeux des moins clairvoyants et l'âme la plus matérielle. On ne pouvait donc mieux faire que de mettre chaque vérité importante dans un exemple court, clair, et qui se peignît fortement dans l'imagination, afin de convaincre et de persuader en même temps.

Mais où prendre ces exemples ? Dans la société vivante ? Les exemples tirés de notre sphère nous sont souvent suspects : nous n'aimons pas à recevoir des leçons de nos pareils : d'ailleurs, quand il s'agit de nous ou du prochain, il y a toujours quelque intérêt qui nous fait voir les choses autrement qu'elles ne sont. Les prendre dans l'histoire? Ce seront toujours des hommes, chacun a ses préjugés : l'un vantera Alexandre comme un héros; l'autre le détestera comme un brigand. Le plus court était de les prendre parmi les animaux. Ils ont quelque ressemblance avec nous. Qu'on leur prête la raison et la parole, on les écoutera sans prévention, parce que ce ne sont pas des hommes. Comme ils nous jugeront sans passion, on recevra leurs décisions sans révolte. C'est ainsi qu'on nous apprivoise. L'artifice n'est pas subtil; cependant les hommes s'y laissent prendre, même aujourd'hui qu'on croit avoir raffiné sur tout :

> Le monde est vieux, dit-on. Je le crois : cependant
> Il le faut amuser encor comme un enfant.
> (La Fontaine, *Fables*, VIII, 4.)

Les sages de l'antiquité l'avaient apparemment senti. Ils avaient employé cette ruse déjà mille fois avant Ésope. Mais comme celui-ci est le premier qui ait fait profession de suivre cette manière de philosopher, c'est lui qui a donné son nom à ce genre d'instruction, qui présente la vérité sous des allégories.

IV. Caractères des fabulistes les plus célèbres. (*Voyez* fable, ésope, phèdre, la fontaine, la motte, florian, etc.)

Batteux, *Principes de la Littérature.*

APOSTROPHE. Rien de plus commun, dans les livres que l'on nous donne pour classiques, que le manque d'exactitude dans les définitions et de justesse dans les exemples. Longin (*Traité du Sublime*, ch. *XIV*), en citant de Démosthène un mouvement oratoire vraiment sublime, a dit : « Par cette « forme de serment, que j'appellerai ici *apostrophe*, « il défie, etc. » Longin ne pensait pas alors à définir rigoureusement l'apostrophe. Le sublime était son objet; il ne fallait donc pas, sur la foi de Longin, donner pour apostrophe ce qui n'en est pas une. Et qui ne sait pas que cette figure ou ce mouvement oratoire consiste à détourner tout-à-coup la parole, et à l'adresser, non plus à l'auditoire ou à l'interlocuteur, mais aux absents, aux morts, aux êtres invisibles ou inanimés, et le plus souvent à quelqu'un, ou à quelques-uns des assistants? Or, dans le serment de Démosthène il n'y a rien de détourné : il s'adresse aux Athéniens.

« Non, non, leur dit-il, en vous chargeant du
« péril (de la guerre contre Philippe) pour la liberté
« universelle et pour le salut commun, vous n'avez
« point failli. Non! j'en jure par ceux de vos ancêtres
« qui bravèrent les hasards de Marathon, et par
« ceux qui soutinrent le choc à la bataille de Platée,
« et par ceux qui sur mer livrèrent les combats de
« Salamine et d'Artémise, et par un grand nombre
« d'autres qui reposent dans les tombeaux publics. »
(*Discours pour la Couronne.*)

Si dans ce moment Démosthène eût employé l'apostrophe, il aurait dit : « Je vous en atteste, ou

« j'en jure par vous, illustres morts, » etc. Mais ce tour, plus artificiel et plus commun, aurait été moins beau. Et en effet, ce n'est pas dans le fort d'une argumentation aussi serrée que l'est celle de Démosthène dans cet endroit de son apologie, ce n'est point là que l'orateur doit lâcher prise et se dessaisir de ses juges, pour s'adresser aux absents ou aux morts.

Dans ces moments, c'est la partie adverse qu'on attaque, c'est un témoin présent que l'on atteste, c'est un accusateur qu'on presse, ou un protecteur qu'on implore; c'est quelquefois ses juges mêmes qu'on met en scène et qu'on prend à témoins. Ainsi, dans la harangue que je viens de citer, soit que Démosthène provoque son adversaire et lui demande : « Pour qui voulez-vous, Eschine, qu'on vous réute? pour l'ennemi de la république, ou pour « le mien? » Soit qu'il interroge ses juges, et qu'il leur demande à eux-mêmes : « Qui empêcha que « l'Hellespont ne tombât sous une domination étran« gère? Vous, messieurs. Or, quand je dis vous, je « dis la république. Mais qui consacrait au salut de « la république ses discours, ses conseils, ses ac« tions? qui se dévouait totalement pour elle? Moi. » Le mouvement oratoire est vif, pressant, irrésistible.

Quelquefois l'apostrophe est double; et les deux mouvements, se succédant avec rapidité, donnent à l'éloquence le plus haut degré de chaleur. Tel est, contre Aristogiton, cet endroit du même orateur, rappelé par Longin (*Traité du Sublime, ch. XXIII*). « Il ne se trouvera personne entre vous, Athéniens,

« qui ait du ressentiment et de l'indignation de voir
« un impudent, un infâme, violer insolemment les
« choses les plus saintes ! Un scélérat, dis-je, qui....
« O le plus méchant de tous les hommes ! rien n'aura
« pu arrêter ton audace effrénée ! etc. »

J'ai cité ailleurs la plus belle des apostrophes de Cicéron : « Quid enim, Tubero, tuus ille districtus « in acie pharsalicà gladius agebat* (*Orat. pro Ligario, III*)? » Mais cette figure se reproduit à chaque instant dans ses harangues. Je ne sais pas pourquoi nous le citons en détail : il faut le lire tout entier, et le relire après l'avoir lu. Tantôt on le verra prendre à la gorge son adversaire, le terrasser, le couvrir d'opprobre, et, après l'avoir foulé aux pieds et traîné dans la fange, l'abandonner avec mépris à l'indignation publique (c'est ainsi qu'il traite Pison) tantôt s'adresser à ses juges, comme dans la défense de Milon, et invoquer leur témoignage : « Sed quid « ego argumentor? quid plura disputo? Te, Q. Pe-« tilli, appello, optimum et fortissimum civem; te, « M. Cato, testor; quos mihi divina quædam sors « dedit judices** (*Orat. pro Milone, XVI*): tantôt s'adresser à son client et le mettre en scène : « Te qui-« dem, Milo, quod isto animo es (scilicet fortis-« simo) satis laudare non possum; sed quò est ista « magis divina virtus, eò majore à te dolore divel-

* « Toi-même, Tubéron, que faisait ton épée dans le champ de Pharsale ? »

** « Mais pourquoi m'arrêter à des raisonnements ? pourquoi disputer davantage ? C'est à vous, vertueux et vaillant Q. Petillus, c'est à vous M. Caton, que je m'adresse, à vous qu'une providence divine semble m'avoir donnés pour juges. »

« lor* (*Ibid. XXXVI*); » tantôt enfin chercher dans
l'auditoire des amis et des défenseurs : « Vos, vos,
« appello fortissimi viri, qui multùm pro republicâ
« sanguinem effudistis; vos in viri et in civis invicti
« appello periculo, centuriones, vosque milites.
« Vobis non solùm inspectantibus, sed etiam arma-
« tis et huic judicio præsidentibus, hæc tanta virtus
« ex hâc urbe expelletur, exterminabitur, proji-
« cietur ** (*Ibid. XXXVII*)? »

Voilà le véritable genre de l'apostrophe oratoire.
Celle qui s'adresse aux absents, aux morts, aux êtres
invisibles ou inanimés, peut être pathétique, lorsque le sujet la soutient et que la situation l'inspire;
mais elle est beaucoup moins pressante, et le plus
souvent elle tient de la déclamation.

Sa place naturelle c'est la poésie passionnée.

Que diras-tu, mon père, à ce spectacle horrible?
(*Phèdre*, act. *IV*, sc. 6.)

Mânes de mon amant, j'ai donc trahi ma foi!
(*Alzire*, act. *III*, sc. 1.)

O cendres d'un époux! ô Troyens! ô mon père!
O mon fils! que tes jours coûtent cher à ta mère!
(*Andromaque*, act. *III*, sc. 8.)

---

* « Je ne puis, Milon, trop louer la force et l'élévation de ton âme; mais plus je vois dans ta vertu ce noble et divin caractère, plus grande est pour moi la douleur de me séparer de toi. »

** « C'est vous que j'implore, braves guerriers, qui avez tant répandu de votre sang pour la patrie. C'est vous que j'appelle au secours d'un vaillant citoyen, d'un homme invincible, vous, centurions, vous, soldats, qui non-seulement assistez, mais qui, sous les armes, présidez à ce jugement. Souffrirez-vous que du sein de Rome on écarte, on bannisse, on extermine tant de vertu ? »

Quoi! pour noyer les Grecs et leurs mille vaisseaux,
Mer, tu n'ouvriras pas des abîmes nouveaux?...
Et toi, soleil, et toi, etc.
(*Clytemnestre*, act. *V*, sc. 4.)

Elle interrompt le dialogue, se mêle au récit et l'anime, s'échappe à tous moments d'un cœur que possèdent l'amour, la jalousie, la colère, l'indignation, etc. Elle soulage aussi la douleur plaintive et solitaire; et c'est l'expression la plus familière et la plus touchante de cette mélancolie qui se nourrit de souvenirs et de regrets.

Autrefois, l'usage d'adresser la parole à son cœur, à ses yeux, à son âme, à son bras, était fréquent dans la poésie pathétique; et il n'est pas absolument hors de vraisemblance de se détacher ainsi d'une partie de soi-même. Ce guerrier qui, au moment du combat, se sentant frémir, disait à ses compagnons : « Ce corps frémirait bien davantage s'il « savait où je vais le mener, » exprimait un sentiment naturel et sublime. Homère, qui est toujours si simple et si vrai, n'a pas laissé de dire qu'Ulysse avait tancé son cœur rugissant de colère, et lui avait dit : « Supporte encore cet affront. » Rien de plus beau et de plus touchant que cette apostrophe de don Diègue à son épée :

Et toi, de mes exploits glorieux instrument,
Mais d'un corps tout de glace inutile ornement,
Fer, jadis tant à craindre, et qui, dans cette offense,
M'as servi de parade, et non pas de défense,
Va, quitte désormais le dernier des humains;
Passe, pour me venger, en de meilleures mains.
(Corn., *le Cid*, act. *I*, sc. 8.)

Ces vers de Chimène tant critiqués (*ibid. act.*
III, *sc.* 3).

Pleurez, pleurez, mes yeux, et fondez-vous en eau,
La moitié de ma vie a mis l'autre au tombeau.

Ces vers nous font encore verser des larmes; c'est
que la passion a dans son délire des mouvements et
des illusions que la froide critique ne connaît pas.

Scudery trouvait là trois moitiés. Eh, malheureux!
ne vois-tu pas que le père et l'amant sont tout; que
Chimène n'est rien; qu'elle s'oublie, et que, dans sa
douleur, elle doit s'oublier?

MARMONTEL, *Éléments de Littérature.*

APPIEN, écrivain grec, est auteur d'une *Histoire
romaine*, qu'on peut appeler universelle, puisqu'il
traite, quoique séparément, l'histoire des peuples
qui combattirent les Romains, ou qui leur furent
soumis. Il naquit à Alexandrie, et vécut sous le
règne des empereurs Trajan, Adrien et Antonin.
Fixé à Rome, il plaida avec distinction les causes des
particuliers, et devint célèbre dans la carrière qu'il
avait embrassée. Sa réputation lui valut la charge de
procurator ou intendant des affaires privées des
empereurs. On sait, par quelques rapprochements
de date, qu'Appien écrivait vers la onzième année
du règne d'Antonin.

Il faudrait d'autres exemples que celui d'Appien
pour savoir comment les anciens concevaient le plan
d'une histoire universelle. Sans s'asservir à l'ordre
chronologique, cet auteur épuise tout ce qu'il a à
dire sur un peuple, et entreprend l'histoire d'un

autre peuple sans lier aucunement entre eux les évènements contemporains. On conçoit que cette méthode, malgré quelques avantages, a le défaut de ne pas présenter les rapports des états entre eux et l'influence réciproque qu'ils pouvaient exercer les uns sur les autres. Cependant son ouvrage n'en est pas moins important, et fournit des détails qu'on chercherait vainement ailleurs. Dans sa préface, par exemple, il nous a laissé un tableau complet de l'étendue de l'empire romain, à l'époque où il écrivait. Sans lui, les géographes se seraient fatigués longtemps avant d'arriver à des connaissances plus ou moins certaines sur ce point. On peut dire la même chose de son *Histoire des Guerres civiles*, qui contient une foule de détails que nous ne devons qu'à lui.

M. Schweighœuser a donné une édition grecque-latine d'Appien, Leipzig, 1785, 3 vol. in-8°, la seule qui contienne tout ce qui nous reste de cet auteur, et qui joint à ce mérite celui de l'exactitude et de la correction. Appien a été traduit en français par Claude Seyssel et par Odet-Desmares. Les cinq livres des *Guerres civiles* ont été traduits séparément par M. Combes Dounous, Paris, 1808, 3 vol. in-8°.

JUGEMENT.

I.

Il écrivit l'histoire romaine, non tout de suite, comme Tite-Live, mais faisant un ouvrage à part de chacune des nations subjuguées par les Romains, où il mettait, selon l'ordre des temps, tout ce qui regardait la même nation : ainsi, son dessein était de

faire une histoire exacte des Romains, et de toutes
les provinces de leur empire, jusqu'à Auguste, et il
allait aussi quelquefois jusqu'à Trajan. Photius* en
compte vingt-quatre livres; et il n'avait pas néanmoins encore vu tous ceux dont Appien parle dans
sa préface.

Nous en avons aujourd'hui l'histoire des guerres
d'Afrique, de Syrie, des Parthes, de Mithridate,
d'Ibérie ou d'Espagne, d'Annibal; des fragments de
celle d'Illyrie; cinq livres des guerres civiles, au lieu
de huit que marque Photius, et quelques fragments
de plusieurs autres, que M. de Valois a tirés des
recueils de Constantin Porphyrogénète, avec des
extraits semblables de Polybe, et de divers autres
historiens.

Photius remarque que cet auteur aime extrêmement la vérité de l'histoire, et qu'il apprend autant
qu'aucun autre l'art de la guerre; que son style est
simple et sans superfluité, mais vif et animé. Dans
ses harangues il donne d'excellents modèles de la
manière dont il faut s'y prendre, soit pour redonner
du courage à des soldats abattus, soit pour les adoucir quand ils s'emportent avec trop de violence. Il
prend beaucoup de choses de Polybe, et copie souvent Plutarque.

ROLLIN, Histoire ancienne.

II

Quelques érudits ont pensé qu'il fallait lire Appien
avec défiance; mais d'autres, et Photius à leur tête,
soutiennent que cet historien est plein de respect

---

* Dans sa *Bibliothèque*. Voyez aussi Vossius, et La Motte-Le-Vayer F.

pour la vérité, et qu'il montre sur-tout une grande connaissance des affaires militaires. En lisant l'histoire d'Appien, ajoute Photius, on croit assister aux batailles qu'il décrit. On admire sur-tout les discours qu'il met dans la bouche de ses personnages, qui, sans avoir l'éloquence de ceux de Tite-Live, sont remarquables par la force des raisonnements. Quel que soit le jugement qu'on peut porter sur le mérite d'Appien et sur l'ensemble de son ouvrage, on doit avouer que les cinq livres qui nous restent des *Guerres civiles*, sont un des morceaux les plus précieux qui nous soient parvenus de l'antiquité. Si ce morceau était perdu, une foule de détails curieux nous seraient restés inconnus. Appien descend, dans cette partie de son ouvrage, jusqu'aux moindres particularités; son récit est simple et sans ornement; mais il porte tellement l'empreinte de la vérité, qu'on croit être témoin des évènements qu'il raconte. Ses chapitres sur les proscriptions de Sylla, sur celles des triumvirs, seront toujours une lecture attachante pour ceux qui ont eu le malheur d'étudier le cœur humain à l'époque des révolutions. Montesquieu a beaucoup profité de la lecture d'Appien : à l'aide du récit de l'historien, il peint à grands traits la corruption des Romains; mais le simple et véridique Appien l'a décrite peut-être d'une manière plus énergique.

Michaud, *Biographie universelle*.

APPLICATION. Nouvel emploi d'un passage, soit de prose, soit de poésie.

Plus le nouveau sens ou le nouveau rapport que l'application donne au passage est éloigné de son sens primitif, plus l'application est ingénieuse, lorsqu'elle est juste.

De tous les jeux de l'esprit, c'est peut-être celui où il brille le plus par la justesse, la finesse, la singularité piquante, et sur-tout l'à-propos de ces rencontres heureuses que l'occasion semble lui offrir d'elle-même, espèces de hasards qui n'arrivent qu'à lui.

L'archevêché de Paris venait d'être érigé en pairie. Les duchesses, en corps, allèrent en faire compliment à l'archevêque de Harlai, l'un des plus beaux hommes de son temps. « Monseigneur, lui dit celle « qui portait la parole, les brebis viennent féliciter « leur pasteur de ce qu'on a couronné sa houlette. » L'archevêque, en regardant ces dames, dit à sa cour sacerdotale :

Formosi pecoris custos*.

Madame de Bouillon, qui savait le latin, répliqua :

Formosior ipse **.
(Virg. *Buc.* V, 44.)

L'abbé de Villeroi n'avait pu obtenir des chanoines de Lyon d'être reçu dans leur chapitre. Le roi le fit archevêque de Lyon, et le chapitre lui rendit les devoirs accoutumés. Villeroi voulut se prévaloir de son avantage, et leur dit ces mots du psaume CXVII: « Lapidem quem reprobaverunt ædificantes, hic fac-

---

* « De quel beau troupeau je suis pasteur ! »
** « Le pasteur est plus beau lui-même. »

« tus est in caput anguli*. » L'un des chanoines lui répondit par le verset qui suit immédiatement celui-là : « A Domino factum est istud, et est mirabile « oculis nostris**. »

Il fut un temps où il était permis, en chaire, de citer des auteurs profanes. Le père Arnoux, jésuite, confesseur de Louis XIII, en prêchant la Passion, vit entrer la Reine Marie de Médicis, et, obligé de recommencer, selon l'usage, il lui adressa ce vers de Virgile:

Infandum, regina, jubes renovare dolorem ***.

(*Æneid.* II, 3.)

L'emblême de Louis XIV était, comme on sait, le soleil. Le jésuite Bouhours prétendait même que « depuis que le roi avait pris un soleil pour son sym- « bole, et qu'il s'était approprié ce bel astre, pour « parler de la sorte, les personnes un peu éclairées « prenaient le soleil pour lui. » Quoi qu'il en soit, Louis XIV avait été instruit de ce qui se tramait en Angleterre en faveur du prince d'Orange, et il en avait averti le roi Jacques-II, qui n'avait pas voulu le croire; mais quand l'événement justifia l'avis qu'il avait négligé, on dit que Jacques s'écria :

Solem quis dicere falsum
Audeat? Ille etiam cœcos instare tumultus
Sæpè monet, fraudemque, et operta tumescere bella ****.

(Virg. *Georg.* I, 463.)

---

* « La pierre qu'ils avaient rejetée est devenue la pierre de l'angle. »

** « C'est le seigneur qui a fait cela, et c'est un miracle à nos yeux »

*** « Reine, vous m'ordonnez de renouveler une horrible douleur »

**** « Qui osera dire que le soleil nous trompe? C'est lui qui souvent nous

APPLICATION.

Voilà sans contredit une des plus belles applications qui se soient jamais faites, mais une présence d'esprit bien étrange, dans un roi menacé de perdre sa couronne.

Ce même Jacques II nous rappelle le malheur de La Hogue, et la réponse trop heureuse que firent les Anglais aux flatteurs de Louis XIV. Les flatteurs avaient imaginé une médaille où Louis XIV était représenté sous la figure de Neptune menaçant les vents, avec cette légende : *Quos ego*. Le combat fut perdu; et toute l'habileté de Tourville, et toute la valeur des Français, ne purent empêcher qu'on ne succombât sous le nombre. Alors les Anglais, à leur tour, firent frapper une médaille dont l'emblème était aussi l'image de Neptune, mais avec ces vers pour légende :

Maturate fugam, regique hæc dicite vestro,
Non illi imperium pelagi *,
(Virg. *Æneid.* I, 140.)

ils n'ajoutaient pas encore, comme ils ont fait depuis,

Sed mihi sorte datum ** :
(*Ibid*, 142.)

vanité aussi imprudente que celle du *Quos ego*.

Tout le monde sait le trait d'arrogance attribué aux Hollandais à l'égard de Louis XIV : *Sta, sol!* par allusion à son emblême.

avertit des troubles secrets qui nous menacent, des trahisons et des guerres sourdes qui commencent à s'allumer. »

* « Hâtez-vous de prendre la fuite, et allez dire à votre roi que ce n'est pas à lui qu'appartient l'empire des mers. »

** « C'est à moi que le sort l'a donné. »

470   APPLICATION.

Une application trop ingénieuse pour convenir à la douleur, est celle que fit, dit-on, la sœur de M. de Thou, en voyant le tombeau du cardinal de Richelieu : « Domine, si fuisses hìc, frater meus non fuis- « set mortuus*.» (*Joann.* XI, 21.)

Les applications n'ont pas toujours un caractère aussi sérieux. Tout le monde connaît celle que fit Calvin de ce vers adressé au clergé de Rome :

Vobis picta croco et fulgenti murice vestis ;
Desidiæ cordi.
(Virg. *Æneid.* IX, 614.)

Le cardinal Baronius avait une dévotion si particulière à saint Marcel, qu'on ne doutait pas qu'il n'en prît le nom s'il arrivait jamais à la papauté. Un devin lui dit pour sa bonne aventure :

    Si quâ fata aspera rumpas,
Tu Marcellus eris.
(Virg. *Æneid.* VI, 883.)

Ce jeu de mots fait souvenir, d'une réplique bien singulièrement heureuse, d'un homme d'esprit qui s'amusait à faire des *rébus*. Quelqu'un disait de lui, en badinant à sa manière,

 Natum *rebus* agendis.
(Hor. *De Art. poet.* 82.)

Il répondit :

Et mihi res, non me *rebus* subjungere conor.
(Hor. *Ep.* I, 19.)

Le Pape Innocent XI ayant mis un impôt sur le papier timbré et sur le tabac, on fit dire à Pasquin : « Contrà folium quod vento rapitur ostendis poten-

---

* « Seigneur, si vous aviez été ici, mon frère ne serait pas mort. »

« tiam tuam, et stipulam siccam persequeris*.» (*Job*.
XIII, 25.)

Ménage, écrivant à madame de Sévigné sur les folies du Carnaval, lui disait, par allusion à la cérémonie des cendres :

Hi motus animorum atque hæc certamina tanta,
Pulveris exigui jactu compressa quiescent**.

(Virg. *Georg*. IV, 86.)

Rappellerai-je ici une gaieté de collège assez curieuse dans son espèce? Quelque mauvais plaisant ayant fait entrer un âne dans une de nos écoles de théologie, ce fut, parmi les écoliers, à qui traiterait le nouveau venu avec le plus d'incivilité; ils firent tant qu'ils l'en chassèrent. Quand le tumulte fut apaisé, le professeur (l'abbé L. F.) dit gravement, pour leur apprendre à vivre : « In propria venit, et
« sui eum non receperunt***» (*Joann*. I, 11.)

Ce qui donne à l'application le caractère le plus piquant, c'est lorsqu'on emploie un dicton populaire, un proverbe, à cacher la finesse de la pensée ou la malice de l'intention, sous l'air de la simplicité.

Un soi-disant homme de cour offrait *sa protection* à un gentilhomme de province : « Je l'accepte, Mon-
« sieur, lui dit le gentilhomme; les petits présents
« entretiennent l'amitié. »

On disait devant Fontenelle que Dieu avait fait

---

* « Tu as exercé ta puissance sur la feuille qui est le jouet des vents, et tu persécutes le faisceau d'herbe sèche. »

** « Tous ces mouvements des esprits, et tous ces grands combats seront apaisés par un peu de poussière »

*** « Il est venu dans son propre domaine, et les siens ne l'y ont pas reçu »

l'homme à son image. Vous savez sa réponse:
« L'homme le lui rend bien. »

Madame du Deffant, entendant raconter que saint Denis, après qu'on lui eut coupé la tête, la porta dans ses mains à deux lieues de distance : « Je n'ai pas de peine à le croire, dit-elle, il n'y a que « le premier pas qui coûte. »

La même ayant ouï dire qu'une femme de sa connaissance avait repris la fantaisie de coucher avec son mari : « C'est peut-être, dit-elle, une envie « de femme grosse. »

Le talent des applications suppose, avec un esprit juste, subtil et prompt, une mémoire richement meublée. Voilà pourquoi Virgile, que tout le monde sait par cœur dès l'enfance, est, de tous les auteurs profanes, celui dont on fait le plus et de plus heureuses applications.

A l'égard des livres saints, on sait l'usage qu'en ont fait la morale et l'éloquence de la chaire. Parmi les applications de ce genre, on cite avec raison le texte de l'Oraison funèbre de Turenne : « Fleverunt « eum omnis turba Israël planctu magno, etc » (I. *Mach.*, IX.) Et le texte de l'Oraison funèbre du duc et de la duchesse de Bourgogne, où le père de La Rue appliqua si heureusement au désastre de 1712 ce passage de Jérémie : « Pourquoi vous attirez-vous par vos « péchés un tel malheur, que de voir enlever par « la mort, du milieu de vous, l'époux, l'épouse et l'en- « fant au berceau ? » « Quare facitis malum grande con- « trà animas vestras, ut intereat, ex vobis, vir, mu- « lier, et parvulus, de medio Judæ? » (*Jerem.* XLIV.)

Les prédicateurs se sont permis souvent de mutiler, de tronquer les passages qu'ils empruntaient des livres saints, d'en altérer le sens, et quelquefois de leur en donner un tout contraire à l'esprit du texte. *Voyez*, dans l'article CITATION de l'*Encyclopédie*, combien le sens de ces mots « multi vo- « cati, pauci verò electi, » a été corrompu. Il en est de même du « compelle intrare ». Un tel abus est de conséquence, et peut servir à consacrer les plus dangereuses erreurs.

MARMONTEL., *Éléments de Littérature.*

APULÉE (LUCIUS), philosophe platonicien du deuxième siècle, naquit à Madaure, ville d'Afrique, sur les confins de la Numidie et de la Gétulie, vers la fin du règne de l'empereur Adrien. Il appartenait, par sa mère, à la famille de Plutarque et du philosophe Sextus. Son père, nommé Thésée, était d'une famille illustre, et remplissait les fonctions de duumvir. Apulée commença son éducation à Carthage, et passa ensuite à Athènes, où tous ceux qui voulaient cultiver les lettres et la philosophie allaient chercher alors des exemples et des leçons. Là, il embrassa avec ardeur la philosophie platonicienne, qu'il cultiva et défendit toute sa vie. Bientôt ses regards se tournèrent vers Rome, où il vint suivre le barreau, après avoir appris la langue latine sans maître et avec une peine infinie. Bientôt une curiosité insatiable et le désir de s'instruire lui firent entreprendre de nouveaux voyages dans la Grèce. Lui-même nous apprend, dans son *Apologie*, qu'il se fit initier à un grand nombre de mystères par amour pour la vérité, dit-il, et par respect envers les dieux. Ces longs voyages détruisirent sa fortune; et dans l'intention sans doute d'utiliser ses talents il revint à Rome, où il exerça la profession d'avocat. Ses espérances n'y furent pas remplies; car il retourna dans sa patrie pour tâcher d'y rétablir sa fortune. Cette fois, ses succès répondirent à l'espoir qu'il avait conçu: il plaida avec tant d'éclat, que les magistrats de Carthage et de plusieurs autres villes lui firent ériger des statues. Un mariage opulent qu'il contracta avec une veuve nommée Pudentilla, rétablit entièrement ses affaires, et commença toutefois par lui causer des inquiétudes assez vives. Les parents de cette veuve, frustrés de l'espérance d'un riche héritage, accusèrent Apulée d'avoir employé des charmes magiques pour lui inspirer de l'amour; ils joignirent à cette accusation celle d'avoir fait périr Pontianus, fils de Pudentilla. La cause fut portée devant Claudius Maximus, proconsul d'Afrique. C'est à cette occasion qu'Apulée prononça cette *Apologie* que l'on trouve dans ses œuvres, et à laquelle nous devons des renseignements particuliers sur les détails de la vie de ce philosophe. Il dévoila la perfidie de ses délateurs, et fut renvoyé absous. Dès lors, entièrement délivré de toutes les inquiétudes qui l'avaient poursuivi, il vécut dans sa patrie, au sein du repos, cultivant les lettres et les arts. Il composa un grand nombre d'ouvrages, dont il ne nous reste que *la Métamorphose* ou *l'Ane d'Or*, imitée de Lucien, ou peut-être directement de Lucius de Patras, premier auteur de cette fable; *l'Apologie* ou *Oratio de Magiâ*; *les Florides*; des livres de philosophie; le livre *de Deo Socratis*, que saint Augustin a réfuté, et celui intitulé *De Mundo*, qui n'est qu'une version du texte grec d'Aristote. Saint Augustin, dans sa *Cité de Dieu* (XVIII, 18), exprime un doute qui peut paraître singulier. C'est au sujet de l'*Ane d'or*. Il ne décide point si *la Métamorphose* est une fiction ou une aventure véritable. Cela prouve au moins qu'il considérait Apulée comme un homme adonné à la magie. Quelques anciens regardaient cet ouvrage comme une fiction qui ne cachait aucun sens, et ne concevaient pas qu'un grave philosophe se fût occupé d'un ouvrage oiseux, imité des fables milésiennes. C'est l'opinion exprimée par Macrobe (*Saturnales*, I, 7). Cependant d'autres faisaient grand cas de *la Métamorphose*, et y trouvaient sans doute un sens caché. Warburton, dans un ouvrage abrégé par Silhouette sous ce titre: *Union de la Morale et de la Religion*, a cherché à dévoiler, et explique effectivement d'une manière satisfaisante, ce sens caché. Il considère la fable d'Apulée comme un traité ingénieux, écrit expressément pour montrer l'utilité des mystères du paganisme et en recommander la pratique. Le motif qui fit écrire Apulée fut le désir de s'opposer à l'établissement, ou du moins à l'extension du christianisme, dont l'auteur était l'ennemi déclaré. La meilleure édition d'Apulée est celle *ad usum Delphini*. On y trouve en tête une réunion de jugements sur la vie et sur les ouvrages de l'auteur. Aux quatrième, cinquième et sixième livre de l'*Ane d'Or*, est le fameux épisode de *Psyché*, que tous les arts ont mis à l'envi à contribution. Tout le monde connaît la charmante imitation qu'en a faite La Fontaine.

FIN DU PREMIER VOLUME.

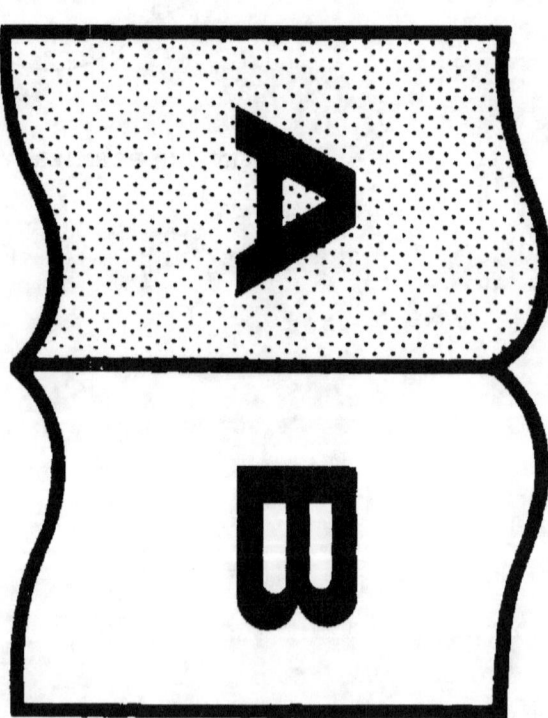

Contraste insuffisant
NF Z 43-120-14

www.ingramcontent.com/pod-product-compliance
Lightning Source LLC
Chambersburg PA
CBHW050236230426
43664CB00012B/1720